公私之论：
对公私利益关系的西方政治哲学探讨

Public Interest VS. Private Interest:
Theoretical Interpretations from Western Political Philosophies

刘晓欣 著

中国社会科学出版社

图书在版编目(CIP)数据

公私之论:对公私利益关系的西方政治哲学探讨/刘晓欣著.
—北京：中国社会科学出版社，2020.12
ISBN 978-7-5203-7578-8

Ⅰ.①公… Ⅱ.①刘… Ⅲ.①利益关系—研究 Ⅳ.①D013

中国版本图书馆 CIP 数据核字（2020）第 244300 号

出 版 人	赵剑英
责任编辑	郝玉明　刘亚楠
责任校对	张爱华
责任印制	王　超

出　　版	中国社会科学出版社
社　　址	北京鼓楼西大街甲 158 号
邮　　编	100720
网　　址	http://www.csspw.cn
发 行 部	010-84083685
门 市 部	010-84029450
经　　销	新华书店及其他书店
印　　刷	北京君升印刷有限公司
装　　订	廊坊市广阳区广增装订厂
版　　次	2020 年 12 月第 1 版
印　　次	2020 年 12 月第 1 次印刷

开　　本	710×1000　1/16
印　　张	21
插　　页	2
字　　数	377 千字
定　　价	118.00 元

凡购买中国社会科学出版社图书，如有质量问题请与本社营销中心联系调换
电话：010-84083683
版权所有　侵权必究

国家社科基金后期资助项目

出版说明

后期资助项目是国家社科基金设立的一类重要项目，旨在鼓励广大社科研究者潜心治学，支持基础研究多出优秀成果。它是经过严格评审，从接近完成的科研成果中遴选立项的。为扩大后期资助项目的影响，更好地推动学术发展，促进成果转化，全国哲学社会科学工作办公室按照"统一设计、统一标识、统一版式、形成系列"的总体要求，组织出版国家社科基金后期资助项目成果。

全国哲学社会科学工作办公室

序

摆在读者面前的，是我的学生刘晓欣教授经过多年的理论研磨而完成的一部从政治哲学的角度探讨个人利益和公共利益之间关系的著作。如果说，个人与社会的关系是所有社会形态都必然包含的最基本的矛盾关系，那么个人利益和公共利益的关系问题就是个人与社会的关系中的核心内容。亚里士多德声称"人天生就是政治动物"，也就是说，人一经出生就落脚到一定的社会共同体中，而人类生活的共同体，小至家庭，大至民族、国家，都必然存在着个人利益和公共利益的矛盾。任何社会共同体的最基本的规范结构，无论是表现为习俗、习惯，还是作为制度、法律，都可以说是协调和解决这一矛盾的社会模式或社会策略。这一矛盾如此深入地存在于社会生活的每一细微之处，以至于每一个社会成员都可以在自己的日常生活中感受到或体验到这个矛盾所引发的各种生活问题，同时它又如此广泛地体现在社会经济、政治和文化发展的总体过程中，以至于任何政治实践家和理论家都不能不审慎周密地思考和实施旨在解决这一矛盾的种种社会策略。特别是在以市场经济为基础的现代社会中，当个人作为市场主体，其追求个人的特殊利益或私利的权利得到现代国家在法律上的确认和维护时，个人利益与公共利益的矛盾就十分尖锐地凸显出来。市场经济就是以市场主体独立地、自主地、自由地追求自身的特殊利益或私利为前提的。并且只有在这个前提下，才能形成市场的竞争机制、价格机制、供求机制和资源配置机制。在这种情况下，对于一个共同体的存在来说性命攸关的公共利益就必然受到私利迅速扩张的挑战，并由此引发一系列任何人都能感受到的现实问题和思想家们密切关注的理论问题，如私人利益和公共利益何者优先？能否在不侵犯个人权利和私人利益的前提下，最大化地实现公共利益？或者，能否在不危及公共利益的前提下，最大限度地满足个人对私人利益的追求？以及如何有效地防止追求私利的行为对公共利益的侵犯？怎样确保社会公共价值的实现？等等，所有这些问题自古以来就在伦理学、社会学、经济学、政治哲学等多学科领域中被广泛讨论，但至今依然悬而未决。

刘晓欣的这部著作就是致力于在严谨的理论研究和经验考察的基础上回答上述这些问题。该著作一个重要特点，就是将公私利益关系问题置于政治哲学的视角中，对西方从古至今众多涉及公私利益关系的理论进行了全面的梳理，比较了不同制度模式下公私利益关系理论的特质，并立足于历史唯物主义立场，揭示导致个人利益和公共利益矛盾冲突的现实根源。因而该著作的一个重要的理论贡献，就是在收集、整理和分析大量相关资料的基础上，对西方自古希腊以来形成的有关公私利益关系的各种理论思潮做出了全面、系统、深入的研究和评析，其中包括：古希腊时期的公私利益关系理论、希腊化——罗马时期的公私利益关系理论、中世纪的公私利益关系理论，近代英国契约论、苏格兰非契约论、大陆理性主义、功利主义、德国思辨哲学等主要哲学思潮中的公私利益关系理论，以及现当代以哈耶克、诺齐克为代表的自由至上的公私利益关系理论、以罗尔斯和德沃金为代表的兼顾自由与平等的公私利益关系理论、以麦金泰尔和桑德尔为代表的社群主义的公私利益关系理论等等。可以说，作者最大限度地把历史上所有涉及公私利益关系的思想理论都尽收囊中，这不仅使作者本人的研究有着宽阔的理论视野和扎实的资料基础，而且也为对此问题感兴趣的学者提供了丰厚的思想资源。

这部著作在研究方法和思维进路上颇具新意。作者分别从传统社会和现代社会两种视角对古希腊以来众多思想家的公私利益关系理论或思想进行深入的考察和分析，勾画出一幅不同知识背景下公私利益关系理论特质的知识学图谱，并将不同社会模式下公私利益关系理论的整体性比较视为这个图谱的"经线"，将同一社会模式下不同思想家之间的理论分野视为这个图谱的"纬线"，从而使对公私利益关系产生、发展与演变的规律性认识在经纬交错之中浮现出来，这就为正确地理解、把握和解决这一政治哲学的重大问题提供了重要的理论支持。

作者通过对各个历史时期、社会发展不同阶段上公私利益关系理论的总体特征的分析也是很富有启发性的。如作者认为，无论是从古希腊城邦政治时期到希腊化—罗马时期，还是从罗马时期到中世纪，以自然经济为基础体现农业文明的传统社会的模式规定了对公私利益矛盾的解决只能有一种方式，那就是以压制私人利益为原则，用普遍利益来吞噬特殊利益，这是传统社会特有生产方式与社会机制的使然。这种处理公私关系的方式，必然作为同时代政治哲学批判反思的对象而进入到哲学家的理论之中。因此，传统社会政治哲学关于公私关系的理论诉求，无不体现着国家利益或整体利益至上的道德原则，这是我们考察传统社会公私利益关系理论的一个基本维度。而在以市场经济为基础的现代社会中，追求个人利益成为市场社会的第一原则，这一原则作为内驱力反过来又强化了市场社会的巩固与发展，同时也决定了个人利益以一种前所未有的正当性与合法性成为了主流的政治话语，这使产生于近代社会的自由主义政治哲学将个人利益的优先性与至上性奉为了核心原则。事实、价值与道德多层次多视角的合理性论证，使得众多哲学家的公私利益关系理论呈现出鲜明的同质性。应当说，作者的这一分析和概括从本质性的层面上把握住了西方哲学中有关公私利益关系的思想发展脉络，很深刻，也很有说服力。

作者对于当代政治哲学中新自由主义与社群主义之争的分析和评价也是颇具功力的。作者认为，以哈耶克、诺齐克为代表的自由至上的公私利益关系理论、以罗尔斯和德沃金为代表的兼顾自由与平等的公私利益关系理论，和以麦金泰尔、和桑德尔为代表的社群主义的公私利益关系理论构成了当代公私利益关系问题的三种理论类型。这三种理论类型是在西方政治哲学传统与现代社会相互交织的知识环境中产生的，体现出传统与现代的巨大张力。三种理论所围绕的主题是权利与善、自由与平等的关系问题，这些问题的背后实质上就是传统政治哲学以及近代以来政治哲学所关注的公私利益关系问题。因而这三种类型的理论无非是在一种现代政治哲学的话语体系中，重新尝试对公私利益关系这一历久弥新命题的新回答。无论是诉诸权利优先，还是谋求善优先，抑或是谋求自由的平等，其实质都在告诉我们用一种非此即彼的思维来调处公私利益关系的理论方案都已经失效，时代要求政治哲学理论赋予新时期公私关系的处理以更大的智慧，那就是在努力保持二者张力的同时，以一种积极开放的思维方式求得公私利益关系动态、有机、具体的平衡。这无疑体现了当代公私利益关系理论的时代价值，对于最终实现马克思所设想的公私利益共同消融为一、彻底消解公私利益关系问题奠定了理论基础、准备了思想条件。

总体来看，这部著作着眼于传统与现代两种社会模式下众多公私利益关系理论的系统研究，从事实性与价值性相统一的视角对公私利益关系理论进行深度开发，突破了以往囿于实证分析的狭隘视阈，为更好地理解和阐发公私利益关系这一现代政治生活中的核心矛盾，提供了丰富的思想资源与新颖的理论视角。

刘晓欣教授是我的博士研究生，我对他的印象是很深刻的。他在读博期间，学习勤奋，思想活跃，乐于对艰深的理论问题进行不懈的思考。这部著作也是他在读博期间打下的基础。他曾为这个问题的研究收集整理了近百万字的学术资料,并对其中所包含的大量的理论问题进行艰苦的思考。这部著作的出版证实了他多年的努力,作为老师,我深感欣慰。我相信,这部著作的出版将极大地推进国内学界对公私利益关系问题的研究,我更相信刘晓欣教授能够在这项成果的基础上不断拓展自己的研究视域,不断取得更为出色的学术成就。

阎孟伟

2020 年 11 月于南开园

目　录

序 ··· （1）

导　论 ··· （1）

上篇　传统社会的公私利益关系理论研究

引　言 ··· （9）

第一章　以正义熔铸善与美德的同一：城邦政治哲学中的公私利益关系界说 ··· （14）

第一节　城邦政治哲学的形而上学基础 ···························· （16）
　　一　人的生存本性使形而上学与政治哲学走到一起 ··········· （16）
　　二　超验的善观念与目的论的思维方式 ······················· （19）
　　三　基于"逻各斯"的理智美德价值观 ······················· （22）

第二节　善、正义与美德：一种公私利益关系的规范性论证 ······· （25）
　　一　个人与城邦 ··· （25）
　　二　作为制度设计的正义与公共利益 ························· （27）
　　三　公共利益至上的公私利益关系 ··························· （30）

第三节　美德与正义的现实考量：一种公私利益关系的整体性论证 ··· （31）
　　一　公民与城邦 ··· （32）
　　二　公私统一的公私利益关系 ································ （34）
　　三　政体、正义与公私利益关系 ····························· （37）

第二章　徘徊在自由意志与道德责任之间：希腊化—罗马时期的公私利益关系追问 ····································· （43）

第一节　个体人的松绑与何以幸福的追问：从个人利益出发 ······ （43）

一　个体人的松绑与普遍的法则……………………………（43）
　　二　以实现个人快乐追求幸福的政治哲学……………………（46）
　　三　以遵循整体自然追求幸福的政治哲学……………………（52）
第二节　捍卫公民权利与崇尚法律至上：重识公私和谐的
　　　　合法性………………………………………………………（57）
　　一　公共政治生活的回归与法治正义…………………………（57）
　　二　西塞罗的公私利益关系思想………………………………（61）

第三章　神学政治视野中的公私利益关系……………………………（69）
第一节　阿奎那：来自上帝的"公共幸福"………………………（69）
　　一　对公共利益的诠释…………………………………………（69）
　　二　公共利益与国家……………………………………………（73）
　　三　公共利益与私人利益的关系………………………………（77）
第二节　新教伦理：世俗责任与个人利益的觉醒………………（80）
　　一　个人的觉悟…………………………………………………（81）
　　二　新教为个人利益正名………………………………………（82）

下篇　现代社会的公私利益关系理论研究

引　言……………………………………………………………………（89）

第四章　公私利益关系的契约论阐释…………………………………（95）
第一节　霍布斯：人的自我保存和国家权力……………………（96）
　　一　人性的设定…………………………………………………（96）
　　二　基于自我保存的个人利益论………………………………（98）
　　三　国家是公私利益统一的化身………………………………（102）
第二节　洛克：私人财产权利与政府的职能……………………（105）
　　一　自然权利式的个人利益合法性论证………………………（106）
　　二　以财产所有权为核心的个人利益…………………………（109）
　　三　社会契约下的国家与公私利益关系的和谐………………（112）

第五章　公私利益关系的非契约论解释………………………………（116）
第一节　曼德维尔蜜蜂寓言式的公私利益关系理论……………（117）
　　一　曼氏思想产生的背景………………………………………（118）

  二　曼氏"私恶即公益"的基本思想 …………………………（120）
  三　曼氏公私利益关系理论的影响与评价 …………………（125）
 第二节　休谟同情心下的公私利益关系理论 ……………………（129）
  一　作为政治哲学基础的情感论 ……………………………（130）
  二　休谟人性论的预设 ………………………………………（131）
  三　个人利益与公共利益关系 ………………………………（134）
 第三节　斯密"无形之手"下的公私利益关系理论 ………………（141）
  一　何为"斯密难题" …………………………………………（141）
  二　以人性为基础的公私利益和谐的道德论证 ……………（143）
  三　"一只看不见的手"与公私利益和谐的经济学论证 ……（146）
 第四节　托马斯·里德常识哲学视阈下的公私利益关系理论 …（151）
  一　"公私利益"的道德隐喻：非理性的行为原则 ……………（153）
  二　从"总体的善"到义务：公私关系的理性道德论 …………（160）
  三　"里德启示"："良知"与公私利益间的平衡 ………………（164）
 第五节　托克维尔因民主之名的公私利益关系理论 ……………（167）
  一　对自治民主的赞许 ………………………………………（168）
  二　"个人主义"与专制：平等与自由张力下的民主悖论 ……（171）
  三　作为"正确理解的利益"：平衡公私利益的基本原则 ……（177）

第六章　公私利益关系的理性主义探究 ……………………………（181）
 第一节　爱尔维修与霍尔巴赫：个人利益与道德原则 …………（181）
  一　个人主义利益观 …………………………………………（182）
  二　公共利益与道德原则 ……………………………………（188）
  三　公私利益走向统一的路径 ………………………………（195）
 第二节　卢梭：基于"公意"的公私利益关系理解 ………………（199）
  一　卢梭对"自然状态"的设定 ………………………………（199）
  二　公意与公私利益的和谐 …………………………………（202）
  三　公意的困境 ………………………………………………（205）

第七章　公私利益关系的功利主义考量 ……………………………（209）
 第一节　边沁：功利原则与公私利益的同一 ……………………（210）
  一　功利原理与个人利益 ……………………………………（211）
  二　公私利益的同一 …………………………………………（215）
 第二节　密尔：幸福主义与公私利益的和谐 ……………………（220）

  一　群己权界——公私利益划分的自由视角 ……………… (221)
  二　幸福主义——功利主义的修正与发展 ………………… (224)
  三　公私和谐——功利主义的逻辑必然 …………………… (227)
 第三节　功利主义公私利益关系理论的评价 ………………… (231)

第八章　公私利益关系的思辨哲学探析 …………………… (235)
 第一节　康德的公私利益关系理论：在权利与正义之间 …… (235)
  一　人性设定与公私利益关系的理论基调 ………………… (236)
  二　自由权利话语下的利益关系 …………………………… (240)
  三　个人与国家 ……………………………………………… (243)
  四　个人利益与国家利益的关系 …………………………… (246)
 第二节　黑格尔的公私利益关系理论：在自由与平等之间 … (249)
  一　私有财产的论证——公私关系的形上开端 …………… (249)
  二　市民社会的冲突——公私关系的道德坎陷 …………… (253)
  三　完美国家的建立——公私和解的伦理之路 …………… (260)

第九章　公私利益关系的当代争鸣 ………………………… (266)
 第一节　"权利优先"：自由至上的公私利益关系理论 …… (267)
  一　自然形成秩序——哈耶克的公私利益关系理论 ……… (267)
  二　捍卫权利优先——诺齐克的公私利益关系理论 ……… (275)
 第二节　"自由的平等"：兼顾自由与平等的公私利益
    关系理论 ………………………………………………… (282)
  一　作为公平的正义——罗尔斯的公私利益关系理论 …… (282)
  二　平等对待每个人的权利——德沃金的公私利益
    关系理论 ……………………………………………… (288)
 第三节　"善优先"：社群主义的公私利益关系理论 ……… (293)
  一　恢复德性的光荣——麦金泰尔的公私利益关系理论 … (294)
  二　自由与正义的限度——桑德尔的公私利益关系理论 … (298)

结语　百虑一致与殊途同归：公私之辩的现代意义 ………… (302)

参考文献 ………………………………………………………… (307)

导 论

个人利益和公共利益的关系问题是人类社会生活的一个永恒的话题。但凡人类生活的共同体，小至家庭，大至民族、国家，都必然存在着个人利益和公共利益的矛盾，而任何社会共同体的最基本的规范结构，无论是表现为习俗、习惯，还是作为制度、法律，都可以说是解决这一矛盾的社会模式。这一矛盾如此深入地存在于社会生活的每一细微之处，以至于每一个社会成员都可以在自己的日常生活中感受到或体验到这个矛盾所引发的各种生活问题，同时它又如此广泛地体现在社会经济、政治和文化发展的总体过程中，以至于任何政治实践家和理论家都不能不审慎周密思考和实施旨在解决这一矛盾的种种社会策略。"如果说，在个人普遍地依附于共同体的传统社会中，统治者或统治集团还可以用压抑、贬损个人利益的方式，或者用黑格尔的话说，用普遍性吞噬特殊性的方式来消解这个矛盾，甚至使之隐而不见，那么在现代市场经济社会中，市场主体的独立性、自主性、自由性以及追求私利的合法性，就使个人利益和公共利益的矛盾以一种前所未有的尖锐形式凸现出来。"① 市场经济就是以个人无止境地追求个人私利为内在驱动力的，因而，肯定追求私利的合法性是形成市场机制、产生市场效率的基本前提。在这种情况下，对于一个共同体的存在来说，性命攸关的公共利益就必然受到私利迅速扩张的挑战。于是，私人利益和公共利益何者优先？能否在不侵犯个人权利和私人利益的前提下，最大化地实现公共利益？或者，能否在不危及公共利益的前提下，最大限度地满足个人对私人利益的追求？以及，如何有效地维护公共秩序？谁来提供公共物品？怎样实现公共价值？等等，这一系列问题就从现代社会生活的各个方面浮现出来。

正是在这个背景下，20世纪70年代，随着罗尔斯的扛鼎之作《正义论》的发表和流传，理论界掀起了一场旷日持久的论争，这就是以罗尔

---

① 刘晓欣：《简论公私利益矛盾的社会负效应》，《商业时代》2010年第7期。

斯等为代表的新自由主义与以麦金泰尔等为代表的社群主义之间的争论，其焦点正是个人权利与公共善何者优先这一问题。尽管在众多理论问题上，社群主义与自由主义的分野并非像人们想象的那样泾渭分明，但就这个焦点问题而言，它们之间的理论分歧却是相当明确的。

在新自由主义政治哲学的体系架构中，正义、公平和个人权利始终处于优先的地位，其作为公正社会的最基本原则，就是要保证公民个人在与他人的自由不相冲突的条件下追逐自己的目的和价值。这种正义的制度决不维护任何特定的公共善，它的正义体现在对于个人追逐个人权利的宽容、理解与支持上。因此，新自由主义强调个人权利具有压倒一切的优先性，把个人权利作为分析问题的出发点，不同意因普遍的善而牺牲个人权利，是一种"权利优先论"或"权利基础论"。然而，权利是从法律角度对个人所应得之物的规定，权利背后是切实的利益，利益是权利的实质内容，因此，新自由主义对个人权利的强调，就可以转换为对个人利益的强调。突出个人利益优先于公共利益已必然是以个人为本位的自由主义政治哲学的题中应有之意。

在兼有批判康德哲学和回溯黑格尔哲学的理论思潮中，社群主义者拿着黑格尔式的武器展开了对现代自由主义的浩大声讨，这次讨伐主要针对的就是自由主义所主张的"权利优先于善"的观点。在社群主义者眼中，公共目的是证明政治制度好与坏的重要标准；作为公民必须要积极参与公共生活，因为这是正确审视自我的重要方式。他们认为，普遍的善是界定正义原则的基础，是正义之所以为正义的原因所在；而正义原则又紧密地关乎权利问题，所以从根本上讲，普遍的善是优于权利的。进一步讲，我们的认同又是由我们对善的感知构成的，我们对善的感知又会进入我们对正义的感知。可是，倘若按照自由主义所言的权利优先，那也就意味着以权利为基础的正义相较于善而言具有了优先性与先在性，这显然与上面的结论相矛盾，因此，主张权利优先的自由主义政治哲学是根本错误的。"社群主义者所说的普遍的善，在现实的社会生活中的物化形式便是公共利益，或简称公益。于是，善优先于权利的社群主义命题便引申出第二个重要结论，即公共利益优先于个人权利。这是一个具有核心意义的结论。"[①]

无论是个人权利还是公共善，其思想背后所隐含的是对利益的关注。因此，自由主义与社群主义之争，无非是私人利益与公共利益的关系问题

---

① 俞可平：《当代西方政治哲学的流变：从新个人主义到新集体主义》，《社会科学战线》1998年第5期。

在现代政治哲学中的反映。不管对这一问题的理论表述如何不同，也无论是过去还是现在，国内还是国外，几乎所有的政治哲学理论都绕不开对这一基本命题的回答。可以这样说，私人和公共之间、个人和社会之间、公共伦理与个人利益之间、个人激情与公共考虑之间的相互关系的基本内容无非就是公私利益的关系问题。正如塞里格曼所说，这个问题"对于力图想要阐述一种社会理18世纪和19世纪来说，是核心问题，也正是这些问题，继续成为今天社会和政治事务中最为凸显的问题"[1]。

当代中国正在致力于建立和完善社会主义的市场经济体制，同样会在社会实践中面临公私利益矛盾这样一个社会问题。怎样认识公私利益矛盾？这一矛盾应该如何解决？它的解决对于建构良性的社会秩序（和谐社会）有什么样的意义？这些现实问题都急需理论予以回答。然而，我们的哲学理论长期以来，一直缺乏对公私利益关系的系统的研究，对于这一矛盾的产生根源、动态过程、解决方式和社会效应等，均缺乏充分而翔实的哲学考察，这使得我们在理论上对这一问题的认识长期处于一种笼统的结论式的把握。为此，要使我们的政治哲学理论能够承担起为社会生活提供理念基础和价值指引的重任，就有必要对公私利益关系问题做出彻底的哲学反思。由于在人类政治生活中，公私利益矛盾始终是"剪不断，理还乱"的基本问题之一，历代哲学家在不同的历史境遇中均对此问题进行了深入的探讨，积累了大量的思想资料，因此，对这个问题的哲学反思，最切近的方式就是梳理和研究这些可贵的思想资源，使这一问题的理论内涵在思想发展的脉络中清晰地呈现出来。

在我们看来，任何社会行为的选择中，总是隐藏着一种价值的选择，这也反映在了它们同时代的哲学家的理论思维之中。每一种关于公私利益关系的哲学理论，都不仅仅是出于对现实生活中事实性的简单摹写，而毋宁说是一种立于价值原则之上的反思与批判，是一种价值理念支持下的理性建构。它们是对现实社会中处理公私利益关系的价值原则所进行的合理性与合法性考量。

"考察社会生活可以有两种不同的方式：一种是以认知为目的而进行的描述和分析，它是以事实性为核心的科学认知的考察方式；另一种是以价值评价为目的而进行的规范建构和辩护，它是以价值性为核心的规范理论的考察方式。它们代表着两种截然不同的理论思维进路。"[2] 然而，任

---

[1] Adam, B. Seligman, *The Idea of Civil Society*, New York, The Free Press, 1992, p.5.
[2] 参见王新生《唯物史观与政治哲学》，《哲学研究》2007年第8期。

何一种蕴含丰富的社会理论总是兼有以上两种思维进路与考察方式的，即是一种事实性与价值性相统一的理论形态。社会理论这种特点，根本上源于人类活动的基本特征。人类活动本身就是一种能动性与受动性的统一。能动性体现除了人的活动是受目的观念指引的，人的目的观念又形成于一定的价值观念之上，因此，可以将目的性归结为价值性；受动性体现出人的活动受制于一定的现实条件。所以，人类活动从本质上也体现出一种事实性与价值性的统一。而作为人类生活之一部分的政治生活，其基本结构也必然是事实性与价值性的统一。不过，政治生活所追求的价值更多的是一种群体性或社会性的价值，这是它与其他人类生活有所区别的地方。对政治生活进行哲学反思的政治哲学，无论是指向对当下政治生活的理解，还是指向一种理想性的未来目标，其都是一种事实性与价值性相统一的规范性理论，是一种受事实性规约的价值诉求。①

公私利益关系是社会生活中人们需要时刻面对的一个现实问题，人们对于公私利益的划分以及公私利益关系的处理，都反映着一定的价值原则，具有明显的价值导向。现实的存在并不意味着它就是完全合理的，人类对于现实生活的思考也不会仅仅局限于事实性的修修补补，因为那样人们秉持的价值观念就会作为事实性的奴隶而受制于它，沦为一种相对主义的价值，它表现在公私利益关系的处理上，就是一种摇摆不定、踌躇不决。因此，人们在思考公私利益关系时，总是力图去质疑、拷问这种事实性背后的那种价值原则，思考它的合理性与合法性所在，以及确立这种价值原则的终极标准是什么。这种思考的目的是立足于当下的事实，以一种特殊的视角从人的本性出发，说明人类生活的秩序问题，力求揭示公私利益关系这一现实政治生活基本问题的内在本性，从而为政治生活中对公私利益关系的处理，提供一种明确的价值指向与应然规范。这无疑符合现实政治生活的要求，也是走向未来理想社会的必要。而这一切，恰恰是政治哲学的任务。因此，对于公私利益关系的政治哲学思考，就成为古今中外政治哲学家思考的主要内容。众多的公私利益关系理论，仿佛一颗颗璀璨的明珠镶嵌在人类政治哲学的历史长河之中，意义深远，泽被后世。

政治哲学视阈中的公私利益关系理论是一种"总体性社会研究理论"，完全区别于黑格尔式的哲学体系和帕森斯的"宏大理论"。后两者都试图以一种包罗万象的抽象理论将世间所有的特殊性一网打尽。本书的

---

① 参见王南湜等主编《哲学视野中的社会政治生活》，天津人民出版社2007年版，第7—8页。

立场是从知识社会学关于"思想和社会情景"的关系分析出发，按照维特根斯坦对日常语言的分析，把社会政治理论看作是对某种社会生活情景的即时性反映，是与人们特殊的"生活形式"相一致的东西。因此，我们不奢求政治哲学可以提供一种尽善尽美的解决公私利益关系的现实方案，也无意对政治哲学史上各种公私利益关系理论和流派做出最终的道德审判。毋宁说，这种理论思考是一种再反思的方法，是一种康德式的批判理论。它不能，也不应该给出一个关于公私利益关系的终极结论。我们在梳理不同社会模式下的公私利益关系理论中，逐渐明晰了理论与现实相关联的内在路径，感到社会形态发展与公私利益关系理论嬗变之间存在着某种内在的关联，因此，选择这样一种内在关系作为诠释政治哲学史上众多公私利益关系理论的范式，不仅可以跳出具体理论表面差异的纷争，而且可以使我们在一种历史唯物主义的视野中把握到社会发展不同阶段公私利益关系理论的实质。透过对公私利益关系理论演进的分析，公私利益关系衍生变化的规律性机制被揭示了出来，这也使得我们明确了这样一个基本事实，那就是：公私利益关系或公私利益矛盾的彻底解决，从根本上说不是一种理论成功与否的问题，而是一种现实条件具备与否的问题。所以，公私利益关系理论应该是不断根据社会情景的变化做出反应的开放性理论。唯一对它具有引导性的力量，就是追求公私利益关系和谐的价值理念。

上 篇

传统社会的公私利益关系理论研究

引　言

　　原始社会被我们称为原始共产主义社会，它是一个原始的利益共同体，在它长期的发展过程中，公私利益之分是不存在的。原始社会的人们以氏族部落为基本的社会组织形式，由于血缘关系，亲情的情感关照在部落中占据着主导地位。同时由于一个部落人员数量有限，如果其整体缺乏团结精神，行动不能有效协调，那么这个部落群体就无法应付捕猎、采摘野果、保护栖息地、抵御其他部落及凶猛野兽侵害等现实生存问题，全体部落人员的生存就会面临直接威胁。因此，部落内部的人与人之间必须建立相互信任、密切协作的关系。只有在这种共同协作之中，才有可能确保人的基本生存需要，所以，原始社会生产力水平的低下，生存环境的恶劣等客观因素限制了利益的分化，使得公私利益之分根本不可能出现在这种社会状态之下。

　　然而，随着社会自发分工的出现，人类改造自然能力的增强，新式生产工具的广泛应用，使原始社会的生产力水平有了长足发展。到了原始社会末期，随着生产力的发展，社会剩余产品出现了，这使得私有制的产生成为可能。土地等基本生活资料也逐渐由公有变为家庭私有，私有财产出现了。氏族部落的公有与以家庭为单位的私有之间出现了分别，公私利益分野在人类历史上第一次以现实的形态出现了。公私利益的分化使得国家作为建立于这种分化基础上的、以调适冲突和保持秩序为己任的"第三种力量"而出现，这使得人类社会逐渐从原始的利益共同体走进了政治共同体中。在这种共同体中，人类对于公私利益关系的处理，为人类政治文明的进程掀开了新的一页。

　　奴隶社会较之原始社会生产力取得了较大发展，物质产品也丰富起来，这使得人的生存压力变小，劳动本可以变得更为轻松。然而，事实却并非如此，人类历史上第一个以阶级压迫和剥削为特征的奴隶社会出现了。与之相应，人类对于公私利益关系的处理方式，以奴隶主阶级对广大奴隶"私人利益"极端残酷压榨的形式而出现。这是因为，在原始社会瓦解的过程中，原来氏族公社的成员由于劳动能力的差异，人口多寡的不同等客观因素，使得家庭之间不可避免地发生了贫富分化。贫苦家庭不得不把土地抵押或出卖给富裕家庭。富裕家庭占有了大量的土地，客观上需要更多的劳动力来耕种。于是，他们开始收留一部分战俘，强迫他们劳动并占有他们的劳动果实。这样，最早的奴隶就产生了。奴隶开始在生产中只起辅助作用，富裕家庭的成员依然要参与劳动。但后来随着奴隶数量的增加，人们发现自己不参加劳动，只靠榨取奴隶的剩余产品也可以生活。这样，这些富裕的家庭就逐渐地摆脱了劳动而成为奴隶主阶级。然而，那时人的劳动虽已开始生产剩余产品，但由于生产力还徘徊在较低水平，从一个奴隶身上能够榨取到的剩余产品还是很有限，这就需要集合很多奴隶在一起劳作。于是，以大规模的奴役和压榨奴隶进行劳作的生产方式就随之出现。这种生产方式客观上也成为了解决公私利益关系的模式，它是通过最大限度地压榨私人利益以实现公共利益最大化的方式，完成了对于公私利益关系的整合。在奴隶社会中，一切的生产资料几乎都是奴隶主的私有财产，奴隶主占有一切，而"奴婢无私蓄"，甚至自己的人身也是奴隶主的私有财产。奴隶主对待奴隶生活的压榨几乎到了生存的临界点，历史学家狄奥多洛斯描写过埃及金矿中的奴隶生活，通过对广大奴隶"私人利益"的极端性榨取，使得有更多的剩余产品可以供养奴隶主阶级享用。这种制度虽然不人道，但客观上却促进了人类文明的进步与社会生活的发展。这是因为，对于奴隶私利的压榨与人身的控制，客观上使得奴隶制的统治秩序得以建立，社会生活的整合得以有效地完成。一种秩序性的公益得以实现。奴隶制国家的运作，需要大量的物资财富作支撑，而分散的个体劳动及其生产水平，是很难满足这种需要的，而大规模的奴隶共同劳作，使得生产水平较之个人的单打独斗取得了较大发展，一方面为奴隶主取得更多的剩余产品提供了可能；另一方面也为开创许多巨大的工程提供了可能，诸如修建城市、开凿运河、建筑宫殿和陵墓等，这都为维护奴隶主阶级的统治秩序提供了保障。再者，使得奴隶主阶级可以摆脱生产的束缚，而得以专心参与其他的社会活动，这也促进了政治、文化、艺术的进步，客观上为人类未来的发展积淀了更多的公益性价值。从这个角度上看，虽然不是出自于奴隶主阶级的本意，但借助于奴隶主阶级之手，对广大奴隶的私利谋夺，客观上支撑了整个奴隶制文明的进程，促进了人类公共利益的发展。所以，在奴隶社会生产力水平较低、个体劳动不足以提供整个社会文明进程所需的情况下，选择这样一种压迫和剥削私利的方式来促进生产力的发展和社会进步，从而有效地解决公私利益之间的关系，不仅有其历史必然性，而且也具有一定的历史合理性。

虽然生产力在这种制度下有所发展，但这种进展是有限度的。奴隶社会这种对奴隶私利近乎疯狂的压榨，不能不引起奴隶的反抗。随着奴隶与奴隶主阶级之间矛盾的尖锐，奴隶不堪忍受而不断地揭竿而起，社会陷入了动荡不安之中，生产力的发展也遭到破坏，这些都促使了奴隶社会的解体与新的封建社会的形成。

封建社会虽然还是一种人剥削人的社会，但由于生产力的发展和社会的文明进步，使得过去对待奴隶的那种非人道的极端摧残方式逐渐消失了。这时候的农奴虽然还依附于封建地主或领主，但已经有了一定的人身自由，并有了属于自己的经济。他们虽然还不能占有土地——这一最重要的生活资料，但他们可以拥有某些生产工具以及维持自身生活的部分劳动果实，这些果实可以归农奴自己支配，从而不必每天每餐都听凭剥削者打发。因此，农奴生活境遇的改善，使得他们劳动的积极性得以提升，客观上促进了生产力水平的提高和社会经济的发展。但是，整个封建社会还是以分散的自给自足的自然经济为主体的，这种经济模式下的生产力水平也还是较低的，这使得整个社会的产品剩余还极为有限，对于支撑整个社会公共权力的运作以及公共生活的需要而言，还是欠缺的。因此，在私利有了一定发展的前提下，社会生活内在层面的公私利益矛盾也较之奴隶社会有所发展。社会有效供给的不足，使得封建社会在处理公私利益关系上，只能继续沿用奴隶社会以压制私利为主导原则的解决方式。当然，这种对私利的压榨是区别于奴隶社会的，它相比较奴隶社会对于奴隶的赤裸裸剥夺而言，更具"温和"与"虚伪"的面相。作为统治阶级的封建地主利用手中掌握的公共权力机构——国家，进而把自己打扮成"公共利益"的代表，既以此论证自己统治的合法性，又以此为借口大肆压榨农奴的私利。另外，谋取农奴的私利是以"地租"的形式取得的，好像地主与农奴之间不存在什么剥削，而是一种合理的交易。这也具有极大的欺骗性。但不管怎样，对于农奴所创造的私利的无偿占有，成为封建社会模式下解决公私利益矛盾的解决办法。而且，这种方式在政治生活中以一种封建等级制的形式予以了保障。

在封建社会里，存在着森严的等级制度。这种制度体现为至上而下的从属关系，统治阶级就利用这种关系对被统治者加以层层控制，借以实现自身政治权力和经济地位的"江山永固"，不断加强对劳动群众的剥削和奴役。由等级制而形成的一个个圈层，利用一系列的宗法伦理严密地控制着人的欲望，有效地束缚了个体对自身利益的追求，这在很大程度上消解了公私利益的矛盾。统治者通过这种制度，既使个人利益在圈层内部有所发展，又限制了利益在不同圈层之间的流动，为个人利益的发展设定了范围，使得个人追求私利的要求不被广泛地接受与承认，而且传统社会长期实行的重农抑商的政策，使得个人妄图通过增强经济实力以改变政治地位的希望落空，这也在一定程度上扑灭了人们谋求私利的欲望，从而客观上促进了公私利益矛盾的解决。加之，统治阶级依托等级制强行向人们灌输封建的宗法伦理思想，使人们从思想深处牢固树立起一种崇公抑私的观念，通过这种虚伪的"天下为公"的道德说教来扼杀人们对自己私利的追求，这是封建社会解决公私利益矛盾方法的重要一面。

总而言之，在以自然经济为基础的传统社会中，由于生产力水平低下且发展缓慢，人们创造物质财富的能力十分有限，其剩余产品只能保证少数人脱离劳动而从事政治和文化活动，却不能满足不断增长的利益需要；相反，私欲的膨胀以及由此引起的贫富分化却是导致社会动荡的基本原因。为了维持秩序，只能采取如下方式：第一，强化中央集权，用国家的外在强制实施权利和义务的不平等分配；第二，巩固等级制，使人安于各自的等级圈层的生活方式和生活条件乃至生活水平；第三，在道义上强调克己奉公，使个人无条件地服从共同体的要求。这就从社会制度的模式上规定了对公私利益矛盾的解决只能有一种方式，那就是以压制私人利益为原则，用普遍利益来吞噬特殊利益。可以说，传统社会所特有的生产方式与社会机制，向我们提供了一种极为典型的公私利益矛盾的解决模式。这种模式在当时的生产力水平及其社会状况下，具有一定的历史合理性。但不容否认的是，这是一种利弊共生的解决方式。在促进了生产力一定程度的发展后，由于长时间对私人利益的压制，使得整个社会的生产效率低下，生产发展停滞不前。这就需要人们在促进生产力发展的意义上，寻找更加有效地处理公私利益关系的新模式。现实政治生活处理公私关系的方式，必然作为同时代政治哲学批判反思的对象而进入到哲学家的理论之中。在传统社会政治哲学关于公私关系的理论诉求中，无不体现着国家利益或整体利益至上的道德原则。[①] 所以，这是我们考察传统社会公私利益关系理论的一个基本维度。然而，现实中公私利益矛盾解决方式的弊端，也以一种理论的形式折射进了传统社会政治哲学之中，它表现为西方传统

---

① 注：传统社会政治哲学之所以常以一种道德说教的形式肯认整体至上的原则，无非是追求将一种他律的政治话语转换成一种自律的道德话语，从而使这种政治理念更容易发挥其功能。这也正是我们理解传统社会政治哲学中政治与道德尚未分化的一个缩影。

社会公私利益关系理论，在坚持公共利益至上的基本原则时，在理论的内在演进逻辑中，也给予了私利的发展以适度空间。可以说，古典政治哲学以一种理论的形式，批判和反思了现实政治生活中人们对于公私利益矛盾的解决方案，这为我们更好地理解和把握这一社会政治生活的基本矛盾，并寻找更为合理的解决这一矛盾的方案提供了可资借鉴与利用的宝贵思想资源。

第一章　以正义熔铸善与美德的同一：城邦政治哲学中的公私利益关系界说

在着手研究古希腊时期的公私利益关系理论之前，有必要先了解一下这种理论产生的社会与思想背景。城邦政治是古希腊时期典型的政治形态。而所谓"城邦"就是一个独立的主权政治共同体，它在区域上包括的就是城市及其周边一小片乡村。一般而言，城邦人口少、面积小，即使是鼎盛时期的"大城邦"雅典，其规模也难与现代城市同日而语。然而，正是古希腊所特有这种政治共同体孕育了与众不同的西方政治文化，催生了影响深远的政治哲学奇葩。

城邦的内部特征是其独特的社会政治结构。一般来说，城邦由3个大的社会集团构成。人数最多的一个集团是奴隶。尽管各邦奴隶的处境略有差别，但都规定奴隶没有自己的独立人格和政治权利。第二个集团是外邦人，他们虽然与奴隶一样不享受社会的公共生活，但他们是自由人，有独立的人格、家庭和财产，不受社会的歧视。最后一个集团是公民。"公民一词由城邦演化而来，与城邦几乎同义。他们生而是城邦的主人，其身份、地位、权利、义务、前途、命运都与城邦紧密相连，公民对城邦的依赖不是取决于法律，而是近乎血肉一体的情感。"[①] 城邦像磁石一样把公民吸附在一起，使之成为城邦公共生活的真正主宰者。个人与城邦、家庭与国家几乎合为一体。公民的兴衰荣辱皆系于城邦。在希腊人的眼里，所谓的"公民"就像是一个家庭中的成员，其公民资格的获得主要看他对城邦的贡献，而不是看他从中得到了什么。重要的在于分享而不在于拥有。公民对于城邦的依赖不是取决于法律，而是近乎血肉一体的情感。伊朗前总统穆罕默德·哈塔米博士曾说："希腊的城邦具有精神和政治倾向。城邦就是在其中生活的居民的身份的标志。个人在城邦中只是一个成

[①] 宋建丽：《公民资格理念初探》，《内蒙古师范大学学报》（哲学社会科学版）2005年第4期。

员，其人性只有在城邦中才能得以实现。城邦是人的根本，忽视了城邦，个人生活就失去了意义。"①

希腊城邦的发展经历了王政、贵族政治、僭主政治和民主政治几个时代，到雅典的民主政治时代达到了顶峰。雅典城邦的发展与强大，曾对希腊文明的发展做出了突出贡献。但是，随着旷日持久的伯罗奔尼撒战争，整个希腊世界陷入了空前的动荡与灾难之中。雅典的瘟疫、伯里克利的病逝、当权者的品质败坏，一切的腐败因素加速了雅典辉煌的湮灭。城邦政治走向了难以挽回的衰败，昔日的繁荣只成为追忆中的慰藉。在对这场战争的反思中，在对理想城邦重建的理论追索中，古希腊政治哲学迎来了自己的高峰。

修昔底德通过对伯罗奔尼撒战争的解读，使我们认识到所有参与战争的城邦和国家，它们的行动并非出于正义，而是出于利益或其他动机。更为甚者，"除了以满足直接的欲望为目的外，即使当行为并不涉及切身利益时，人也会公然漠视正义或法律的约束"②。这种正义面对自私与暴行无能为力的可悲景象，是整个希腊城邦政治衰落的真实写照。

修昔底德进一步通过描述雅典人与米洛斯人关于正义的辩论，使我们明晰：正义终归是我们自己的利益，它本身就承认这种利益也是一种强迫性的力量。战争是强者利益即为正义的明证。最大化的个人利益囊括于这一正义的概念之中，原因在于我们始终视这种正义为我们的共同利益，自然这种共同利益就包含了个人利益。由此，我们可以看见，在古希腊的政治生活中，正义与利益早已是孪生姐妹。这也体现在城邦政治生活的内部，体现在雅典人的高尚生活之中。与城邦对外时追求"私利"不同的是，城邦内部的政治生活，更为强调公共利益的美德。"雅典人积极参与政治生活，一种并不需要忽视个人利益，而是促使个人能力全面、和谐、完善发展的政治生活。"③ 他爱说的不忽视个人利益，其实是强调"雅典人在自由地选用其智慧及其天赋时，能从城邦的利益出发，并随时准备为城邦献身"④，伯里克利之所以用"高尚""美"这些字眼赞颂阵亡的将士，就在于他们为城邦献身的精神超越了单纯的自私利己之心。修昔底德把雅

---

① 〔伊朗〕穆罕默德·哈塔米：《从城邦世界到世界城市》，马生贵译，中国文联出版社2002年版，第3页。
② 孙德鹏：《从自然正义到自然权利》，《西南政法大学学报》2003年第6期。
③ 〔美〕列奥·斯特劳斯、约瑟夫·克罗波西主编：《政治哲学史》上册，李天然译，河北人民出版社1993年版，第15页。
④ 同上。

典在西西里全军覆没的原因归结为贪图眼前私利而牺牲公共利益。他认为，领导者个人的抱负与公共利益的和谐丧失，是雅典走向衰落的开始。总而言之，大部分的雅典人开始使公共利益服从于私利，无论是在对内还是对外上，就都丧失了所谓的德性与高尚，这就注定了失败的结局。从修昔底德对雅典人与雅典城邦的反思之中，古希腊的哲学家开始思索理想城邦政治的重建，开始思考正确的公私利益关系以及与正义的关联。

第一节　城邦政治哲学的形而上学基础

一　人的生存本性使形而上学与政治哲学走到一起

众所周知，西方传统形而上学产生于人类对自身之外世界确定性的追问，力求从多样世界中找到一种使万物获得统一性的"源"或"本"，这种自然本体论思想开启了人类形而上学思维的大幕。如果说，前苏格拉底哲学家主要致力于从纷繁芜杂的自然界中寻找普遍性或一般性，以满足人的生存确定感的需要的话，那么苏格拉底第一次将哲学从天上拉回了人间，开始致力于从人的最切近的现实生活状况出发来获致一种代表了生存意义的普遍性或一般性定义，而这个普遍性的定义就是要揭示事物表象背后的本质。苏格拉底生活的时代，与人关系密切的生存状态就是如何在城邦政治生活中获得幸福，这使得苏格拉底致力于专门研究各种城邦政治生活中的伦理品德，利用归纳论证的逻辑方法找出这些品德的一般性定义。于是，苏格拉底把西方哲学引上了道德形而上学与理性主义的道路，关于哲学——形而上学的思考与关于城邦政治生活的思考发生了自然的联姻，而这种联姻的基础恰恰就是人的生存本性。

在哲学史发展过程中，康德坚定地肯定了形而上学的思考是人类理性的一种自然而实在倾向，任何妄图从人类精神世界将之驱逐出去的做法终是徒劳的。在他看来，形而上学产生于理性成熟的人自然追求思维极致性的内在冲动，这也就是说，只要是现象界不能提供给人类达致终极性理解的帮助，作为人性需要的理性驱动，就会在一种超验性本体追求中形成形而上学。在马克思看来，这恰恰体现了人的存在两重性，即人除了作为现实性的存在，还有超越性的一面，他有着不断越出自身有限性以通达无限性的生存本性，就如怀特海所言，人若一味地沉湎于现实性，就会专注于"'存在者'而遗忘了'存在'本身，只能导致对人的生存本性的曲解或遮蔽。形而上学的理解属于一种超验的本体论的视域，它以主客融通的思维把人作为意义化的存在进行本体论的超验究问；它不是一个经验描述和事实判断的问题，是一个超验假设和价值判断的问题"①。这样一个超验假设和价值判断，必将决定或影响基于对政治生活进行哲学反思的政治哲学的理论旨趣。

按照唯物史观的基本观点，人类对自身生存本性的思考建基于自身生存的实际状况之上，正如有学者所说的那样："对哲学——形而上学问题的争论绝不是一场概念游戏，而是对人类生存状况的一种深层次的反思；它也不仅仅是由哲学自身发展中的矛盾困惑所酿成的，更重要的是由于人联结在一起的社会发展所引起的。"② 因此，要深入理解古希腊人对生存本性的诠释，进而清晰地把握其政治哲学的理论走向，就必须首先回到那个时代人的实际生活状态或原生生活样式中去。

地处阿提卡地方的雅典是一个三面环海、以丘陵和平原为主的地区。丘陵地区既是银矿、大理石矿的产地，也是畜牧、养蜂和种植的好地方，平原是主要的谷物产区，除此之外，在雅典的西南海岸还有适宜通商的两个海港法莱隆和拜里厄斯，这种地理环境使得雅典具有从事农业、手工业以及海上贸易的先天条件。公元前6世纪初，梭伦注意到为了能够提供维持不断增殖人口的生活，单靠自给自主的农业生产是无法为继的，因此，梭伦改革主张发展商业性的农业生产和手工业，这使得雅典开始突破了自然经济的束缚走上了发展商品经济的道路。汪子嵩先生在《希腊哲学史》中进一步分析到，商品经济的发展对雅典传统观念影响还不是颠覆性的，只是出现了货币经济后，雅典的经济关系和传统观念才受到了巨大冲击。在他看来，对货币经济的看法是苏格拉底、柏拉图以及亚里士多德等人政治伦理思想中的一个重要问题，因为它引出了利益和正义的关系等问题。可以说，这种关于货币经济与政治哲学关系的看法无疑是一种具有开创性的真知灼见。雅典丰富的银矿资源、大量的工农业产品和良好的海港条件促进了它的海上对外贸易，反过来对外进出口贸易又进一步推动了雅典商品经济的发展，这使得雅典的经济实力在希波战争之前就已经在整个伊奥尼亚地区的城邦中一枝独秀了。经济的快速发展，也是的雅典的民主政治逐步形成和发展，人们之间的社会关系和伦理观念乃至于抽象思维都随着雅典民主政治的发展而得以改变。

---

① 旷三平：《作为人的生存本性的形而上学——兼做对马克思哲学的辩护》，《哲学研究》2006年第10期。
② 黄颂杰等：《西方哲学多维透视》，上海人民出版社2002年版，第18页。

然而，工商业快速发展的雅典从来就不是高枕无忧的世外桃源，它时刻都面临着争夺海外市场的商业竞争压力，因此为了获得广阔的海外市场并从外部输入劳动力（奴隶）、粮食和奢侈品等，雅典还需要借助于军事力量进行对外的武力扩张，可以说战争在雅典的发展中从来就没有须臾的离开过，特别是希波战争与之后的伯罗奔尼撒战争，这两场战争从某种程度上彻底地改变了雅典乃至希腊的历史发展进程，战争成为城邦生存之外在所系，也成为其衰败之外在所源。以雅典为首的同盟获得了希波战争的胜利，宣告了古典时代的到来，这预示着雅典为代表的希腊在严峻的外在考验下保持和发展了希腊的光荣和自由，同时也锻炼了自身的坚韧与力量，这种精神的体现不仅有外在的战争机缘，更是自身内在文明不断进步发展的结果。从梭伦削弱贵族势力的民主改革到克利斯提尼的改革，城邦民主政治终于得以在雅典生根发芽。随着雅典民主制的发展，到了伯里克利时代，雅典的城邦民主制达到了空前的全盛时期。以城邦为中心的政治生活成为公民精神的最好体现，雅典的公民在民主与自由方面获得了前所未有的高度发展，克利斯提尼的"贝壳放逐法"是雅典直接民主制的突出明证，务实的公民参与是雅典民主政治生活的真实写照，这使得在此背景下产生的希腊哲学必然会反映城邦、民主、公民、政治参与等诸多要素，特别是关于城邦良善生活思考的形而上学与政治哲学，更是会自然而然地建基于之上。

然而，雅典民主制的繁荣背后却隐藏着无法永远回避的矛盾与冲突，城邦与城邦之间的斗争、城邦内部的斗争可以说与雅典的发展如影相随，这使得以奴役、剥削和压迫为特征的自由、民主与繁荣终会难以维系。历时多年的伯罗奔尼撒战争，虽以雅典的失败求和而告终，但实际上战争是以两败俱伤为结局的。但就雅典战败而言，经济萧条、公民破产、贸易受阻、粮食危机、贫富分化等成为不争的事实，雅典城邦民主制繁荣的经济基础不在，使得雅典民主制的衰败事成必然。首先是民主派的首领纷纷腐化堕落为愚弄民众的饶舌蛊惑者和争权夺利的阴谋家，接着是丧失生活自主性的公民或无心参与政治或仅仅将之作为取得生活所需的手段与工具，往昔民主政治的光荣与尊严荡然无存。修昔底德对那些以民主之名而行私利之实的罪恶[1]进行了精彩的分析："由于贪欲和个人野心所引起的统治

---

[1] 注：公元前427年发生在科尔居拉的民主派与寡头派的相互屠杀，特别是民主派不仅违背戒律公然在神坛将寡头派杀害或逼其自杀，还进一步以阴谋推翻民主制的罪名扩大了对普通公民的屠杀，而实际上有些人是出于私仇或债务被杀，针对这一震动整个希腊世界的事件，修昔底德在他的《伯罗奔尼撒战争史》中进行了一针见血的分析，有力地剖析了当时雅典民主制衰败与堕落的现实。

欲望，是这些罪恶产生的原因。一旦党派斗争发生，激烈的疯狂情绪就产生作用，也是原因之一。许多城邦的党派领袖们有似乎可以使人敬佩的政纲，他们虽然自己冒充为公众利益服务，但是事实上是为着他们自己谋得利益。他们的行动已经可怕，但报复更为可怕。他们既不受正义的限制，也不受国家利益的限制；他们随时准备利用不合法的表决来处罚他们的敌人，或者利用暴力夺取政权，以满足他们一时的仇恨。虽然双方的动机都是非正义的，但是那些能够发表动人言论，以证明他们一些可耻的行为是正当的人，更受到赞扬。"① 然而，对于那些持有温和立场和观点的公民而言，却极有可能因为避免灾祸而活着，遭受两个极端党派的迫害。可以说，"整个希腊世界中，品性普遍堕落了"②。就是在这样一种历史的长镜头中，力图重拾城邦民主制辉煌的理论努力登场了。苏格拉底、柏拉图和亚里士多德挺身而出，希望在唤醒人性的基础上通过重新明晰善的理念、匡正正义的内涵、辨析美德的利益而挽救日暮途穷的城邦生活。

二　超验的善观念与目的论的思维方式

　　苏格拉底亲身体验和经历了雅典因为战败而滋生的道德腐败和精神疾患，作为一位雅典政治民主制的忠实信徒和爱国者，他不忍目睹城邦国家的摇摇欲坠，力图和只能通过重塑精神的辉煌找到拯救雅典道路，因为伯里克利时代尊崇和信奉政治美德所带来的繁荣使他记忆犹新，前辈学人创设的"心灵理论"③ 使他念兹在兹，这一切坚定了他将雅典盛衰的原因归结为精神与道德的迷失、正义与美德的沦丧。

　　然而，是否拯救人的精神与道德就意味着对伯里克利时代美德的简单回归呢？显然苏格拉底比我们想得更为细致。因为他已经注意到雅典所发生的一切不义之举正是源发于过去视为正义光荣的事情，这使得他难以有简单而充足的自信回到伯里克利时代，新的问题、新的思考促使他力图向世人澄清：过去世代的人们并没有真正弄清楚善、正义与美德的内涵，而是将混合了实用目的和个人利益的美德奉为了圭臬、标示为正义，就连伟大的伯里克利这样的政治家都难以幸免，所以人们因为没有对善和真理的正确认知而误将不义视为正义、谬误视为真理、愚昧视为智慧、诡辩视为

---

① 〔古希腊〕希罗多德：《希罗多德历史——希腊波斯战争史》，王以铸译，商务印书馆1997年版，第238—239页。
② 〔古希腊〕修昔底德：《伯罗奔尼撒战争史》，谢德风译，商务印书馆1960年版，第3卷第5章。
③ 注：阿那克萨戈拉的"心灵"学说认为，心灵是安排万物的唯一的力量。

雄辩。怀揣着拯救城邦政治理想的哲学思考，必然要发端于真正善和真理的探究，这是解决一切现实困扰、扫清似是而非的康庄大道，更是肇始于苏格拉底的古希腊政治哲学的使命与担当。

苏格拉底认为人之为人的根本原因不在于他的感觉与欲望，而在于人有灵魂，灵魂能够追求善。特别是他受到阿那克萨戈拉心灵学说影响后，更坚定地把追求善视为灵魂自身的目的。这里苏格拉底将"目的"引入到哲学范畴的讨论之中并将之视为具有根本性意义的范畴，无疑是看到人作为能动的主体，他的全部实践活动都是附带有目的性的有意识之举，目的是贯穿于各种意识和行为之中的主要环节之一，抓住了目的也就抓住了人的精神能动性的根本点。显然，苏格拉底这里将目的视为了原初动力、第一性的东西，目的成为人事和万物的基础，注定了苏格拉底目的论哲学的唯心主义性质。当然，这里的目的绝非个人狭隘的自私自利的目的与建立在个人特殊感觉基础上的所谓善观念、真理，而是具有普遍性的、被大家公认的善和真理，这才是灵魂为之趋附的真正目的。所以，苏格拉底的目的论是建基于感性具体之上的普遍性与统一性，具有客观唯心主义和道德本体论的性质。

在苏格拉底那里，善是摒弃了种种特殊利益和目的的共相，它意味着人们生活中有利、有益的好提升到了公认的心灵的好，这是作为人的一切思想、情感和行动的根本原因，是人的本性所在。至于这个共相是否是独立实存，即脱离个别与特殊而存在的东西，苏格拉底在定义善时并没有明确，但从他对特殊利益和感官欲望的否定与驳斥的角度看，势必会在思想发展的延长线上产生柏拉图将真、善、美看作脱离个别而单独存在的"理念论"，这一点恐怕不会引起学术界太大的质疑。因此，本书还是将苏格拉底所开创的、柏拉图与亚里士多德继承和发展的目的论哲学视为一脉相承的理论体系。无疑，这里柏拉图是苏格拉底超验善观念和目的论哲学追求的最好完成者，举例柏拉图的理念论便具有了承前启后的代表意义。

柏拉图将苏格拉底所开创的道德本体论进一步发展成了理性主义本体论，将哲学所需的理性和逻辑方法贯穿其中，这也体现在他对超验善观念或理念的阐释之中。在柏拉图的哲学世界中，寻求一般定义的对象绝不可能是感性事物，而只能是决定感性事物之所以被我们感觉到的那个"理念"或者"相"，因此，柏拉图认为"理念"是决定某物之所以为它自身的规定，是世间万物的根本原因或本体，它就是苏格拉底致力于追求的普遍者，是最真实的存在，是绝对不变的东西，是万物追求的目的。世间感性事物之所以具有如此这般的性质，全是因为它们分有这些"理念"，换句话说，"理念"的世界是经验世界生成的本体，经验世界是对"理念"的描摹而已。至此，柏拉图依据存在的真实程度将世界划分为两部分，一个是作为真实存在的理念世界，一个是作为理念或"相"的影子的感性世界。柏拉图在《理想国》中进而将"善"纳入到了他的"理念论"体系之中，不但提出了一个"善的理念"，而且认为在理念世界所有的理念之中，它居于最高层次，是其他一切"理念"的原因。如果说理念是现象世界得以存在的原因，那么"善的理念"则成就了理念世界的存在。在这个意义上，我们也可以把"善的理念"称为"理念之理念"。柏拉图曾经将"善的理念"比喻为太阳，阳光赋予视力同时使万物得以显现，更为根本的是阳光还赋予了万物以生长的光和热，成其为生成的原因。"善的理念"就如太阳一样，不仅赋予了思维认识存在和真实性的可能，而且成为存在之所以存在的根据。这里柏拉图超越了伦理学的意义，在本体论的意义上重塑了"善的理念"，它作为一种超验性的存在决定、范导着经验世界的生成，以之为根据、以之为模型、以之为目的。

作为一个伦理的范畴，相较于正义等其他范畴而言，善也是最高的范畴，它决定着正义，在柏拉图的目的论思想中，好不好（即善不善）决定着对不对（即正义或不正义）。可以说善不仅是柏拉图本体论和认识论中的最高范畴，也是其伦理学或政治哲学中的最高范畴。"善的理念"作为最高的存在，成为一切存在的终极目标，从伦理学的意义上可以将之视作"神"，是一种无制约者，是一切正义、美德的原因。这就昭示世人，在经验世界中的一切追求都应以追求"善"为目标，凡事都要以追求善为根本、为旨归，城邦政治生活就更是如此。可以说，柏拉图为他在理论上建构理想的城邦生活找到了形而上学的依据和归宿，这种超验善观念或理念的存在，以及以其为现实政治生活的目标与依归的致思理路成为古希腊城邦政治哲学的典型特征。理念的现实化成为柏拉图理论上救赎城邦政治衰落的一剂良药，也就是说，人们所生活的经验世界之善与美的依据都寄托于其理念世界中的真实存在。这种把经验事实构成的思维空间放大到理念世界思维空间的做法，无疑是对苏格拉底"目的论"世界观的一种存在论的阐释，在认识论上也是一个了不起的进步。但无可否认的是，柏拉图将经验世界与理念世界断然割裂开来的做法，也造成了自身对理念世界把握的难题，虽有粗俗的"分有学说"勉强维系了理念世界与经验世界的勾连，但理念世界自身真实性的论证却被悬搁了起来，沦为一种神秘的不可知论。纵然这样，我们依旧不能轻易地否认柏拉图提出的理念论或超验善的观念以及目的论的思维方式,对于理性主义哲学发展所产生的重要意义。单从政治哲学视角看,基于理性基础上以追求善为目的的理论建构和德性考量,开启了后世政治哲学发展的重要价值维度。

三 基于"逻各斯"的理智美德价值观

苏格拉底开创按照理性思考的结果来构筑理想政治生活的理论进路,其中以理性思考的结果建构一种理想的政治社会生活价值规范以实现人的本性是其理论的典型特征,这也开创了西方政治哲学一个重要的理论传统,那就是基于事实性基础之上的价值判断与价值维度的思考是政治哲学必然的内在关照。正如阎孟伟教授所说的那样:"政治哲学对政治问题的考察和研究必然带有一定的价值取向,而这种价值取向归根到底来自于道德原则。也就是说,政治的合法性或合理性的根据并不在于政治活动自身,而在人们最基本的道义原则中。因此,只有伦理学才能为政治的合法性或合理性提供形而上学的终极依据。从这个意义上说,伦理学构成了政治哲学的形而上学基础,具有绝对意义的'善',是所有道德行为和政治行为的归宗。"[①]

关于美德的原义比较宽泛,它可以指称任何事物的优点、长处和美好的性质。苏格拉底把人的优秀品质如正义、勇敢、自制、有爱、虔敬等都视为美德,总之美德就意味着好、善,在苏格拉底的价值序列中,所有的美德皆属于最高的善。苏格拉底真正对美德理解有重要突破的一点就在于,他把美德与知识联系在了一起,这与传统的把美德视为智慧、依靠权威宣誓与命令的观念显得格格不入。"美德即知识"的命题建基于他对人的理性本质的确认之上。他认为人是理性主宰的存在物,以快乐与痛苦为表征的情感固然能对人的行为起重大作用,但人要在复杂的快乐与痛苦之间做出分析、判断、权衡与选择单靠情感是不行的,而只能靠以理性为基础的知识。换句话说,唯有追求善和真的理性具有明辨是非善恶、拣选真假对错的能力,从而使人的行为始终以追求善为目的,正确而合乎美德。我们姑且不去讨论苏格拉底试图将道德善与知识真的统一是否成功、是否完美,但有一点值得我们注意,那就是理性基础之上的个人美德与城邦追求善的目的是内在同一的,这也深刻地影响着其后希腊政治哲学的价值判断。

作为苏格拉底的忠实信徒与衣钵继承者的柏拉图,对于"美德即知

---

① 阎孟伟:《政治哲学的伦理学基础》,《理论与现代化》2011 年第 1 期。

识"的信念同样坚定。在他看来，知识是人通达"至善"的唯一路径，换句话说，一个人要想成为有美德的人就必须拥有关于美德的知识。然而他的老师苏格拉底对什么是善和美德却缄默如森。柏拉图借苏格拉底之口在《美诺篇》提出了这样一个逻辑问题：如果连美德是什么都没有弄清楚，又如何可知美德可教？因此，我们可以看到，弄清楚美德的定义将是柏拉图展开美德探讨的首要问题。人形形色色，各式各样，每一类都有其各自的美德，老人如此、幼儿如此、男人如此、女人如此，不一而足。然而，这在柏拉图看来都没有真正回答美德是什么，美德的定义应该是在诸多具体中寻找到的普遍本质，"尽管美德多种多样，但它们至少全都具有某种共同的性质而使它们成为美德。任何想要回答什么是美德这个问题的人都必须记住这一点"①。可见，这时柏拉图对美德的探讨开始转向了一种知识论或认识论的方向，即他要努力回答善、美德与知识的关系问题。而这就是他要在《理想国》中所做的工作。在柏拉图看来，底层的美德是具体而有形式差别的，可到了最高阶段，美德演化为至善，也就是抽象成了善本身。在这里，我们可以不费周章地看清楚柏拉图与苏格拉底在善问题上的差异，前者把善看成了一种具有最高本质意义的"理念"或"相"，是形成美好和谐秩序的保障；而后者却仅仅把善视为道德概念。可以说，柏拉图发扬光大了苏格拉底提出的"美德"学说，在知识论与认识论的意义上深化了对"善"的理解。

前文我们讨论了柏拉图所建构的那样一个理念世界，最高理念"至善"统领着其他一切理念与知识，在通向"至善"的过程中，健全的理性起着举足轻重的作用。在柏拉图看来，没有对健全理性的服从，就不可能赢得至善。而健全的理性又发出了怎样的命令呢？在柏拉图看来，那就是灵魂的井然有序，也就是人的幸福。灵魂的井然有序体现的是一种灵魂的整体美德，也就是组成灵魂的各个部分按照自己的职能发挥作用、履行职责，那样在每个部分达到自己的特殊美德的同时，灵魂也实现了整体的善。因此，理性的健全发展意味着美德的实现，意味着通向至善，获致幸福。在麦金泰尔看来："肉体的贪欲应接受理性所施加的约束，以这种方式被展示出的美德就是节制。那对危险的挑战做出反应的勇敢美德，当其按理性的命令做出反应时就将自身展示为勇敢。而理性本身，当其收了数学与辩证法的训练以至于能够辨别何为正义本身、何为美本身以及何为凌驾于所有理念之上的善的理念时，就展现自己独特的美德——智慧。但只

---

① 〔古希腊〕柏拉图：《柏拉图全集》第一卷，王晓朝译，人民出版社 2002 年版，第 493 页。

有当第四种美德——正义也被展示出来时,上述这三种美德才能够被展示出来;因为正义——按照柏拉图的解释,非常不同于我们现在的正义概念,尽管几乎所有的柏拉图译者都用'Justice'来译它——恰恰就是给灵魂的每一部分分配其特殊功能的美德。"① 在这里,我们可以清楚地看到,在柏拉图的思想深处,美德学说就等同于价值学说,他设定了诸多价值按照一定的顺序排列,代表的是一种对价值秩序的安排。在这张表中处于最高位置的当然是至善,至善在柏拉图特殊的城邦政治话语中体现为正义,它是其他美德得以实现的前提条件,以下依次排列着智慧、勇敢和节制。非常有意思的是,这种排序与柏拉图关于灵魂结构的解说有紧密关联。在柏拉图那里,灵魂被分为了理性(理智)、激情(冲动)和欲望三部分。理性居于头脑,指挥全身;激情居于胸部,受理性支配;欲望居于腹部,受理性与激情的支配。在柏拉图的灵魂三分说中,当知识服从理性的支配时,就有了智慧的美德;当激情服从理性支配时,就有勇敢的美德;当欲望服从理性支配时,就有节制的美德;当灵魂的三个部分都服从于理性的支配时,就有最高的正义美德,而人一旦拥有了正义美德,同时也就有了其他三种美德。所以灵魂的秩序就表现为正义,追求正义的人才会获得真正的幸福。如果违反了灵魂的自然秩序,就无法彰显正义,就难以达成幸福,甚至会毁灭灵魂。这里柏拉图强调诸美德在相互包容中实现的统一性,每一美德的彰显必须要以其他所有美德的呈现为前提,就美德互不冲突这一点而言,亚里士多德是柏拉图忠实的同盟者,他们拥有一个共同的预设,那就是宇宙中的自然秩序规定了人类总体和谐的生活体系当中每一美德的适宜位置,关于美德的真理揭示的就仅仅是关于美德的判断与这一系统秩序的一致性而已。

在这里,柏拉图的美德概念具有政治概念的含义,"柏拉图的理论将诸美德与一种理想的而非现实的城邦政治实践相联系;这里还应该强调,柏拉图宣称,他的理论既能够说明各种实际人格的和谐与不和谐,也能够解释各种现实城邦的冲突与不和谐。无论在政治领域还是在人格领域,冲突与美德都是互不相容、彼此排斥的"②。由此,我们可以得出,以理性为依托的美德已经超越了苏格拉底纯粹道德概念的理论内涵,而毋宁说具有了政治哲学规范性的价值意蕴。

---

① 〔美〕阿拉斯戴尔·麦金泰尔:《追寻美德——伦理理论研究》,宋继杰译,译林出版社2003年版,第141页。
② 同上书,第142页。

苏格拉底这种直击人和人的生存实践本身的反省与自觉,真正诠释了形而上学与政治哲学内在汇通的机缘与机理,这也深刻地影响了其后柏拉图与亚里士多德为代表的古希腊政治哲学的形而上学气质。"事实上,在西方思想史上,每一套具有原创性的形而上学体系产生后都逻辑地范典着其后相当长一段时期政治哲学、政治思想的基本走向。因为西方文明史上的政治思想、政治哲学本身,大都是哲学家(主要是形而上学家以及相仿于形而上学家的宗教家、神学家——因为他们双方都强调客观唯心主义的超验本体论)所创制出来的,大都是思想家们(包括文明宗师)基于形而上学(包括'圣经基督教'即《圣经》及其神学)规范性地、超越性地研究、推论政治现象及其应然逻辑的哲学学科、超验思维、信念体系、人类意志,是对'公私矛盾'在政治思维层面的超级解决之道。"①

第二节 善、正义与美德:一种公私利益关系的规范性论证②

在柏拉图心中,正义在诸种价值中具有至高无上的地位,它不仅是城邦得以建立的根本原则,还关乎城邦中普通公民的人生幸福,这是因为评价一个城邦是否正义的标准就是看它能否促进全体公民的最大幸福。这就说明,正义与公共福利紧密相关。城邦作为一种为了某种善的目的而存在的包括全体公民的道德共同体,自然要把追求城邦中所有公民都能共享的公共福利作为首要使命,要求公民为了城邦的公共利益而奉献。可以说,柏拉图在这里已经预示了这样一个内在逻辑,那就是城邦中公民的个人利益与城邦的整体利益或公共利益是完全一致的。沿着这样一条内在言说的理路,我们可以清晰地勾勒出柏拉图那座笼罩在理想光晕之中的政治哲学大厦。

一 个人与城邦

柏拉图所有政治思想的论述,都基于这样一个形而上学的追问:什么样的生活才是人类理想的生活样态。因为在他看来,哲学绝不是玩弄智力的逻辑游戏,它"并不是一件小事,而是一个人该怎样采取正当的方式

---

① 李峻登等:《政治哲学视域中的形而上学:含义与类型学》,《东岳论丛》2010年第2期。
② 参见刘晓欣《一种正义熔铸下的"理想生活"——柏拉图公私利益关系思想的政治哲学探究》,《河南工业大学学报》(社会科学版)2010年第3期。

来生活的大事"①。柏拉图努力找寻头脑中所构想的宇宙秩序与人类现实生活中经验的契合点，力图由这种契合建构起一座"理想之城"，即个人与城邦共同体完美和谐共在的理想共同体。最后，城邦的秩序与正义成为建构这样一座大厦的支柱。

在他看来，个体的德性是城邦正义的一部分，个体是身处城邦共同体关系中的个体，城邦是个体德性教化之本，城邦与个体的关系就类似于字母中大小写的关系，其本质上是同一的。个人是缩小的城邦，城邦是扩大的个人。柏拉图在这里对于个体和城邦的区分存在着某种"映射"关系，正像包利民先生所说的"因为它们是同质的，可以'自大观小'"②。为了给这个结论以坚定的论证，柏拉图从发生学的角度描述了城邦的自然生成过程，似乎是城邦源于个人生活，但实际上城邦国家的必然产生源于人性的缺陷与不足。完美与自足是国家的特性，国家是改善个人的不完善性的训练场。因此，在柏拉图看来，城邦（国家）高于个人，城邦（国家）利益重于个人利益。沿着这种政治逻辑他推导出了两重结论：一是完成城邦国家所赋予的使命才能充分体现出个人的价值，即忠诚地做好适合自己才智的工作，心无旁骛，专司其职。个人的兴趣、爱好以及自由选择的权利等，在完美向善的国家面前变得不值一提、无足轻重，个人仿佛是国家这部机器上的一个零部件。二是国家利益是政治生活与个人生活的旨归与终极标准。正如柏拉图所说的，以什么事情对整个国家最有好处作为立法的根据，这是因为他想当然地把个人的利益置于低等的价值水平上。可以说，柏拉图在一种构造性的视野内塑造着个人与共同体的关系，即他所比喻的部分与整体的关系：整体高于部分，部分服务于整体。这也恰好构成了被波普尔不断诟病的整体主义国家观："凡是促进国家利益的就是好的、有道德的和正义的，凡危及国家利益的就是坏的、恶劣的和不正义的。为国家服务的行为是道德的，危及国家的行为就是不道德的。"③

然而，在柏拉图看来，阻碍重建这种共同体的症结就源于城邦利益出现了分化，随之城邦的道德也日益衰落。唯小集团利益至上的思想在现实的政治生活中一再以穷凶极恶的自私的派系斗争的面目出现，国家利益早已如敝弃之履无人关心，伯里克利口中那个实现了的公私利益协调的和谐社会亦如梦幻泡影一般。柏拉图痛心于这种境况的产生，感到现实的城邦

---

① 〔古希腊〕柏拉图：《理想国》，郭斌和等译，商务印书馆2002年版，第39页。
② 包利民：《古典政治哲学史论》，人民出版社2010年版，第121页。
③ 〔德〕卡尔·波普尔：《开放社会及其敌人》，杜汝楫等译，山西高校联合出版社1992年版，第112页。

生活中富人阶层与无产者阶层的利益冲突是不可避免的，即使是在一个很小的城邦之中，也总会存在这样一种战争的状态。这种严重威胁城邦自身存在的状况必须予以改变，而改变的对策就是对私有财产制实行根本的改革，只有这样，消弭希腊政治生活中的派系斗争才会有希望。统治阶层内彻底废除私有财产制度，是走出城邦政治生活危机的必由之路，是公私利益关系走向和谐的唯一出路。由此可见，柏拉图在公私利益关系问题上所秉承的基本原则，简单概括起来就是公共利益至上的原则，这一点充分地体现在他的扛鼎之作《理想国》中。

二 作为制度设计的正义与公共利益

柏拉图致力于从公共利益这一国家整体性目标的视角来阐明正义的内涵。他说："建立这个国家的目标并不是为了某一阶级的中独突出的幸福，而是为了个体公民的最大幸福；因为，我们认为在一个这样的城邦最有可能找到正义，而在一个建立的最糟的城邦里最有可能找到不正义。"[①] 可以看出来，柏拉图心目中的理想国家应该是与正义内在契合关联一体的，它以正义为建立的原则，同时又是正义栖息的场所。城邦正义的最高原则就是理想国家得以建立的根本指南，同时也是理想国家为之奋斗的根本目的，那就是思辨理性下全体公民的共同幸福，这种共同幸福就是公共利益的所在，换句话说，正义以公共利益为归宿，相应地，如何实现正义其实质就是如何实现公共利益。可以说，从柏拉图开始，对正义的理解与诠释具有了一种公共利益的内涵与意蕴，这也成为影响后世政治哲学的一个重要理论传统。

按照思维的逻辑，柏拉图思考的重心转向了如何实现真正的城邦正义这一问题。柏拉图认为首先是构建一种形式和谐的政治秩序，这种和谐的政治秩序体现在分工与合作之中。正如柏拉图所说的："正义就是只做自己的事而不兼做别人的事。"[②] 柏拉图对正义的探讨进入到社会结构与功能的现实领域。各个阶层的人们按照各自的社会分工，做好自己分内的事，扮演好自己的社会与职业角色，不要随意干涉和扰乱别人做的分内之事，这样就最大限度地彰显了个人的正义，也就忠实地践行了个人的正义。当全体城邦公民都遵循这个原则，并且整个城邦生活在结构划分的基础上制定并有效地实施了一系列与之相适应的管理制度与机制时，这个国

---

① 〔古希腊〕柏拉图：《理想国》，郭斌和等译，商务印书馆1986年版，第133页。
② 同上书，第154页。

家无疑就是正义的了,它就会朝着善的方向发展,以实现整个国家的最大幸福,即公共利益。可以这样说,各司其职、恪守本分的分工合作成为公共利益得以实现的前提;从这个角度讲,个人正义的总体彰显与公共利益的实现是天然同一的。可以大胆地说,正义的城邦无时无刻无处不体现和渗透着公共利益的精神。在这个意义上,城邦正义就是公共利益。

柏拉图摒弃了抽象地谈论国家正义的做法,而将国家正义的实现真正落实到了城邦公民的个人行为上,赋予了国家正义以坚实的现实基础。与此同时,柏拉图也认识到,虽然国家正义依赖于个人正义的彰显,但城邦中单个成员的个人正义并不是国家正义本身,毋宁说国家正义是城邦成员不同正义内容的有机结合。因此,明确构成理想国家的三个阶层及其成员的各自正义要求,剖析其中所蕴含的公共利益精神,成为深化正义讨论的切入点。

在柏拉图看来,身为一个城邦中最高的统治者,理应将自己所有的智慧与力量贡献给这个国家,一切考量应以民众的利益为最高的旨趣,这就是正义之于这个阶层的内涵。从这里我们不难看出,柏拉图对于这样一个具有知识与智慧的阶层,寄予了极高的道德要求,赋予他们的治国理政以更为崇高的职责与使命。推而广之,柏拉图对于知识阶层给出了一般意义上的正义内涵,那就是运用好自己的才智积极为国家服务,全心投入不为私利。柏拉图就一个城邦国家的统治而言再次重申了他关于"不义"的内涵,那就是那些不够优秀的人实际掌握了统治国家的权力,那样神谕的"铜铁当道,天下大乱"就会一语成谶。"我想那些有才干的人之所以去当官吏,也是出于担心没才干的人上去把国家管乱了的缘故吧。因此可以说,真正有当官吏的才干的人不是因为他们从官员的职位可以获得什么好处和乐趣,而是一个必须:因为他们找不到比他们能干甚至是和他们差不多能干的人去执掌政务。"① 柏拉图关于统治者的正义的论述反映了两个方面的内容,一是明确提出了"治国为民"的思想。他认为治理国家的最高原则是国家利益至上,管理国家的人倾其精力就是为了广大民众的共同福利,除此之外别无他求。可以看出,柏拉图虽然致力于维护奴隶主贵族的阶级利益而强调了公益,但在如何处理统治阶级与被统治阶级的利益关系上,他还是着重强调了官吏要倾其才智为国奉献,以崇高的使命感为国尽忠,这种思想穿越时空依然有着重要的现实意义。二是强调了知识治国的理念。由那些真正拥有智慧的人来治理国家,这是国家沿着合理正确

---

① 〔古希腊〕柏拉图:《理想国》,张子菁译,西苑出版社2003年版,第106页。

的方向向前发展的根本性因素，是实现国富民强的关键。倘若国家沦入那些宵小之辈手中，前途势必堪忧。当然，柏拉图这里强调的智慧之人绝不是我们现代政治理论上所说的知识精英或技术官僚，而是拥有哲学智慧的人。简单地说，柏拉图确立了一个权力和能力相一致的理想社会，作为统治者与善之间有着稳定且坚固的内在联系，这是城邦政治生活保持正义性的根本所在。

诚然，城邦统治者的素质直接关系着城邦的兴衰，因此，如何避免城邦统治者的腐败就成为保持城邦正义的另一关键因素。柏拉图清楚地认识到，经济因素在政治生活中的重要作用，他认为巨大的财富悬殊和良好的政府不相容，这一共同信念的形成是希腊人通过许多世代以来的政治生活所获致的经验。特别是梭伦世代存在的贫富不均所导致的雅典动乱，更加强化了柏拉图的这种认识。因此，在《理想国》中柏拉图对统治者阶层拥有私人财产持完全否定的态度，甚至在他看来，只有废除财富本身，才能取消他们把任何东西据为己有的权利，才能根治统治者的贪婪，当时的斯巴达就是这样。在这里需要说明的是，柏拉图消除财富不均的动因绝非因为财富不均对个人是不正义的，而毋宁说是因为财富不均影响到了国家内部形成最高程度的协调一致。与之相同的是，废除婚姻制也是出于这个原因。废除一夫一妻制的性关系，代之以按统治者的要求进行有节制的交配，目的是获得优秀的后代。因为他认为个别人对家庭的钟爱之情会削弱其对统治者的忠诚；为儿女操心劳累是一种比国王得到财产更隐晦而有害的自私自利，他认为家庭对儿童的训练不能很好培养国家需要的全心全意的献身精神。因此，与他在财产问题上废私存公的观点相一致，柏拉图主张国家不能让教育听任私人的摆布，而必须由国家本身提供公民成长所必需的训练与教育，使之符合国家的和谐与福利。

就护国者而言，最大的正义就是充分发挥他们勇敢的天性，保卫国家。勇敢是身为护国者的第一要素。无论是对内镇压不法之徒，还是对外抗击虎狼般入侵之敌都要求他们不但要善战，还要很勇敢；除此之外，以坦荡的心灵树立符合国家要求的幸福观也是身为护国者的要素，这种幸福就是坚守城邦、无私无畏、甘于清贫，金钱财宝、美女豪宅与他们无涉，正是这种"一穷二白"的生活才构成了这些护卫者最大的幸福和正义。护国者摒弃了为某一个阶级幸福奋斗的思想，立足于全体人民的幸福，只有这样才会在全体人民的幸福之上体验到自身的幸福；倘若他们沉湎于个人的吃喝玩乐，国家的前途就势必会断送在他们的手上。"我们是要我们的护卫者成为真正的护国者而不是覆国者……因此，在任用我们的护卫者时，我们必须考虑，我们是否应该割裂来单独注意他们的最大幸福，或者说，是否能把这个幸福原则不放在国家里作为一个整体来考虑。我们必须劝导护卫者及其辅助者，竭力尽责，做好自己的工作。"① 柏拉图在这里强化了个体的道德选择必须要符合国家伦理的要求，这是一种典型的国家主义价值观。然而柏拉图不曾考虑的是，国家在此种情况下就可以以自己的伦理目的肆意剥夺原本属于社会成员个体的幸福和自由，个体自由与幸福的丰富性与多样性被最大限度地挤压了。这种理论范式传承至黑格尔，演化成为国家是伦理理念的实现，人民非但不能违拗国家的伦理目的，而且"当国家要求个人献出生命的时候，他就得献出生命"②。

对于生产者阶层，柏拉图并没有明确描述他们最大的正义要求是什么。这是因为，他认为这个阶层及其成员对于国家的政治生活影响不大，只要他们遵循一个节制的原则，就可以不必像前两者一样，没有任何私人利益，一切行动以国家的公共利益为宗旨。他们可以拥有属于自己的私有财产，可以自由婚配等。在这里，节制就是他们防止走向邪恶的原则，就是他们走向城邦共同善的道路。所以，我们仍然可以从中感受到，公共利益原则依旧是这个阶层成员生活所必不可少的隐性规范。

三　公共利益至上的公私利益关系

综上所述，我们不难看到，柏拉图对理想国家的种种设计中，突出地反映了城邦整体利益或公共利益至上的基本原则。在他所做的安排之中，都力图消灭个人利益存在与发展的空间，只有这样，公共利益的实现才能在城邦政治生活中成为主旋律，成为所谓个人赖以存在的"阿基里斯之踵"。个体的灵魂维系于社会本质上，私人生活与公共生活是同一的；个人在城邦之中是以一种公共生活为其存在方式的。柏拉图清晰地看到了，公共生活或公共利益的恶劣与腐败，会直接导致个人美德的不复存在。所以，他在《理想国》中一直保持着对个人私利的鄙夷与不屑，它是城邦全部危险的根源。在柏拉图看来，利己主义不仅是一种道德上的错误，它还完全误解了成为一个人意味着什么。利己主义者不明白自我利益和共同利益其实是相同的；社会并不是外在于自足的个人的，相反，个人总是共同体中的成员。"利己者就像一个认为只要把脚放入花盆它就会像树一样

---

① 〔古希腊〕柏拉图：《理想国》，郭斌和等译，商务印书馆1986年版，第134页。
② 〔德〕格奥尔格·威廉·弗里德里希·黑格尔：《法哲学原理——自然法和国家学纲要》，范扬等译，商务印书馆1961年版，第79页。

疯狂生长的疯子。"① 他完全没有弄明白人存在的意义。另外，柏拉图坚决反对的正是后来风行于世的公私两分（或者说是个体与社会相对立）的思维模式。柏拉图认为把个人和社会看成两个独立自主的要素是错误的，人和社会始终是交织在一起的。因此，一个人的欲求与社会的需要之间是同一的，是和谐一致的。所以，恪尽职守成为个人生存于城邦的全部内涵。只有这样，才能在城邦共同善的实现之中，实现自己作为一个人的真正意义。权利与自由都内化在了个人追求城邦共同善（公共利益）的行动之中了。

柏拉图从个人与共同体的胶合为一的关系上，消解了产生公私利益冲突的可能性，他看到的更多的是公私利益关系相统一、相协调的一面。柏拉图这种对公私利益矛盾的解决模式，很难让我们定位它是一种现实主义的方案还是一种终极性的理想主义解决。因为在柏拉图生活的时代，现实的经验告诉他们，公私利益矛盾原本可能就是一个假命题。虽然他已经观察到现实生活中个人利益对政治生活的影响，但他宁愿在重归先贤文明的昭示下祛除个人利益存在的空间，重铸公共利益大一统的城邦辉煌。就柏拉图而言，这很难被仅仅定义为一种理想，正如后世许多思想家对《理想国》的评价一样。"尼采就认为《理想国》并非空想而是富有实践使命的。当代一些思想家也承认尼采的这种论断不仅符合《理想国》的思想内容，也符合柏拉图的实践活动。"② 总而言之，不管这种方案理想也好，现实也罢，这都不影响其传达出的某种理念的正当性，正如卡西尔所认为的那样，"柏拉图的理想国远远超越经验和历史的范围"③，它将指引人类不断地求索最完善的社会制度。

第三节　美德与正义的现实考量：一种公私利益
　　　　　关系的整体性论证

如果说柏拉图是通过公私利益理想性的统一而解决公私利益矛盾的话，那他的学生亚里士多德则试图通过一种更为实际的现实性统一的方法来解决公与私的关系。托马斯·阿奎那曾说："在人类的全部历史上，几

---

① 〔挪〕G. 希尔贝克、N. 伊耶：《西方哲学史——从古希腊到二十世纪》，童世骏等译，上海译文出版社 2004 年版，第 61—62 页。
② 范明生：《柏拉图哲学述评》，上海人民出版社 1984 年版，第 506 页。
③ 〔德〕恩斯特·卡西尔：《国家的神话》，范进等译，华夏出版社 1990 年版，第 83 页。

乎没有也不会再有像亚里士多德这样的人,当古文明创造的一切像残日一样缓缓坠下地平线的时候,他却抓住了永恒的一刻,在思想和形式的地基上建立起一座庞大的概念体系,冲破以往的框架,走上了发现之路。"①亚里士多德与柏拉图面对的是同样的社会境况——暮气沉沉的希腊城邦政治。渴望拯救城邦政治的衷肠,促使他的政治哲学总体倾向与柏拉图无异。在这样的情况下,亚里士多德对于城邦政治下公私利益关系的结论,很难挣脱时代状况的规制。当亚历山大大帝挥师横扫亚欧大陆,在空间上广泛建立功业的时候,亚里士多德在政治哲学上却依然醉心于自己对城邦政治的钟爱,试图谋求一条走出城邦政治行将就木的出路。他看到了多元政治的情形,却仅仅视其为城邦政治形态下的多样元素而试图加以糅合。所以,在亚里士多德的政治哲学中,各种观点的杂陈并叙实为正常,这也反映在他对公私利益关系的考察之中。

一 公民与城邦

亚里士多德在对公民与城邦关系的看法上与柏拉图具有相当的一致性,这也正反映出当时政治哲学言说的时代公共平台。和柏拉图一样,亚里士多德也把他的理想限于城邦,"在这种较小的和亲密的集体中,国家的生活就是公民的社会生活,它和家庭的利益、宗教的利益以及个人友好交往的利益是一致的"②。亚里士多德对于城邦的论述,实质上为他的公私利益关系的论述奠定了理论基础。在亚里士多德看来,"人为了满足自己的自然需要,建立了不同层次的社会组织,首先是家庭,然后是村落,最后是城邦"③。而人只有在城邦之中才能真正成为名副其实的人,才能真正体现出人的本质。这是亚里士多德的城邦自然生成论。正如他自己认为的那样,"早期各级社会团体都是自然生长起来的,因此一切城邦也都是这一生长过程的完成,是自然的产物,是社会团体发展的终点"④。亚里士多德在城邦自然生成论中,对城邦自然属性的推论是建立在人的自然本性这一基础上的。人的自然本性或本能就是在社群中过群居的生活,但家庭、村落的群居生活不足以满足人的生活需要。在人的天性中,一直谋

---

① 〔意〕托马斯·阿奎那:《亚里士多德十讲》,苏隆译,中国言实出版社2003年版,第1页。
② 〔美〕乔治·霍兰·萨拜因:《政治学说史》上卷,盛葵阳等译,商务印书馆1986年版,第129页。
③ 欧阳英:《试析西方早期政治思维模式的确立与特点》,《东岳论丛》2006年第4期。
④ 〔古希腊〕亚里士多德:《政治学》,吴寿彭译,商务印书馆1965年版,第7页。

求过一种完全自足、幸福美满的生活,而这种生活只有置身于城邦这种共同体中,才有可能实现。因此,"可以说明城邦出于自然的演化,而人类自然是趋向于城邦生活的动物(人类在本性上,也正是一个政治动物)。凡人由于本性或由于偶然而不归属于任何城邦的,他如果不是一个鄙夫,那就是一位超人,这种'出族、法外、失去坛火无家可归的人',荷马曾卑视为自然的弃物。这种在本性上孤独的人物往往成为好战的人;他那离群的情况恰恰像棋局中的一个闲子"①。在这种意义上,古希腊时期满足人的社群本能的最为重要和完整的结社就是城邦了。人的某种自然本性在城邦中摘到了安身立命之所,这再一次证明人与城邦在天性上的不可分离,城邦是人安身立命的根本。由此,我们不难推出,城邦在重要性上是强于公民个人的,这一点也得到了亚里士多德的肯认。

> 城邦(虽然在发生次序上后于个人与家庭)在本性上先于家庭和个人。因为整体必然优于部分;例如,如果整个身体被毁伤,那么脚或手也就不复存在了,除非是在同音异义的意义上说,犹如我们说石头手(因为躯体被毁伤则手足也同样被毁伤),一切事务均从其功能与能力而得名,事物一旦不再具有自身特有的性质,我们就不能说它仍然是同一事物。除非是在同音异义的意义上说。城邦作为自然的产物,并且先于个人,其证据就在于,当个人被隔离开时他就不再是自足的;就像部分之于整体一样。不能在社会中生存的东西或因为自足而无此需要的东西,就不是城邦的一个部分,它要么是只禽兽,要么是个神,人类天生就注入了社会本能,最先缔造城邦的人乃是给人们最大恩泽的人。②

这里,亚里士多德把城邦比喻为人的身体,而个别的公民就如身体的一小部分,部分与全体之间有极其密切的关系。"城邦固然是公民实现自我本性、追求完美生活的凭藉;公民也必须时时体察大我,回归城邦之怀抱。"③ 这明白无误地宣示"全体先于部分"。所谓"先于"在这里指示了两层含义:其一,从发展与变化的角度看,"在产生中在后的事物在自

---

① 〔古希腊〕亚里士多德:《政治学》,吴寿彭译,商务印书馆1965年版,第7—8页。
② 〔古希腊〕亚里士多德:《政治学》,颜一等译,中国人民大学出版社2003年版,第5页。
③ 江宜桦:《政治社群与生命共同体——亚里士多德城邦理论的若干启示》,载许纪霖《共和、社群与公民》,江苏人民出版社2004年版,第144页。

然中却是在先的"①。城邦最后出现，但在本性上居于主导地位，是整体社群演变过程的目的，所以城邦先于个人。其二，所谓"先于"还有"重要性"居先的意思。亚里士多德说："如果一个事物不存在别的事物也不存在，而没有别的事物它却照样能够存在，那么这个事物就被说成是第一的。"② 在这个意义上，身体先于手足，城邦先于个人。亚里士多德在研究个人美德实践的《尼各马可伦理学》中表示："尽管这种善于个人和于城邦是同样的，城邦的善却是所要获得和保持的更重要、更完满的善。因为，为一个人获得这种善诚然可喜，为一个城邦获得这种善则更高尚（高贵），更神圣。"③ 既然城邦处处彰显它相对于公民个人而言的优越性，突出表现在有时候它为了整个城邦的安定与和谐，可以有权要求个人放弃自己想要的自由；强调城邦整体的意识深深地植根于亚里士多德的思想之中。为了谋求城邦整体的利益或公共利益，他还要求国家教育必须统一、强制而且普及，不同意把教育下一代的责任交托给个别的家庭，他甚至建议成立专门的机构用以监视私人生活，以防止他们图谋不轨、犯上作乱。这些"专制主义"的思想因素，比之他的老师柏拉图毫不逊色。这都根源于他对个人利益与城邦公共利益、个人幸福与城邦幸福相一致的看法上。

二 公私统一的公私利益关系

亚里士多德"专制主义的面貌"又未能始终贯彻一致。在铺天盖地的整体利益的大帽子之下，好像个体的声音都被淹没了。但实际上个体利益并没有完全被窒息在全体的威严之中。前面我们也曾谈到，亚里士多德认为城邦的自然属性表现在它实现、完成了个人的自然属性，从这个意义上说，城邦就是实现个人目的的一种工具性存在，既然是工具就绝不可能骑在个人的脑袋之上作威作福。城邦即使对个人有干涉管制之措施，其目的也是为了帮助人提升其善德，借用普罗泰格拉的一句名言："人是万物的尺度。"凡不依此为行事原则的恣意妄为，都是亚里士多德所强烈反对的，就像他反对柏拉图的理想专制一样。亚里士多德认为，城邦作为一个政治社群，其成员应该"有所共"，但这并不意味着凡事皆共，像柏拉图所主张的那样共产共妻就是他所万万不能接受的，那样的绝对统一性、一

---

① 〔古希腊〕亚里士多德：《物理学》，张竹明译，商务印书馆1982年版，第249页。
② 同上书，第248页。
③ 〔古希腊〕亚里士多德：《尼各马可伦理学》，廖申白译，商务印书馆2004年版，第6页。

第一章 以正义熔铸善与美德的同一：城邦政治哲学中的公私利益关系界说　35

致性非但不会使城邦和谐完满，还极有可能削弱认同感、造成城邦因为离心离德而走向毁灭。他说："我现在所提到的，乃是苏格拉底推论的前提，即，整个城邦愈一致便愈好。但是，一个城邦一旦完全达到了这种程度的整齐划一便不再是一个城邦了，这是很显然的。因为城邦的本性就是多样化，若以整齐划一为度，那么，家庭将变得比城邦更加一致，而个人又要变得比家庭更加一致。因为作为'一'来说，家庭比城邦为甚，个人比家庭为甚。所以，即使我们能够达到这种一致性也不应当这样去做，因为这正是使城邦毁灭的原因。"① 因此，在亚里士多德所憧憬的理想国家之中，公民享有人人平等的地位与权利，而且这些人不仅仅是数量上的结合，他们还必须是不同种类的人。只有这样才不会使人与人之间失去相互吸引、相互砥砺的基础，才会使得建立在差异之上的和谐就像和声一样，成为真正的和谐。"异质性因素的存在不仅是一个普遍的事实，而且是城邦作为相互合作体系的前提和条件。他还认为人人都爱自己，自爱处于天赋而且是个人美德和优秀得以施展的基础，应受谴责的'不是自爱的本性而是那超过限度的私意'②，还有立法家以全邦幸福为重，但这必须在各个部分的全部或大多数或至少若干部分获得幸福以后，才能谈得上全体的幸福。亚里士多德还坚决反对柏拉图废除私有财产和家庭的制度主张，认为这不仅违背人性而且消灭了幸福和美德的源泉。因为财产像家庭一样，是人性的自然的和正常的扩展，是快乐的前提和善行的条件。虽然他所主张的财产和家庭制度还是被抹上了浓厚的政治色彩，但毕竟为个人的行为和生活留下了一个温馨的私域。"③ 诸如此类的看法，也广布于亚里士多德的著作之中，这种被后世哲学家称为"被个人主义稀释了的整体主义"④ 思想，突出特点就是为个人生活及其价值、利益留置了正当性的空间。将一定的生存空间亚里士多德政治哲学理论中的个人主义因子，既是时代现实的反映，又是此后希腊化以及古罗马时期个人主义因素萌芽生长的理论先声，就是近代个人主义大行其道的到来，也无法完全摆脱亚里士多德思想的深刻影响。所以，近代自由主义者在极力主张个人主义理论时，也乐此不疲地从亚里士多德那里挖掘可资利用的思想资源。

虽然在亚里士多德的思想中给予个人利益以足够的重视，但是，在如

---

① 〔古希腊〕亚里士多德：《政治学》，颜一等译，中国人民大学出版社 2003 年版，第 30 页。
② 〔古希腊〕亚里士多德：《政治学》，吴寿彭译，商务印书馆 1965 年版，第 55 页。
③ 周少来：《亚里士多德政治逻辑的当代释义》，《北京大学学报》（哲学社会科学版）2000 年第 2 期。
④ 丛日云：《西方政治文化传统》，大连出版社 1996 年版，第 109 页。

何使个人利益得以实现的现实机制上,亚里士多德又重新回到了城邦整体主义的论证道路上,或者说,能够使公共利益与个人利益都得以实现的条件,依然是对公共利益的诉求,公私利益的和谐必然是在城邦政治的目的之中,所以,即使没有抹杀个人主义的因素,在亚里士多德的城邦政治哲学中,居于主导地位的仍然是对公共利益的追求。对亚里士多德给个人利益的理论证明不能脱离城邦政治的大环境,更不能无限制地把亚里士多德解释为一个个人主义的代言人,顶多是在他的思想中已经具有了个人利益和个人权利思想的现代萌芽。因此,平心而论,亚里士多德整体而言,还是一个主张城邦公共利益至上的理论家。

亚里士多德已经明白无误地告诉人们:"至高而广涵的城邦虽源于人类生活的需要,但它并不只是为了人类的存续,更为重要和根本的是为了体现美德和正义的优良生活。"[1] 亚里士多德与柏拉图一样,都为城邦树立了一个道德意义上的终极目的。在亚里士多德看来,"所有城邦都是某种共同体,所有共同体都是为着某种善而建立的(因为人的一切行为都是为着他们所认为的善),很显然,由于所有的共同体旨在追求某种善,因而,所有共同体中最崇高、最有权威、并且包含了一切其他共同体的共同体,所追求的一定是至善。这种共同体就是所谓的城邦或政治共同体"[2]。与柏拉图不同的是,亚里士多德并没有把至善看成是一种存在于人之外的理念,而是认为,善存在于人的社会生活之中,是人在共同体生活中努力追寻的目标。因此,在这种意义上,城邦公民追求与共享的"至善",其实质就是一种城邦的公共利益。所谓"至善",即城邦最高最广的"善业",包括三个方面,即外物诸善、躯体诸善和灵魂诸善等。具体地说,就是使国家中的每个成员都能有适量的财产、强健的体魄和高尚的道德。其实质就是物质利益与精神利益的结合。在这三种善业中,灵魂诸善更为重要。国家必须首先使人有高尚的道德,才能保证人过上优良的生活;国家没有道德,无异于野兽之群体。正如萨拜因所说,在亚里士多德的政治哲学中,"国家的道德性质不仅支配着而且可以说完全笼罩着它的政治性质和法律性质"[3]。

相较于近代自由主义社会价值观侧重于"区分、分离"的趋势与特

---

[1] 周少来:《亚里士多德政治逻辑的当代释义》,《北京大学学报》(哲学社会科学版)2000年第2期。
[2] 〔古希腊〕亚里士多德:《政治学》,颜一等译,中国人民大学出版社2003年版,第1页。
[3] 〔美〕乔治·霍兰·萨拜因:《政治学说史》上卷,盛葵阳等译,商务印书馆1986年版,第138页。

点，亚里士多德则更为看中政治社群"共有、共同"的面相，二者形成了泾渭分明的比较与争鸣。长期以来，由于自由主义过分地强调了个人权利、个人利益与个人隐私等关乎个体的东西，客观上疏忽和淡忘了作为个人存在基础的社会，这集中体现在它经常用多元主义和个人主义，来防御和抵抗国家和公共权力的潜在威胁，在自由主义者那里，国家或整体性的社会总是令人心生忌惮。然而，不容置疑的是，这种个人主义的倾向客观上产生了两种截然不同的社会后果：一方面对人民主权、立宪政府、分权制衡的产生起了非常重要推动作用；另一方面也存在着导出极端个人主义的危险。当然，在一些具有共和主义传统的国家，这种危险或偏差有可能被重视整体的传统因素消弭或消解；但在一些没有该种传统的国度，就缺乏了能与之相抗衡、可以规约和训导这种危险的社会因素或力量，自然由此所导致的问题将会层出不穷。亚里士多德提醒全体城邦中的公民，怎样才能成为一个合格的公民而不是一个只关心自己利益的野蛮人？这就是要以共同体成员的角色来看待自己和他人，决不能将公民看作私利驯化的动物，也不能将公民之间的关系仅仅看作利益交换关系，因为这样就矮化了对公民本质的认识，扭曲了对政治生活本真意义的领悟。在亚里士多德看来，一个完全以追求私利为原则的政治社会，即使能够建立恐怕也难以为继。这是因为从表面上看，利己主义的个人之间可能相安无事，但实际上利己主义逻辑的具体运转最终还是会导向人人自危的结局，甚至会危及政治社会存在的根基，更别提为人们创造良善而幸福的生活了。亚里士多德的英明之处就在于强调必须设定"共同善"的存在，并应致力于实现这个共同善。可见，这个共同善就是城邦政治生活的根本，是城邦生活中的公共利益，它是全体成员为之奋斗的目标，也是规约成员行为的价值导向。缺乏公共利益的城邦，不是真正意义的政治共同体，只不过是一群乌合之众。因此，在城邦政治生活中，公共善或公共利益成为至上的原则，现实政治生活的制度设计必须以公共利益为旨归。

三 政体、正义与公私利益关系

亚里士多德第一次从利益的角度对政体进行了分类与研究，良善的政体以促进共同善或公共利益为宗旨，而他贬斥为变态的政体，只会为少数人谋求利益。他说："人天生就是一种政治动物。因此，人们即便并不需要其他人的帮助，照样要追求共同的生活，共同的利益也会把他们聚集起来，各自按自己应得的一份享有美好的生活。对于一切共同体或个人来说，这是最大的目的。而且仅仅为了生存自身，人类也要生活在一起，结成政治共同体；或许是因为只要苦难的压迫不是过于沉重，单单是生活本身之中就存在着某种美好的东西。许许多多的人经历重重厄难，依然一心眷恋生存，这便是一个绝好的证明；因为生活之中本来就有一份自然的怡悦和甜蜜。"[1] 这种共同生活的目的性十分明确，那就是共享美好的生活，这就决定了人类共同生活的共同体的统治方式绝不能是只谋求私利的。亚里士多德认为："政治的统治方式也是这样的，公民政治依据的是平等或同等的原则，公民们认为应该由大家轮番进行统治。其更原始的依据是，大家轮流执政更加符合自然；而且，正如一个人起先作为统治者为别人的利益着想，别人也会为他的好处着想。然而在今天，由于从公众财物和从官职中捞到了好处，人们便想方设法地居官不下；这些人仿佛是病魔附体，只有不间断地做官才能保持健康。一旦没有官做，他们就会整天为此而失魂落魄。显而易见，种种政体都应以公民共同的利益为着眼点，正确的政体会以单纯的正义原则为依据，而仅仅着眼于统治者的利益的政体全部都是错误的或是正确政体的蜕变，因为他们奉行独裁专制，然而城邦正是由自由人组成的共同体。"[2] "由一个人、少数人或多数人执掌。正确的政体必然是，这一个人、少数人或多数人以公民共同的利益为施政目标；然而倘若以私人的利益为目标，无论执政的是一人、少数人还是多人，都是正确政体的蜕变。"[3] 由此，我们可以看到，公共利益成为评价一个政体是否正确的唯一标准。在亚里士多德看来，"把为公共利益着想的君主政体称为君主制，把由多于一人但仍为少数人执掌的为共同利益着想的政体称为贵族制；当执政者是多数人时，我们就给这种为被治理者的利益着想的政体冠以为一切政体所共有的名称：政体或共和政体。"[4] "僭主制是君主制的变体，寡头政体是贵族政体的变体，平民政体是共和政体的变体。因为僭主制也是一种君主政体，为单一的统治者谋求利益；寡头政体则是为富人谋求利益，平民政体为穷人谋求利益。这些蜕变了的政体无一愿为全体公民谋取共同的利益。"[5]

这里，我们需要申明的一点是，亚里士多德在论述正确的政体原则

---

[1] 〔古希腊〕亚里士多德：《政治学》，颜一等译，中国人民大学出版社 2003 年版，第 82—83 页。
[2] 同上书，第 83—84 页。
[3] 同上书，第 84 页。
[4] 同上书，第 84—85 页。
[5] 同上书，第 85 页。

时，从来没有否认个人利益的重要性。他所说的谋求公民的共同利益，并不是外在于每一个公民的独立形态的利益，而是每一个公民都可以分享到的个人利益的一部分。任何一个正确的政体，都要既照顾到公共利益，又尊重个人利益。与柏拉图希望彻底放弃公民的个人私利及其利益差别不同的是，亚里士多德并没有把城邦的利益看成唯一，也不是不分青红皂白地要求杜绝个人私利，而是希望在城邦政治的总体框架下找到一种调处个人利益与城邦利益关系的机制，进而实现城邦政治下公民参与的广泛性与平等性，即不论财产、出身与能力都可以参与城邦的政治生活，并在其中找到一种公私利益和谐的快乐与幸福。亚里士多德说："一件事物为愈多的人所共有，则人们对它的关系便愈少。任何人主要考虑的是他自己，对公共利益几乎很少顾及，如果顾及那也仅仅只是在其与他个人利益相关时。"① 他指出，柏拉图所表达的城邦的绝对整齐划一性是不正确的，它会使得生活几乎成为不可能。因此，在他看来，现实生活中最好的政体，既要反映出谋求公共利益的宗旨，又能使公民得享属于自己的利益。因为公共利益与个人利益的和谐一致，所以，在某种程度上，一种政体只要能够实现公共利益，也就实现了属于每个人的利益，公共利益与个人利益的一致性与同向性，使得公私利益矛盾问题成为城邦政治生活中的假问题。如何解决公私利益关系的问题，转变成何种政体能够更好地实现公共利益的问题。

亚里士多德认为，中产阶级执政的政体是现实中最好的政体。因为它既可以有效地维护公共利益，又使得个人利益可以实现。他说："据我们看来，就一个城邦各种成分的自然配合说，惟有以中产阶级为基础才能组成最好的政体。""最好的政治团体必须由中产阶级执掌政权。"② 选择中产阶级为基础的共和政体与其中庸思想相一致。亚里士多德继承了梭伦和德谟克利特等人"适可而止""节制"等中庸思想并系统化，他认为，过度和不及是恶行的特征，中庸则是美德的特征。"凡离中庸之道（亦即最好形式）愈远的品种也一定是恶劣的政体。"③ 在亚里士多德的眼中，中庸的化身就是中产阶级，之所以这样认为，那是因为中产阶级既不像那些生活奢靡、颐指气使、令人觊觎的富人，也不像那些自甘堕落、慵懒无为却又贪慕财富的穷人，他们秉承理性、追求美德、不走极端、执两用中。

---

① 〔古希腊〕亚里士多德：《政治学》，颜一等译，中国人民大学出版社2003年版，第33页。
② 〔古希腊〕亚里士多德：《政治学》，吴寿彭译，商务印书馆1965年版，第206页。
③ 同上书，第209页。

而共和政体也是吸取了平民政体和寡头政体的某些因素混合而成的中间体系,"一个混合得良好的共和政体看来应该是具备平民和寡头因素的,又好像是两者都不具备"①。"共和政体中的各个因素倘使混合得愈好愈平衡,这个政体就会存在得愈久。"②

在这种良好的政体中,公共利益的实现还需仰仗正义原则的实践。这就是亚里士多德所以认为的:"政治上的善即是公正,也就是全体公民的共同利益。"③然而,对正义的理解亚里士多德却与自己的老师柏拉图有所区别。在他看来,城邦作为共同体理应建立在某种一致性的利益基础上,而非仅仅是德性,这是现实且正当的。根本利益的一致对于城邦政治生活的维系和发展有着无比重要的意义。自然,基于这种共同利益基础之上的正义对于城邦的重要性也就不言而喻了。这就是亚里士多德认为的"正义恰正是树立社会秩序的基础"④。在亚里士多德生活的时代,城邦生活中的利益多元化已然是一个无法回避的事实,就利益主体而言,既存在着城邦为主体的利益,也存在着以个人为主体的利益特别是作为个人利益,其内涵和范围也呈现出多样多元。出身、财产、贡献等都已成为获得利益的重要基础和手段。这些因素的出现,使得城邦政治生活中的复杂性渐次产生。如何在政治安排中考虑到这么多的因素,如何在政治实践中调处这么多的关系,成为摆在城邦政治存续发展面前的首要课题。在亚里士多德眼中,只有解决好了这些问题,所谓的"正义"才称得上正义。虽然他批评他老师柏拉图的正义观念,不应该完全以城邦的利益代替个人的利益,也就是说,两者之间是不能被约简的,但是,就亚里士多德本人而言,却也从未提出过一种兼容两种视角的政治正义观,他对于理想城邦政治正义的思考中,城邦的公共善或公共利益始终占据着首要地位。一言以蔽之,只要实现了城邦的公共利益,城邦的政治生活就是正义的。"从城邦的角度看,构成道德美德之顶峰的便是正义。就最一般的意义而言,正义就是创造和维护政治共同体的幸福,正义因而实际上等同于守法,因为法律的目的是通过对人们生活的各个领域的制约而确保城邦的共同利益。"⑤可以这么说,亚里士多德的正义观是对苏格拉底正义观的一种回

---

① 〔古希腊〕亚里士多德:《政治学》,吴寿彭译,商务印书馆1965年版,第202页。
② 同上书,第211页。
③ 〔古希腊〕亚里士多德:《政治学》,颜一等译,中国人民大学出版社2003年版,第95页。
④ 〔古希腊〕亚里士多德:《政治学》,吴寿彭译,商务印书馆1965年版,第9页。
⑤ 林进平:《从正义的参照管窥古代争议和近代正义的分野》,《深圳大学学报》(人文社会科学版)2008年第1期。

复。他重新将对正义的理解拉回到等同于"美德""善德""诚实""守信""平等"等概念之中,使得正义变身成为政治活动的动机和政治分析的要素。

要完整地把握亚里士多德对于正义的理解,我们还不得不引入他对另一个观念的阐释,那就是他的友谊观。如果说,正义或公正是正面强调了城邦公民利益的一致性,那友谊则是从抑制私利的反面强化了对公共利益的追求。在《尼各马可伦理学》中,亚里士多德详细地讨论了友谊的观念。在亚里士多德及其同时代人的理解中,"友谊"这一概念的含义要远比现在丰富得多。它不仅指涉朋友之间的情感,还包括了夫妻之爱与父子之情,此外私交之情、同胞之情、同类之情等也囊括其中。正如亚里士多德本人所说:"友谊似乎是城邦间的凝聚力,立法者对友谊的严重关切似乎有甚于对公正的关切。因为和谐似乎类同于友谊,这是他们特别追求的目标,意在驱逐友谊的敌人和消除派系冲突。当人们是朋友的时候他们不需要公正,但当人们有了公正的时候他们还需要友谊;公正事物中的特别公正者被认为是与友谊相关的事物。"[1] 可以这样说,使人们削弱对自私自利的信奉转而向自发自愿与他人分享利益或好处,这是最能够体现友谊基本政治意义的地方。"朋友之物是共有的",这是希腊的格言,友谊因而可以极大地强化利益的共同性与一致性,而这正是城邦政治获得真正正义的所在。可以说,通过友谊达到了利己与利他的最完美的统一。在亚里士多德看来,友谊成为实现公共利益与个人利益和谐发展的重要因素,它解决了两种道德之间的矛盾,亦即完美的个人美德意义上的道德和公正意义上的道德之间的矛盾。这里,再清楚不过的是,亚里士多德一直强调的公私利益兼顾的思想,通过友谊这一概念而得以理论上自恰。友谊能使灵魂高尚的人在满足其对荣誉和共同体的需要的同时,又不损及其对美德的执着追求。换句话说,就是在为公共利益的奋斗中实现自我利益的满足。亚里士多德这种诉诸情感以解决公私利益矛盾的致思理路或思想萌芽,对后世政治哲学中对公私利益矛盾的解决影响深远。

在研究了政体之后,亚里士多德还提出了维护城邦公共利益和公民个人利益的政治控制原则和措施。它包括三方面的内容:其一,在财产上应该私有而公用。允许财产的私有,可以使人关心自己的财产,因为自爱是人的天性;财产的公用是以私有为前提,财物相互资助,公共使用,这样

---

[1] 参见〔美〕列奥·施特劳斯、约瑟夫·克罗波西主编《政治哲学史》上册,李天然译,河北人民出版社1993年版,第136页。

就兼顾了公与私两者的利益。其二，在利益的分配上实行平等。即利益的数量平等和比值平等，并以此来调节利益关系，在满足个人利益的同时又实现了公共的福利。其三，在城邦政治的统治方式上应采用法治与人治相结合的方式，即以法治来处理利益之间的冲突，用人治来弥补法治的不足。虽然亚里士多德的这些政治措施还多多少少流于一种理想化的设计，但其所开启的这种思维范式，却对后世政治哲学的发展产生了难以估量的影响，他所信奉的这些原则都被后世的政治哲学家奉为理论的圭臬。作为政治哲学鼻祖，亚里士多德将古希腊城邦正义的政治哲学推向了顶峰，同时，他也为后世留下了可予借鉴的宝贵而丰富的思想遗产。

第二章　徘徊在自由意志与道德责任之间：希腊化—罗马时期的公私利益关系追问

当城邦政治已是风雨飘摇之际，柏拉图和亚里士多德依然醉心于通过城邦内部兴利除弊式的改良来挽救城邦的命运。然而，他们的努力在亚历山大的铁蹄之下化为了乌有。随着亚历山大的大肆征伐而建立的一个横跨欧亚非的大帝国，客观上宣告了城邦政治的解体。同时，这一帝国的建立也促进了东西方文化的交流，客观上为一种新的政治文明在一个更为广阔的空间中建立奠定了基础。众多思想源流的交汇与碰撞，使得这个时期的思想文化宛如一场百家争鸣的饕餮盛宴。在这种新旧时代交替的时期，城邦政治时代那些声名远播、赫赫有名的哲学都黯然沉寂下来。社会的变化使人开始质疑自身在社会与世界中的地位与状况，这种质疑开启了古希腊城邦时代思辨哲学的现实实践转向，人生的课题不再是追求那个遥不可及的"善"，而是要面对这变动不居的世界如何求得心灵的宁静。当一种有着肯定或断然性结论的哲学，面对新旧文明与价值观冲击而至失效时，迷茫、痛苦与怀疑必然会作为一部分人的精神状况而显现出来。当时代还没有为生活找到其他更为坚实可靠的基础时，抚慰精神的迷失与纷扰将成为这个时代哲学的典型气质。

第一节　个体人的松绑与何以幸福的追问：从个人利益出发

一　个体人的松绑与普遍的法则

在整个希腊化时期，由于国家在地理和人口上的扩大，使其包括了一些在文化、宗教和语言上差异很大的民族。结果就产生了一些庞大的、权力集中在中央机构的国家，力图整合没有天然团结力的各个民族。中央权威的加强与相对自主的小型国家的解体，使得过去人人能够参与的地方共同体受到削弱，高高在上的国家权力远离了昔日充满政治参与热情的公民，他们由国家的主人变成了异族的臣民。这种身份、地位和处境的陡然改变，促使希腊人的政治思考中心也必然要回归此时更有确定性的个体自我之中。

随着城邦文明的渐行渐远，当人们不再想象只有生活在城邦中才能切实感受到那些政治价值时，人们便开始寻找一种新的哲学完成自己追求美好生活的热情。新的哲学体系首先是建立在否定已有政治哲学前提的基础上的，这个已有的前提就是柏拉图和亚里士多德政治哲学的道德预设，即：美好的生活只有通过参与城邦政治生活才能获得。与之相反的哲学从否定这个基本的前提条件开始，这个时期，作为对现实的消极逃避，政治思想家们在理论上表现出一种普遍的倾向：回避对社会进行哲学的思辨，这是因为我们能有所作为的事情太少；代之而起的是对个人怎样生活的思考，一个人怎么才能确保他或她自己的幸福？可以说，哲学的思考不再纠结于城邦国家的兴衰荣辱，转而探讨人生的目的是什么，个人应该如何生活，怎样才能实现幸福等私人性的话题。由一种公共性为主的思考向一种私人性为主的思考的转变，构成了这个时期政治哲学的主要转向。

随着人们从关心共同体中的人向关心孤立的、私人的个体的思维转向，人们发现离开城邦的人还可以做自己，还可以生活，还可以有自己的价值与追求，这时候，在人们的心目中逐渐开始形成了这样一个私人的个体的基本观念，它认为每个个体自身就具有独立于特定的教化和社会地位的基本价值。这样一种内在自觉意识的产生，仿佛是"人们正在缓慢地为自己制造灵魂"[①]。与此同时，个体独立的意识也激发了相反的一种共同体意识，那就是独立的个体在关照同样孤立的其他人时会感觉到一种从未有过的相似性和亲缘性，那就是他们意识到自己都属于人类这个共同体，是具有相同本性的一员。打破了原有城邦生活中众人共理事务的联结方式，面对自己的人就会越发感到自己与别人是一样的人，可以这么说，人越是独立，越是存在属于他个人的私人生活，他就会越发产生一种普遍性的观念，越发感到自己只是茫茫人海中的一个，与所有的其他人共享有人的本性。这是一种在时代剧烈变动的过程中，当人们斩断了与生命价值所系的城邦关系之时，个人渴望自立自足又渴望安身立命的内在需要的一种二律背反。这一切促使了一种普遍法则观念的诞生，它强调

---

① 〔美〕乔治·霍兰·萨拜因：《政治学说史》上卷，盛葵阳等译，商务印书馆1986年版，第179页。

存在着一些适用于每一个个体的普遍的规范和原则，这就是斯多葛学派提出的自然法观念。

斯多葛主义认为自足是个人本身就具有的特点，个人内心的宁静安详和顺乎自然是幸福的全部。外在的他人与社会规范不应成为灵魂安定的困扰，因为这些外在的名利与个人的自足和幸福无关。这种观点根源于神赋予了每个人以自爱自利自保的本性和保证这种本性得以实现的理性，正是理性才使得每个人能保持真实的自我，这也是美德和自由幸福的根基。这样，在斯多葛主义那里，个人主义观念以一种伦理学的方式得到了初步表达，即独立的个人有着不可分享的内心生活，所有的价值均由其产生。沿着这一思路推理下去，这就使得他可以提出一种固有权利的要求，即自己人格受到尊重的自然权利，若能通过一种普遍性的立法原则赋予其普遍性的伦理意义，则催生了现代意义上的自然权利观念。可以说，它为现代个人主义奠定了某种基础，即使它算不上严格意义上的现代个人主义。黑格尔评论说："斯多葛派的这种学说认为人只应该寻求道德，人必须变成、保持自己和自己相同一，并获得自由，——这是他们学说中的优秀成分。"①在我们看来，这只是一种对历史观念的回溯与简化。实际上，在前苏格拉底时期的一些哲学家那里，也存在着把个人看作自足对象的倾向，如德谟克利特的原子论思想；然而，令我们感到好奇的是，在这种类型的思想中，似乎存在着这样一个奇怪的结论：特殊个人的概念、实在性与普遍国家的概念、实在性几乎是同时产生的。如果这个结论成立，那古希腊哲学中一直宣扬的"共同体中的人"的观念就真正地失去了合法性的根基。一方面是特殊的个人，另一方面是一个帝国；一方面是个人的德性和幸福，另一方面是对于任何地方的任何人都有效的普遍法则的概念，个体与国家两分的思想以及自然法的思想都得以在这个时期萌芽。

斯多葛学派的自然法思想强调最真实的存在是自然，它的特点表现为组织有序、秩序井然、运动永恒，而且自然的运动表现出受理性支配的必然性。自然等同于理性，它是智慧的内容，顺从智慧即为美德。所以人们要有美德的生活，就是要顺从自然的生活，将尊重逻各斯的安排视为理性生活、自然生活的前提条件。这里的逻各斯表征了客观规律，就是实质意义的自然法。因此，斯多葛派提出的顺从自然普遍规律的主张，就包含了为个人的自由设定活动限度的含义。自由不能摆脱必然性的束缚而独立，

---

① 〔德〕格奥尔格·威廉·弗里德里希·黑格尔：《哲学史讲演录》第三卷，商务印书馆1983年版，第35页。

它只能在必然性许可的范围内予以实现。自由受制于必然的原则，塞涅卡形象地表达为"愿意的人，命运领着走，不愿意的人，命运拖着走"，强调了认识并遵循自然即必然，才有可能实现个人真正的自由。至此，我们可以清楚地认识到作为自然法思想的萌芽，普遍法则从产生伊始就着力于强化个人的独立性，相对于毫无自我的城邦中的个人而言，这样一种不分国家、不分地位而普遍适用的法则无疑是一种解放的力量。但是，它也有约束个体力量的理论内涵，可以说，普遍性的自然法观念赋予了私人个体性观念以及其伦理的合法性，同时又为这种个人主义的自由意志倾向设置了约束性的障碍。总而言之，谋求私人幸福的理想，成为这个时期社会历史转变在政治哲学中的集中反映，它使得古希腊政治哲学中的伦理与政治相统一理论格局遭到了破坏，较之政治私人意义的伦理成为这个时期政治哲学的中心。即使是在较多涉猎政治的罗马斯多葛学派中，对政治的理解也仅仅局限在法学的意义之上。作为一种公共活动的理性讨论的政治含义，已经难觅踪影。因此，在这样的理论背景之下的公私利益关系理论，无疑会相当程度地打上个体伦理的烙印。如何实现个人幸福，是选择个体性的思路，还是从整体性的视角进行考量，成为这个时期各派公私利益关系理论外在差异的缘由所在。即使这样，我们还是会深切地感到，本来生活就是个体性与整体性的统一，无论侧重哪个视角的公私利益关系论述，都不妨碍其他视角下对该理论的有益补充，毕竟幸福是所有理论追求的归宿。

二 以实现个人快乐追求幸福的政治哲学

伊壁鸠鲁有句名言："我们等待着吧！"就是强调，一切意见或辩论的分歧都有赖于经验的检验，这充分反映了他唯物主义的理论倾向，在马克思早年的思想形成过程中，也深深地受到他的影响。伊壁鸠鲁的唯物论思想集中体现在他的原子论哲学中。伊壁鸠鲁的原子论哲学不仅是一种自然哲学，更为重要的还是一种具有社会政治品性的哲学，这表现在他主张唯物的、实证的考察社会和人生的问题上。因此，在这个意义上，伊壁鸠鲁整个哲学的中心应该是他的政治哲学。

伊壁鸠鲁是亚里士多德之后希腊一位著名的哲学家，他虽然著述浩繁，但流传下来的却极少，今天我们能够看到的四部短篇集中保存在第欧根尼·拉尔修的《名哲言行录》中。伊壁鸠鲁学派现存最长、最全面的作品是卢克莱修的《物性论》，这是我们研究伊壁鸠鲁政治哲学的主要著作。在开始伊壁鸠鲁政治哲学之旅前，我们需要首先回答的一种诘难就是：伊壁鸠鲁有政治哲学吗？在意大利学者詹姆斯·尼古拉斯所写的《伊壁鸠鲁主义的政治哲学》一书中，对这个问题给予了肯定的回答和充分的论证。他说："存在着一种伊壁鸠鲁主义的政治哲学，就其自身和历史的影响来看都是十分重要的，值得我们认真地思考。"[1] 因为伊壁鸠鲁主义首要关注的是人们如何过上好的生活，在此意义上不能把它简单地理解为一种物理学理论，而毋宁说它首先是教导人生的伦理之学，即什么样的知识是过上幸福生活所必备的。在《物性论》中，我们还可以更加清楚地看到，伊壁鸠鲁所未及言明的对政治生活重要性的论述，借卢克莱修之口说出。由此，我们可以大胆地断言，伊壁鸠鲁是在苏格拉底所创立的政治哲学传统的意义上，来阐释自己的政治哲学的，这种传统就是：人应当过幸福的生活，哲学就是追求幸福的学问。不过，与苏格拉底不同的是，伊壁鸠鲁并没有把幸福生活寄托于美德知识的理想主义获得之上，而是将幸福的生活置于现实个人生活的快乐感觉之上。这是伊壁鸠鲁政治哲学最为突出的特征。

在伊壁鸠鲁政治哲学甚至整个哲学的形成过程中，有一个人的影响是至关重要的，他就是前苏格拉底时期的德谟克利特。不仅在原子论的自然哲学方面，就是在社会政治哲学方面，伊壁鸠鲁的身上都闪烁着德谟克利特的光辉。因此，我们在政治哲学视阈下探究伊壁鸠鲁的公私利益观念之前，就十分有必要先行考察一下德谟克利特的公私利益观。

虽然德谟克利特的功利主义伦理学强调以个人的快乐为幸福的起点和目标，但这并不意味着他就完全忽视了他人以及公共的利益。恰恰相反，德谟克利特对公共利益的强调始终贯穿于幸福和快乐人生的论述之中，他认为作为公共利益的公共善在实现个人利益的过程中扮演着十分重要的角色，起着举足轻重的作用，是个人利益和个人善得以实现的前提和基础。换句话说，离开了公共利益和公共善，要想实现真正的个人利益和个人善几乎是不可能的。从这里我们也可以看出，德谟克利特的公共利益理论还主要是从个人利益的实现角度进行阐释的，从社会本身对公共利益和公共善的诠释在他那里还较为鲜见，这恐怕与其所生活时代的社会成熟状态有着紧要的关联。在他看来，个人在生活中如果之追求个人的物质利益和快乐，就必然要不顾及他人的利益和快乐，就必然要损害他人的利益，而损害他人的利益比损害自身的利益更为不幸，这样去做的人只能是个蠢人，

---

[1] 〔意〕詹姆斯·尼古拉斯：《伊壁鸠鲁主义的政治哲学》，溥林译，华夏出版社2004年版，第2页。

而"蠢人是一辈子都不能使任何人满意的"。所以，德谟克利特主张适度论，即坚持个人理应追求适度的物质利益和适度的心灵愉悦，只有这样，作为真正个人利益实现机制的公共的利益才能够产生出来。因为，个人的"行善"是建立在做有益于他人和社会的事情的基础上的，就是尊重社会和他人的利益。这也正是为什么德氏如此强调理性，强调个人的节制，强调思想对行动的引导的真正理由。我们进一步审视德谟克利特的公共利益理论将会有更为深刻的认识，那就是他关于公共利益的理论实质上就是关于国家利益的理论，这一理论逻辑的产生与他深处的历史时代紧密相关。他的公共利益还不是以最大多数人的个人利益为基本内容的公共利益。他坚持认为，所谓公共利益就是国家利益，所谓公共的善，就是国家的善。所谓倡导个人要追求公共利益，就是说个人要为国家的利益而尽力："应当认定国家的利益高于一切，以便把国家治理的很好。不应该让争吵破坏公道，也不应该让暴力损害公益。因为一个治理的很好的国家是最可靠的庇护所，一切都系于国家，国家健全就一切兴盛，国家腐败就一切都完蛋。"① "如果有人忽略了公共的事，那么即使他并没有偷盗也没有做不义的事而使自己犯罪，他也将得到一个坏名声。"② 即便如此，我们还是应该保持一种理论上的清醒，德谟克利特虽然强调了维护公共利益的重要性，但不容置疑的是，他的原子主义的本体论思想，深深地影响着他的政治哲学观念，反映在他的公私利益观上，就是他维护公共利益的初衷与归宿，都仍然是个人利益与个人幸福，这一点是不会改变的。③

从德谟克利特的公私观中我们可以看到，任何一种对于个人利益论述的思想，都必然要涉及个人利益与他人以及公共利益的关系问题。德谟克利特虽从个体人生幸福的终极目的出发，阐述了公共利益的重要性，但他并没有很好地解决个人利益与公共利益的关系问题，更没有明确划分出公共利益与个人利益的界限。即使这样，他对这一重要问题的正视，还是作为一种哲学的内在精神影响到了伊壁鸠鲁对于个人利益以及公共利益的看法。我们需要说明的一点是，虽然伊壁鸠鲁并没有像德谟克利特那样明确地提出公与私的关系问题，但在伊壁鸠鲁极力论证个人利益重要性的同时，却一再为利他与公共利益的存在与发展留下了空间，这种隐而不论的

---

① 北京大学哲学系外国哲学史教研室编译：《西方哲学原著选读》上卷，商务印书馆1983年版，第53页。
② 北京大学哲学系外国哲学史教研室编译：《古希腊罗马哲学》，生活·读书·新知三联书店1957年版，第120页。
③ 参见唐代兴《利益伦理》，北京大学出版社2002年版，第19—20页。

论证方式，给我们清楚地梳理他的公私利益观带来了不小的困难。尤其在伊壁鸠鲁极为有限的文本中，他基本上是从个人利益应该有节制与适度的角度上，变相地论证公共利益的重要性。可见，在伊壁鸠鲁的心中，公与私之间的关系应该是一种和谐共处的关系。虽然他突出了个人利益的地位，但这并不意味着他是一位绝对的享乐主义与奢侈主义者，恰恰相反，这种学界曾经有过的误解并没有掩盖住他所谓的真正的快乐主义，他的快乐主义是一种公私利益和谐所营造的身心愉悦。

我们首先需要明确的一点是，伊壁鸠鲁理论的核心是个人利益至上。因此，说他是一位个人主义者也是不为过的。伊壁鸠鲁的个人主义思想，既有希腊的个人主义精神传统的熏染（如德谟克利特的影响），也有时代生存境况所形成的精神价值取向和学风的影响。

伊壁鸠鲁认为，功利是人生的全部，追求与获得快乐是人生幸福的基础。人生最大的利益就也就是人间至高无上的善，那就是"快乐"二字。"快乐是幸福生活的开始和目的。因为我们认为幸福生活是我们天生的最高的善，我们的一切取舍都从快乐出发；我们的最终目的乃是得到快乐，而以感触为标准来判断一切的善。"[1] 这可以说是伊壁鸠鲁主义哲学的基本命题。从这个命题中，我们可以清楚地看到，以个体感受为基准的快乐是个人最大的功利，即个人最大的利益，它是幸福生活的开端，也是幸福生活的终结。因为快乐是唯一的生而为善的东西。简单地说，就是我感到快乐所以我幸福。在伊壁鸠鲁那里，幸福即为善，它们都以快不快乐为准。那什么才是快乐呢？伊壁鸠鲁从个人主义的立场出发，提醒众人不要把物质和感官的单纯享受当作快乐的全部，其实快乐主要指向的是心灵和精神，只有在宁静的心灵和愉悦的精神中人才能真正获致快乐。因此，伊壁鸠鲁说："我们所谓的快乐，是指身体的无痛苦和灵魂的无纷扰。"[2] 虽然伊壁鸠鲁并不反对人们对物质条件的追求，而且他也认为一定的物质条件也是达致快乐所必需的；但他的侧重点更多的是放在持久的、不伴随或较少伴随痛苦的快乐，也就是精神上的平静与心灵上的安宁。正如他自己所言："凡是必要的，也就容易满足；凡是难以满足的，也就是不必要的。"[3] 他辩证地强调了物质与精神的关系：精神与物质须臾不可分离，

---

[1] 北京大学哲学系外国哲学史教研室编译：《西方哲学原著选读》上卷，商务印书馆1983年版，第103页。

[2] 北京大学哲学系外国哲学史教研室编译：《古希腊罗马哲学》，生活·读书·新知三联书店1957年版，第367页。

[3] 参见宋希仁《西方伦理思想史》，中国人民大学出版社2004年版，第87页。

平静安宁的精神需要以最低限度的物质享受作保障,否则就难以维系这种安宁与平和;进一步讲,是不是物质生活越富足、感官享乐越丰富就一定幸福呢?其实也不是,倘若缺少了精神上的安详与宁静,物质与感官再充盈的享受,恐怕与快乐和幸福也是无涉的。由此可见,他所谈到的个人利益,既有物质的因素,也有精神的因素,但更多的是精神的因素。他主张把个人对物质利益的欲望降低到最低限度,即他后来所划分的人类欲望中的第一类"自然而又必要"的欲望,从而使生活简约朴素;与此同时,他主张应该注重精神生活,重视知识的培养和友谊的增进,依靠自己的自由意志和自我修养以达到一种身心平衡、怡然自得的人生境界。用伊壁鸠鲁的话说就是:"我只要有面包和水就可以同宙斯竞争幸福。"①

在这里,伊壁鸠鲁将那种"既自然又必要"的欲望所带来的快乐规定为真正的快乐、真正的善、真正的幸福。可以说,伊壁鸠鲁实际用"既自然又必要"的原则为人生快乐与幸福设定了禁区,也就是说能真正创造出人生快乐与幸福的是欲望的满足,而这种欲望必须是对生命的存在和生活的健康有益无害的。所以,从对人有益这个角度我们可以判定,伊壁鸠鲁的这个选择原则实质上就是一种利益原则。当然,这里我们不能狭隘地将利益囿于物质的范畴,因为对我们生命和生活有益的可不止物质利益,非物质利益也包含其中。所以,把握这里的利益原则就是要注意到好处、方便和益处等概念。与德谟克利特不同,伊壁鸠鲁主动地划出了个人利益的界限,从另一个侧面看,也就是厘定了公私利益之间的边界,或者更为准确地说,抑制了无度的个人利益追求对公共利益损害的可能性。虽然他本人并没有这样予以明确的表述,但从他对快乐的界定之中,我们可以领略到他对于利益关系问题的敏感与睿智。这在他后面的契约思想中,得到了进一步的确证。

为了更好地获得一种真正的快乐,伊壁鸠鲁开始从人的现实生活的角度考察人所应具有的四重美德,即智慧、节制、勇敢和公正。因为真正的快乐是个人的利益,所以,这四重美德可以看成是如何获得个人利益的方式,进一步推论,它们也就是如何达致公私利益和谐共处的方式,只不过这是从伦理角度提出的方式。所谓智慧,就是对属于自己的快乐做出正确的计划与安排。它体现在具有自由意志的人进行理性选择的行为之中。避苦求乐、精于计算是人人都懂的又对人生幸福至关重要的原则,在这里,智慧不再仅仅属于精英的专利,而是所有人的权利与能力。可以说,智慧

---

① 参见唐代兴《利益伦理》,北京大学出版社2002年版,第30页。

保证了个人追求自己利益的正当性与合理性。所谓"节制",就是强调追求个人快乐的行为必须要服从于理性的支配,抛弃盲目的奢侈性追求。伊壁鸠鲁强调节制是人的本性,是美德得以产生的机制。他认为理性的节制是一种审慎权衡的能力,它可以帮助我们排除那些搅扰我们心灵的成见,剔除个人物欲横流的心思杂念,使人真正追求一种属于本性的幸福生活。可以这么说,节制这一美德从限制个人利益无度追逐之中,客观上起到了协调公私利益关系的作用;伊壁鸠鲁的所谓"勇敢",与我们所理解的一般意义上的勇敢不同,它是指人的一种忍受痛苦考验的能力、意志与品质,目的是为了将来获得更高、更大的快乐。这从克制非必要性的欲望的角度,阐释了个人利益追求的当下性与长远性的辩证关系。实质上,这包含有当下忍受个人利益的损失,以促进一种公共利益的发展,是为了在不远的将来能获得更大的个人利益的意蕴。虽然立足点是个人利益,但却在客观上论证了追求公共利益的必要性;至于公正的美德,更是从社会生活的角度强调了个人之间和谐相处的关系。公正是"相互交往中的一种相互利益"[①]。因此,达成共同遵守的社会契约,目的是为了让人们在社会中获得快乐、和谐的生活。这是避免自私自利的个人,在追求自我利益的过程中可能发生的相互伤害的办法。"在任何地点,任何时间,只要有一个防范彼此伤害的相互约定,公正就成立了。"[②] 所以,契约对于维护个人利益是特别重要的。可以说,尚处于萌芽状态的伊壁鸠鲁的契约论,开创了西方个人利益至上论和社会契约说的先河,深刻地影响了后世政治哲学发展的路向。伊壁鸠鲁虽然是基于维护个人利益的角度来阐释公正的,但从理论的自生逻辑上不难看出,公正在客观上营造了一种公共利益。公正不仅是处理个人之间利益关系的原则,也是处理公私利益关系的基本原则。因此,公正是利益关系理论中永恒的核心概念。我们过去常常认为是利益驱动公正概念的变化,其实,更准确的说法应该是利益关系,驱动公正概念变化的原动力从根本上讲就是公私利益关系。众所周知,在现实生活中没有一成不变的公私利益关系,自然一劳永逸的公正也是不存在的。随着利益关系的变化,公正的内涵与外延也在变化。正是在伊壁鸠鲁的公正思想中,现代民主与人权的光辉初露端倪。

总而言之,我们通过对伊壁鸠鲁关于利益思想的鸟瞰,大致可以获得这样一种印象,那就是:他理论的基本立足点就是如何维护和实现好个人

[①] 周辅成:《西方伦理学名著选辑》上卷,商务印书馆1964年版,第96页。
[②] 同上。

的正当利益。无论是正面阐述如何获得可以使人真正快乐的个人利益，还是从抑制无度与不当追求的反面阐述个人利益的获得，其核心都是为了使人真正过上快乐与幸福的生活。这一理论的终极诉求，正是历来政治哲学传统所坚持追求的真谛。可以毫不夸张地说，伊壁鸠鲁就是一位开创个人利益追求正当合法化的理论先驱。更为可贵的是，他对个人利益至上性的论述，始终是与人类公共道德的建设紧密相连的。就我们的论题而言，在他对个人利益的论述之中，我们始终会感到一种深沉的理论关切，那就是对于公共利益的不离不弃，虽然它隐匿于个人利益的光环之下。但毫无疑问的一点是，伊壁鸠鲁是一位现实主义的公私利益的和谐论者。他用快乐主义的功利伦理学，诠释了一种如何化解公私利益冲突、实现公私利益和谐的理路，这也深刻地影响到了后世诸多理论学派在这个问题上的观点，边沁、穆勒所开创的现代功利主义学说，就是在努力追求与实践着这种基本的理论精神。

三 以遵循整体自然追求幸福的政治哲学

同伊壁鸠鲁派以原子为本体，以原子式的个人快乐与自由为追求目标不同，斯多葛派以整体性的自然为关注对象，将作为人类整体的世界城邦或世界帝国视为理论的理想。因而在考察自然和人性、自然法则和理性时，斯多葛派总是喜欢从整体主义的视角来探讨，强调整体对于认识自然与个人的重要性，任何部分或个体都不能脱离整体而存在，要在整体与部分、共同体与个人的关联中定位整体与个人。对自然的整体性和全人类共同体的坚定信念，使他断然否认伊壁鸠鲁式原子个人脱离了整体或共同体就可以获得自由与幸福的可能性。

方法论上的整体主义并不意味着斯多葛派对个人利益、个人理性、自主、自由的否定；相反，斯多葛派从来就不是一种典型的集体主义学术共同体。他们的哲学与伊壁鸠鲁的哲学一样，仍然是以追求个人的幸福为出发点和归宿的。我们通过前文对斯多葛派自然法观念的解读已经了然于胸，尽管斯多葛派坚持整体主义为基础的考察方法，但仍高度肯定了个体性因素的重要性。斯多葛主义的宇宙观是其自然法思想的主要渊源。在他们看来，宇宙是一个受着普遍法则规约的统一整体，这一普遍法则就是"自然法"或者"世界理性"，它支配着宇宙中的万事万物。作为自然一部分的人，在自然阶梯中处于一个特殊的位置，依然要受这样一个自然的普遍法则的约束。这个普遍法则对人性的首要要求，按照克里西普的说法就是"自我保存"。在他看来，人作为动物性的存在，从他出生开始就具有一种类似于本能的需要，那就是排斥一切对自己有害的、趋向对自己有益的。自我保存、趋利避害是自然赋予每一个人的本性。对这一点的强调超出了我们很多人的想象，与伊壁鸠鲁派的个人主义相区隔的整体主义的斯多葛派，竟然也这么强调个体的自保、自利与自爱？斯多葛派正是从人生存的实际情况出发来谈道德，才使得他们如此认真和严肃地对待人的趋利避害本性。

斯多葛派以人的自由本性要求人效仿神的自爱本性，也将自爱与自保看成是善的、好的，只不过这种好和善与神的好和善有程度的差别而已，但这种自爱与自保还是具有道德上的合法性的。这里我们可以清楚地觉得，斯多葛派有着个人利益与整体利益必然协调一致、和谐共生的理论观点，因为他们认为，神与人的自爱本性的差别就在于神的自爱意味着自然与人类的整体自爱；而人只是自然的一部分，他的自爱是狭隘、渺小和有局限性的，但因为人可以分有神的理性并能效仿神协助神，因此，他又可以将追求自身自爱的本性努力地趋近与神的追求，努力将自身的自爱与自保利益提升到与整个自然和社会共同体的自保利益相一致、与关爱他人相一致的高度。这一思想也深刻地影响到了罗马时期政治哲学家西塞罗的以利统一思想。可见，若深入考问道德的善与好的本质，其实就在于它们是一种提升了的利益的好，它使一个人的自己的利益能够与他人的、世界的利益协调统一起来，达到一种和谐共赢的状态。因此，在斯多葛派看来，努力实现自我利益的最大化，就是实践道德生活要求的"善"与"好"，这是一个人有道德的现实根据，同时也是任何人的道德都必须由之源发的原动力，这是自然、神和人都必然如此的普遍法则。这种普遍法则之下的道德一致性，折射出自由的意蕴和权利的意蕴。神的自保是一种自由，而人对神的自保的分有与效仿使得人也分得了自由的本性；这种自由赋予每个个体的普遍法则，实在的是将自爱自保的权利赋予了每个人。因此，自然法作为一种宇宙的普遍法则，将权利的主体进一步具体到单个的个体，为个人寻求自身价值和意义找到了坚实的基础，从而为罗马法的发展提供了一系列不证自明的假设——作为宇宙之组成部分的人，都是生而平等的，都有追求生命自由、财产和幸福的自然权利。斯多葛学派对西方历史最重要的贡献在于对自然法思想的阐述和完善，为人的存在、人的价值和人的权利提供了依据。而正是自然法在罗马的发展，进一步将个人从共同体中逐渐凸现出来，为个人寻求个人价值和意义提供了条件，同时奠定了罗马公私法划分的基础。

由此，我们看到一个很有趣的结果，那就是表面上针锋相对的伊壁鸠鲁派和斯多葛派，却在赞同个体性和自爱、自保原则上达成了一致，主张自由、权利的意识也是暗通款曲。可见，不管是从个体性的角度还是从整体性角度出发，一个时代背景下对同样问题的哲学思考还是具有极大的"家族相似性"，尽管他们论证的根据如何不同、内涵有何其多的差别、实现路径有多么迥异，都无法超脱作为时代精神的代言性。正因为如此，我们前述伊壁鸠鲁派在主张个人利益的同时，并未一概否决公共利益的重要性，并申明了公私利益关系一致性的观念，也有可能在斯多葛派的思想中以某种方式得以呈现。进一步说，即使奉行个人主义为宗旨的伊壁鸠鲁派也不赞同侵犯他人利益的正当性，他们甚至提出了社会契约论和友爱学说来论证个人利益与他人利益、整体利益的一致性、相关性。况且本身就是从整体性出发的斯多葛派，就更可以大胆猜想其绝对不会在追求个人利益的同时，否弃他人与社会整体的利益。

在这里我们看到，斯多葛派强调的主要是个人精神上的自由与自足，即精神的宁静与灵魂的无纷扰，所以这种个体性因素或个人主义，还远不是西方近代建立在个人权利与个人利益合法性基础上的个人主义。相反，在斯多葛派看来要达到心灵的宁静，需要摒弃内在的物质欲望与一切外在的困扰因素，如金钱、地位、名誉等，所以很多学者都认为斯多葛派继承了犬儒学派的禁欲主义主张，只不过较之前者不那么极端而已，那就是还为个人生存与发展所必需的物质利益的存在留下了合理性的论证。在笔者看来，这种包含了内在张力关系的关于个人利益的观点，反映了斯多葛学派在处理个人利益与公共利益关系时的现实考量。既坚持合理性的个人利益，又反对过度欲望的肆意膨胀对自然法则与理性的破坏，因为这意味着个人与自然整体的脱节，意味着建立在理性基础之上的公共美德的丧失，因此，防止它们影响人们通过美德而获得幸福，这是斯多葛派从经验现实中得到的最深切感受。"不要放纵自己，永远保持诚实的动机和坚定的信念。"① 进而，斯多葛派在自然整体论的基础上，推论出一种道德责任论，在此基础上深化了对公私利益关系的认识。斯多葛派认为人是有理性的，上帝也是有理性的，因此在人的本性和整个自然之间存在着一种同构性和道德上的一致性。"依据自然、理性而生活不仅仅是一种命运、一种必然性，更是一种职责，是所有'贤哲'必须履行的一种职责，因为这种职责好似康德笔下的'道德律令'一样，可以帮助人们克服各种感官诱惑

---

① 〔古罗马〕马可·奥勒留：《沉思录》，何怀宏译，中国社会科学出版社1998年版，第28页。

和利益爱好,在文德尔班看来,这种责任感,这种对'职责'的严峻意识,这种对高级秩序的认识是斯多葛派理论的精华所在。"① 由此我们不难看出,斯多葛派在批判伊壁鸠鲁快乐主义的局限性的同时,再次重申了依靠理性的要求应将人们对于公共福利与共同善的考虑建基于个人利益的考量之上,斯多葛派在伦理上一再强调自制、平等、忠诚和公德等品质的重要性,无不佐证着他们对于公私利益关系的看法。正如斯多葛主义者罗马皇帝马可·奥勒留所言:"不符合群蜂利益的东西,也就不会符合单独每一只蜜蜂的利益。"②

斯多葛派在强调自爱、自保是人的本性的同时,也申明了对个人来说,仁爱也是人的本性。它表现为人渴望组成群体和共同体,希望在这种共同体的生活中求得安身立命的确定感和安全感。因此,需要别人、需要友爱、需要城邦。一个自然的共同体是从对家人的关爱开始的,人对别人有责任而不是漠然置之,正如一个人肢体的各部分既分工又合作,因此,人的本性适于形成联合、社会交往和国家。这种思想我们可以从斯多葛派著名的思想家爱比克泰德的论说中看到。他在日常生活的道德实践的意义上,强调了人伦和公私利益关系的一致性。在他看来,安全而切实的个人利益只能是这样一种个人利益,那就是与神圣、美德、他的国家、父母、朋友置于同等位置上的个人利益;如若不然,这种与朋友、家人、社会、国家乃至正义相分离的利益,最终会葬身于自私自利的汪洋大海之中而难以寻觅。他有一段富有哲理的表达令我们印象深刻,那就是:

> 假如一个人把他的利益和他的信仰、品德、祖国、父母以及朋友都放在了天平的同一个托盘上,那么,一切都很安好。可是,如果他把自己的利益放在一边,而把自己的朋友、祖国、亲人和正义放在了另一边,那么,所有后面的这一切都会被他自己的利益所压倒。③

---

① 〔德〕文德尔班:《哲学史教程——特别关于哲学问题和哲学概念的形成和发展》上卷,罗达仁译,商务印书馆1987年版,第232页。
② 〔古罗马〕马可·奥勒留:《沉思录》,何怀宏译,中国社会科学出版社1998年版,第63页。
③ 〔古希腊〕爱比克泰德:《爱比克泰德论说集》,王文华译,商务印书馆2009年版,第282页。

在爱比克泰德的心目中，每个人的利益都应该有一个正确的表象，这个表象就是个人利益应该同整体的利益相一致。因为我们每个人在现实中只是自然、社会和家庭中的一分子、一部分，部分必须在与别人和整体中才有生命，才有其真实可靠的利益。和整体一致，非但不会否认自身的利益，相反恰恰是正确理解个人利益、正确运用个人利益的前提。爱比克泰德这里实际上将个人利益做了两种规定，一种是我作为部分的局部利益；另一种是我作为整体之部分与整体相一致的利益，前者是局限于我的身体、我的财产等的我的表象和运用，是使我同别人、整体及其利益相区隔和对立的；而后者是我超出了这种身体、财产等的局限性，将尊重别人的利益，甚至把别人的、整体的利益看得比自己的身体、财产等更重要。这并不是不要自己的利益了，而是在成全别人和整体利益的过程中实现了真正的自我利益，这才是对自己利益的正确表象，是真实的好和善。这里，爱比克泰德将个人利益的实现放置在慈孝仁爱的择善选择上，通过与他人和整体利益的和谐一致来实现高贵的人性与尊严，可以说与中国哲学中"义利和谐"思想有着惊人的相似性，只不过一个从个人利益出发、一个从义利之辨开始，但仍无法掩盖中西之学的遥相呼应与异曲同工之妙。

总而言之，斯多葛派在强调整体自然观的基础上，论证了自然中的人的个体性原则，使得个人围绕自爱与自保的个人利益得到了道德上的坚定支持。这使得我们清楚地了解，个人主义并非天然地反道德；相反，坚持整体主义前提下的个人主义和个人利益，这并不会导致个人性与整体性原则的矛盾与冲突，这反映了斯多葛派受到古希腊柏拉图学园思想的深刻影响。折射到现实生活中就是，我们可以从塞涅卡和西塞罗对参与政治生活的态度中得出这样一个大胆的猜测，那就是斯多葛派对待社会政治可能经历了这样一个转变过程，即由激烈对抗到欣然接纳。就是这样，我们还是可以看到斯多葛派对个人精神追求高度重视的理论倾向，这一倾向不曾因为罗马社会的震荡而有所改变。因沉思而著称于世的罗马皇帝马可·奥勒留，以自己对沉思生活重要性的实践诠释，证明了这一倾向的坚持与执着。这个学派身上体现出个体与国家之间的疏离状态——无论是空间距离上的疏离，还是心理认知上的隔膜都在这个世界帝国中持续上演着。这也造就了这个时代公私关系的政治哲学特有的理论气质——或明或暗与若即若离；然而，分离或表面的隔离总是暂时的，内在的一致性总是会以时代的言说方式再次呈现在政治哲学的发展中，或早或晚。

第二节 捍卫公民权利与崇尚法律至上：
重识公私和谐的合法性
一 公共政治生活的回归与法治正义

有学者将"新学"的称谓赋予了伊壁鸠鲁派和斯多葛派，以表彰它们两派在哲学理论与实践上相较于之前古希腊哲学的贡献。这两派对个体精神生活的关注，不仅体现在理论上，更体现在实践中，真正做到了知行统一。然而，这两派理论和实践所具有的去政治化倾向也十分明显，这无疑深刻影响着帝国环境下公民生活的态度。从共和国向帝国转变的过程中，远离政治、关注当下、私利优先成为弱小个体用以抵御社会剧烈变动的不二选择。所以在这个时期关于公私利益关系的思想中，自然会突出个人利益在理性选择时的优先性。后世的西塞罗和普鲁塔克在认真反思共和制消亡原因之时，自然会将此倾向纳入自己讨论的视野。随着对这一倾向分析和批判的深入，他们二人都提出了与之相左的理论主张，那就是回归公共政治生活。毕竟，斯多葛派的整体主义和自然法传统，在融入罗马政治思想的过程中，特别是在罗马的法律传统中，还是为在社会衰落和解体的基础上营造一种新的政治秩序准备了条件，为重新理解公民的政治参与留下了空间。当然，像希腊城邦那样的充分而普遍的直接政治参与恐怕是不可能了，但庞大的帝国和相应的政治法律制度又为相应层次的政治参与设定了条件。换句话说，与希腊人强调城邦的共同利益与自我利益合二为一不同，罗马人试图在一个大型、异质的政治系统中处理公私利益关系问题，特别是在法律肯定个人利益合法的前提下创建和维系帝国，这成为这个时代的新课题。

个体与共同体的关系是希腊化—罗马时期哲学关注的一个核心问题，希腊化时期伊壁鸠鲁派和斯多葛派的个人主义思想可以说是对个体与共同体关系的一种理性直观，这种直观释放出来的是一种普遍人性之下的对于个人权利的初步诉求，是一种强大的外在政治压力下的消极的个人主义表现。但是，继之罗马法以自然法为基础对个人权利进行了法律层面的积极阐述。这主要表现在通过对公法与私法的初步划分，罗马法以明文形式规定了个人所拥有的权利，特别是规定了个人的财产权和诉讼权，这成为罗马私法的突出特征。这使得对于个人权利乃至个人利益的追求有了坚实而可靠的法律与制度保障。因此，万变皆系于一宗，那就是基于自然法之上而形成的法治正义。

西塞罗是西方政治哲学家中第一个系统论述了自然法理论的人,自然法理论构成了他的政治哲学的基础和重要组成部分。西塞罗认为:"真正的法律是与本性相合的正确的理性:它是普遍适用的、不变的和永恒的;……罗马和雅典将不会有不同的法律,也不会有现在与将来不同的法律,而只有一种永恒、不变并将对一切民族和一切时代有效的法律;对我们一切人来说,将只有一位主人或统治者,这就是上帝,因为他是这种法律的创造者、宣告者和执行法官。"[①] 西塞罗将法分为自然法与人类法,并把自然法视为体现了最高理性的最早的法,它依据自然规定了行为的应然和范围。这种理性来自于大自然,是神与自然共同拥有的。自然法的本质——"正确的理性"具有最为普遍和永恒的性质,不管是文明民族还是野蛮民族,都应该是自然法所适用的对象。所以,从神与自然产生的那天开始,就有了这种自然法,它比世上的任何成文法都要早,并且它是永恒不变的,因为神和自然所代表的正确性和真理性永远不会变。自然法是至高无上的,因为它代表了神的意志,在某种程度上说它就是神法,"就是至高无上的朱庇特的正确理性"[②]。在这里,西塞罗就把神的意志所产生出来的自然法规定为世界一切民族和人类的最高行为规范,它为在现实中制定成文法提供了依据和标准,是判断现实生活中实在法是否符合自然正义的根据所在。西塞罗认为自然法是正义的本质,是宇宙万物的理性,是衡量一切事物的标准。而实在法并非总是善法,只有那些符合自然法的实在法才是有效的、正义的,才能对行恶者施以惩戒、对行善者加以保护。因此,西塞罗这里提出了具有超越性的正义观,即上帝赋予人类以高贵的理性,使其与自己分享了"正确的理性",从而成为具有预见力、富有记忆力的深谋远虑的动物,这个"正确的理性"就是正义,那就是说,人与神因为共享了"正确的理性"这一普遍法则,也就意味着人与神也共有了正义。人类与上帝共同拥有了理性、正义和法,这也促使他们走到一起成为一个宇宙共同体。西塞罗说:"而理性,当其得以完全成长并完善时,就被正确地称为智慧。因此,既然没有比理性更好的东西,而且它在人心和神心之中都存在,人和神的第一个共有就是理性。但那些共同拥有理性的还必须共同拥有正确的理性。而且既然正确的理性就

---

① 〔古罗马〕马库斯·图留斯·西塞罗:《国家篇法律篇》,沈叔平等译,商务印书馆 2005 年版,第 104 页。
② 同上书,第 188 页。

第二章　徘徊在自由意志与道德责任之间：希腊化—罗马时期的公私利益关系追问　　59

是法，我们就必须相信人也与神共同拥有法。进一步说，那些分享法的也一定分享正义；而所有分享这些的都应视为同一共同体的成员。"① 这里西塞罗始终坚持神所赋予人以理性，自然法又是最高理性，因此，人类的实在法是不断模仿自然法的复本，理性的不断完善能够促使人类的实在法或成文法不断趋近如自然法那样的真正的法律，因此，人类也必将处于一个统一的国家社会和法律当中。西塞罗从理性是人类与上帝共有，且是人区别于其他动物的共同本质这一点出发，得出人在自然法、理性与上帝面前是平等的，即使是奴隶也不例外，因为只有这种平等才体现出理性的共有，才体现出是一个统一共同体中的成员，是共享正义的存在。按照西塞罗的以上逻辑，他进而指出现实的统治者为了达到其统治目的必然从有益于自身的利益出发制定法律，而这种不以自然正义为范本的所谓法律，会因为其正义的功利主义性质而最终陷入崩溃和毁灭的境地，所以，我们得出这样一个结论：凡是不以自然正义为基础的法治正义终将流于形式而至毁灭。综上所述，西塞罗从自然法出发，以永恒的正义为旗帜，以理性的法律为武器，为人民（包括奴隶）的共同利益作了辩护，同时这也蕴含着对当权者的为所欲为、以权力干预个人利益乃至伤害公共利益的行为有所限制的意味，用自然法来约束现实的统治者，规范权力的运作，这无疑是具有现代意义的超前的政治思想，必将在政治哲学史上留下闪光的一笔。

　　无独有偶，作为罗马帝国早期斯多葛派代表的塞涅卡，更是从一个独特的视角阐释了限制领导者的凌辱伤害同样是维护个人利益和共同体利益的重要方式。塞涅卡作为一个与罗马帝国政治密切相关的公共人，对现实的罗马帝国政治有着与其他斯多葛派学者迥异不同的看法。他将自己政治哲学的关注重心放在了如何限制统治者的愤怒情绪上。因为在他看来，绝对政治权力的拥有者因其显赫的地位而使得他们的愤怒情绪所带的伤害会成倍地放大，甚至会带来普遍的毁灭。这个时候，愤怒就不再是一个单个人的无关紧要的情绪了，而会演变成为一个足以支配整个国家兴衰成败的关键因素。因此，"只有愤怒才会是整个民族的苦难"②。在权力拥有者的包暴戾的愤怒之火中，它可以融化任何的尊严与价值，它会使个人的屠杀演变成为整个民族的屠戮，它可以有着辉煌文化与艺术的城市和国家灰飞

---

①　〔古罗马〕马库斯·图留斯·西塞罗：《国家篇法律篇》，沈叔平等译，商务印书馆 2005 年版，第 160 页。

②　参见包利民《古典政治哲学史论》，人民出版社 2010 年版，第 269 页。

烟灭，直至它发泄到畅快淋漓。塞涅卡经由他个人体验到的"强者的愤怒"而对此心有余悸，这反映到他的政治哲学中就形成了上述的看法。最终，塞涅卡将政治哲学的讨论引到根除政治中的残暴和愤怒，实现仁慈政治的问题上来了。从此，斯多葛派再也不是那个面对暴政无所作为、逆来顺受的"不动心"的世外存在了，而成为充满了仁爱之情、关心民众疾苦、同情受伤害与侮辱的"有情学问"。这种学问充满了爱心，更加关注公共利益的实现，它公开宣扬的目标不仅仅是为自己的利益服务，更重要的是为广大民众提供服务与帮助，实现所有人的共同利益。这样一个公共目标的实现，取决于对绝对权力异化的限制。塞涅卡的这一思想非常具有现代政治的意味，现代政治一个重要的规范性目标就是限制权力的肆意妄为，因为这从另外一面保护了正当合法的个人利益的获得，和进而良性健康的公共利益的实现。这也再次印证了对个人的关注是古罗马时期的重要特点，人的觉醒是导引出这一特点的关键和基础。虽然这样的个人还远没有达到近现代意义上个人的水平，但作为发端与源头还是对近现代个人主义思想的发展产生了重要影响。

西塞罗在《论国家》中给国家下了一个现在耳熟能详的定义："国家是一个民族的财产。但是一个民族并不是随随便便一群人，不管以什么方式聚集起来的集合体，而是很多人依据一项关于正义的协议和一个为了共同利益的伙伴关系而联合起来的一个集合体。"[①] 这里"国家"的拉丁文译为汉语就是"公共的"一词，是与"私人的"相对立的，人民之所以组成国家这是基于人的聚合性的本性，就如亚里士多德强调人是天生的政治动物那样。西塞罗在这里一方面认识到国家代表的公共利益的重要性，赞美公民对国家的责任与美德，正如他在《论责任》中所认为的那样，共和国良善体制要求公民要具有四项道德责任，其中就包含这样的内容：每个成员尽职尽责、忠实担当，是维系好一个有组织社会的前提条件。西塞罗这里通过一种互助性帮助人们澄清了不同责任的等级，在他看来最重要的责任是对神的责任，其次是对国家的责任，然后才是对父母、子女和其他从家庭成员的责任，再然后就是对朋友和其他人的责任。可以看到，在这一等级序列中，代表公共责任的神和国家有着优于私人家庭及其他责任的地位，这种优先性或先在性体现着西塞罗公益至上的基本思想。另一方面西塞罗又通过法律主张个人权利与个人利益的正当性与合法性，如前

---

① 〔古罗马〕马库斯·图留斯·西塞罗：《国家篇法律篇》，沈叔平等译，商务印书馆2005年版，第35页。

所述。从这里我们就可以看到，他力求在公共与私人、共同体与个人间的某种张力关系中找寻调和二者的方式方法，这使得他关于公私利益关系的理论某种程度上存在着折衷主义的影子。

二 西塞罗的公私利益关系思想①

在传统社会中，颂扬个人利益为主的公私利益关系理论如昙花一现，很快便被淹没在更为强大的公利至上的理论批判之中。作为伊壁鸠鲁快乐论的批判者，西塞罗坚持认为追求享乐有害于人的道德生活的，因为与道德生活相比享乐总是建立在自私而有限的感官体验上，显得总是那样的卑微与不足道。一味强调这种享乐生活的话，伦理学的终极意义就将消解。所以，作为古罗马时期斯多葛学派思想的传播者，西塞罗在个体德性论的基础上，重新阐释了他的政治哲学。

古往今来，对西塞罗思想的评价可谓毁誉参半。施特劳斯就曾说，在很多试图对政治学的发展做系统阐述的政治哲学史家眼中，西塞罗的思想是既无独创性又没感召力，甚至有许多人将他视为是一个浅薄的涉猎者，而不是严肃的哲学学者，这背后的原因大概都源于对他哲学折衷主义性质的认定。这样的评价似乎包含某种程度的真理性。然而，我们不得不说，这种看法反映出他们并没有正确看待西塞罗处理哲学素材时所使用的独特方法及怀抱的特殊目的，更不可能真正理解他思想的实质。萨拜因就在他的《政治学说史》中说："西塞罗的政治思想并不因其具有独创性而显得重要。……然而他的书有一个绝对不容忽视的优点：无论谁都要读。一种思想一旦能保存在西塞罗的著作里，那它就可以在全部未来的时光里为广大的读者保存下来。"② 在政治哲学史上，"西塞罗的真正重要性在于他介绍了斯多葛学派的自然法学说，这一学说从他的时代直至19世纪便传遍了整个欧洲"③。

在西塞罗的著作中，我们可以清楚地看到，作为一名哲学上的怀疑论者，他赞成绝对知识的不可能性。虽然人可以通过考察所有意见的相对优点而得到较高程度的或然性，但他永远不会达致绝对的确实性。然而，作为一名真正的政治理论家，他又认为这样的观点被大众广泛地接受会带来

---

① 参见刘晓欣《义利统一如何可能？——试析西塞罗的义利和谐思想》，《兰州学刊》2013年第8期。
② 〔美〕乔治·霍兰·萨拜因：《政治学说史》上卷，盛葵阳等译，商务印书馆1986年版，第200页。
③ 同上书，第202页。

政治上的灾难,它可能会导致大众对现存政治秩序所必需的那些原则的普遍怀疑,不相信它们的真理性,这些原则就包括:公民应重公益而轻私利。所以,他认为,一名真正的政治哲学家,不能无动于衷地看待这种危险发生的可能性。因此,他主张哲学要生存下去必须关注健康政治秩序的创制。只有在一种政治秩序中,哲学才可能生存。在没有提出一种新思想之前,不要急于对现存政治秩序基础的原则、方针进行质疑与批判,那样的话只会带来混乱。"因此,哲学必须首先考虑既合意又可能的事情,其方向是改良现有的政治秩序,而不是毁灭它。"① 可以这么说,这为西塞罗的政治哲学思想定下了基调,注定了他的哲学倾向是一种近乎折衷的调和,在他的对话体著作中,他让各种意见公开交锋,而不明显地对观点做评判,他用这种方式表达了他既希望强调政治上有益的东西,又希望向大众隐瞒那些更为普遍的真理的倾向。"他企图以这种方式履行其对哲学和现存政治秩序这两方面的责任。"② 这种倾向也反映在他对公私利益关系的看法中,即坚持一种义利和谐论,这也是他所希冀的共和政体下政治秩序的基本原则。

生活在西塞罗时代,早期斯多葛学派禁欲主义和个人主义的遁世主张已被一种逃避世俗生活和政治责任之间的紧张关系所取代。这种紧张关系所折射出的其实就是一种个人利益与公共利益之间的张力关系。导致这种紧张关系的一个重要因素就是以犬儒学派为代表的极端避世主义远离政治所带来的负面效应。斯多葛派对责任和品格的重视、对普遍法则的相信,使得罗马上层阶级乐于把它转变为一种国家意识形态。至此,一种强调责任品格的培育和努力维护国家的道德成为社会的风气,这也深深地影响到了西塞罗的思想。他既强调一个个平等的个人,重视其私人的利益;同时又认为他们不能脱离普遍法规和政府体制,强调个人对政府的"绝对责任",对公共利益做出自己的贡献,体现出"义"。这种原则充分地体现在《论责任》中对义利和谐关系的论述中。

在西塞罗看来,在众多的美德之中,公正堪称是至高无上的荣耀,因为公正最大的功能是使一个人不做伤害他人的事情,除非是为邪恶所激怒,这也是人之所以被称为"好人"的基础;公正其次的功能是引导人们将公共财产用之于公益,将私有财产用之于私利。每个人有责任保护自

---

① 〔美〕列奥·施特劳斯、约瑟夫·克罗波西主编:《政治哲学史》上册,李天然译,河北人民出版社1993年版,第165页。

② 同上书,第167页。

己的私有财产,同时,也不要把不属于自己的东西据为己有,因为这是违反了人类社会的法规。他借用柏拉图的话说:"我们生下来并非只是为了自己,我们的国家、我们的朋友都有权要求我们尽一份责任。斯多葛学派认为,世界上所产生的一切东西都是创造出来给人用的;因为人也是为其他人而生的,所以他们能够相互帮助;在这方面,我们应当遵从'自然'的意旨,彼此关爱,相互授受,为公众的利益贡献出自己的一份力量,例如用我们的技能和才智,以及通过我们辛勤的劳动,使人类社会更紧密地凝结在一起,使人与人之间更加团结友爱。"① 紧接着,西塞罗批评了那些把独善其身视为公正的看法。他指出,表面上他们对人们没有伤害,好像是公正的,但实际上他们还是不公正的,因为他们缺乏对社会的责任感,他们是社会的背离者,他们没有为社会牺牲自己的私利和做出自己的贡献,所以,从这个意义上说,他们仍是不公正的。由此,我们不难看出,西塞罗所主张的公正,既包含维护正当的私人利益的意蕴,也包括对社会公共利益有所贡献的含义,这两者是不可或缺的。西塞罗认为,虽然私有财产应该得到保护,但在不损害自己利益的基础上,应该尽可能地去帮助别人,这是一种有益于公益的事情。他引用了诗人恩尼乌斯的诗说明公共利益:

> 好心地为迷路者带路的人,
> 就好像用自己的火把点燃他人的火把:
> 他的火把并不会因为点亮了朋友的火把而变得昏暗。

因此,我们应该对陌生人慷慨地施以利人而又不损己的恩惠,就像这些谚语所表达的原则:"流水谁都可以用;任何人都可以借我的火种;给犹豫不定的人出个好主意。" 多为公共福利做出自己的贡献。西塞罗认为,"假如在危难时所表现出来的那种高昂的斗志缺乏公正,为了自私的目的而不是为了公众的利益而斗争,这是邪恶的;因为这不仅没有美德的成分,而且本质上是野蛮的,与我们一切美好的情感大相径庭"②。相反,正确的做法应该是,宁舍自我私利,也不愿损害公益;宁可自己的名誉受损,也不能轻易损害其他的一切利益。这才是公正的真正要求,才是至上

---

① 〔古罗马〕马库斯·图留斯·西塞罗:《西塞罗三论——论友谊·论老年·论责任》,徐奕春译,团结出版社2007年版,第122页。
② 同上书,第148页。

的美德。西塞罗坚持认为履行社会义务、为公共利益做贡献才是最重大的责任。"我们可以把以下这一点看作是确定不变的：在选择相互冲突的责任时，应把人类社会的利益所需要的那类责任放在首位。"①

在西塞罗眼中，当时社会上"利"这个词已经被讹用、滥用，并且逐渐发展到这样一种地步，即把道德上的正直与利割裂开来，认为有德性的事情可能是没有利的，而要谋利就可能缺德，这不能不说是人类社会的祸害与悲哀。相反，他认为，美德、公正、有利不是相互矛盾的，而是协调一致。凡有德必定公正，而公正的又是有利的，因此，凡是有德的必定是有利的。以此为核心命题，西塞罗展开了自己关于义利不会产生根本冲突，义利和谐一致的论述，从而论证了追求私人利益与遵循公共道德（外在表现为致力于公共利益）的一致性。

在讨论涉及整个国家和全体国民的公益性服务时，西塞罗认为，这些公益性服务，有的是同全体公民有关的，有的是只涉及个人的。当然后者更为直观地使人感受到。但有可能的话，应该兼顾这两者。显然，西塞罗在此已经从直观上对公共利益的形式作了初步地分类。更为重要的是，在接下来的论述中，他指出我们在保护个人利益的时候，必须注意我们为他们所做的事情应当有利于国家，至少不要损害国家的利益。他还举了两个相反效果的例子对这一原则进行了说明。"盖乌斯·格拉古广泛地大量施舍谷物，结果使得国库告罄。马尔库斯·屋大维则实行适度施舍；这既对国家来说是切实可行的，又对平民来说是必需的；所以，对百姓和国家都有好处。"② 与此同时，他又强调，执政者不能随随便便打着国家的旗号侵犯个人的财产权，这是因为大家聚在一起形成社会，就是为了让它保护人们的财产不受侵犯，虽然形成社会的过程是"自然"引导的过程。在这里，可以看出西塞罗已初步具有了契约论的思想萌芽，并且以此为原则辩证地看待公私利益的关系。

在关于义利和谐一致的核心价值预设的基础上，西塞罗进一步讨论了义利可能的冲突。在他看来，所谓的利与义的冲突只可能是貌似之利与义的冲突。因为西塞罗前面已经认定有德必有利，而无德之事最终必会无利。这样的话，作为"道德责任"的义，在根本上是不会与利发生冲突的，二者应该是和谐一致的。如果存在所谓的"义利冲突"，那只能是外

---

① 〔古罗马〕马库斯·图留斯·西塞罗：《西塞罗三论——论友谊·论老年·论责任》，徐奕春译，团结出版社 2007 年版，第 209 页。
② 同上书，第 259 页。

表貌似之利与义的冲突。也许有的人会问,有没有一种这样的可能性呢,即"真实的利"与"貌似的义"之间的冲突呢?这种情况虽然在西塞罗的文本中没有论述,但我们仔细推敲一下,便可以消解掉这个问题。因为,在这里所讲的"义",指的是对公共事务的所负有的道德责任感,在阶级社会中由于统治者的宣传更多地表现为对"虚幻的国家"所负有的责任感,其外在表现一般是为国家利益而做贡献。所以,在作为统治阶层代表的理论学者那里,自然不会对这种义进行批判,"貌似的义"的概念也就无从产生了。

对于貌似之利与义的冲突如何取舍的问题,西塞罗首先借旁人之口认为,这个问题是整个哲学领域中最基本、最重要的问题。所以,他主张"应当制定某种一般性的规则,以便每当我们称之为利的东西与我们称之为义的东西似乎发生冲突时,使我们能作出正确无误的决定;而且,如果我们在比较各种行为路线时遵守那种规则,我们就永远不会背离责任之路"①。在这里,西塞罗显然同意了斯多葛学说所谓的义利携手同行的观点,而不太赞同义胜过貌似之利的亚里士多德学派的观点。所谓的义利同行的观点,内在包含着这样一种观点:即真正的个人利益是有德性的,其追求不会损害公益与公德;那些悖于公共道德的追求个体利益的行为,他们所追求的并不是真正属于自己的利益,而只是一种貌似之利。引申进公私利益关系的理论话语体系,那就是强调真正的个人利益与公共利益是一致的,追求私也就是追求公,追求公也就是追求私。而如果私利破坏了公益,只会证明这种私利并不是真正有益于个人的私利,而只是一种貌似之利,是不值得追求的。为什么会有这种近似于公私利益一体论的观点呢?那答案只能有一个,就是西塞罗对公共利益的理解还停留在它是个人利益机械总和的论点上。也许,他本人从未意识到这一点。

既然义利是不可分割的,那么,"把各自的个人利益与整个国家的利益融为一体,就应当是所有人的主要目标。因为,如果个人为了各种自私的目的而把本应用于公共福利的东西占为己有,那么,人与人之间的伙伴关系就会完全被摧毁"②。同一个"自然"规律支配所有的人,所有人的利益都是一致的,因此不会允许我们伤害旁人。"一个人只是为了自己的

---

① 〔古罗马〕马库斯·图留斯·西塞罗:《西塞罗三论——论友谊·论老年·论责任》,徐奕春译,团结出版社2007年版,第282页。

② 同上书,第286页。

利益而掠夺他人之物，哪怕这个被掠夺者是个完全无用的家伙，那也是一种卑鄙的行径，而且也违背'自然'规律。但假定一个人，他存活下来就能为国家和人类社会提供伟大的服务——如果他出于那种动机而掠夺他人之物，那就不应该受指责。但如果情况不是如此，那每个人都必须承担自己的不幸，而不应当有掠夺旁人的权利。我们主张，漠视公共利益也是违背'自然'的，因为这是不公正的。因此，'自然'规律本身，由于它是维护人类的利益，肯定会作出这样的决定：一个智慧、勇敢的好人在急需时应当将无用懒汉的生活必需品转移到自己手里。因为好人之死乃是公共福利的重大损失。但他必须小心，在这种所有权的转移中应当自尊自爱，切不可乘机干坏事。倘若好人能根据这种'自然'规律作出决断并知道自己的行动，他就会始终履行自己的责任，增进我非常喜欢谈论的那种人类社会的共同利益。"①

西塞罗一再重申，为什么不会有真正的利与义发生冲突，这是基于：凡真正有利的无不同时也是义的，凡是义的无不同时也是有利的。在西塞罗看来，建立在义利分裂基础上的学说对人类生活危害极大。所以，我们所说的利义冲突只是一种表面上的冲突，而不是一种真正的冲突。谈论这种冲突的意义就是为了让我们在利与义发生冲突时能毫不犹豫地做出正确的抉择。虽然西塞罗没有明确这种抉择是什么，但是我们通过上下文还是可以真切地感到，那就是毫不犹豫地选择义而放弃利，也就是选择公共利益放弃私人利益。正像他自己说的那样："当我们遇到某种貌似之利时，我们势必为之心动。但如果人们经过周密的考察，发现这种貌似之利与某种不道德的行为有联系，那么，人们不一定要牺牲利，但是要认识到凡是不道德的事情都不可能是有利的。但如果最违背'自然'的莫过于不道德，如果最符合'自然'的莫过于利，那么，利和不道德肯定不能共存于同一个对象之中。"② 西塞罗进一步分析了牟取某种貌似之利的危险后果，那就是人的贪婪的欲望会不断滋长，对于财富、独断的权力更是趋之若鹜，登峰造极的要求就是使自己成为一个自由国度中的君王。这种欲望在西塞罗看来是极其可怕而令人讨厌的，因为貌似之利的诱惑使人们只看到物质上的回报，却看不到可能存在的惩罚——既包括法律上的惩罚，更包括那一切惩罚中最严厉的惩罚，即自身的道德沦丧。我们可以看到，这

---

① 〔古罗马〕马库斯·图留斯·西塞罗：《西塞罗三论——论友谊·论老年·论责任》，徐奕春译，团结出版社 2007 年版，第 287—288 页。

② 同上书，第 291 页。

里西塞罗对个人提出了一种道德上的高要求,那就是不仅不能去做牟取貌似之利的行为,就是思想上都不能有丝毫的想法,因为这种犹豫不决的考虑本身就是一种罪过。所以,他认为"只要我们真的学过一些哲学,就应该完全相信:即使我们可以躲过神祇和凡人的眼睛,我们还是不应当做任何带有贪婪、不公正、淫欲或放纵意味的事情"①。

当然,在充分强调了义的重要性后,西塞罗也并没有像柏拉图那样完全否定个人对利益的追求。他认为,很多场合下利之所以获胜,那是因为它符合道德上的公正。没有道德上的公正,就不可能有利。这就说明,牟取自己的利益,或者不牺牲自己的利益只能建立在道德公正的基础上。每个人只要不损害他人的利益,都可以且应当考虑自身的利益。他引用了克利西波斯的比喻说明这一点:"一个人在参加竞走比赛时,应当尽自己最大的努力,全力以赴去争取胜利,而绝不可用脚去绊或者用手去拉扯他的竞争对手。在人生的赛场上也应当遵守这一规则:任何人都可以公平地追求自己的利益,牟取他所需要的一切,但无权掠夺旁人的东西。"②

综上所述,我们可以清楚地看到,西塞罗在对义利关系深刻分析的基础上得出一个明确的结论,那就是:义利不可分割。如果人们把利与道德上的正直分割开来,那他们就是在推翻"自然"所设定的基本原则。在这里,西塞罗把利益问题与伦理道德紧密地联系在一起,甚至认为现实的利益对人都是不重要的,而只有道德上的正直、公正才是人的真正利益。所以,他认为"义"才是我们应该争取的首要和最高的价值目标,而我们平时称之为利的东西,"与其说是我们尊严的一种装饰物,不如说是生活的一种必须的附带物"③。可见,从西塞罗的立场看,他是重义而轻利的。回归我们的论题,西塞罗在义利的层面上,阐释了他对公私利益关系的看法,那就是作为义的现实代表——公共利益,是个人首要的价值目标,是个人利益的前提与基础,是个人利益得以实现的保证。在西塞罗的理论逻辑中,公共利益或共同利益就是个人利益的总和,实现了公共利益,也就实现了个人利益。因为义利同行,所以公私利益也为一体。从整体上看是公共利益;就个体看,则是私人利益。既重视公共利益,又不否定个人正当利益的追求,将个人利益的追求与对普遍的公共利益的尊

---

① 〔古罗马〕马库斯·图留斯·西塞罗:《西塞罗三论——论友谊·论老年·论责任》,徐奕春译,团结出版社2007年版,第293页。
② 同上书,第297页。
③ 同上书,第342页。

重内在的联系在一起,从而达致一种公私利益和谐一致的关系,这成为闪耀着古希腊文明之光的西塞罗思想的归宿,这与他本人哲学所坚持的整体倾向——"内在的、不可违反的个人权利的观念,与永恒的普遍的法的观念是联系在一起的"①——也是相契合的。

---

① 〔挪〕G. 希尔贝克、N. 伊耶:《西方哲学史——从古希腊到二十世纪》,童世骏等译,上海译文出版社 2004 年版,第 100 页。

第三章 神学政治视野中的公私利益关系

在西欧中世纪占统治地位的思想是基督教神学思想。在由这种思想而形成的基督教文化中，逐渐形成了一种神学化的政治哲学。在这种神学政治哲学中，政治统治彰显着宗教神学的影响，同时宗教神学也渗透着政治统治的因素，二者胶合为一体。这种政治哲学的本质在于，用一种超世俗、超现实的道德伦理，即宗教伦理来作为政治统治的依托，以宗教神学来解释政治活动的意义，赋予政治活动一种神圣性。总体而言，中世纪的政治活动是缺乏独立性的，国家需要神学教义为其统治的合法性做最高的理论辩护。因此，神学政治哲学成为维护封建统治及其等级秩序的理论保障。著名社会学家涂尔干曾经指出，"宗教是一种不依赖于个人的现象，体现出将人们共构一体的集体生活和社会行为。所以，宗教从产生伊始就代表了一种超越个体的社会性，是高于个体、不依赖个体的集体情感和行为"[1]。故而，以这种具有普遍性、神圣性、权威性、社会义务性以及伦理性的基督教为基础的政治哲学，必然强调一种超越个体的社会价值。这也就决定了公共利益相对于个人利益而具有的至上性，仍旧是整个中世纪在公私利益关系问题上的总体倾向。

第一节 阿奎那：来自上帝的"公共幸福"[2]

一 对公共利益的诠释

托马斯·阿奎那是中世纪基督教经院哲学的集大成者和神权政治思想的最高权威。阿奎那既是神学家，又是普通人，这双重角色使阿奎那的公

---

[1] 参见卓新平《宗教理解》，社会科学文献出版社1999年版，第170页。
[2] 参见范沁芳《在调和种传承与创新——托马斯·阿奎那的公共利益理论解读》，《南京社会科学》2007年第9期。

私利益关系思想具有浓重的调和论色彩。他调和的对象是古希腊罗马时期的公共利益观念与基督教教义,并在此基础上试图建构一种打上了神学烙印的公私利益关系理论。

阿奎那认为,规范人们的行为,除了上帝先天赋予人们的内心的良知和良习,还需要有后天自我修养形成的德性,两者相辅相成才能促使人们按上帝的旨意,永不停息地追求至善,去实现完美的人生。阿奎那强调了人的社会性,希望人在了解有关上帝事实的基础上,能过上他所希望的社会生活,这与他身上崇德向善的倾向有关,而这种倾向本质上是与理性相一致的。他重申了亚里士多德的名言:"人天然是社会的和政治的动物,注定比其他的一切动物要过更多的合群的生活。"① "如果有人成为这样一种人即他天生不是一个政治动物,那他或者是邪恶的——例如由于人性的堕落而发生这类情况——或者就是具有超人的品德——因为他的本性比其他一般人来得完善,所以他能够自给自足,不必与他人为伍,如约翰和隐士圣安东尼那样。"② 与此同时,他还强调了人的社会性不同于动物的合群本能,他说:"只有那些能共同促进社会生活的美满程度的成员,才能被认为是社会公众的一部分。如果人们单纯为了生存而结合起来,则无论动物或奴隶都将与文明社会有关。"③ 换句话说,追求良善而美满的生活是人们过群居生活的主要原因,他们选择在一起主要是希望"通过有德行的生活以达到享受上帝的快乐的目的"④。而这是其他任何动物所不可能有的。在这里,阿奎那实际上点明了人所追求的生活应该是一种德福兼备的生活,即在物质生活层面的世俗生活与在精神生活层面的宗教生活。这种对于生活世界的二元划分,也直接影响到了他对于公共利益的理解。

按照阿奎那的观点,众多不同的人组成了政治社会,而这些社会成员都有着不同于其他人的需要和私利,这就导致了在政治共同体中公共利益必然是"由许多不同的因素构成"。⑤ 当然,这里的前提是公共利益被视为共同体的公共善而存在。从大体上划分,可以把这些不同的构成要素分为两类:其一是与人类基本生活息息相关的因素,如社会秩序、社会安宁等,它们是维系人类社会生活所必不可少的物质内容;其二是与人类追求

---

① 〔意〕托马斯·阿奎那:《阿奎那政治著作选》,马清槐译,商务印书馆1963年版,第44页。
② 同上书,第18页。
③ 同上书,第84页。
④ 同上书,第44—45页。
⑤ 同上书,第119页。

正义公平的普适性要求相关的因素,如法律中有关风纪、公序良俗的规定等,它们对于民众精神性需要的满足是不可或缺的。这两类因素从根本上而言,既是实现和维护公共利益所必需的条件,本身也构成了公共利益的组成部分。可以说,"圣托马斯在处理实际的困难问题时表现了现实主义的精神和重视证据的作风,这和他某些同时代的人或直接的前辈的空想比起来,时高明得很多的"①。同时,对于公共利益的内涵他还提出了一个相当前卫的理论观点,那就是:公共利益的构成会随着时代而变化。因为在他看来,时代的变化促使民众的共同需要也发生了变化,所以他们所需要的公共利益自然也会有所不同。进而,阿奎那提出制定事关公共利益事项的法律时,应使这种规定具有相当的适用性,不仅仅满足当前时期的需要,而且要尽可能地对后世发生效力。

阿奎那认为人定法是以公共利益为目标的,因为这些公共利益是由不同职务的人来负责实现的,所以可以据此把公共利益具体分为三类:"第一类是由祭司们负责促进和实现的精神属性的公共利益;第二类是由治理社会的统治者负责促进和实现的涉及社会公共秩序、社会安宁、物质福利等方面的公共利益;第三类就是由军人负责促进和实现的国家安全方面的公共利益。"②深受经院哲学熏染且身居教士身份的阿奎那,将精神性的事物也列入公共利益的范畴,一方面表现出了他的理论独创性,另一方面也反映出他的宗教情结。可以说,在阿奎那心目中,那些精神性的公共利益甚至要高于、优于物质性的公共利益,他更关注那些属于精神性的公共利益。总而言之,他还是提出了一种包含了物质与精神两重要素的公共利益范畴。"人成为其中一部分的政治社会不仅帮助他取得由一个国家的许多不同工业生产的这样一些物质福利,而且也帮助他求得精神上的幸福。"③"人们之所以组成社会,之所以聚集在一起,目的在于过一种有德性的生活。人们结合起来以便享受一种个人在单独生活时不能得到的生活美满,而美满的生活就是按道德原则过的生活。这样看来,人类社会的目的就是过一种有德性的生活。"④紧接着,阿奎那指出德性生活的本质"就在于享受上帝的快乐",这是人类的最终目的。而这种目的的实现,必须要通过后天的德性锻炼。虽然阿奎那认为人身上有一种向善的自然习

---

① 〔意〕托马斯·阿奎那:《阿奎那政治著作选》,马清槐译,商务印书馆1963年版,第7页。
② 同上书,第117页。
③ 同上书,第156页。
④ 同上书,第44页。

性，但这种习性趋向德性的完美过程中，必须要靠基督教士通过传播神的律法来引导。"世俗的君王有权就世俗事务中有关公共幸福的一切问题，颁布一些法令作为对自然法的个别规定；同样地，基督教教会的主教们的职权范围，是用令状来规定那些影响到信徒们对其精神福利的志趣的事项。"① 这里既反映出阿奎那调和世俗生活与教会生活的特征，即物质性的公益归世俗国家管，而精神性的公益归教会管，同时，也透露出阿奎那对于世俗统治可能侵害精神性公共利益的担心。他指出，暴君们在专门追求个人欲望的满足时，所侵害的不仅仅是人们的物质性福利，而且也威胁到了人民精神的安全。例如他们残暴的统治，在剥夺了人民物质利益的同时，又用恐怖的气氛使人民精神压抑萎靡，而甘心屈从于统治。从这里我们也不难看出，在阿奎那的心目中，这种由教会来实现的公共利益是神圣而不可侵犯的。

阿奎那在阐释由统治者负责实现的公共利益时认为，社会秩序与安宁是这种公共利益的集中表达，也可以说是这种公共利益的同义语。在与社会成员的个性比较中，社会统一显得更为重要与根本，这是因为"一切多样体都是从统一中产生的""统一成为善的特征之一""统一成为社会的统一并不是建立在许多个体达成协议的基础上，从而反映众多个体的意愿，相反的，社会统一的目的就是为了约束个体的多样性。"② "任何事物只要它追求统一，就能求仁得仁，而没有统一，它甚至不能存在。"③ 这说明在阿奎那那里，统一意味着社会的全部和一切。所以，"任何社会的统治者的首要任务是建立和平的团结一致。他也没有权利怀疑他这样做是否能促进社会的安宁"④ "具体说来，国王即统治者在维护社会秩序方面责无旁贷。他要确保他统治的社会的安宁，防止各种破坏行为的发生且尽心竭力地扩展这种福利。"⑤ 为此，他需要做好以下三项具体工作，才能确保"公共幸福的持久不变"："一是社会必须融洽地团结一致；二是这样的社会必须以行善为目标；三是必须依靠统治者的智慧保有物质福利的充裕。"⑥ 就这三件事而言，"第一条对于社会统治来说是根本的；第二条

---

① 〔意〕托马斯·阿奎那：《阿奎那政治著作选》，马清槐译，商务印书馆1963年版，第141页。
② 同上书，第49页。
③ 同上书，第103页。
④ 同上书，第48页。
⑤ 同上书，第87页。
⑥ 同上书，第88页。

是为了达到更高目的必须做的；而第三条则是次要的，是实现第一、二条的手段。阿奎那从不认为充分满足社会成员的物质生活需求是社会首要的目的，也不认为保证每一个社会成员的个人权利不受侵犯是这个社会的根本目标"①。尽管如此，他还是很关注社会的发展。他认为提供社会发展所必不可少的物质福利，特别是那些个人无力且难以获得的物质福利，不仅是一个社会能否存续的重要条件，而且是公共利益中最主要的组成部分，是精神性公益存在的前提条件。阿奎那说："为了正确地保持社会的秩序，君主还有一个任务需要完成：他必须关心社会的发展。"②原因在于社会的安宁与德行的实践都要依靠统治者提供的充裕物质福利，这些物质福利是统治者智慧的展现，更是幸福生活所必需。这也体现在阿奎那对于社会弱势群体利益要求的考虑上，他认为一个社会的公共利益应该包括扶危济困的内容，这也是统治者的分内之事。他在写给布拉班女公爵的信中提到，对于一些没收来的钱，在找不到受害者的情况下，"应当用于贵国的公益方面，以济贫恤穷或为社会谋福利"③。这虽然展现出他作为基督徒所具有的悲天悯人的情怀，但也确实点出了后世国家在公益事业上的重要功用。阿奎那在强调世俗政治生活对于物质性公共利益提供作用的同时，也并没有把提供所有的精神性公共利益的任务仅仅交给教会来完成。他认为以公共利益为目的定法，应当通过考虑适用当地的习惯来尊重、培养、强化公民对于社会正义、和平等精神性利益的追求。

阿奎那还论述了促进和实现公共利益是军人的天职，保家卫国、抵御外辱是其主要体现。外敌入侵是影响公共利益能否长久保持不变的重要外来因素，它会破坏国内原有的和平与安宁，以及原有的统治与社会秩序。因此，军人应该自觉地承担起保卫国家、为维护原有的社会秩序而战的职责。与此同时，国王也应该是此种利益的责任人，因为他也承担着为保卫其统治的国家提供保障的任务，这种保障体现在国家在政治、经济、军事等方面保有必要的战备能力。

二 公共利益与国家

托马斯阿奎那的思想，深受亚里士多德思想的影响，其中，在国家与

---

① 黄忠晶：《托马斯·阿奎那的社会思想简论》，《石油大学学报》（社会科学版）2004年第5期。
② 〔意〕托马斯·阿奎那：《阿奎那政治著作选》，马清槐译，商务印书馆1963年版，第88页。
③ 同上书，第91页。

公共利益的关系上，这种色彩显示得很浓重。这主要表现在以下几个方面：

其一，国家的目的是共同幸福即公共利益。中世纪的基督教教义认为上帝创造了国家，因此服从上帝的旨意就是国家存在合法性与正当性的根据。阿奎那认为，社会和国家出于人是社会及政治动物这一自然本性而建构，因此也符合上帝的愿望。在政治的起源问题上，阿奎那认为："人天然是个社会或政治的动物。"① 因为人的生活需要相互分工。但是，人既有自私的天性，又有避恶求善的理性。这使人一方面表现出"各人都一心一意专顾自己的利益"②，另一方面又有追求公共福利的意愿。人只关心自己的私利是为了生存的需要，而这种无暇他顾的关心又往往会与社会公共利益相矛盾。为避免个人为争夺私利而无休止相互争斗，侵占和破坏公共利益，造成社会的混乱和解体，就必须使社会拥有某种治理的原则和控制力量，这就是国家权力体系和法律。显然，这是柏拉图思想和亚里士多德思想的翻版。阿奎那认为，国家是人的理性的产物，社团的形成与发展皆系于人的理性，它呈现出由低级形式向高级形式的变化。社团发展的最高形式或终点就是国家。国家在人们眼中就是为了公共幸福（公共利益）。他说："我们私人利益各有不同，把社会团结在一起的是公共幸福"③ "安排有利于公共幸福的事务，是整个社会的任务"④。但是，进一步推论，阿奎那认为人的理性是由上帝所赐予的，由此而来，国家也是上帝所创造的了，即国家神创论。这样，阿奎那就把人与国家、神与国家、人与神巧妙地结合起来，在这里我们可以看到，与同时代的其他神学家相比，阿奎那在重视上帝至高无上地位的同时，也给予了人及其理性以重要的地位。特别是在关于国家的论述上，强调了人类理性之于国家的意义，从而为论证国家服务于公共利益的目的找到了理性基础。

其二，政权的正当性植根于公共利益。在阿奎那那里，"如果一个自由人的社会是在为公众谋幸福的统治者的治理下，这种政治就是正义的，是适合于自由人的。相反地，如果那个社会的一切设施服从于统治者的私人利益而不是服从于公共福利，这就是政治上的倒行逆施，也就不再是正义的了"⑤。进而阿奎那指出："使权力无道的因素是，统治者在追求个人

---

① 〔意〕托马斯·阿奎那：《阿奎那政治著作选》，马清槐译，商务印书馆1963年版，第44页。
② 同上书，第45页。
③ 同上。
④ 同上。
⑤ 同上书，第46页。

的目的时损害了公共利益。所以，公共利益所受的损害愈大，政权就愈加无道。……一个无道的统治者所行使的政权对社会是有害的，因为它用私人利益代替了公民的共同的福利。"① 为了证明这一观点，阿奎那以上帝在《以西结书》中的暗示为证据指出，一切统治者都应当照顾到他所照管的人的利益，就如同牧羊人必须照顾到羊群的利益一样，那些以统治者的私人利益而不是以公共利益为依归的通知行为，都是违犯上帝意志的，是上帝不赞成和不允许的。上帝降罪于以色列人的统治者，就是因为他们"只知牧养自己"的利益，这无疑为世上所有的统治者敲响了警钟。他再次掷地有声地强调："国王的职责就在于殚精竭虑地增进公共福利""特别专心致志地领导他所支配的社会走向幸福"。②

基于政权正当性的标准，阿奎那分析了各种政体的正当性，其中他主要比较了正义的君主制与暴君统治。他说：君主政体"王权的特征是：应当有一个人进行统治，他治理的时候应当念念不忘公共的幸福，而不去追求个人的私利"③；而"当一个力求靠他的地位获得私利而置其所管辖的社会的幸福于不顾的人暗无天日地施政时，这样的统治者就叫暴君"④。进而，阿奎那为了防止君主制蜕变为暴君，主张实行一种将君主的美德与多数人的"同意"结合起来的混合政体，目的是保持权利始终以公共利益为依归，所以他说："克服暴政弊害的办法应以公众的意见为准，而不能以若干人的私见为断。"⑤ 可是当人力无法挽回这种暴政的产生时，阿奎那又转向宗教求助于全能的上帝来解决，"因为他有力量使一个暴君的铁石心肠变为柔和"，一切都将如所罗门所说，"王的心在耶和华手中，好像陇沟的水，随意流转"。⑥ 这里，再次显现出他的世俗与神学杂陈的理论特色。

按照这种理论逻辑，阿奎那又极具创意地提出了民众享有"抵抗暴政的权利"⑦ 的论断。为了说明这一论断的正确性，阿奎那需要明确暴政产生的原因、目的及其本质。首先暴政是统治者有意为之的行为，表现为其治下臣民之间的相互倾轧和利益纷争，他之所以主动选择这一行为，目

---

① 〔意〕托马斯·阿奎那：《阿奎那政治著作选》，马清槐译，商务印书馆1963年版，第50页。
② 同上书，第70页。
③ 同上书，第47页。
④ 同上书，第46页。
⑤ 同上书，第59页。
⑥ 同上书，第60页。
⑦ 同上。

的就在于更为便捷地统治这些臣民。从这里我们就可以清楚地辨识出，统治者的暴政实质上是一种非正义的叛卖"罪行"。政治的正义性在于统治者以公共福利为追求目的，而从事暴政的统治者显然是出于狭隘个人利益的考量而这么做的，这就从根本上否定了暴政的正义性。公民选择对世俗政权的服从是基于政治的正义性而做出的，现在沦为暴政的政治是非正义的，那公民当然就具有了不服从和反抗的权利，并且这种反抗"严格地说来并不是叛乱"。阿奎那指出："如果暴君颁布的法律导致了盲目崇拜或其所规定的任何东西都与神法相背离，那么反抗或抵抗的权利就变成了一种真正的不服从的义务。"其理由就是"我们应当服从的是上帝而不是人"。这里阿奎那也向我们表明，他所说的反抗权指向的对象主要是世俗政权，而非宗教神权。因为作为一个宗教神学家，捍卫宗教神学的永恒正确是毋庸置疑的责任。这也表现在他面对世俗政权与神学权力发生矛盾冲突时的态度上，即作为一种义务，反抗世俗权力对神权的挑衅具有不证自明的正确性。除此之外，他提醒民众使用反抗权时需要三思而后行，要权衡利弊、考量得失，只有在因反抗而产生的对公共利益的损害小于暴政对公共利益的损害时，这种反抗才是正当的、合理的。

其三，法制完善与制度建构的基础性动力因是公共利益。法律制定有着强烈的目的性，是人类实践理性的集中体现，在阿奎那看来"法律的目的是公共幸福"。"正如理论理性只是牢靠地确立了把事情追溯到不可证明的第一原则一样，实践理性也只是牢靠地确立了命令事情达到我们的终极目的（即我们的共同善①）。而理性如此确立的东西具有法律的性质。"② 阿奎那认为法律"不外乎是对于种种有关公共福利的事项的合理安排，由任何负有管理社会之责的人予以公布"③。"既然一个人是那称为社会的完整体的一部分，因此法就是必须以整个社会的福利为其真正的目标""严格说来，法律的首要和主要的目的是公共幸福的安排""法的制定不只是为了个别的利益，而是应当以公民的普遍利益为着目点"。④ 可见，法律是理性的命令和正义的表现，它由管理社会的统治者所颁布，以谋求公共福利为目的。据此根据，阿奎那进一步推论出公共利益还是判断

---

① 注：在阿奎那的论述中，"公共利益""共同善""幸福""一般幸福"等用语具有相同的含义。
② Thomas Aquinas, *Treatise on law*, Translated by R. J., Regan: Indianapolis, 2000, p. 4.
③ 〔意〕托马斯·阿奎那：《阿奎那政治著作选》，马清槐译，商务印书馆1963年版，第106页。
④ 同上书，第118页。

法的效力以及其正当与否的唯一标准。"全部法律都以人们的公共福利为目标,并且仅仅由于这个缘故,它才获得法律的权力与效力;因此只要它缺乏这种目标,它就没有责成人们担负义务的力量。"① "暴戾的法既然不以健全的论断为依据,严格地和真正地说来就根本不是法律,而宁可说是法律的一种滥用。然而,它只要考虑到公民的福利,它就具有法律的性质。"② 除此之外,阿奎那还认识到公共利益是法律发生变动的根本原因。"法律发生改变这一事实本身在某种意义上讲是与公共幸福有害。"③ 因此,"人法的改变只有在它达到有利于一般福利的程度时才是正当的……除非对公共福利所产生的利益足以补偿所造成的损害,否则人法就永远不应加以改变"④。尽管在阿奎那的具体的法律分类中存在诸多混乱,但有一点是十分明确的,那就是在所有的法律背后,都始终站立着神的威严,它所反映的是在教会与王权的对立之中,教会所拥有的绝对的优越性,这在某种意义上,是将原来的世俗性的整体主义转换成了一种神权下的整体主义。

三 公共利益与私人利益的关系

任何对公共利益的论述,不可能不涉及对个人利益的看法。这也就是说,对公私利益关系的阐释是关于公共利益研究所不可回避的一个重要问题。对于阿奎那而言,也不例外。

在阿奎那那里,就像在亚里士多德那里一样,公共利益都具有优先地位,个人利益的实现有赖于公共利益的实现。这源于阿奎那也如亚里士多德那样,把人看作是天然的政治和社会动物,注定比其他一切动物要过更多的合群的生活。因此,"正如一个人是一个家庭的成员那样,一个家庭成为一个城市的要素;……同样地,正如一个人的幸福并不是最后目的,而是从属于公共福利一样,任何家庭的幸福也必须从属于作为一个完整社会的城市的利益"⑤。这里的城市的利益,实质上就是公共利益。这就说明,个人同家庭的关系以及家庭同城市的关系,就如同部分与整体的关系,因为部分是从属于整体的,所以作为部分的个人利益就只能从属于作

---

① 〔意〕托马斯·阿奎那:《阿奎那政治著作选》,马清槐译,商务印书馆1963年版,第123页。
② 同上书,第110页。
③ 同上书,第125页。
④ 同上。
⑤ 同上书,第106页。

为整体的城市利益即公共利益。"如果没有家庭、城市、国家的幸福,个人的幸福是不能存在的。"① 为此,阿奎那明确提出"社会的利益大于个人的利益,并且更为神圣"②。因此,在与公共利益相权衡和比较时,个人利益就显得比较次要了,所以必要时为了公共利益可以牺牲或舍弃有限的个人利益,相信上帝也不会反对这样做。因为在上帝看来,这样做是个人修身利行、精神愉悦、获致幸福的路径与需要,"既然所有的人都是城市的一部分,他们非适应公共福利就不能具有真正良好的品德"。③

阿奎那鲜明地强调个人服从社会,个人利益服从于公共利益,"并把公共幸福看作是为其他一切幸福所促成的最高价值",这些与亚里士多德主义的论调极其合拍,但却与强调人的个性具有绝对价值的基督教精神背道而驰。这一明显的公私矛盾在阿奎那那里以一种宗教神学的方式得到了巧妙解决。阿奎那推出了一个新的观点,那就是"天恩不会取消本性而只会让本性完善"。这就是说,他为具有优先性的公共利益设置了一个神学的界限,那就是不能肆意妄为地损害个人利益。公共利益与个人利益的统一"只是一种体系上的统一而不是无条件的统一"④,这种统一并不能创造出与各组成部分在本质上并不相同的新的个体,也就是说,个人利益不仅是公共利益的逻辑起点,也是公共利益的归宿,公共利益应当保持与个人利益的同质性,从而使"个人的作用既没有被轻视,也没有被否定;它不过是得到提高并仿佛被放到一个较高的地位而已。个人在整体中的结合必须被设想为他的个性的一种扩大和充实,而不是降低到本身没有价值的单纯一部分的作用"⑤,个人利益具有独立的价值。这种思想也体现在他对于财产制度的看法上。阿奎那从自然法思想出发,肯定了人类财产的公有制:"'所有的人得共同占有一切物品并享有同等的自由权'这句话可以说是属于自然法的。"⑥ 同时,他也没有否定财产私有。他说:"公有制可以归因于自然法,这并不是说,自然法规定一切东西都应公有,不准私有权存在,而是说,并没有以自然法为根据的所有权之分。只有通过人们的协议才有这种区别;人们的协议是属于实在法的。由此可见,私有权

---

① 参见林庆华《托马斯·阿奎那论法律的本质》,《四川大学学报》(哲学社会科学版) 2002 年第 4 期。

② 同上。

③ 〔意〕托马斯·阿奎那:《阿奎那政治著作选》,马清槐译,商务印书馆 1963 年版,第 19、70、106、120、139 页。

④ 同上书,第 20 页。

⑤ 同上。

⑥ 同上书,第 115 页。

并不违背自然法，它只是由人类的理性所提出的对于自然法的一项补充而已。"① 这里看出阿奎那在自然法和人性的意义上肯认了私有财产的正当性与合理性，并据此客观上承认了人与人因为天资的可能导致的财富不平等，但这一结论又显然与早期基督教强调人人天生平等相左，而且这种人人平等又是与财产上的公有相关联的，对于这样两个看似矛盾的观点，阿奎那的解决办法就是兼容并包、同时肯定、照单全收。即使这样，阿奎那的态度还是有所侧重的，这表现在倘若两者发生冲突时，财产私有应该让位于财富公有："人法的内容决不能损害自然法或神法的内容。根据神意确立的自然条理来说，物质财富是为了满足人类的需要而准备的。因此，由人法产生的划分财产并据为己有的行为，不应当妨碍人们对这种财富的需要的满足。"② 这里表达出阿奎那肯定私有财产的前提是不损害公共福利。"人们只应当在有利于公共幸福的情况下把有形的东西保留下来作为他们自己的东西；各人都愿意在必要时同别人共享那些东西。"③

阿奎那提出因公共利益需要，限制个人利益或课予公民义务负担时，要注意做到合乎比例、切合正义，并要考虑到公众的心理承受能力。公正的要义在于兼顾个人利益和公共利益，必须以客观为根据在二者之间实现公平合理、权衡利弊。公正要实现和维护社会现实利益，不是空泛的，就是要具体地维护私人的和公众的福利。这样可以把公正划分为普遍的和个别的两种。普遍的公正要维护的是公共福利，使人的行为能保障和促进公众的共同利益，而不允许破坏和损害公众利益来满足个人的私利，这就要求人们奉公守法，遵守社会共同的秩序和准则，这就需要以法律来保障，所以普遍的公正也可以被称为"法律的公正"。特殊的公正是要维护个人的私利，当然这种个人的私利应当是正当的利益，是要受到尊重与保护的，而不是巧取豪夺、非法侵占的。当然，阿奎那也认为特殊的公正还可以分为两种具体的形式，即"交换公正"和"分配公正"。若买卖双方进行的交易是公平合理的，那它就符合"交换公正"的要求。其合理性表现在一买一卖买卖自愿，等价交换，不欺诈诓骗，做到货真价实，这里要求"数学均衡"。而分配正义，主要在于集体和个人之间，这种分配相对于交换公正来说，要复杂得多，既要尽可能照顾到私人利益，又要考虑到公共利益，因而这种分配不是一种等价交换，而是按比例分配，如四六分

---

① 〔意〕托马斯·阿奎那：《阿奎那政治著作选》，马清槐译，商务印书馆1963年版，第142页。
② 同上书，第141页。
③ 同上书，第142页。

成或三七分成,不论何种比例,阿奎那称之为"几何比率"。公共利益分配是否公平在于集体的领导者,因为集体的领导者是分配比例的主要制定者和负责人,为了确保这种分配的公平合理,需要领导本人具备公正德性,并以此为原则来指导自己的行为。当个人对集体分配比例感到满意,自愿地接受按此比例分配所得的份额,同意保留的集体份额,这也体现一个人的公正感。总之,公正实质上关系人的权利与义务,公正要求维护每个人的合法权利,履行自己的义务,同时也要求维护别人的合法权利和义务,这是一个问题的两方面。这些观点对于我们正确处理公共利益与个人利益的关系仍具指导意义。

总而言之,阿奎那像众多同时代的哲学家那样,认为在公私利益的关系上,公共利益居于优先地位,公共利益高于个人利益,而且,只有在公共利益的实现中才能实现个人利益。其实质就是,个人利益是被包裹在公共利益之内的,公共利益作为人类应当追求的善,完全吞噬了个人的欲望。在所有的封建帝王、领主宗主的心目中,公即为私,私即为公,公私一体,合二为一。虽然在阿奎那的理论中,也部分地给予了个人利益显现的机会,但就其整体思想而言,个人利益的地位仍是微不足道的。这正如哈贝马斯所说的那样:"在中世纪的文献中,'所有权'和'公共性'是一个意思;公有意味着领主占有。"① 因为"私人占有和公共主权这一对矛盾,封建制度并不具备"②。

第二节　新教伦理:世俗责任与个人利益的觉醒

从 15 世纪到 17 世纪,是西方文明发展中的重要历史时期。在这个时期,中世纪长期以来奉行的那种道德的共同体,在其内部生长出一种新的革命性因素,正促使整个西方文明发生着质的转变。这种新的因素就是世俗个人主义的萌生。这种变化正逐渐消解中世纪一直坚持的公私利益关系思想。那种公共利益高高在上,个人利益几无生存空间的历史正在发生改变。个人主义的背影正从历史的地平线上缓缓浮现,这为一个新的时代的到来创制着必需的条件。

---

① 〔德〕尤根·哈贝马斯:《公共领域的结构转型》,曹卫东译,学林出版社 1999 年版,第 6 页。
② 同上书,第 5 页。

一 个人的觉悟

由于生产力的发展，在中世纪的末期生产方式发生了改变。随着商品经济的发展，货币势力渗入到农村，庄园经济逐渐瓦解，作为先进生产方式的资本主义经济开始出现。特别是随着全国性市场的形成，更是催生了市场经济的快速形成，与此相伴而生的是个人意识的觉醒。独立、自由和平等的单子式个人正在从自然的社会联系脐带中慢慢挣脱出来，正如马克思所说："这种18世纪的个人，一方面是封建社会形式解体的产物，另一方面是16世纪以来新兴生产力的产物。"① 个人主义意识形态作为资本主义市场经济条件衍生产品而得以快速扩展开来，这使得个人以从未有过的利益主体的身份登上了历史的舞台。个人利益在传统社会的共同体中正以一种顽强的毅力自觉地生长着，这预示着在一种新的社会模式中，公私利益关系的处理模式也将发生重大变化。资本主义生产方式是改变传统社会公私利益关系的基本动力。

在个人利益从中世纪的公私利益关系中解放出来的过程中，基督教神学的世俗化起到了重要的思想催化作用。众所周知，15—17世纪，西方社会经历了全面的世俗化过程。其中，基督教的世俗化进程，具有变革历史的重大作用。这一过程来自于两个方面的因素，其一是宗教中个人价值的尊重与世俗社会中对个人价值的蔑视形成了尖锐的矛盾。这一矛盾不可能持续下去，精神领域中人的尊严必将向世俗世界扩展。于是，从中世纪末开始对人价值的尊重逐渐嵌入到了世俗的社会结构之中，这加速了世俗社会中个人与他人、个人与社会关系的变化。其二，在世俗国家与天主教会之间的争斗中，前者取得了重大胜利。教会精神和道德的权威在经历了一系列的冲击之后大不如前。"教会权威失坠使社会和个人得到一定程度的解放。另一方面，由于社会的进步，经济、科技和文化的发展，城市的兴起和市民阶级的壮大，带来社会的日益世俗化和个人的成长。社会全面的世俗化和个人的成长交互推动，相得益彰。"②

现实中的变化与思想中的变化总是紧密相连的。个人在世俗生活中地位的变化，也积极地表现在思想领域之中，那就是文艺复兴运动。这场运动的主旨就是力图在欧洲重新发现人，恢复人文主义的历史传统。人文主

---

① 《马克思恩格斯全集》第30卷，人民出版社1995年版，第23页。
② 丛日云：《基督教二元政治观与近代自由主义》，博士学位论文，天津师范大学，2001年，第109页。

义力图在一种真正人的眼界中审视身处其中的这个世界，以此证明人的尊严、体现人的价值、回归人的本质。人的巨大的自主力量使之成为历史发展的主体，是他们而非天意在书写着历史。文艺复兴运动之后，16 世纪的宗教改革运动和新教思想的流传，其实是对文艺复兴的世俗主义的反动，它们希望通过追求来世理想的重兴，"使教会再度取得国家平等伙伴及独立批判者的传统地位"[1]。然而事与愿违，宗教改革所产生的实际影响却是进一步加剧了教会权威的失落，客观上使个人从教会的束缚下更好地解放出来，并且还为个人在世俗生活中谋求个人利益的正当性作了最深刻的宗教辩护。新教中路德教派言称"我们所有信仰基督的人在基督教里都是教士和王"，这句话集中体现了路德教思想的核心，即教会和教士在个人信仰问题上的中介作用已丧失存在的必要，信仰上帝并与之沟通、实现救赎完全是个人凭借内心的私人行为，这就是"因信称义"的主要含义。从这里我们看出，"新教有意将教会从信徒与上帝之间驱逐出去，在信徒的灵魂与上帝之间建立起个人性的直接联系"[2]。这就是被卢克斯称之为"宗教个人主义"[3] 的观念。在这里我们需要明确的一点是，过去教会试图从国王那里争取的以往教会所争取的"教会自由"，不是真正意义上的个人自由，它原则上仍旧属于集体性权利的范畴。只是到了路德新教创立之后，真正属人意义上的个人自由才初见曙光。这种个人的自由，最大程度上可能体现在了个人真正拥有了自主选择的权利，即个人选择的行为、职业、信仰以及义务与责任，都必须建立在个人自主肯定和赞同的基础上，而且理应积极创设能够培养这种自主性的环境和条件，并在正当性与合理性的意义上肯定人类的这种行为。这意味着个体逐渐摆脱了中世纪常见的社会与公共组织，进入一种属于私人性的领域之中。其中，对于以私有财产为代表的个人利益的追求，成为社会生活中的头等大事。

二 新教为个人利益正名

随着个人主义由神学而逐渐走向世俗化，处于个人主义理论核心地位的个人利益或私有财产，也日益成为世俗生活的核心追求。就像迈克尔·

---

[1] 〔美〕弗雷德里克·沃特金斯：《西方政治传统——近代自由主义之发展》，李丰斌译，新星出版社 2006 年版，第 48 页。

[2] 丛日云：《基督教二元政治观与近代自由主义》，博士学位论文，天津师范大学，2003 年，第 110 页。

[3] 〔英〕史蒂文·卢克斯：《个人主义：分析与批判》，阎克文译，江苏人民出版社 2001 年版，第 101 页。

奥克肖特所言:"赞赏个性,力图探索个性发展的种种可能,与建立私有财产制度,这两者之间有着密切的联系。凡是标榜公共联系是道德生活典范和基础的地方,私人财产几无容身之处(事实上,无论从何种角度看,私人空间在这些地方受到了极其严格的限制);相反,凡是欣赏个性追求并以此为道德行为特征的社会里,私人财产就具有了极其重要的意义。"① 这种要求也反映在为世俗生活做道德论证的新教伦理中。在马克斯·韦伯对新教中加尔文教派思想的论述中,充分体现了为个人谋利做合法性论证的理论倾向,这可以说是近代个人利益能够在世俗生活中大行其道的开始。

第一,新教为世俗生活和谋利动机做出了道德解释。②

新教认为,世俗责任是上帝赋予人的重要天职。韦伯指出,同天主教的态度相比,宗教改革本身的后果只是有组织地从事一项职业的世俗劳动受到越来越高的道德重视,越来越多的教会许可。"整个尘世的存在只是为了上帝的荣耀而服务,被选召的基督徒在尘世中惟一的任务就是尽可能服从上帝的圣诫,从而增加上帝的荣耀。"③ "上帝应许的惟一生存方式,不是要人们以苦修的禁欲主义超越世俗的道德,而是要人们完成个人在现世界所处地位赋予他的责任和义务,这是他的天职。……修道士生活放弃现世的义务是自私的,是逃避世俗责任。"④ 在韦伯看来,"在清教徒的心目中,一切生活现象皆是由上帝设定的,而如果他赐予某个选民获利的机缘,那么他必定抱有某种目的,所以虔信的基督徒理应服从上帝的召唤,更尽可能地利用这天赐良机,要是上帝为你指明了一条路,沿循它你可以合法地谋取更多的利益(而不会损害你自己的灵魂或他人),而你却拒绝它并选择不那么容易获利的途径,那么你会背离从事职业的目的之一,也就是拒绝成为上帝的仆人,拒绝接受他的馈赠并遵照他的训令为他而使用它们。他的圣训是:你必须为上帝而辛劳致富,但不可为肉体、罪孽而如此"⑤。这就从道义上肯定了人们的谋利行为,为资本主义的竞争与获取最大利益提供了道德上的解释与辩护。

---

① 〔美〕迈克尔·奥克肖特:《哈佛演讲录——近代欧洲的道德与政治》,顾枚译,上海文艺出版社 2003 年版,第 24 页。
② 参见刘晓欣《现代公私利益冲突根源的多元伦理解读——论韦伯与舍勒对公私利益矛盾产生根源的说明》,《燕山大学学报》(哲学社会科学版) 2008 年第 2 期。
③ 〔德〕马克斯·韦伯:《新教伦理与资本主义精神》,于晓等译,上海三联书店 1987 年版,第 82 页。
④ 同上书,第 59 页。
⑤ 同上书,第 127 页。

第二，新教为人的欲望的恶性膨胀提供了伦理禁忌。

韦伯认为，对宗教改革时期的人们来说，生活中至关重大的是他自己的永恒得救，他只有独自一人走下去，去面对那个永恒的早已为他决定了的命运，谁也无法帮助他。即在资本主义条件下，每个人必须通过自己的善行得救。每个教徒都竭力约束自己拒不放纵性欲或物质享乐机会，以便追求更"高尚的"或精神的目标。他们通过这种禁欲主义的生活，把自己和上帝联结在一起，通过贡献一定的财产而得到上帝的恩赐，以便灵魂得到拯救。新教徒就是通过这种信仰和价值观将个人的注意力集中于来世，把现在生活的主要目的看作是为死后的生活做准备。人在现世的劳动和财富追求就成为一种具有精神意义和崇高理想的事情，这给人们的现实活动提供了永无止境的精神动力。"这个世俗新教禁欲主义强烈反对财产的自发享受，它限制消费，尤其是奢侈品的消费，另一方向，它具有使自由获取行动摆脱传统主义伦理桎梏的心理效果。它打破了对所谓获取冲动的束缚。不仅使其合法化，而且（在本文讨论的意义上）将其视为上帝的直接意愿。"① 这一方面无疑使得新教摒弃了出世的禁欲主义、苦行主义，把目光注意到尘世中的世俗生活；另一方向，又使得现世的劳动工作具有了宗教般的终极意义，超出一般原始生命欲望的粗俗境界。经济活动成为一种"神圣"的劳动，财富的创造只是为了荣耀上帝，而不是为了自身的享受。

由此，我们不难看出，韦伯的"新教伦理"是一个具有内在张力的价值概念。一方面，它张扬以节俭为核心的传统美德伦理，另一方面，又张扬以天职为核心的工作伦理；一方面，它为世俗逐利的活动提供价值合理性的证明，另一方面，它又明确否定了不正当的获利形式。这种内在的紧张感，必然会在现实生活的层面上幻化出来，而现实生活的发展，正好证明了这一点。新教徒在为上帝增添荣耀的勤勉劳动中创造了丰富的财富，但随着财富的增长，人们对现世的一切热爱随之增强，享受的欲望随之膨胀。"寻找天国的热忱开始逐渐被审慎的经济追求所取代；宗教的根系慢慢枯萎，最终为功利主义的世俗精神所取代。"② 宗教的神秘色彩和文化意义逐渐被世俗目标所代替，"经济冲动力"和"文化冲动力"之间的平衡逐渐被打破，财富逐渐异化为奴役人们的一只"铁的牢笼"。工具

---

① 〔德〕马克斯·韦伯：《新教伦理与资本主义精神》，彭强等译，陕西师范大学出版社2002年版，第163页。

② 〔德〕马克斯·韦伯：《新教伦理与资本主义精神》，于晓等译，上海三联书店1987年版，第138页。

理性的疯狂扩张，使得人类为此而付出了沉重的精神或情感的代价。韦伯晚年也意识到了这种充满了现实紧张感的价值观念对人与人之间的联结方式所带来的负面影响效应："过去那种有助于赋予生活以目的和意义的个人之间忠诚的联系被科层制的非私人关系破坏了，对自发情感的满足和欢乐被合理而系统地服从于科层制机构的狭窄的专业要求的淹没。总之，效率的逻辑残酷地而且系统地破坏了人的感情和情绪，使人们沦为庞大的科层制机器中附属的而又不可缺少的零件。"① 由工具理性的典型代表——科层制所带来的这种对人的"奴役"，逐步演变成一种资本主义体内的对人的桎梏，形成了一种与资产阶级理想背道而驰的严峻现实。没有人知道未来谁将生活在这个牢笼之中，或者在这场巨大发展告终时，是否会出现面貌一新的先知，是否会出现旧观念、旧理想的大复兴；如若两者皆非，是否会出现病态的、以自我陶醉为粉饰的机械僵死，因为就这种文化的最后发展阶段而言，确实可以这样说："专门家没有灵魂，纵欲者没有肝肠，这种一切皆无情趣的现象，意味着文明已经达到了一种前所未有的水平。"② 正是有感于这种现实的残酷性，韦伯试图通过阐明新教伦理在现代资本主义形成过程中所产生过的影响，从中找出支撑资本主义市场经济的伦理和道德支柱，从而促使生活在这种社会中的人们进行反省，找回失去的"灵魂"，摆脱"形式的合理性和实质的非理性"所铸成的"铁笼"，重建一种能把社会公共利益和个人价值追求有效结合起来的新型的人的精神家园。然而，韦伯理论自身所固有的内在性冲突（二律背反）已经很难完成这个任务，所以，韦伯在"为世界去魅"，极力维护并高唱赞歌之时，也不得不面对一种事实上的无奈：新教伦理诞生以后，寄托人类崇高信仰的宗教伦理已失去它的生命力，犹如半死半活的幽灵一般。由禁欲主义所孕育的资本主义精神，在推动资本主义逐利竞争的行动中，也同样打破了人的天职追求。人日益陷入受限制的、被强迫的异化状态之中。韦伯也清醒地意识到了这一点："清教徒想在一种天职中工作，而事实上我们却工作在被迫之中。当禁欲主义被人们从修道院的斗室中带进日常生活，并开始支配世俗道德时，它在形成现代经济社会秩序的庞大宇宙过程中，发挥了应有的作用。……可以说，自禁欲主义着手重新塑造这个世界，物质产品便获得了前所未有的控制人类生活的力量，这种

---

① 〔英〕D. P. 约翰逊：《社会学理论》，南开大学社会学系译，国际文化出版公司 1988 年版，第 292 页。
② 〔德〕马克斯·韦伯：《新教伦理与资本主义精神》，彭强等译，陕西师范大学出版社 2002 年版，第 143 页。

力量不断增长，最终变得不可抗拒，……然而，全面崛起的资本主义自从有了机器的支撑，便不再需要禁欲主义的支持。禁欲主义的开怀大笑的继承者——启蒙主义似乎也在玫瑰色的红晕中无可挽回地褪去。天职责任的观念在我们的生活中也像死去的宗教信仰一样，只是幽灵般地徘徊着。"①

加尔文教派的禁欲主义所体现出来的对于追求私人利益行为的合法性与正当性论证，开启了思想领域中对市场经济驱动力——个人利益的肯认。正是这种理论取向的彰显，使得现实社会经济生活中发展个人利益成为主导，这就从根本上改变了由传统社会因袭而来的公私利益关系。个人利益再也不是偎依于公共利益身下的身份，社会也不再通过对个人私利的抑制来完成对公私利益关系的整合。一种建基于个人利益充分发展之上的新的社会制度，也必将带来一种对公私利益矛盾的新的解决模式。

---

① 〔德〕马克斯·韦伯：《新教伦理与资本主义精神》，于晓等译，上海三联书店 1987 年版，第 142 页。

下 篇

现代社会的公私利益关系理论研究

引　言

　　封建社会末期，随着手工业和商业的发展，以及世界市场的形成，社会生产力得到了快速发展。商品经济的发展，使得商品交换日益普遍化，人们开始更加关注自身在市场交换中的地位，关注自身利益能否在商品交换中得以顺利实现，甚至于能否通过交换获得更多的利益。于是，追求私人利益的愿望开始逐渐增强。然而，这种要求是与封建社会的生产关系相矛盾的。在农村，广大农民在封建剥削的重重束缚下，不能进一步增加农产品的生产，这样用以交换的剩余产品就极为有限；在城市中，封建行会也限制了手工业劳动生产率的提高，这也阻碍了他们生产更多的商品用于交换，从而获得更多的利益。总而言之，旧的封建社会的生产关系，已经成为生产力进一步发展的严重障碍，它所奉行的对私人利益压制的做法，也越来越与个人谋求更多自己利益的要求相抵触。这一切都使得变革封建社会制度成为一种历史的必然。其中，人自身的需求，对自身利益的追求，成为变革旧的生产关系的内在驱动力。

　　个人对自身利益的追求，客观上促进了现代科学技术的发展，而新技术的广泛应用则推动了生产力的发展、现代工业文明的成长、现代自治城市的兴起以及国际贸易的扩展等，在这样多种社会因素的共同作用下，整个社会的经济运作方式逐渐发生了变化。当有朝一日以市场配置资源为主导形式的经济运作方式成为社会主要的经济模式时，现代市场经济社会就诞生了。在现代市场经济社会的诞生与成长过程中，从封建的人身依附关系中摆脱出来的、从事独立自主的生产经营活动的个人是其不可或缺的重要因素。

　　现代市场经济是建立在商品生产的基础上的，商品生产是以交换价值为基础，生产的目的在于交换，这是根本区别于传统社会以使用价值为目的的生产活动。市场经济的基本特征就在于"为卖而买"，即表现为一种资本循环，从货币出发最终又回到货币，交换的目的不是为了获得使用价值，而在于获得以货币为形式的价值增殖。这种以物为中介的社会联系，表明社会只会依据商品的价值而确认商品所有者的机制，冷漠地无视宗法习俗和等级地位赋予人的任何特权和社会规定。由于货币不具有质的差别，而只具有量的不同，因而资本的运动并没给自己规定任何的界限，它存在的意义就在于永无止境地追求价值的增殖。这就构成了市场经济发展的强大的内在驱动力，它促使经济主体时刻以追求更大的经济利益为基本目标，其经济行为由满足消费的取向转变为价值增殖的取向。从这个意义上说，市场经济的整个运作过程本质上就是市场主体追求价值最大化的过程。进一步推论，这就在客观上必然要求市场主体被赋予更加充分的独立性和自主性。因此，自愿交易、平等交换的现代市场社会的本质要求，决定了要实现这种商品交换，需要一个基本的前提条件，那就是交换双方必须是独立的商品拥有者，也就是独立自主的资产所有者，这在客观上肯定了作为商品所有者的个人的独立地位和特殊利益，并按照等价交换的原则在不同的商品生产者之间建立平等的社会关系。

因此，我们可以说，与传统社会向现代市场经济社会的变迁相适应，过去的一切依附性人身关系都随着交换价值的发展、市场经济的形成被扬弃了，而自由独立的个人则是市场经济本身的创造者和产物，是代表新的生产方式的新人。在市场经济中，经济主体成为追求特殊利益的自主主体，其经济行为的选择不能受强制性因素的直接干预，而只是依据于市场信号的自由选择。由于追求利益的最大化，经济主体才主动地在投入和产出之间进行核算，从而推动了市场效益和效率的提高，也推进了社会财富的增长。正如马克思所说的那样："资产阶级在它的不到一百年的阶级统治中所创造的生产力，比过去一切世代创造的全部生产力还要多，还要大。……过去哪一个世纪料想到在社会劳动里蕴藏有这样的生产力呢？"[①]因此，市场主体自主地追求特殊利益成为市场经济的"第一原则"，成为市场经济社会得以确立的第一推动力。对市场主体自由选择的经济行为作任何外在的干预，都是与市场本性相矛盾的，都有可能取消市场经济本身。

现代市场经济建立和工业文明的发展，又以一种制度性的力量强化了个人作为独立自主的利益主体的地位。这充分地表现为在与市场经相适应的现代政治生活中，个人利益的合法性与正当性以一种前所未有的政治权利的话语出场了。扩展私利成为了人的基本权利，它要求彻底改变传统社会下对私人利益压抑与吞噬的状况，并要求现代国家去维护这种权利。在

[①] 《马克思恩格斯文集》第 2 卷，人民出版社 2009 年版，第 36 页。

政治上新兴资产阶级对人权的要求成为其构建自己政治制度的基石。对个人权利的强调，从根本上说是近代以来市场扩展、生产力提高的必然结果。因此，在反对封建主义及其保护神宗教的过程中，无论是文艺复兴、宗教改革还是启蒙运动，都无一例外地将人的主体性、自由、权利、价值等书写在自己高高飘扬的旗帜上，因为这代表了时代的呼声，是时代之声强劲的主旋律，催生了自由平等时代经济、政治及文化变革的登场。丹尼尔·贝尔曾经这样描绘这段历史："现代主义精神像一根主线，从16世纪开始贯穿了整个西方文明。它的根本含义在于：社会的基本单位不再是群体、行会、部落或城邦，它们都逐渐让位给个人。这是西方人理想中的独立个人，他们拥有自决权力，并且获得完全自由。随着这类'新人'的崛起，开始了对社会机构的批判（这是宗教改革的显著后果之一，它首先把个人良知尊奉为批判的源泉）。"①

伴随着市场经济出现的现代国家，对个人正当利益的关注，集中体现在国家立法对私人财产权的保护上。市场经济是在一系列权利与自由的基础上建立起来的，其中起核心作用的是财产权。财产权是指个人占有并能够自由支配自己财产而不受他人干涉的权利，这是人类追求自身利益的保障。人们参与经济活动的目的无非是要创造更多的能够为自己占有并予以支配的财富，而如果没有法律对财产权的肯认与保护，那么人们不但会失去追求和创造财富的动力，而且已经取得的财产也得不到安全保障。所以，对私人财产权的法律保障，是实现和保障个人利益的现实要求，也是人们创造财富的欲望和自由落实在社会制度上的表现。

总而言之，现实社会状况的变迁，使得在欧洲近代以来的政治哲学中，为个人权利作合法性论证成为时代的主流话语。就现代社会中的公私利益关系理论而言，作为资本主义市场经济的理论要求，论证私人利益的至上与优先性，成为绝大多数政治哲学家的价值选择。作为现代市场经济建立基石的独立自主的个人，理应具有历史存在的合理性与正当性，他所追求的个人利益理应成为社会为之承认的正当利益。所以，无论是从事实、价值或是道德的层面积极地肯定这一结论，都是我们展开分析现代公私利益关系理论的首要维度。

当然，我们在欣喜现代社会所具有的一切优越于传统社会的特征之时，并不表明现代社会已经达到了社会进步和人类发展的"理想"状态，

---

① 〔美〕丹尼尔·贝尔：《资本主义文化矛盾》，赵一凡等译，生活·读书·新知三联书店1992年版，第61页。

相反，进入现代社会发展轨道的民族或国家以及享受现代生活的人们同样面临着种种令人苦恼的问题。我们在肯认现代社会中个人利益大行其道的合理性时，也同样要面对它所带给人们的种种不适与阵痛。在现实的资本主义市场经济社会中，由于过分强调个人利益的绝对至上与优先性，也造成了许多社会的负面效应甚至是社会"灾难"。个人利益膨胀得过快，所带来的与公共利益之间的紧张感，在市场经济建立伊始就是存在的，无非是彰显的程度不足而已。这使得我们不得不从市场经济社会本身的运转机制中，体认这种内生性的困惑：为什么任由个人利益的肆意扩张会带来公共利益实现的困难呢？

首先，从市场经济本身的内在运转机制看，交换成为实现主体经济利益的主要手段。换句话说，离开了商品交换，个体劳动的产物就称不上是商品，他人也难以实现自身对于满足别人需要的有用性，自身的目的与价值将无法得到社会的普遍承认。因此，从这个角度看，他人及其需要对于达到自我的目的具有至关重要的作用。正如黑格尔所说的："特殊目的通过同他人的关系就取得了普遍性的形式，并且在满足他人福利的同时，满足自己。"[①] 因此，在市场经济中，特殊利益本质上又是被社会所决定的利益。通过分工而得以建立的相互依赖的市场体系，要求各个独立的经济主体之间能实现一种经济、技术等诸多环节的功能整合，然而，建基于私人所有权的商品生产，使得生产者之间的普遍性只具有形式的关联，而不是实质意义上的普遍性，各自为政的生产模式、追求私利的狭隘眼界，纷纷限制了社会功能整合的实现。从而在社会生产的发展过程中，出现了个人有组织的生产与整个社会生产的无政府性之间的尖锐矛盾与冲突，这成为个人利益自发冲击社会公共利益的典型样态。

其次，从市场经济下社会秩序的建构上看，个人利益无所限制的泛滥，使得社会整合日益困难，社会秩序建构的成本与代价加大，并随时可能出现社会秩序失范的危险，这不能不说是对全体社会成员共享的公共利益的威胁。稳定的社会秩序，是所有社会成员得以安享的最大的公共利益，是展开个人特殊利益追求的前提。然而，由于市场机制本身并不能够生产出完善的社会秩序，如果不加范导的个人私利肆意扩张，势必会带来利益分配格局的剧烈变动。如果这种社会利益分化的速度过快、范围过大，严重超过了社会本身的消化与吸纳能力，就一定会给社会原本

---

① 〔德〕格奥尔格·威廉·弗里德里希·黑格尔：《法哲学原理——自然法和国家学纲要》，范扬等译，商务印书馆1961年版，第197页。

安定的秩序带来巨大的震荡。贫富分化严重，带来了社会整合与秩序重建的困难，使得一种可能良性的社会秩序的获得，必须要付出高昂的社会成本——长时间的社会动荡与不安以及社会生产的巨大浪费，这些都已为历史所多次验证。

再次，从人与自然的关系上看，现代工业文明的发展，确实使人类获得了控制和改造自然的支配权，但人们对自身特殊利益的无止境追求，民族间、国家间在经济、政治利益上抗争导致了人们滥用手中的权力，从而使工业化的过程在创造大量物质财富的同时，也在制造着环境的极度破坏、资源的极大浪费和生态的严重失衡。

最后，从社会进步和人的发展的角度来看，市场经济的确把人们从传统社会的人身依附关系和等级的森严壁垒中解放出来，并赋予了人们选择生活的自主地位和自由权力，但当社会交往关系被物化为商品交换关系时，人们之间全面的相互依赖就使物化了的社会关系成为外在于个人的异己力量，成为凌驾于个人之上的独立的权力，左右着人的命运。对私利的追求也往往使强烈的物欲压抑着人的生存和发展的内在价值。

上述这些关系着全体人类共同命运的课题，自然应该归属于公共利益的范畴。然而，私利的极度扩张与肆意泛滥，已经成为严重威胁作为人本身存在根基的公共利益的重大因素，甚至在某些极端的哲学家眼中，它是阻碍人类进步文明的"罪魁祸首"。因此，现代社会在处理公私利益矛盾时，在坚持个人利益优先性的同时，运用人类既有的理性力量，通过一些制度化的措施，例如立法、制定政策等，来有效地规制个人利益的发展，保障公共利益的实现。可以说，这是市场经济社会模式下，对公私利益矛盾的现实解决方案。

这种现代社会对公私利益矛盾的解决方案，深刻地影响着作为现代政治生活哲学反思的政治哲学。现代政治哲学中的诸多公私利益关系理论，无不是对现实政治生活中公私利益关系的深刻反思与批判。它们在阐释个人利益正当性与合法性的前提下，都在试图寻求一种更为合理的处理公私利益关系的理论方案。在他们解决公私利益矛盾的致思理路中，我们可以清晰地看到两个基本的理论面相：其一，从个人利益的视角出发，在市场经济的社会模式中，来构建自己的公私利益关系理论，旨在论证个人利益之于现代社会的充分合理性与正当性；其二，在强调个人利益至上的基本原则下，注意到了公共利益之于现代社会的不可或缺性，即使在极端强化个人利益优先的古典自由主义理论中，也从来不缺乏对公共利益的肯认。因此，力求公私利益关系的和谐与一致，成为现代社会公私利益关系理论的基本诉求。当然，在面对公私利益之间产生矛盾与冲突可能性的问题上，以及具体分析矛盾产生的原因、制定对策上，众多理论之间基于立场的不同还是出现了较大的分野。但不管怎样，坚持从私人利益的视角出发来谋求公私利益矛盾的解决，却成为这一时期政治哲学的共识。在这些理论的共识与分野之中，发现它们之于马克思公私利益关系理论的深层思想脉动，成为我们考察现代社会公私利益关系理论的重要出发点。马克思在公私利益关系理论的建构上，与西方近代以来的政治哲学传统有着一种深层的思想关联，这是我们不能回避的基本理论态度。在何种意义上继承，在何种意义上批判与发展，皆系于对之前众多公私利益关系理论类型的阐释与说明。

第四章　公私利益关系的契约论阐释

一般而言，人们对于公私利益关系的理论探讨，往往涉及对于人性的界定。人性本善还是本恶，在很大程度上影响着人们对公私利益关系的理论看法，同时也预示着对于公私利益矛盾的解决思路。因此，建基于人性设定，是西方近代以来许多政治哲学思想得以展开的源头。这种思维模式，显然受到了近代自然科学发展的影响。就公私关系而言，其理论体系多是以基本的人性假定为逻辑起点推导和演绎出来的。这个突出的特点，尤为明显地彰显于英国早期自由主义的公私利益关系理论中。

对于人性的认定历来就是一个仁者见仁、智者见智的问题。但是，不管人们对于人性的认定如何不同，有一点却是得到普遍认可的，那就是人人都有自利的倾向。个体的追求可能纷繁芜杂，但对于自我利益的持有却是共同的愿望。因此，无论自利是否为人之根本，它都是我们考虑应然政治诉求所必不可少的一个维度。客观地说，近代西方政治哲学的建构大多是立足于人性自私的基点之上的，这与它们所承担的历史使命是相一致的。早期自由主义者担负着为资本主义发展开疆拓土的责任，因此，论证个人利益的正当性与至上性成为他们理论的共识。但与此同时，他们也自觉不自觉地看到，市场经济产生伊始就携带着一个自身难以克服的"病毒"——个人利益的发展对社会秩序的自发性冲击，换句话说也就是公私利益矛盾。虽然在资本主义市场经济发展的早期，这一矛盾并未完全彰显出来，但它却是一个不容忽视的客观存在。如何看待这一矛盾，如何解决这一矛盾，自然成为他们理论中不容回避的基本问题。

古往今来任何社会都有其公共利益，这是其作为普遍利益的具体表现形式，这一点得到了理论家们的一致认同。这样一来，公益与私利的关系问题成为他们的理论中绕不开的课题。由于研究范式的重大差异，人们对于公私利益关系的分析与理解也相去甚远。具体而言，传统社会政治哲学视阈中的公私关系，更多沾染着道德评判的色彩，这是因为古代政治生活与道德的密切关联，因此，从总体上说，人们总是习惯基于道德的维度来武断地评判私人利益,想当然地认为私利就代表了自私自利和不可遏止的私欲,因此通常被认为是罪恶的同义语,是应该拒斥的;而公益是符合所有人本性的,因此是有价值的,是良善的,是应该值得追求的。这种充斥着道德评价的意识形态,长期以来占据着政治哲学和政治生活的中心舞台。然而,随着近代以来,政治与道德的日益剥离,以往以道德评价为核心的政治意识形态逐渐弱化,使得越来越多的政治哲学家打破了传统的事实与价值直观统一的思维模式,开始以一种事实与价值二分的眼光来审视现实政治生活中的公私问题。摒弃了抽象空洞的道德评价,人们开始在市场经济条件下对公私利益关系进行一种新的理性思考。

第一节 霍布斯:人的自我保存和国家权力

深受近代自然科学与欧几里得几何学影响的霍布斯,决心以科学原理为依据,从始基性概念出发,效仿几何学的演绎逻辑推导出一套包罗万象的哲学体系。就他的政治哲学而言,这个最基本的前提就是他的人性设定以及由之而来的自然状态的预设。霍布斯的人性设定,实际上是从他的运动定律、因果理论和公理方法合乎逻辑地推论出来的。人和国家都是世界的一部分,只有把他们看作是运动着的物质,才能够认识他们。同时,由于因果规律,这种国家和社会的运动及存在又一定是某种前在原因的结果。因此,霍布斯认为,要认识现在的国家与社会,就必须去追溯导致这种现状的根本原因或先前状态,这可以看作是霍布斯将自然科学研究中的溯因推理应用于他的社会政治理论的明证。

一 人性的设定

霍布斯从机械唯物论的立场论述人的生理以及心理活动。他认为,人是自然的特殊一部分,他的生理心理过程,同样受一般物体运动力学规律的支配。人的一切情欲、情感,都是服从因果规律的人体机械运动的表现,当外界物体作用于人,有助于人的生命运动时,人就会产生喜悦和快乐的感情,而有碍于人的生命运动时,人就会产生厌恶和痛苦的感情。前者可以被称为善,而后者自然就是恶。霍布斯就是从人的感觉出发,来论述人的激情、欲望和理性的,从而展开其整个政治哲学逻辑的。因此,他的政治哲学的基本原则"不是从任何科学借来的;这些原则是由经验,由每个人的切身经验所提供的;更确切地说,它们是通过每个人的自我认识和自我考察而被发现的"①。

首先，霍布斯发现人类的基本欲望是权力欲、财富欲、知识欲、安全欲和对死亡的恐惧，这些欲望表现为希望、绝望、自信、恐惧、义愤等各种形式。其次，他认为，人的欲望本身是不可终止的，其实质就是一种贪得无厌的贪欲。幸福是欲望的进展，得其一思其二，然后而已、永无休止。霍布斯把这种权势欲作为"全人类共有的普遍倾向"提了出来，意在论证人的本性就在于自我保护、趋利避害，无休止地追逐个人利益。旧的欲望满足了，又会产生新的欲望。"有些人是为求新辟疆土之名，有些人是为求安逸和肉体之乐，还有些人则希望在某些艺术或智能方面出类拔萃，以博得人们的赞扬或阿谀。"② 在种种的欲望中，霍布斯认为最主要最根本的就是权力欲，其他情欲都是权力欲的具体表现，而人们追求权力的目的是为了获得满足欲望的利益。因此，我们又可以说，在霍布斯的种种欲望背后，裹挟着的是形形色色的个人利益。可以说，霍布斯以前所未有的勇气赋予欲望以理论基础的地位。尽管他的《利维坦》依据这一基础最后也得出了君主所喜欢的结论，但其论证基础还是难逃抨击与谴责。正如罗伯特·菲尔麦对他的攻击："我赞美他的建构，但却不喜欢它的基础，这看起来会很奇怪，但的确如此。"③ 这并不奇怪，因为霍布斯所采用的论证方法是根本不同于君权神授理论家的。他不依赖于引用权威或先人，而是直接诉诸人的经验，以人类本性的实际真理为基础来演绎他的结论。"在人性的自由理论中，没有任何作者比霍布斯更明确地使欲望扮演一个如此重要的角色，但边沁可能是个例外。"④ 在霍布斯的理论中，欲望可以说是支配人的行为的终极原因。与之相比，理性与思想纯粹是工具性的，是为了寻找满足所欲事物的途径。霍布斯相信理性是激情的奴隶，它仅仅意味着计算，心灵的一种基本计算能力。可以说，正是霍布斯笔下的欲望与理性，演绎出其政治哲学关于公私利益关系的整体理论走向。

人的本性是自私的、恶的。"所以由人性产生的支配一切人的行为的普遍规则就出炉了，那就是：生命总是本能地处于保持和增强生命力的状

---

① 参见〔美〕列奥·施特劳斯《霍布斯的政治哲学——基础与起源》，申彤译，译林出版社 2001 年版，第 8 页。
② 〔英〕托马斯·霍布斯：《利维坦》，黎思复等译，商务印书馆 1986 年版，第 72—73 页。
③ 参见安东尼·阿巴拉斯特《西方自由主义的兴衰》，曹海军等译，吉林人民出版社 2004 年版，第 170 页。
④ 同上书，第 171 页。

态，即自我保护是一切人类行为的根本规则，也是人类行为的最终价值要求和标准，也是人类一切制度建构必须为之服务的价值核心和终极目标，有利于这一价值的就是善的，不利于这一价值的就是恶的。而且自我保护不是一时一地的妥协之计，而是一种至死方休、永不停息的欲望，因此一切有助于自我保护的物质和精神的手段都成为人们无休止追求的现实目标，霍布斯这一切通称为'权势'或'权力'。"[①] 至此，他得出结论："旧道德哲学家所说的那种终极的目的和最高的善根本不存在。欲望终止的人，和感觉与映像停顿的人同样无法生活下去，幸福就是欲望从一个目标到另一个目标不断地发展，达到前一个目标不过是为后一个目标铺平道路。"[②] 这里我们发现，霍布斯认为人性存在一种普遍的自然倾向，这就是自私。而这一倾向是他通过对一般运动原理的推演得出的，并且他笃信这是解释人类行为的普遍规则，因此，他坚定而信心满满地把自己的政治哲学大厦建立在这一原则之上。从思想传承的意义上看，霍布斯抛弃了古典政治学说高阶性的社会价值追求，即达致一种良善生活与德性社会双赢的目标，不再把对人类终极关怀的期望寄托于政治理想之上，转而接受了马基雅维利开创的现实主义政治倾向，将追求一种基于普遍人性的可以为大多数人和大多数社会接纳的目标，当作自己政治哲学的价值指向。霍布斯的"目的在于设计一个适用于所有时代、人和地方的政治体制，把他的'大厦'建立在人类动机的最低的一般标准上，就可以指望它不管在任何地方都可以牢固地耸立"[③]。

二 基于自我保存的个人利益论

既然自我保存是人之天性，那么如何有利于自我保存便成为霍布斯政治哲学所要解决的中心问题。更具体地说，霍布斯的全部政治理论旨在解决新兴资产阶级自我保存以及发展壮大的问题，这成为霍布斯政治哲学的现实性诉求。就其实质而言，就是如何使个人利益能够更好地实现。当然，在个人利益的实现过程中，不可避免地要涉及人与人之间的关系，公共性的问题开始浮出水面。因此，个人利益的实现问题，转化为如何协调个人利益与公共利益之间关系的问题。在这个意义上说，霍布斯的整个政

---

① 周少来：《在个人与国家之间——霍布斯政治逻辑辨析》，《青海师范大学学报》（哲学社会科学版）2003年第5期。
② 〔英〕托马斯·霍布斯：《利维坦》，黎思复等译，商务印书馆1986年版，第72页。
③ 〔美〕列奥·斯特劳斯、约瑟夫·克罗波西主编：《政治哲学史》上册，李天然译，河北人民出版社1993年版，第469页。

治哲学就是围绕着公私利益关系这个核心问题展开的，虽然他的倾向是实现个人利益。可以说，从这个基本的逻辑原点出发，造就了整个社会契约论传统下，解决公私利益关系的基本模式。

依据对人性的解释，霍布斯描绘了一个戾气森然的"自然状态"。他认为这是自然产生政治的现代方式。他设想，在国家成立以前的自然状态中，每一个人都把自身的安全和权力作为了首要考虑的目标，他的所有行为都围绕着这一考虑而实施，别人如果对此毫无影响，那作为行动主体的人根本不会在意行别人是否存在。自然状态中的人都享有自由和平等的权利。所谓自由，就是每一个人在力所能及的范围内自由地去做一切有利于自己的事情；所谓平等，是指"自然使人在身心两方面的能力都十分相等，以致有时某人的体力虽则显然比另一人强，或是脑力比另一人敏捷；但这一切总加在一起，也不会使人与人之间的差别大到使这人能要求获得人家不能像他一样要求的任何利益，因为就体力而论，最弱的人运用密谋或者与其他处在同一种危险下的人联合起来，就能具有足够的力量杀死最强的人"[1]。这样一来，人们对目的的欲求和希望就具有了平等的权利。在人们欲求相同而物质匮乏的情况下，由于人性中竞争、猜忌和虚荣的鼓噪，必然产生利益的争夺。人们为了各自的利益而彼此为敌。霍布斯认为，在自然状态中若没有超越性的权力存在，个人欲望之间的拼杀会造成一个人与人激烈较量的战场。在这场几乎没有人有必胜把握的厮杀中，所有的人都会噤若寒蝉。试想在这样一种状态下，社会的团结何以实现，更遑论产业、科技、文学和艺术的产生和发展了。而"最糟糕的是人们不断处于暴力死亡的恐惧和危险之中，人的生活孤独、贫困、卑污、残忍而短寿"[2]。在这种人对人是狼的状态下，是非与公正的观念都荡然无存，暴力与欺诈成为主要的美德。霍布斯对自然状态的描绘，纯属出于理论逻辑的需要，而非对人类曾经有过的真实生活状态的白描。但值得一提的是，他的这种杜撰绝非空穴来风，而是对当时社会尖锐的阶级斗争和激烈的经济竞争所造成的社会无序和混乱状况的真实摹写，这都是他为新兴资产阶级的和平与发展寻找一个强大的政治权威而做的理论设计。就我们所研究的论题而言，霍布斯所描绘的这样一个人人自危的自然状态，实质上正是公私利益关系激烈冲突的现实缩影。在霍布斯看来，自然界是由一个个独立自足的实体组成的。人类中的每一个个体都是独立自足、自我运

---

[1] 〔英〕托马斯·霍布斯：《利维坦》，黎思复等译，商务印书馆1986年版，第92页。
[2] 同上书，第95页。

动、自我导向的存在，社会并不是自然就有的："我们不会生来就因社会自身的缘故而需求社会，但是我们可以从中得到荣耀和利益；这些是我们首先想得到的，而那是其次。"① 霍布斯明确地区分了人类与诸如蜜蜂和蚂蚁等这类社会性动物之间的区别，并且进一步指出人的事务中并不存在与这些昆虫的世界中相同的私人利益与公共善的一致原则。每个人关心的只是符合自身利益的所有事情，而这些事情并不必然具有与公共利益的天然同一性，即人类所有的欲望会直接导致自身理性的、文明的和适度的结果。他同样也没有去假设有一只无形的手在促使个人自发地追求自身利益过程中得出普遍的利益。可以说，正是在追求各自利益的过程中，因为自相残杀造成了人与人之间和平与安全的公共利益的丧失，对死亡的恐惧成为萦绕在自然状态的人心中挥之不去的情愫。个人利益与公共利益之间的紧张与冲突成为自然状态本身难解的困局。人类迫切需要一种力量帮助他们走出这种困境，建构一种和平的社会秩序，从而把人类从死亡悬崖边拯救回来。

　　霍布斯找到了这种力量，它就是人对死亡的畏惧。他说："使人们倾向于和平的激情是对死亡的畏惧，对舒适生活的所必需的事物的欲望，以及通过自己的勤劳取得这一切的希望。"② 人类对横死的畏惧实质上代表的是人的理性能力。霍布斯所要澄清的是这样一个基本的事实，即如果人们要想获得满足，就必须臣服于理智。从对死亡恐惧的教诲中产生的理性，引导出人类解决自身困境的出路。理性作为一种调节力量，在相互敌视的自然状态中制约着人的实际行动，避免着人类的毁灭，同时，它也在极力促使着人们认识到和平与安全的重要。理性使人们深谋远虑，是人类从自然状态走出的内在原因。在霍布斯看来，人摆脱恶劣的生存状况，是为了更好地维护和实现人本有的自然权利。霍布斯对自然权利是这么定义的："每个人按照自己所愿意的方式运用自己的力量保全自己的天性——也就是保全自己的生命——的自由。"③ 在自然状态下这种自然权利是无法得到真正实现的，这是因为，人人皆有自然权利就等于人人皆无这种权利，只有从人人相互为敌的战争状态中走出来，才有可能实现自然权利。在霍布斯看来，人从自然状态走向社会的关键因素是人的理性。从另一个角度讲，理性是和平与安全这一公共利益实现的根源。霍布斯在这里提出

---

① 参见安东尼·阿巴拉斯特《西方自由主义的兴衰》，曹海军等译，吉林人民出版社2004年版，第172页。
② 〔英〕托马斯·霍布斯：《利维坦》，黎思复等译，商务印书馆1986年版，第96—97页。
③ 同上书，第97页。

了一种鲜明的理论见解，那就是在个人利益为理论原点的政治哲学中，公共利益达成所可以依赖的根据是理性法则，即自然法。自然法是理性所发现的戒律和法则，是人类走向和平与安全的条件。自然法是从人的自我保全的欲求中推出的，也就是说，自我保存是一项自然权利，所有的正义和道德皆源出这项权利。所以在这个意义上，我们可以将道德看作是一项权利而非仅仅是义务。这充分反映了，霍布斯所坚持的高扬人的权利的主题。它进一步说明了，自我利益是霍布斯整个政治哲学所坚持的一条主线。从这种目的在于保护和实现个人利益的自然法出发而达致的国家，个人的自然权利在逻辑上自然是这个国家的宗旨。与此同时，个人的自然权利在某种程度上也为国家权力设置了道德边界。如果我们认为自由主义是一种将人的权利视为基本政治事实的政治学说的话，那无疑霍布斯也应位列其中而且居于头牌。

霍布斯认为，自然法的目的在于"禁止人们去做损毁自己的生命或剥夺保全自己生命的手段的事情，并禁止人们不去做自己认为最有利于生命保全的事情"[①]。自然法规定的主要原则是尽力寻求和平、信守和平、履行契约等等。而在各种原则之中，第一条原则即自我保全，这是一条根本的律令，其他法则都可以由之推出。霍布斯将自然法则精简为一个总的原则，即"己所不欲，勿施于人"。在他看来，这是人的行动的最高准则，是正义与公允的体现。它不仅仅是政治原则，更是道德准则。因此，霍布斯的自然法学说也是道德学说。更为重要的是，我们可以清楚地看到，自我生命的保存是霍布斯因自然法则而对所有道德规则解释的出发点，这表征了作为一个个人主义者的霍布斯，用自然法和道德的话语复活了自我利益的原则，这在西方近代以来的政治哲学史上具有相当重要的影响。可以说，霍布斯在近代政治哲学史上较早提出了以个人利益为中心的系统的政治哲学。这样，霍布斯就为未来的国家寻找到了道义上的基础。生活在自然状态中的人们渴望和平，然而由于人人所具有的自然权利，使得每个人又都畏惧自己放弃权利所带来的不利地位，所以，自然状态的人们不仅不敢轻易地放弃自己的权利，而且更加卖力地扩张自己的权力，以期因为自己权利大于他人而保全自己，这种状况客观上根本无法形成和平的局面。这从一个侧面告诉我们，霍布斯并不否认公共利益得以实现的道德根基——自然法，但更为重要的是，霍布斯从来不认为仅凭道德根基就可以使公共利益自动实现。霍布斯认为在自然法的体系中有一条是至关重

---

① 〔英〕托马斯·霍布斯：《利维坦》，黎思复等译，商务印书馆1986年版，第97页。

要的，那就是所订立的信约必须履行。但这种言辞是不具有必然执行力的，正像那句名言说的："言词不是剑"（word no sword）。所以，在霍布斯看来，必须为自然法的实现寻找一个凌驾于众人权力之上的公共权力做后盾，唯其如此，才能遏制私人的无限欲望，使人们自觉地履行契约，从而形成人人得享的安全保障。这个公共权力就是国家。到这里，可以说霍布斯沿着现实主义的思维路向，找到了制约私人利益与维护公共安全的外在政治保障。他不是像传统政治哲学家那样，通过一种道德上的至善说教而消弭私人利益的纷争，而是极力在现实的政治架构中寻找一种类似于巨兽的权力之王，来统御一切私见。在这里，霍布斯无形中赋予了国家以公共利益的代表的意义，因为只有在国家权威之下，人们之间的和平与安全才能成为现实；同时，国家还具有了一个调和者的面相，即调处公共利益与私人利益之间关系的角色。因为在霍布斯看来，国家不仅负责营造一种和平与安全的外在环境，还要在这种环境中使个人的利益得以保全与实现。如果个人利益在国家之中无法实现，也就根本违背了个人从自然状态走向国家的初衷，国家也就失去了其存在的道义上的合法性。这是一种理论上的分析，那么事实上霍布斯是否是这么认为的呢？这还要从他对国家的产生机制的说明中寻找答案。

三　国家是公私利益统一的化身

霍布斯把国家看作是契约的产物。他认为，人们为了摆脱"自然状态"的非安全状况，通过相互协商、共同约定，将自己原有的全部权力①转让给由人们组成的、具有集体人格的这么一个组织，赋予其维护公共和平与安全的权力，并想当然地视这种权力是经由所有缔约人同意的。"国家的本质就存在于它身上，用一个定义来说，这就是一大群人相互订立信约，每个人都对它的行为授权，以便使它能按其认为有利于大家的平等与共同防卫的方式运用全体的力量和方式的一个人格。"②可以说，通过这种"授权"，使全体都真正地统一于国家这个唯一的人格中。集体意志体现于国家之中，服从国家意志某种程度上就是服从自己的意志。这里，霍布斯通过赋予国家以集体意志的代表这种身份，既论证了国家的合法性，又论证了国家的权威性。因此，国家在地位上是高于个人的。霍布斯界定

---

① 注：这里放弃的是权力，也就是实现个人自然权利的手段与工具，而不是放弃个人的天赋的自然权利，自然权利在所有的自然法学家看来，都是不可取消和不可转让的。

② 〔英〕托马斯·霍布斯：《利维坦》，黎思复等译，商务印书馆1986年版，第132页。

国家是公共意志的代表,也就从逻辑上论证了国家是公共利益的代表,是个人利益得以实现的保证。在国家中,个人利益的实现与公共利益的实现是天然一致的。这种利益的天然一致性,霍布斯并没有明确地给出,而是通过对国家整体政治秩序与个人自由的统一的论述,间接地论证了公私利益的一致性。国家对个人和社会和平与安全的保障,是以个人以让渡自己的权力和服从国家公共政治权威为前提的。从这个角度讲,国家的整体秩序与个人自由之间是和谐统一的。霍布斯把国家整体秩序与个人自由的关系,看作是"律"与"权"的关系。权意味着自由,即"做或者不做的自由";而律意味着对自由的限制与约束。但权与律、自由与必然是相容的,因为自由行为固然出于自由主体的意志原因,但凡是有原因的东西又是受必然性支配的,所以,虽然国家的整体秩序是对个人自由的一种外在限制与约束,但就国家是为了人们取得和平与安全,并由此获得自我保存的目的而建立的而言,它又是与个人自由相一致的。国家从建立伊始,就兼有了保护伞和锁链的双重角色。保护的是国法以外人们的自由,即"在法律未加规定的一切行为中,人们有自由去做自己的理性认为最有利于自己的事情"①。锁住的是国法之内个人私欲促动下的为所欲为。在这里,国家作为代表不仅表征了整体利益,同时也为个人利益代言,公与私在国家层面上达致了一致与和谐。我们这个看似大胆的推论,在霍布斯关于政体的论述中,可以再一次得到验证。

霍布斯首先反对传统政治哲学中对好坏政体的区分标准。他认为如亚里士多德那样,主要从统治者所代表的是公共利益即大多数人的利益,还是代表自己私利的道德角度区分政体的好坏是靠不住的,因为这种区分的主观性过于明显,主要体现在区分者自己的主观喜好上。他认为,统治者与臣民都在平等地分享所有政体的首要和最大利益、和平以及国防。所有人都均等地遭受着最大的苦难、内战和无政府状态的痛苦。因为统治者的强大和权力总是依赖于他的臣民的力量和权力,所以如果统治者通过横征暴敛而削弱和损害臣民,双方都同样要受到损害。那么,为什么霍布斯要放弃亚里士多德式的区分标准呢?正如施特劳斯给出的答案那样:"是霍布斯认为不可能指望任何一个统治者或主权者放弃追逐私利、家族和亲友的利益,这些利益的重要性在统治者眼中起码会等同于、甚至会超过公共

---

① 〔英〕托马斯·霍布斯:《利维坦》,黎思复等译,商务印书馆1986年版,第132页。注:这一对自由的论述,是与黑格尔对自由的认识大相径庭的。黑格尔认为的自由,是法律之下的自由;法是人的自由意志的体现。

利益,在霍布斯把善恶变换成快乐与痛苦以及他的主权论说基础上,古老的有关什么形式的政体是最理想的政治争议变得并不重要了。这些争议很必然地与有关文明社会应当为什么总体目标服务的问题,如自由、帝国或财富紧密相关。"① 接着,霍布斯马上就说,在任何形式的政体中,政府的权力与公民的自由都是同一的;每一形式的政体的目标或目的都是统一的,即为了和平与安全。因此,决定性的政治或实际的问题变成了行政管理上的问题,诸如统治权以什么样具体的方式去发挥管理的作用,才更有利于总体目标即和平与安全的实现等。在这里,我们不难看出,霍布斯已经认识到了公私利益冲突的现实可能性。首先,他认为统治者也有私利而且不可取消。其次,他又极力地将统治者的私利与公共利益的不一致性淡化,转而强调公共利益与公民的个人利益的一致性,仿佛公私利益一致会带来统治者的私利与公共利益的一致。其实,这是对公共利益的"私人色彩"的欲盖弥彰。霍布斯看到了统治者的私利与它所代表的公共利益之间的冲突以及可能带给国家利益的危害,这也为臣民留下了一些不服从的自由。毕竟,在霍布斯的政治哲学逻辑里,损害国家利益与损害臣民的个人利益是等同的。因此,他主张公共利益与统治者的私利结合得最紧密的地方,公共利益所得到的推进也最大,妄图通过这一论述而消解掉统治者私利与公共利益的不一致性。这反映出霍布斯又想为统治者的私利留下生存空间,又不愿意放弃统治者所代表的公共利益形象的矛盾心态。所以,他只能得出统治者的私利就是公共利益的荒谬而虚伪的结论。他找来找去,最后发现君主制政体中君主的私利与公共利益是一回事,最符合"公私利益结合最紧密"的特点,因此,君主制是最好的政体。他根本无视君主的私利对公共利益的凌驾与侵害,一厢情愿地认为君主制保持了两个和谐,即君主私利与公共利益的一致和公共利益与臣民个人利益的一致,不可谓不煞费苦心。

综上所述,我们不难看出,在霍布斯的政治哲学中,对公私利益关系的关注是贯穿于整个论证过程之中的。其主要表现在以下几点:第一,从人性、人的自我保存的需要出发来解释国家和社会的起源,解释人的政治义务,从而一改中世纪以来君权神授的国家合法性论证。在这个过程中,凸显的是对个人主义原则的坚持,即人的一切行为都是处于自我保存的利益需要,所有的道德规则和社会正义原则都是自然法,都是用来保证人的

---

① 〔美〕列奥·斯特劳斯、约瑟夫·克罗波西主编:《政治哲学史》上册,李天然译,河北人民出版社 1993 年版,第 466 页。

自然权利的实现。虽然国家作为私人利益的外部力量强加在私人的头上，但它的目的无非也是承认自私自利是生活的主要动机，因此，国家是实现个人利益的工具和手段这一思想，成为霍布斯政治哲学中的"近代因素"。同时，霍布斯虽然设想了全权的君主，但还是留给个人一些基本权利，如签订契约的自由等。他虽是轻描淡写地提到了这一点，但就是这一点几乎是全部。第二，霍布斯虽然看到了国家作为公共利益的代表的"私人色彩"，即会受到统治者私利的影响，但他还是坚持认为国家的产生机制——社会契约论的角度，重申和强调了国家是公共利益的代表，是个人利益得以实现的保障。个人利益与国家利益即公共利益之间是同一的、和谐的，从而完全掩盖了资本主义国家作为公共利益代表的虚伪性。也正是这种国家的出现，从根本上消解掉了公私利益冲突的可能性。可见，霍布斯虽然看到了公私利益不一致甚至冲突的苗头，但在他整个政治哲学体系的框架中是不允许这种不和谐的音调出现的。因此，他还是从总体上否认了公私利益关系产生冲突的可能性，或者说他对公私利益之间的和谐抱有一种乐观主义的态度。因为他相信，国家来源于个人意志的委托，是一致同意基础上的集体意志的体现，它理应是致力于人民的共同利益的，因此，是不会与个人利益发生冲突的。从霍布斯的政治哲学中我们意识到，自私自利的人是公私利益关系产生冲突的内在根源，自然状态的理论设计从一个侧面透视出公私利益冲突的现实图景，而社会契约下产生的国家是公私利益走向和谐一致的关键。在这个层面上说，霍布斯开创了社会契约论传统下，通过人为国家而实现公私利益和谐的理论类型。接下来的洛克、卢梭和康德，虽然在论证的细节上存在差异，但总体而言都是这个类型的具体体现。

第二节 洛克：私人财产权利与政府的职能

乍看起来，洛克似乎全盘否认了霍布斯关于人性以及以此为基础的政治哲学。而且，现在对洛克学说的阐释多是在他与霍布斯相区别的视角上展开的。这一面相对我们理解洛克的观点是有所裨益的。但是，仅仅具有这样一个视角的理解，难免在洛克思想的把握上出现偏颇。一个政治哲学家对另一个政治哲学家的影响，可以有许多种方式，或是实质性结论的影响，或是理论精神的影响。在笔者看来，霍布斯对洛克思想的影响，首先应该体现在理论本身所蕴含的基本精神上，这种精神就是处于上升时期的新兴资产阶级发展的内在要求——个人主义。对于这一点，萨拜因也曾说过："洛克把霍布斯论点的大部分纳入自己的社会学说有其不得不如此的原因。不论他是否有霍布斯那种系统的自我主义心理，在洛克的时代，以个人利益来解释的社会学说已属早已确定的结论……结果，他的学说，按其内在涵义来说，与霍布斯的利己主义学说并无二致。"① 由此不难看出，在理论产生背后的现实要求方面，霍布斯与洛克面对着同样的历史课题，那就是如何高扬人的权利，为资本主义的发展争取一种思想上前所未有的自由。两者都把个人利益作为了自己理论的内核，都力图在国家的范畴内论证公共利益与私人利益的一致性，其论证思路都是通过社会契约论来诠释国家的合法性，用国家的起源来说明公与私的关系。

一 自然权利式的个人利益合法性论证

洛克与霍布斯一样，都自觉地采用了几何学的方法来建构自己的政治哲学体系。他认为由于一切事物都具有符合自己本性的固定法则，因而不能设想比一切其他动物更富于智慧、精神和理性的人类会不受自然法的约束。理性和社会性是人的天性，自然法正是从这种人性原则中引申出来的"理性与公道的规则"②，这些规则就如同几何学的公理一样是永恒性和普遍适用性。洛克说："理性，也就是自然法，教导着有意遵从理性的全人类。"③ 在洛克看来，自然法之所以具有绝对的普适性，原因在于它是上帝的作品，人类该做的什么或者不该做什么皆系于上帝的希望。人分享了上帝的神性而获得了理性，理性在神启下认识到了上帝的目的——自然法。所以，人无论何时都要按照自然法也就是理性来行动，自然法对洛克来说是真正的道德法则，是洛克论证天赋自然权利的重要基础。洛克的自然法观念是与"在自然状态下，每个人都有自然法的执行权"的学说密不可分的。在洛克看来，对自然法的承认就要求承认自然状态，尤其是要承认自然状态下人人都有权成为自然法的执行者。洛克认为，既然给人的自由行动设定一套规则，而不附加上善恶的实施来决定他的意志，那就会归功于徒劳，因此就必须在设定法律时也设定附加于那一法律之上的赏罚。可见，在自然状态中，自然法作为一种约束人的行为的法律，已经在赋予人们权利和惩戒违法行为方面发挥着现实的功能与作用，这也为洛克

---

① 〔美〕乔治·霍兰·萨拜因：《政治学说史》上卷，盛葵阳等译，商务印书馆1986年版，第589—560页。
② 〔英〕约翰·洛克：《政府论》下篇，叶启芳等译，商务印书馆1964年版，第5页。
③ 同上书，第4页。

对自然状态的设计定下了基调。

洛克在《政府论》谈道:"为了正确地了解政治权力,并追溯它的起源,我们必须考究人类原来自然地处在什么状态。"① 这说明,我们在阐释政治权力的基础和本质时,必须要先搞清楚他们是怎样达成一种社会契约的,进而又是如何形成一个法治的公民社会以脱离原始的、非政治的自然状态的。因此,在洛克政治哲学自身的逻辑上,就必须要先阐明人们自然而然所处的状态是一种什么样的状态。关于自然状态的理论成为洛克政治哲学的起点。与霍布斯一样,洛克认为在政府出现之前,人类处于一种自然状态。但与霍布斯不同的是,完全自由、平等、和平、善意和互助合作是洛克笔下自然状态的特征。"那是一种完备无缺的自由状态,他们在自然法的范围内,按照他们认为合适的办法,决定他们的行动和处理他们的财产和人身,而毋需得到任何人的许可或听命于任何人的意志。"② "这也是一种平等的状态,在这种状态中,一切权力和管辖权都是相互的,没有一个人享有多于别人的权力。极为明显,同种和同等的人们既毫无差别地生来就享有自然的一切同样的有利条件,能够运用相同的身心能力,就应该人人平等,不存在从属或受制关系,除非他们全体的主宰以某种方式昭示他的意志,将一人置于另一人之上,并以明确的委任赋予他以不容怀疑的统辖权和主权。"③ 但人类生活的理想状态并不是自然状态,因为在这一状态之下,缺乏解决人们之间纠纷的众所周知的法律依据、权力支持的公正裁判者和依法裁判的裁决机制等。正是这些缺陷,促使人们自愿选择"托庇政府和既定的法律之下",从而实现了从自然状态到政治社会状态的转变。洛克整个政治哲学的核心就是力图证明人们是为了寻找对自然权利的保障而进入国家的,对于自然权利的关注成为洛克学说中的一个理论原则。我们可以透过洛克对自然权利的论述,而清楚地发现,其实质无非是对资产阶级个人利益所进行的合法与合道义的论证。在这一点上,洛克与霍布斯心有默契。

在人性的界定上,洛克赋予人的理性和社会性以更为重要的地位。然而,在他论证人从自然状态向公民社会即政治国家过渡的原因时,不可避免地又回复到霍布斯对人性自私的立论上来。虽然洛克认为自然状态不是一种战争状态,但也认为人类倾向于摆脱此种状态。这是因为解决自然状

---

① 〔英〕约翰·洛克:《政府论》下篇,叶启芳等译,商务印书馆1964年版,第3页。
② 同上。
③ 同上。

态中人与人之间的冲突找不到公认的法官,天赋权利使得每个人都是最忠实于自己利益的法官,这种状态的最终结果就只能是双输的持续纷争,任何人都难以安享和平,威胁无时无处不在。可以说,这正好验证了那句话:战争状态将终结自然状态。这就是洛克学说中的"霍布斯时刻"。任何自然状态和社会契约的学说,都无可避免地存在"霍布斯时刻",因为只有无法忍受的战争状态,以及无法令人容忍的恶的存在,才能解释为什么人们要离开从原则上说可以令权利繁荣发展的状态。这里,如果我们再继续深入地拷问一下:是什么原因使得和平与安宁的自然状态会产生纷争呢?其作为人的内在根源恐怕又要诉及人性的界定了。虽然洛克有点不太情愿,但还是因为"霍布斯时刻"的存在而同意了人性利己的认识。正是由于人的利己本性,不能保证每个人会永远不损害他人。所以,在缺乏公认的是非标准和仲裁人的情况下,极易导致战争状态。可以说,洛克在极力美化人性的温和与善良的同时,骨子里却也认为真正推动人类文明向前发展的动力是人性的偏私与贪婪。这种对人性的内在肯认,不仅仅体现在从自然状态到公民社会的过渡论断中,就是在对国家权力范围的界定上,也体现出了他对于人性自私的肯认。因为对握有权力的人的极度不信任,即对人性自私、贪婪与肆意的担心,使得洛克的国家理论体现为一种最小化国家的设计,是以限制与制约权力为基本特征的。从这个侧面也可以反映出,洛克对人性本私的内在一以贯之的确认。正是在这一点上,使得洛克的政治哲学不可能完全背离霍布斯政治哲学的根本精神,即个人主义。因此,洛克政治哲学的出发点可以说利己的个人,其核心是论证个人权利的维护,归宿就是个人利益的现实实现。

在洛克政治哲学体系中,处于核心地位的无疑是他的自然权利学说,这是他论证个人权利合理性的基础。洛克政治逻辑的起始之基就是个人权利的天赋性、自然性和先定性,而在他看来,其合理性的根据在于上帝扎根于每个人心中的最强烈的欲望——自我保存。既然欲望引导行为,我们就不得不承认人们有权利做他们不得不做的事情。任何不允许甚至不鼓励人们做他们不得不做之事的秩序和政府,都是没有安全可靠地建立在自然基础上的。"只有当事情的这种秩序被理解为并被接受为真正而自然的秩序时,人类的争取自由、和平和富足的斗争才可望获得胜利。是这点而不是其他的什么东西才是洛克政治学说的要旨。"[①] 人类秩序要适应人性而

---

① 〔美〕列奥·斯特劳斯、约瑟夫·克罗波西主编:《政治哲学史》下册,李天然译,河北人民出版社 1993 年版,第 608 页。

不是相反,且只有适应人性的政治秩序才是牢固可靠的,这几乎是人类社会的第一公理了。在洛克的理论体系中,他在自然法的范畴内,对人的自然权利进行了详细的解读。在他看来,自然法告诉我们:"人们既然都是平等和独立的,任何人就不得侵害他人的生命、健康、自由或财产。"①这里,洛克指出人按照自然法所享有的基本自然权利包括平等、自由、生命和财产权。更为重要的是,自然法是国家和实在法的根本,因此,对于国家而言,维护这些自然权利理应成为其服务的宗旨与目的。国家的功能内在地定位于对人的自然权利的保护上。我们从这里可以觅见,洛克提出的这些自然权利,既是资产阶级政治的需要,同时也是资产阶级经济发展的需要。自然权利在实质上就是资产阶级向封建王权和贵族争取的个人权利与个人利益。"每一个企图取代旧统治阶级的新阶级,为了达到自己的目的不得不把自己的利益说成是社会全体成员的共同利益,就是说,这在观念上的表达就是:赋予自己的思想以普遍性的形式,把它们描绘成唯一合乎理性的、有普遍意义的思想。"② 洛克的自然权利正是以这种"普遍性的形式"论证了个人利益的普遍性与合理性。可以说,洛克在国家实在法下将原本抽象的自然权利概念具体化,使之成为不可剥夺的人的权利,从而在现实主义的层面上,论证了个人是自然权利的主体和归宿,为自然法理论朝着个人主义路向的发展起了推波助澜的作用。

二 以财产所有权为核心的个人利益

在洛克的政治哲学中,最核心的部分当属他的财产学说。保护公民的财产是公民社会的重要目的,这是因为所有的自我保全和幸福追求都依赖于拥有稳定的财产。正如施特劳斯所说:"保护社会中富有的成员免于贫困者的索要——或者说保护勤劳而富于理智的人免于懒惰而惹是生非的人的侵扰——对于公共性福或共同利益来说乃是至关重要的。"③ 在洛克认为,财产所有权是先于政治社会而存在的。这是因为财产是一种自然法的制度,它与生命、自由一样是自然法的规定,因而对于财产权也必须按照有关个人权利和责任的道德原则来加以理解。对于财产的自然权利是自我保全的根本权利的一个推论,它不是由契约或社会衍生出来的。这样的话,对于财产的私有权就应该是与人类的和平与保全相容的。为了回答菲

---

① 〔英〕约翰·洛克:《政府论》下篇,叶启芳等译,商务印书馆1964年版,第4页。
② 《马克思恩格斯文集》第1卷,人民出版社2009年版,第552页。
③ 〔美〕列奥·施特劳斯:《自然权利与历史》,彭刚译,生活·读书·新知三联书店2003年版,第239页。

尔默的诘难，洛克解释了个人财产所有权是如何成为一种正当权利的。即个人的私有财产是如何与作为整体的人类接受上帝的恩赐相融合的。他说："上帝既将世界给予人类共有，亦给予他们以理性，让他们为了生活和便利的最大好处而加以利用。土地和其中的一切，都是给人们用来维持他们的生存和舒适生活的。土地上所有自然生产的果实和它所养活的兽类，既是自然自发地生产的，就都归人类所共有，而没有人对于这种处在自然状态中的东西原来就具有排斥其余人类的私人所有权；但是，这些既是给人类使用的，那就必然要通过某种拨归私用的方式，然后才能对于某一个人有用处或者有好处。"① 洛克认为，即使私有财产权被证明是正当的，也需要有所限制。在自然状态中，因为缺乏公共权威的裁断，个人很可能在追逐自我占有时，损害别人的利益，从而违背自然法的规定。所以，还必须要明确一下占有事物的唯一正当的途径，正如他所认为的：

> 土地和一切低等动物为一切人所共有，但是每人对他自己的人身享有一种所有权，除他以外任何人都没有这种权利。他的身体所从事的劳动和他的双手所进行的工作，我们可以说，是正当地属于他的。所以只要他使任何东西脱离自然所提供的和那个东西所处的状态，他就已经掺进他的劳动，在这上面参加他自己所有的某些东西，因而使它成为他的财产。② 劳动使它们同公共的东西有所区别，劳动在万物之母的自然所已完成的作业上面加上一些东西，这样它们就成为他的私有的权利了。③

从这段文字中我们可以看出，劳动是与自然权利相符合的唯一的占有财产的资格。"虽然自然的东西是给人共有的，然而人既是自己的主人，自身和自身行动或劳动的所有者，本身就还具有财产的基本基础。"④ 不是社会，而是具有自身利益的个人才是财产的创造者。

从自然法给个人的占有树立了尺度这个角度看，好像自然法的本质特点与自我利益之间存在不相容的一面。当然，自然法的首要任务是满足一个人基本的生存条件，可当这一任务结束后，自然法并没有鼓励私人利益无条件地发展。相反，洛克却认为在自然状态中应该有财产的共同使用；

---

① 〔英〕约翰·洛克：《政府论》下篇，叶启芳等译，商务印书馆1964年版，第17—18页。
② 同上书，第18页。
③ 同上书，第19页。
④ 同上书，第28页。

而在政治社会中，应该有基本的社会正义来保证每个人的生存权利。从这里我们得到了这样一个印象：一个人的自我维护的权利（换句话说，就是私人财产的权利）必须恰当地与人类共同体的"公共善或共同善"相联系起来，在这里透露着洛克私利追求过程中与公共利益相和谐的思想端倪。

　　洛克对自然状态中个人的占有设定了限制，这是因为个人的消费是有其自然限度的。虽然自然状态中物质的供应是丰沛的，但并不意味着个人生活的丰裕而富足。如果这样的话，人们就不会一开始为谋生而被迫劳动。黄金时代的富足只是停留在理论的可能上，现实是贫困的。因此，自然法在自然状态中是严禁浪费的。"（如果）在他未能消费之前果子腐烂或者鹿肉败坏，（那么）他就违反了自然的共同法则，就会受到惩处。"[①]自然法在维护个人权利的同时，还赋予个人以维护整个人类的义务。从这个角度看，个人还具有了致力于公共利益的任务。不仅在自然状态中如此，在政治社会中也应如此，这是自然法的规定。进一步推论，作为人类赋予权力的政治共同体，也理应承担起个人原本具有的义务，即维护公共善或公共利益的任务。这样的话，洛克的有限政府即使有限，也依然具有公私兼顾的双重维度。

　　不过，对于洛克财产学说的阐释，还有一点是值得重视的，那就是在政治社会中，由于货币的发明所带的财产权以及社会关系的显著变化。在洛克看来，公民社会中所有的东西几乎都被占有了，土地变得稀缺起来，金银也是如此，尤其是随着货币的发明，它们变得更是珍贵而被人们聚藏起来。按照洛克先前在自然状态中对财产限制的逻辑，这时候应该赋予财产权以更加严格的限制性规定。然而，洛克却反其道而行之，教导人们摆脱原初自然法对于财产权的羁绊，以不伤害他人为前提，可以获取较之前可利用的更多的东西，这种正当性不容置疑。货币的发明为人类提供了占有更多财产的可能性。这里，劳动也不再具有获得财产的充分资格。公民个人可以在实在法所允许的任何一种途径来获得大量的货币，因为此时的货币已经俨然成为财产的代表。洛克以一种合理性的形式论证了释放贪欲的合理性，他认为那是有利于共同利益、公共幸福和现世繁荣的。在自然状态下限制贪欲，那是因为自然状态是匮乏的状态；而在公民社会将限制予以抛弃，那是因为公民社会是丰足的状态。"在那里（美洲），一个拥

[①]〔英〕约翰·洛克：《政府论》下篇，叶启芳等译，商务印书馆1964年版，第24—25页。

有广大肥沃土地的统治者,在衣食住方面还不如英国的一个粗工。"① 如果说政府的目的就是人民的和平、安全和公共利益,如果和平与安全是丰足不可或缺的前提条件,那么人民的公共利益就是丰足。而政府致力于丰足,就必须释放贪欲,让那些理应获得回报的人获得回报,这样,政府就真正符合了保护财产这一根本的目的。公共利益要求释放和保护贪欲,这无疑为追求财富做了最好的正当性证明。毫无节制地获取财富并非不义,在道德上也并非错误。只要将贪欲用之得当,比之被悲天悯人的限制更加有利于公共的善。在这里,我们可以清楚地看到后世康德"以恶致善"思想的先驱。"一旦将公民社会建立与自私的'低下的但却是稳固的基础'或者某种'个别的恶'之上,人们就会比之徒劳无益地求助于德性——那是自然所'未赋予人'的——而获得更大得多的'公共利益'。人们的认识必须着眼于人们事实上是如何生活的,而不是他们应该怎样生活。"②

在洛克看来,人的劳作才是一切有价值的东西的源泉。因此,通过自立自强和有创造性的劳动,将使人逐渐尊贵起来,这是有意模仿和臣服于自然,甚至对自然感恩戴德所不能做到的。可以说,某种程度上是欲望解放了束缚于自然中的人。然而,伴随着这种贪欲的"资本主义精神"的扩张,客观上带来了更多的争论与争执,这使得一个公共权威的需要变得日益清晰起来。可以说,洛克对财产起源和发展的论述,给社会契约以及立宪政府在道德上的合法性与正当性提供了一个证明。

三 社会契约下的国家与公私利益关系的和谐

我们面前已经对自然状态的情形作了充分的描述,纵然和平与安宁的田园牧歌式生活使人流连忘返,但因为它所具有的先天不足,使得人与人之间因利而起的冲突与纠纷成为破坏这幅画卷的潜在威胁。洛克在这里与霍布斯毫无二致的是,都是由于人与人之间的冲突,转而寻求一种对个人权利更加有保障的社会机制,这就是社会契约之下的国家。在这里有必要重复一下的是,洛克对于自然状态转变成战争状态的论述,与霍布斯一样,都折射出在非政治的社会中,由于缺乏必要的公共权力而产生的个人利益肆意破坏公共利益的现实。当然,这里的公共利益指的就是田

---

① 〔英〕约翰·洛克:《政府论》下篇,叶启芳等译,商务印书馆1964年版,第26—27页。
② 〔美〕列奥·施特劳斯:《自然权利与历史》,彭刚译,生活·读书·新知三联书店2003年版,第248页。

园牧歌式的安详与平静，也就是追求正当个人利益的有效的外部环境的保证。所以，洛克与霍布斯一样，都试图通过社会契约寻找一种新的社会外部机制，既可以有效地保障个人利益的正当追求，又不致破坏这种和平与安宁。在洛克那里，"最小国家"承担起了公私利益和谐存在的重任。

道德在自然状态中就已经存在，它是由人的自愿行动来实施的。在此基础上衍生出了社会契约，这是人们为了获得更多安全与财产可能的一种理性选择，是为了自己，也是为了他人幸福的选择。他们选择自愿放弃部分自然权利，即把"在自然法许可的范围内，为了保护自己和别人，可以做他认为合适的任何事情的权力和处罚违反自然法罪行的权力"[1]放弃给政治权力。洛克把政治权力定义为："我认为政治权力就是为了规定和保护财产而制定法律的权利，判处死刑和一切较轻处分的权利，以及使用共同体的力量来执行这些法律和保卫国家不受外来侵害的权利；而这一切都只是为了公众福利。"[2] 由此我们看出，洛克所说的政治权力是从每个人保护自身及其财产的权利引申出来的。政治权力的合法性就在于，它在保障个人权利方面比人们在自然状态中所采用的自助办法要有效和公平。以个人权利为出发点和目的，在洛克关于政治权力的论述中是极为突出的一个特点，正是在这一点上，后世的自由主义把洛克这种极端的个人主义视为其题中应有之义。洛克通过阐释政治权力的起源，目的在于说明经过自愿选择所建立的政治权力，必须保障人民的个人自由和公众福利，否则就和当初订立契约时的意志相违背。因此，洛克旗帜鲜明地规定了政治权力的边界，或者说，经过同意而形成的政治权力不是全职全能的，而是受到限制的权力。"虽然人们在参加社会时放弃他们在自然状态中所享有的平等、自由和执行权，而把它们交给社会，由立法机关按社会的利益所要求的程度加以处理，但是这只是出于各人为了更好地保护自己、他的自由和财产的动机（因为不能设想，任何理性的动物会抱着每况愈下的目的来改变他的现状），社会或由他们组成的立法机关的权力绝不容许扩张到超出公众福利的需要之外，而是必须保障每一个人的财产，以防止上述三种使自然状态很不安全、很不方便的缺点。所以，谁握有国家的立法权或最高权力，谁就应该以既定的、向全国人民公布周知的、经常有效的法律，而不是以临时的命令来实行统治；应该由公正无私的法官根据这些法

---

[1] 〔英〕约翰·洛克：《政府论》下篇，叶启芳等译，商务印书馆1964年版，第79页。
[2] 同上书，第2页。

律来裁判纠纷；并且只是对内为了执行这些法律，对外为了防止或索偿外国所造成的损害，以及为了保障社会不受入侵和侵略，才得使用社会的力量。而这一切都没有别的目的，只是为了人民的和平、安全和公众福利。"① 可见，政治权力作为公共性的体现，它的决策总是以一种公共福利的面目出现；与此同时，这种公共福利的实质是个人利益，因此，在洛克所设计的有限国家中，政治权力追求的公益与个人利益是不谋而合的。在这个意义上，公与私达成了一种内在的统一。

　　洛克的政治哲学贯穿着一种真正的自由主义精神，因为洛克把他的主要论证建立在有关自然平等、道德理想、个人独立和个人自主性交易财产权的假定上。然而，就洛克的政治理论的起点而言，尽管我们可以把他视为一个个人主义者，但正如高夫已经观察到的那样，洛克"不是一个彻头彻尾的个体主义者，也不是一位严格一致的个体主义者"②。原因在于，洛克的政治哲学与霍布斯的政治哲学在逻辑上都要求一个"公共利益或共同利益"的概念。一方面，当洛克试图论证一个政治社会的必然性时，他需要把那个概念作为他的如下论证的一个前提：人们的利益之间有很大分歧，以至于需要某种强力来约束他们免于相互侵犯和相互伤害。虽然自然法被假设为所有理性存在者都可清楚明白掌握的行为准则，但人性天然地偏私以及对自我利益的强烈关注，在很大程度上削弱了自然法作为道德法则的约束力，违反自然法和自然权利的行为造就了原本和平繁荣的自然状态的动荡与不安。因此，需要一种强制性的社会机制来维持对自然法则和自然权利的尊重，来使人们在实在法的约束下从善如流。另一方面，当洛克希望表明政治权威因为有助于维护商业和贸易带来的共同利益而值得服从时，他也承认共同利益构成了一种公共的善，并且把促进那种善视为判定一个政府合法性的一个重要标准。不过，我们还是应该注意到，在洛克对自然法之形成的说明中，他并不认为公共的善和特殊的善是有区别的，也并不认为这两者之间会存在冲突。因为在他看来，所谓的"公共的善"，不过就是指维护和尽可能促进个人的生命、自由和财产的行为，其实质就是个人利益的公共表达或公共形式。尽管义务被认为是维护和促进个人利益的必要手段，但洛克宁愿这样表述：维护和促进个人利益是政府的唯一目的，因而也是其合法性的根源所在。政府所代表的善，在洛克看来是一种个人利益实现的公共模式，这种模式在洛克所言的社会之中是

---

① 〔英〕约翰·洛克：《政府论》下篇，叶启芳等译，商务印书馆1964年版，第79—80页。
② W. Gough, *John Lock's Political Philosophy*, Oxford University Press, No. 2, 1973, p. 41.

一种次生性的模式，并非主导模式，因为洛克主张的是一种最小意义上的政府。在这里，我们看到了洛克在公私利益关系上与霍布斯观点的一致，那就是在国家或政府的范畴内，公私利益是和谐一致的，这种一致性是源于国家起源的社会契约，是社会契约保证了公私利益在政治权力架构中的和谐一致。因此，有人认为，洛克好像尚未考虑到公私利益发生冲突的可能性。从我们对洛克自然状态理论的描述中不难发现，洛克对于公私利益冲突是有所体认的，自然状态走向战争状态的原因就是个人利益与公共利益发生了冲突，表面上个人与个人的争斗，实际上就是个人私利与公共利益的战争。只不过，洛克本身并没有从这个视角予以界定罢了，或者说，他没有明确地把那种和平、安宁与繁荣定义为公共利益。所以，对公私利益冲突，洛克是有现实感受的，只不过他并没有从理论的高度予以抽象，或者说他还是乐观地相信两种利益可以保持一种令人满意的和谐。只要政府致力于促进公民的共同利益，冲突可能性就会微乎其微。总而言之，洛克认为一致同意的社会契约保证了个人利益与公共利益的和谐共鸣。

第五章　公私利益关系的非契约论解释

苏格兰启蒙运动是与法国启蒙运动并肩而立的重量级的思想文化阵地。阿伦·布洛克所言："苏格兰的启蒙运动完全有理由说，它提出来而被传播的思想不下于它接受到的。"① 这是因为苏格兰的启蒙运动从 18 世纪初兴起，其在时空上的影响力超出了很多人的想象。在时间上持续影响到了 19 世纪初，在空间上广泛波及了欧美大陆众多国家。正是基于此种影响，休谟把 18 世纪苏格兰的文化中心爱丁堡誉为"大不列颠的雅典"。更为重要的是，爱丁堡作为"学者的舞台"，代表了一种不同于法国启蒙运动的思想传统，是近代以来欧洲政治哲学主流思想——自由主义的重要思想来源。

对社会问题的研究和对未知科学领域的探索是苏格兰启蒙思想家的主攻方向，它不同于法国启蒙思想家主攻批判现实政治。因此，他们十分注重对经验的观察，并在此基础上广泛占有研究资料、审慎得出结论。持有这种研究方法的典型代表就是亚当·斯密，其研究方法对后世治学有颇大影响。"苏格兰启蒙学者提出并阐发了人作为社会生活参与者的概念，其活动从来不是仅仅依靠自己完成的，而必须与别人的活动相配合相联系；在这个基础上他们提出了社会行动无意识后果说，在他们看来，无论社会生活发生了什么变化，都是人们行动的后果，但并非是人们刻意设计和追求的后果，恰恰相反，有的后果是完全出乎人们意料之外的。"② 基于这一点，苏格兰学派对于公私利益关系的考虑形成了一种鲜明的特色。他们摒弃了社会契约论在处理公私利益关系时，所带有的人造和谐的独断论倾向，转而围绕"自生秩序"形成了一种人类制度的成长理论。

以苏格兰启蒙学派为代表的近代启蒙思想，专注于法律制度与道德伦

---

① 〔英〕阿伦·布洛克：《西方人文主义传统》，董乐山译，生活·读书·新知三联书店 1997 年版，第 73 页。

② 参见于海《西方社会思想史》，复旦大学出版社 1993 年版，第 125—126 页。

理学说的严肃区隔，这使得他们在思考公私利益关系问题时，所使用的方法相较于以前的政治哲学传统出现了重大的改变，这也成为我们着重关注这一学派公私利益关系理论的原初动力。这一学派的使用此种方法最为典型的就是曼德维尔、斯密与休谟，他们几乎无一列外地将人视为一种追求私利的动物，人的行为的私利属性根源于人的基本天性，并且强调自私欲望的满足是我们考量和审视人的时候所应持有的基本立场，要避免把人看得太高。特别是在观察市场经济社会经济秩序的建构这一问题上，该派思想家明确表示私人利益的追求才是经济秩序形成的基本规律。当然，他们也不认为单纯的追逐私利在道德上有多么高贵，但无可否认的是，从现实角度看，这就是支撑社会经济生活乃至影响整个社会生活的至关重要的因素。与此同时，在与私利追求比较的视野下，他们对道德形成社会秩序的期望值和乐观程度都比较低。应然性的道德要求固然可以用来要求人，但要用来作为社会秩序形成的基础恐怕力有不逮。这是因为，与私利作为市场经济调节杠杆的作用相比，道德对市场经济中人的行为的衡量和约束都显得力不从心，所以把良性社会秩序建构的希望寄托在道德良善之上，就显得不切实际和滑稽可笑了。在此基础上，他们也推论出作为维系社会秩序现实手段的法律制度，也不应选择道德良善作为其基本原则。与此同时，苏格兰启蒙学者提出了一个高明的见解："他们承认在商业活动中个人私利追求的同时，发生了一种令人感到震惊的情况，那就是每个人在追求自利的行为过程中往往会与社会公意发生内在的联系，或者说，在每个人的自利追求中自然而然地产生出一种普遍的有益于社会公共利益的结果。"[1] 公私利益关系和谐的社会秩序的产生，成为个人利益追求的"无心插柳之果"。可以说，在公私利益关系理论方面，苏格兰学派开创出一种典型的理论样态，即"自发和谐型"的公私利益关系理论。

第一节 曼德维尔蜜蜂寓言式的公私利益关系理论

从一种制度建设的视角来看待私利与公益的关系，是至古希腊开始就有的一种理论倾向。在古罗马的政治思想中，乃至在黑暗的中世纪的神学政治思想中，我们都可以发现这种理论倾向的显现。思想家们对私利与公

---

[1] 高全喜：《法律秩序与自由正义——哈耶克的法律与宪政思想研究》，北京大学出版社2003年版，第36页。

益关系，有过比较深入的观察、分析和研究，在这些活动之中，他们逐渐发现了这样一个"奇怪"的现象，那就是：每个人仅仅出于纯粹私人性目的和动机的考虑，在追求欲望满足和预期目标达成时，丝毫没有照顾到其他人的利益需要，甚至也忽略了社会公共利益的需要，就是这样一种行为，一旦触碰到得以实现的社会环境和社会关系，立马就会显现出一种完全不同于预想的结果，这个结果就是主观私利行为产生的无心插柳柳成荫的"公益之果"。或者说，就是私利本身的实现创造出了一种公益。就连远在中世纪的阿奎那也曾对这种现象有过敏锐的洞察，所以他说："人类的法律既不能惩罚又甚或不能禁止一切恶行。这是因为，在力图防止一切恶行的时候，会使很多善行没有机会贯彻，从而也会妨碍很多有益于公共福利、因此为人类交往所不可或缺的事项，使它们不得实现。"① 可以说，这里的私心之恶神秘地实现了公益之果，二者之间必定存在着一种秘而未宣的关系。它们之间不是一种绝对对立——肥私则损公，扬公必抑私——的关系。这种思想作为一种萌芽，深深地影响到了后世思想家对这个问题的认识与理解。作为新自由主义代表人物的哈耶克，也曾经对私利动机产生公益之果的问题做出过专门探讨。在他的研究中，这种看待问题或解决问题的思路，也曾体现在文艺复兴时期伊拉斯谟和蒙田等人的思想中。而在他看来，真正全方位展示这种特殊智慧，并系统而精当地将这一逻辑运用于解决公私利益关系这一政治哲学核心问题的人物，应当首推17世纪的曼德维尔大夫。与上述思想家隐约而朦胧的体认相比，曼德维尔诉诸一种系统的哲学思考，旨在揭示私利与公益之间这种看似隐秘而令人难以接受的关联。虽然，他在对私利的评价上还保留有传统道德主义的痕迹，但对于私利与公益之间的内在关联，他第一次站在一个全新的视角上提出了一种不同于道德主义的阐释。"人性之中的普遍动机——自爱，可以获得这样一种取向，它追求个人利益的努力，也会促进公众的利益。"② 这足以成为一种当时欧洲思想界振聋发聩的时代宣言。

一 曼氏思想产生的背景

在西方，18世纪是一个充满了经济活力的世纪，对经济活动的积极态度得到了新思潮的广泛支持。首先，在人性的认同上，已经开始对早期

---

① 〔意〕托马斯·阿奎那：《阿奎那政治著作选》，马清槐译，商务印书馆1963年版，第108页。
② 〔英〕弗里德里希·奥古斯特·冯·哈耶克：《经济、科学与政治——哈耶克思想精粹》，冯克利译，江苏人民出版社2007年版，第581—582页。

"资本主义发展对人性自私的界定"进行反思。人完全是被利益或自私支配的观点,遭受到了广泛而激烈的反对。英国和苏格兰的从沙夫茨伯利、哈奇逊至休谟的所谓道德情感派哲学家,其思想主要建基于对霍布斯人性自私思想的批评性回应上。

洛克的学生、沙夫茨伯利伯爵安东尼·阿什利一反先前的思维定式,大力主张以情感作为道德的基础,而不是先前主张道德或源于"理性"或源于"经验"。正如赫希曼在《欲望与利益》中对他的评价:"沙夫茨伯里的主要贡献在于,他复兴或重新发现了被他称作诸如仁慈和宽容之类的'自然情感'。"[①] 区分它们对私人利益和公共利益的影响,就是证明这些美好的情感对二者都有利。这对沙夫茨伯利来说是轻而易举的事,他认为有三种感情起着支配人行为的作用,这三种感情就是"天然情感""自我情感"和"非天然情感"。而与它们紧密相关、相互对应的是三种利益结果,即公共利益结果、个人利益结果和非利益结果。需要说明的是,这种既非天然也非自我的感情,其产生的是一种既不趋向公众利益,也不导出个人利益的现实结果。接着,他又考察了每一种类型内部,适度与非适度的原则。就"天然情感"而言,也要适度,否则就会达到不自然的程度,就好像对子女疼爱过度就会产生溺爱,而致伤害父母也伤害子女;就"自我情感"而言,虽然目标是个人利益,但只要适度而不超越一定的限制,也会无害于社会生活,或道德。

> 如果(对获得财富)的关心是有节制的,并且是适度的,如果它没有诱发任何受情欲驱使的欲求——假若如此,就不会有任何东西与美德相悖,甚至没有什么东西是非适度的和有害于社会的。但是,如果这种关心最终发展为真正的欲望,那么,它给公众所造成的伤害和危害小于它给自身所造成的伤害和危害。事实上,这样的人是一个自虐者,折磨自己胜过折磨他人。[②]

可见,赚钱被视为"自我情感"的中间地带:当它适度而有节制,就会发展为"自然情感"而既有益于私人利益,也有益于公共利益;反之,当它过度沉迷于这种欲求,就会沦为"非自然情感",而对公私利益

---

① 〔美〕艾伯特·奥·赫希曼:《欲望与利益》,李新华等译,上海文艺出版社2003年版,第59页。
② 〔英〕沙夫茨伯利:《人的特征、风习、见解和时代》,转引自〔美〕艾伯特·奥·赫希曼《欲望与利益》,李新华等译,上海文艺出版社2003年版,第60页。

带来两伤。因此，沙夫茨伯利反对人性自私的观点，主张人在本性上是倾向于仁爱的。更为可贵的是，他强调自爱与仁爱、利己与利他之间适宜恰当的平衡与和谐关系，是建立在道德感的基础之上。而这多要靠对自我情感的节制或限制。正如麦金泰尔所说："沙夫茨伯利认为'一个有德的人是这样一个人：他已经将他自己的偏好与情感协调，并将它们与其他人的偏好与情感协调起来。和谐是最大的道德财富。在使我满意的东西和有利于他人的东西之间没有冲突。人在本性上是倾向于仁爱的。这似乎对于沙夫茨伯利来说只是一个偶然的事实。正因为这是一个偶然的事实，曼德维尔对其提出了质疑。'"① 从这里，我们看到了这样一种对心理学理论的新理解，那就是转化和利用情感使之成为一种公益的助推器。这种将过去我们视之为"恶"的情感转换成建设性的东西的想法，早在 17 世纪就已经初露端倪。当时有一些思想家认为，由自爱的人而非仁慈的人组成的社会尽管有些邪恶，但是毕竟不是不可行的。帕斯卡以这样一种观点来坚信人类的崇高与伟大："人类'哪怕在自己的欲念中也懂得要抽出一套可赞美的规律来'，一套'那么美丽的秩序。'"② 到了 18 世纪后，维科更加全面和完整地阐释了这一思想。从他的《新科学》中所蕴含的思想，我们可以看到黑格尔"理性的诡计"、弗洛伊德升华的概念和斯密"看不见的手"的理论影子。但是，对于这种破坏性的情感凭借什么条件得以转化为普遍性的福利，我们尚无法在这段中找出答案。作为维科同时代的被称为"放任主义先驱"的曼德维尔，对于私欲转化为公益的思想，进行了更为详尽的论述。

二 曼氏"私恶即公益"的基本思想

在《发劳骚的蜂群，或无赖变诚实》和《蜜蜂寓言，或私罪公益》这两部著作中，曼德维尔首先抨击了沙夫茨伯利的这样两个中心命题：人的本性是以利他方式来行动；正是利他主义和仁爱促进社会公益。曼德维尔认为，事实上，行为的动力是私人的和自私的个人利益，并且社会公共的善使个人漠视任何善而只顾自己的结果。一个幸运的巧合是：对享乐和

---

① 〔美〕阿拉斯代尔·麦金太尔：《伦理学简史》，龚群译，商务印书馆 2003 年版，第 220 页。
② 转引自〔美〕艾伯特·奥·赫希曼《欲望与利益》，李新华等译，上海文艺出版社 2003 年版，第 11—12 页；原载于布鲁施维奇编《帕斯卡思想录》，第 502、503 节。借助自爱而非博爱得以维持的社会，能够成为实用的社会。这一思想是由帕斯卡时代的一些著名的詹森主义者，例如尼科尔和多马发现的，尽管这一思想是罪恶的。

奢侈的追求促进了经济实业，经济实业的发展提高了一般繁荣水平。假如人们真的像沙夫茨伯利所设想的那样是有德性的话，社会生活就决不会进步。私人的德行是公共的善的观念来自于这样一些人对私人德行的主张，他们想把他们的自私隐藏在道德表白的背后，以便更有成效地扩张自我。① 人类自私论早已有之，但真正把这一思想推向极致、没有给任何其他动机留有余地的却是曼德维尔。在他看来"人生来就是一种自私、难以驾驭的动物"②。正是人内在的自私动机，使得他在某个时刻做出了自保的冲动行为，在彼时又体现出道德的善举，但不管此时还是彼时，冲动还是善举，他的行为总是与强大到无法抑制的私心息息相关，这就是人的本性。"一个最微不足道的人会自认为是个无价之宝，而一个爱好虚荣的人的最大愿望，就是要使全世界都统一他关于自身价值的意见；因此，那个始终鼓舞英雄的对于荣誉的不可遏制的渴望，只不过是一种按耐不住的虚荣心，是对完全赢得后世和他那个时代的人们尊敬和赞美的追求，如此而已；那些最高尚的任务不惜牺牲自己生活的平稳、健康、肉体的快乐和自身的一切所期待的巨大褒奖，无非是一种虚幻的幸福，是一个很容易消逝得毫无踪迹的泡影……"③ 总之，一切想要被别人赞美的仁爱行为，其喜爱赞美而规避谴责的动机都暴露了其利己主义的本质。"他说，人更加关心的自然是自己的幸福而不是他人的幸福，他不可能在自己的心中真正地把他人的成功看得比自己更重。"④ 以曼德维尔观点，"一切公益精神，所有把公众利益放在个人利益前面的做法，只是一种对人类的欺诈和哄骗，因而，这种被大肆夸耀的人类美德，这种被人们争相仿效的人类美德，只是源于自尊心的奉承的产物"⑤。退一步讲，即使动机真正为善，那也是由于对自我的缺乏深刻的洞察，未曾明了自私的天性也帮助达成了善举。"自爱能为任何人的任何观点进行辩护，并确证它有理、正当。"⑥ 曼德维尔批评沙夫茨伯利对人性善的界定，认为他那种说教"是对人性

---

① 〔美〕阿拉斯代尔·麦金太尔：《伦理学简史》，龚群译，商务印书馆2003年版，第220页。
② 〔荷〕伯纳德·曼德维尔：《蜜蜂的寓言：私人的恶德，公众的利益》，肖聿译，中国社会科学出版社2002年版，中译本序言第4页。
③ 同上书，中译本序言第5页。
④ 〔英〕亚当·斯密：《道德情操论》，蒋自强等译，商务印书馆1997年版，第406页。
⑤ 同上书，第407页。
⑥ 〔荷〕伯纳德·曼德维尔：《蜜蜂的寓言：私人的恶德，公众的利益》，肖聿译，中国社会科学出版社2002年版，中译本序言第5页。

的很好恭维，但可惜不真实，他的原则之基础与日常生活相矛盾"①。曼氏认为人类道德关系的产生建立在某种实用主义的立场上，他解释道，正是为了解决满足人们需要的难题，在社会生活中才产生了道德关系。这说明，道德不是人的天赋品质，而是社会生活的产物。"所有的人都感到自身存在着许多弱点并为此而羞愧，因此，他们相互间都力图掩盖自己，掩盖自己的简陋原形；他们利用与人交往和关心公共福利的体面外衣来掩盖自己心中的真正动机，希望掩盖住自己的肮脏意图和丑恶愿望，而在他们的内心深处，……隐藏着他们内心非常珍视的对贪欲的追求，也隐藏着他们厚颜无耻地不肯走那条艰难而崎岖的德性之路"② 的心愿。由此，我们可以清晰地看到，曼德维尔对人性自私的肯认，相比较霍布斯而言是有过之而无不及。而且，在曼德维尔看来，道德是人性自私的产物，它唯一的标准只能是促进个人福利。从这里，我们看出，曼德维尔与沙夫茨伯利相比较而言，更多的考虑是从个人利益出发，全体的和社会的福利就可以达成。在沙氏眼里，公私利益的一致是由于开明自爱和仁爱的本性所致，是理性控制情欲所致；而在曼德维尔看来，公私利益的一致完全是个人自我寻求的结果，无关仁爱。在他那里，理性不过是情欲的奴隶，正是在这种人性的基础上现实社会得以展开和发展。

曼德维尔立足于资本主义经济起步阶段的实际，从人们自利动机所产生的社会效果角度，诠释了自利的道德意蕴。在他看来，之所以自利是道德的，就在于它客观上助推了社会经济的发展，提升了社会全体成员生活水平。最初，曼德维尔是以经济事务为实例来证明"私恶即公益"的观点，这集中体现在他的第一卷的诗词中。在这里，他以蜂巢比喻人类社会，以群蜂比喻各行各业的人，描绘了他们为了私欲和虚荣无所不用其极。在曼德维尔看来，在以分工为基础的社会中，每个人通过自己的劳动和活动来满足自己私欲的行为，使得私人之恶变成了社会之善。他举例说明富豪们的挥霍和奢侈，成就了千百万穷人的辛苦劳作，目的和愿望就是填报自己的肚皮。后来"蜜蜂"试图去掉自己的邪恶，但带来的结果却是：随着骄傲与奢侈的减少，人们的惰性肆无忌惮地张扬，一切艺术与技巧都相继消失，劳苦大众的求生之路也越变越窄，萧条也就与整个社会经济不期而遇了。

---

① 〔荷〕伯纳德·曼德维尔：《蜜蜂的寓言：私人的恶德，公众的利益》，肖聿译，中国社会科学出版社 2002 年版，中译本序言第 5 页。
② 同上书，中译本序言第 6 页。

寓言通常隐含深刻的道理，这里蜜蜂寓言揭示了：顺应人性是造就国家繁荣与人民幸福的关键，即使这种人性中有无法选择的不良与邪恶。我们要坚信随着社会经济的发展会产生一种对待这种不良与邪恶的自纠机制。禁欲主义要泯灭人的情欲，专制主义要强制人克己奉公，理性主义教导人们三思后行，其结果都只会在摧残人性的基础上毁灭一个繁荣而富足的"蜂巢"。如果没有人的利己之心，要建成一个繁荣的社会只会是南柯一梦。在这里曼德维尔指出，人之所以是伟大的社会生物，之所以对职业和事业有执着的追求，那是因为人有着对自身利益和幸福的期许和追求。正是这种追求，可以很好地说明一切科学和艺术产生发展的真正基础和动力。一旦不再有恶，社会之善也不会存在，甚至于社会的存在也成为多余。

当然，有一点还是需要澄清的，那就是曼德维尔所说的恶，绝非一般意义上的恶，而是依据严肃主义的道德标准而被称之为"恶"的那些行为，也就是个人为谋求自己的快乐和利益而实践的行为，主要是经济行为，包括营利货殖、爱慕虚荣、奢侈挥霍等。法律意义上的恶行并不完全包括在他的这一思想之中。所以，他在反驳那些绝对化和极端化他思想的人时说，他所主张的私恶以致公益，目的并不是在宣扬人人都去做伤人之恶，法律是必须遵守的，罪恶必须得到惩处。到这里，我们已经基本认识到了曼德维尔私恶即公益思想的大致轮廓。但是，在整个思想体系之中，还有一个很关键的问题等待回答，那就是为什么由恶行出发却走向了善的社会结果呢？换句话说，是什么必要条件和动因使得"私人罪恶"成功转型为"公共福利"呢？这成为我们把握曼德维尔公私利益关系理论的核心与关键。

在赫希曼的《欲望与利益》这个小册子中，他认识到曼德维尔"实际上把贯穿于《蜜蜂寓言》一书中的'机敏政治家的熟练管理'作为'私人罪恶'向'公共福利'转变的必要条件和动因"[1]。曼德维尔确实认为，在个人利益转化为公共利益的过程中并不是无条件的，他多次强调公私利益的和谐与统一，离不开政府的适当作用。这种适当的作用表现在两个方面：一是要能激发个人追求自身利益的巨大热情，二是要能有效地遏制与阻止个人的谋利行为演变成犯罪。他对人的自然特性与后天获得的特性作了区分，天生的特性只是播下诸如骄傲、嫉妒等等这类的激情，

---

[1] 〔美〕艾伯特·奥·赫希曼：《欲望与利益》，李新华等译，上海文艺出版社2003年版，第13页。

所以，政治家的作用在于找到确保这些激情成为个人行为推动力的方式。另外，有些完全受文化影响的特性，如崇尚荣誉、勇于进取等，应在政府的制度中予以体现。总而言之，一个健全的政府，应该建基于对人类本性透彻地了解上。

为什么需要政府这个外部的刺激呢？那是因为，人是一种惰性极强的动物。只有在被欲望唤醒的时候，他才会迸发出努力进取的激情；反之，若欲望处于消退或潜伏状态，人就会呈现现一副懒散悠闲之态，激发优点与才能几乎成为不可能，曼德维尔把这样的人比喻成一台没有一丝风的庞大风车。因此，作为政府的一项重要的职能，就是要想方设法地激发人释放出自己所有的生产性能量；而这种职能的实施需要一定的制度保障，例如保护个人所有的财产制度等。这类制度的发展将极大地有助于拓展人们的需求，激发人类生产的欲望，使践行利己主义的人们为实现整个社会的繁荣与发展而努力。除此之外，政府还有一项职责就是，利用法律制度来调节人们的利益关系、维系社会秩序。这是使个人在经济生活中由追求自身利益的行为而产生出公共利益的重要保障。在这里，曼德维尔还谈到，这种法律制度的形成并不依据抽象的原则，而是由在实践中逐步改进而确立的。

综上所述，我们看到，虽然曼德维尔也强调了政府在私恶转化为公益中起着重要作用，但就曼德维尔本人的意图而言，这并不是他要强调的重点，他的整个理论所围绕的一个核心就是论证私人利益追求的合理性。他是通过对自利的有益后果，即有助于社会公益的角度，论证了私利追求的正当性与合法性，而与洛克依据天赋自然权利不可侵犯性论证个人利益追求的合理性不同。作为一名资产阶级利益代表的理论者，他着力从维护私人利益的角度来论证社会的经济进步，无疑符合当时社会历史的进步潮流，为资本主义市场经济的建立立下了汗马功劳。曼德维尔对于公私利益关系的看法，是资产阶级学者中极为典型的。他认为公私利益的和谐是自动生成的，是在个人追求自身利益的行为中由市场而自动生成的。所以在这个意义上，他得出了私利即为公益的观点。在这里，我们需要明确的一点是，他从来没有认为私利与公益就是一回事、是一种东西。而是认为，二者在实现机制上是同一的。所以，公与私在曼德维尔那里也是有区分的，并非一体。那就有人会问这样一个问题，那曼德维尔所认为的公益是什么呢？是一个实体性的东西吗？

我们在欣喜于个人追求私利行为会导致公益的善举时，总是隐隐约约地觉得，在这个转变背后，好像存在着某种神秘的力量。哈耶克认为，这个神秘的力量就是斯密那只"看不见的手"所代表的社会自生秩序以及这种自生秩序所遵循的抽象规则。在现代新自由主义的代表哈耶克看来，曼德维尔的主要观点是认为，"在复杂的社会秩序中，人们的行为结果同他们所设想的非常不同，个人在追求自己的目标时，无论是出于自私还是利他，都会产生一些他们并未预料甚至一无所知的对他人有用的结果；最后的结论是，整个社会秩序，甚至我们称之为文化的全部现象，都是并不以这种文化为目的的个人努力的结果，而这种结果，又通过并非被有意发明，而是因成功的生存而发展起来的各种制度、习惯做法和规则，服务于个人的目的"[①]。曼德维尔在这里揭示了一个非常深刻的道理，那就是社会秩序的形成是一个复杂的过程，它是众人合力的结果，个人在其中的意志并不是决定性的因素，一旦这种秩序形成，它又以一种在众人之外的力量对这个社会中的人发挥影响。曼德维尔这种"合力"形成秩序的思想在斯密那里得到了进一步的展开，这就是我们非常熟悉的斯密那只"看不见的手"的思想，这对于深入揭示社会自生秩序的历史进程有着深刻而深远的意义。从这里，我们看到曼德维尔的理论逻辑"完全不是黑格尔辨证理性的实体性逻辑转换，而是有关社会结构自发生长中的抽象规则和系统模式的识见。正像人们在使用公共语言时所产生出的一般规则一样，那种通过每个人追求自己的目的而产生出来的公共利益或公益并不是一个具体的结果，在英国人看来，它们乃是一种抽象的规则系统和自生的制度模式"[②]。这种对于公共利益思考的唯名论的思维模式，使得普遍性所表征的公共利益虚化为了一种符号性的存在，不再具有传统政治哲学公共利益实体性存在意味，特别是与德国思辨哲学中将国家这一伦理性实体视为公共利益之代表的倾向有着天壤之别。

三 曼氏公私利益关系理论的影响与评价

到这里，我们似乎已经对曼德维尔关于公私利益关系的论述有了通彻的理解，在公私利益关系这个课题下，曼德维尔开创出了一种自动和谐型的认识理论。看似完美无缺，但仔细揣摩，我们还是发现：曼德维尔虽然承认了私利对于促进公益有着决定性的作用的，但对于私利在道德层面的

---

① 〔英〕弗里德里希·奥古斯特·冯·哈耶克：《经济、科学与政治——哈耶克思想精粹》，冯克利译，江苏人民出版社 2000 年版，第 575 页。
② 高全喜：《法律秩序与自由正义——哈耶克的法律与宪政思想研究》，北京大学出版社 2003 年版，第 44 页。

评价,曼德维尔还是表现出了极大的保守性,即私利本身仍旧是一种令人不悦的私恶,虽然他对于公益的产生不可或缺。由此,也在曼德维尔公私利益关系理论内部埋下了始终存在张力关系的隐患。

曼德维尔公私利益关系理论内在紧张关系的根源,就在于被称为"私恶即公利"(Private vices are public benefits)的观点。换句话说,就是"恶花结出善果"的表达。如前所述,曼德维尔对私利形成公益的作用没有否认,但对于私利本身的负面道德评价确实又是直截了当的。在他眼中,私利、自私说白了还是人道德水平低下的表现,即使它客观上促进了公共利益为代表的善的产生,也丝毫不能掩盖或证明其道德上的可取。当然,这一观点也并非人人认同,亚当·斯密虽然在公益形成问题上继承和发展了曼德维尔的观点,在对于"私恶即公利"的观点却表现出极大的不满,甚至于公开予以驳斥。那曼德维尔是如何看待道德品行高低的呢?他自己给出了答案,即"所有的自私都是劣行,只有自我牺牲才是品德高尚。在劣行和美德二者之间没有中间地带"①。他进而更为详尽地诠释了这一认识,这体现在他对奢侈、淫荡和出风头过于泛化的理解上。因为在他看来,奢侈、淫荡和出风头不仅意味着生活中情感与行为的过度放纵,而且还包含了生活中正常的爱好、消费和生活方式,甚至他极端地认为"即使在一件干净衬衫或一座合宜的住宅的使用中,也有罪恶"②。此言一出,纵然是好脾气的斯密对此也实在是忍无可忍,进而愤然反击。他直截了当地认为:"把每种激情,不管其程度如何以及作用对象是什么,统统说成是邪恶的,这是孟德维尔那本书(指《蜜蜂的寓言》一书,引者注)的大谬所在。"③ 在我们看来,曼德维尔之所以对人们正常的物质需要与欲望的满足都予以道德的贬斥,主要在于其生活在一个传统到现代转变的历史时期,一方面他看到了私利追求对于促进社会经济发展的现实作用,这是他无论如何都难以睁眼说瞎话的地方;但与此同时,在他内心之中对于传统道德的余晖仍旧充满了幻想,这主要体现在他对恶的内涵的认知上。能将一种正常人的对快乐与幸福的希望和情感直接划进非道德的圈子,全然不顾人们正常的感受和情感,全然不顾社会科学、艺术和生产的发展,这不得不说传统基督教禁欲主义、苦行主义伦理思想对他头脑的

---

① 〔美〕亨利·威廉·斯皮格尔:《经济思想的成长》,晏智杰等译,中国社会科学出版社1999年版,第195页。
② 〔英〕亚当·斯密:《道德情操论》,蒋自强译,商务印书馆1997年版,第411页。
③ 同上书,第412页。

深深浸润。"他讲的产生公利的恶,并非一般意义的恶,只是从严肃主义(指基督教的苦行主义,引者注)的道德标准来看才是恶。"① 一定程度上可以说,曼德维尔是身子长在现代社会而头脑停留于传统社会。传统旧的道德体系的真理性无可辩驳地被他继承了下来,一直作为评价现实生活种种现象的价值标准,这种情况下得出现实生活中对我们有益的、使人快乐和幸福的事物皆出自恶的结论也就不必大惊小怪了。

我们在曼德维尔充满了紧张关系的看似矛盾的"私恶即公利"思想中,可以清晰地看到两种道德标准的混杂。一种是传统基督教禁欲主义的伦理道德标准,这种标准奉行的是苦行主义,反对一切物质和情感的享受,就连对人的基本生存需要的追求也被认为是不道德的、是恶的。所以把个人追求快乐和幸福的行为视为道德的恶也就不足为奇了。另一种就是类似于功利主义或效果论的现代伦理道德标准,这种标准将社会结果看成道德评价的主要依据。所以,现实中个人利益的追求最终促成了社会公共利益的达成,这无疑符合了功利主义社会最大善的要求,其在道德评价上无疑就是善的。显然,在这里曼德维尔使用了两种不同标准的道德评价体系,前者可以被称为动机论标准,主要从行为动机上判定善恶;后者是效果论的标准,主要从行为社会效果上判定善恶。两种标准注定了曼德维尔这一思想的内在张力关系。其实这一张力关系也从一个侧面折射出曼德维尔思想深处的矛盾性和过程性,或者更准确地说是过渡性。在一个从传统社会向现代社会剧烈变动的时期,既要为欣欣向荣的个人利益摇旗呐喊,又不能对习以为常的道德理念不管不顾。"在他的时代之前流行的、认为美德是人们全部激情的彻底根绝和消除这样一些流传于民间的制欲学说,是这种放荡不羁的体系的真正基础。"② 这使得他"既指责奢侈和追求私利为劣行,但同时又把它们描述为经济繁荣不可或缺的先决条件"③。有学者曾经对此一语中的地指出:"公众利益是个人邪恶——而不是个人美德的产物。这被广泛地认为是荒谬的,这个似非而可能是的论点,是通过运用高度禁欲主义和克己的美德的定义而获得的。因为甚至最轻微的利己动机所驱使的行为——自尊心、虚荣心、贪心或色情——也被视为邪恶,所以,孟德维尔毫不费力地得出结论:成功的社会秩序不可避免地必定是

---

① 周辅成:《西方著名伦理学家评传》,上海人民出版社 1987 年版,第 288 页。
② 〔英〕亚当·斯密:《道德情操论》,蒋自强译,商务印书馆 1997 年版,第 413 页。
③ 〔美〕亨利·威廉·斯皮格尔:《经济思想的成长》,晏智杰等译,中国社会科学出版社 1999 年版,第 195 页。

公众利益建立在个人邪恶基础上的社会秩序。"①

由此我们可以得出这样一个推论,那就是这世界上原本就没有什么绝对的善与恶,所谓的善恶乃是根本上取决于评价善恶的标准。我们从曼德维尔的思想中可以明显地体察到两种道德评价标准的"串烧"。然而,从社会进步的角度看,个人利己主义的行为对于推动资本主义的确立和发展有着无可取代的重要作用,个人及其利益满足成为市场经济社会的基本原则,这实质上就确立了个人利益追求在资本主义社会道德评价中的合理性和正当性。对此,曼德维尔实际上也是承认的,他"告诉人们这样一个道理:国家的繁荣,人民的幸福,都建立在各种私恶之上。禁欲主义要压制、消灭这些邪恶,其结果只能是毁灭掉人间的一切美好事物"②。这里曼德维尔从否定性的意义上肯定了"私恶",实质上是基于无法回避的现实对宗教禁欲主义、苦行主义立场的反讽。所以,我们看到了曼德维尔"私恶即公利"思想鲜明的过渡性和深刻的矛盾性,他从现实主义的立场上肯定了私利促进公益、公私达成一致的一面,同时又以非常自相矛盾的伦理评价总体上恪守着基督教善恶评价的传统。总之,为资本主义发展摇旗呐喊,又不敢轻易否定基督教伦理观的束缚,成为曼德维尔思想矛盾性和软弱性的突出表现。尽管这样,他还是在公私利益关系方面给予了斯密以巨大的思想帮助,这对于斯密基于资本主义经济结构及其伦理性质对公私利益关系的论证奠定了重要基础。斯密在现实性和价值性相统一的基础上,论证了个人自利在"看不见的手"这一市场机制下对公益产生的重要作用,强调了经济领域中由个人自利而改善了他人和社会利益的结果,从而实现了现实性和价值性相统一、动机和效果相统一基础上对个人利益追求的双重肯定,匡正了曼德维尔对私利行为重事实性而轻价值性的判定,从而有力地助推了现代资本主义地发展。

可以说,曼德维尔给我们描绘了一幅清晰的近代欧洲社会的图景。虽然在曼德维尔已经清楚地意识到,现代社会中个人的、自利的活动是获取和实现他人利益、幸福以及公共福利的必要条件和手段,但由于时代的局限,他对引导个人行为无意识地增进公共利益的"无形之手"的认识,还远没有后来批评他的斯密那样系统而严密。曼德维尔提出的公私利益和

---

① 〔英〕约翰·伊特韦尔:《新帕尔格雷夫经济学大辞典》,陈岱孙等译,经济科学出版社 1996 年版,第 321 页。
② 周辅成:《西方著名伦理学家评传》,上海人民出版社 1987 年版,第 285 页。

谐一致的自动生成模型，是以牺牲对个人利益的道德评价为前提的；他将经济学与道德剥离开来，要求商业社会的捍卫者，在经济学中依自利而行事，充当公民时按公共利益形式，作为道德主体依据美德行事。然而，现实的商业社会却给曼德维尔出了难题：在商业社会经常出现自身利益与公共利益和美德的冲突，二者似同水火。曼德维尔以私利可以带来物质繁荣且不可能有其他的道德选择为根据来捍卫这种社会，无疑在信奉者的心里留下了一种矛盾性的痛楚。这种痛楚可以从一个侧面反映出，曼德维尔对公私利益关系的看法，正在经历着从道德主义到经济原则的过渡，它反映出近代政治哲学原则从传统道德主义中摆脱出来的过程。因此，克服这种矛盾性苦楚的任务，将自爱与道德世界紧密结合的工作，就只能留待其后的哈奇逊、休谟和斯密来做了。

第二节　休谟同情心下的公私利益关系理论

休谟政治哲学代表了17、18世纪的英国古典自由主义，其核心的政治哲学观念就是把人性中的道德情感与社会中人为所制定的法律制度和正义规则合理的勾连起来。也就是说，休谟所代表的古典自由主义传统在强调保障个人的自由与权利的同时，把人与人之间的互助、同情等道德情感作为维护公共政治的重要资源继承下来。这种观念在一定程度上为当代自由主义与社群主义之争提供了重要理论资源。近代思想中是曼德维尔第一次站在非道德主义的全新立场上，论述了私利与公益之间的内在关系。曼德维尔的观点成为斯密、休谟等苏格兰学派的理论先声，"曼德维尔的直接继承者是休谟，……如果我的解释是正确的，休谟的发展起点就是曼德维尔的作品"[①]。如果说曼德维尔对于公私利益关系的看法还停留在一种或明或隐的感觉上的话，那么休谟就开始试着在他道德情感论的基础上，说明公私利益自动和谐一致的内在根源与外在保障，这构成了休谟在公私利益关系方面的独特理论贡献。

在休谟关于公私利益关系的所有论证中，关于人性的基本设定无疑是他整个理论的基石。正如他自己所认为的那样，人性本身是一切科学的首都或心脏，"一旦被掌握了人性之后，我们在其他各方面就有希望轻而易

[①] Simon, Pattern, ed., *The Development of English Thought*, New York: 1910, pp. 212 – 213.

举地取得胜利了"①。因此，我们也试着从他的人性论预设开始，探寻他关于公私利益关系的理论脉络。

一 作为政治哲学基础的情感论

休谟为了能够科学地说明人性，他抛弃了同时代人对人性的纯粹先验的界定方法，转而选择以"实验推理"为基础的经验归纳法和心理分析法来考察人类的思想、感觉和行为，结果他发现，人性中倾向于对道德行为起决定作用的是情感、同情，而不是原来设想的理性。这既是休谟整个情感道德论的起点，也是其政治哲学的起点。针对以前以及当时众多思想家所坚持的道德善恶来自于理性的观点，休谟认为，虽然理性也是人性的内容，但人们道德上的区分主要来自于情感而不是理性。"道德宁可说是被人感觉到的，而不是被人判断出来的。"② 在休谟看来，理性是靠观念来推导的，而情感是靠感觉来激发的。因此，当你对某事物感觉到愉快或不快时，你也就感觉到了它的功过与善恶。快乐或痛苦的感觉构成了道德善恶的根源，并且，只有以快乐或痛苦的感觉作为道德善恶的根源时，由之构成的道德才具有普适性。从休谟所强调的感觉是道德的基础这一点，我们可以看到休谟对道德问题的思考，具有明显的功利倾向，因为"个人美德包含在对自己或他人皆有用或皆愉悦的心灵性质里"，只有当各种道德品性"都趋于增进具有这些性格的人的福利"时，才能够成为"他们的美德的唯一基础"③。与此同时，休谟并没有完全抛弃理性的作用，他汲取了理性主义的可取成分，形成了以情感为主、理性为辅的情感道德论学说。对于情感与理性在道德判断中的作用，休谟认为，道德之所以必须以情感为基础，就在于情感是感觉的必然，感觉化的情感活动始终指向于对意志的发动，从而产生当下性的行为，所以，情感是人的行为活动的第一推动力，是原动力，它只有强弱之分而无真假之别；理性则不一样，它属于观念的范畴，其根本作用在于辨别真假，因此，它不能承担起发动或阻止行为的功能。它的作用体现在对最原本的情感和意志的一种抽象的摹画，是对存在的原初印象的组合、排列和想象，这就决定了它无力成为意志与行为的原动力。只有当理性符合情感、在情感

---

① 〔英〕大卫·休谟：《人性论——在精神科学中采用实验推理方法的一个尝试》上册，关文运译，商务印书馆1980年版，第7页。
② 同上书，第510页。
③ 周辅成：《西方伦理学名著选辑》下卷，商务印书馆1987年版，第175页。

的推动下，它才能作用于人的行为，所以，休谟说"理性是、并且也应该是情感的奴隶"①。

人的情感与人的本性之间，存在着紧密的联系。以情感作为道德的基础与根源，其深层次的前提无疑是人的本性。换句话说，以情感为道德基础的本质含义就是以人性为道德的基础。作为感觉主义者的休谟，他的情感道德论，还不完全属于功利主义伦理，但其主要的价值倾向都具有功利主义伦理的色彩，西方伦理学名著选辑许多学者的看法相类似，他们分别从各自时代的生存需要和资产阶级人文思想出发，用经验主义的方法分析了人类道德的起源与本质，论证了情欲与个人利益的合理性，进而强调以功利思想为基础来实现个人利益与公共利益的和谐与统一。休谟在道德学中对人性本身所做的预设成为其政治哲学理论建构的关键。②

二 休谟人性论的预设

关于休谟政治哲学的人性论特征，在学界一直是一个较有争议的话题。有的学者认为休谟系统地批判了自爱论，提出了以仁慈为核心的利他主义；然而也有人认为，休谟的道德理论总体上属于自爱主义和功利主义。就连休谟本人也承认："尽管关于人的自私性是普遍性的还是部分性的这个问题，也许并不像通常所想象的对道德和实践那么重要，然而它在关于人类本性的思辨科学中确定无疑地有着重要的意义，是一个令人好奇和值得探究的适当对象。"③

休谟的人性观基本上是沿着沙夫茨伯利等人的思维路子对霍布斯的人性观的修正性。这体现在休谟首先维护了霍布斯"人的自我保存"是人类的自然本性的观念："我们承认人们有某种程度的自私，因为我们知道，自私是和人性不可分离的，并且是我们的组织和结构中所固有的。""那些原则确实并不完全有效的，并且我们的情感往往并不完全符合于现在这个理论。人们对于距离很远的东西和完全不能增进自己的特殊利益的东西，很少会热心地爱好；同样我们也很少遇到有人在别人反对他们的利益时，能够原谅别人，不论那种反对根据一般的道德规则可以被认为怎样

---

① 北京大学哲学系外国哲学史教研室编译：《西方哲学原著选读》上卷，商务印书馆1983年版，第519页。
② 参见唐代兴《利益伦理》，北京大学出版社2002年版，第72页。
③ 〔英〕大卫·休谟：《道德原则研究》，曾晓平译，商务印书馆2001年版，第149—150页。

的正当。"① 因此,"在自然性情方面,我们应当认为自私是其中最重大的"②。在《人性论》中休谟描写了人的这个自私本性:"家中摔破一面镜子,比千百里外一所房子着火,更能引起我们的关切。"③ 休谟在《道德原则研究》中又把这种自私称为"自爱",他认为:"不论一个人可能感受到或者想象自己同情到什么感情,没有一种激情是或能够是无私的;最慷慨的友谊,不论多么真诚,都是自爱的一种变体;甚至我们自己也不知道,当我们看来全心全意从事为人类谋划自由和幸福时,我们只是在寻求我们自己的满足。"④ 依休谟的观点来看,自我利益的考虑并不能因为组成了社会就放弃。相反,任何一个公正的社会群体,总是会把个人私利视为有限考虑的对象。换句话说,道德原则研究就是没有自私心即没有社会。人们组成社会的目的并非是什么至善,而是人的自私的需要与欲望的满足。从最初的作为两性结合的家庭开始,进而扩展到社会、国家,皆是如此。人在社会这个共同体中追求个人的利益,实现个人利益的最大化,从而构成了一个市民社会的基本内容。

此外,休谟并不赞成霍布斯关于人性纯粹自私的观点。他认为,虽然自私是人的本性的基本构成内容,但并不是人性的全部,人性中还有很重要的社会性。说它重要是因为"人类是宇宙间具有最热烈的社会结合的欲望的动物,并且最多的有利条件适合于社会的结合。我们每有一个愿望,总不能不着眼于社会,完全孤立的状态,或许是我们所能遭到的最大惩罚"⑤。这就说明,休谟眼中的自私之我是根植于社会中的,不是古代唯我主义旗下离群索居的孤立自我,从这个意义上而言,一种根植于社会本性的自私才是休谟所推崇的自我本性。因此,休谟发现绝不能对这种自私的本性予以极端化的放纵。他说:"一般地说,自私这个性质被渲染得太过火了,而且有些哲学家们所乐于尽情描写的人类的自私,就像我们在童话和小说中所遇到的任何有关妖怪的记载一样荒诞不经,与自然离得太远了。"⑥ 所以,休谟虽然与霍布斯一样认识到,人的自私使人结成了社会。但休谟并没有像他的前辈那样认为,只有用理性的力量通过理性计算

---

① 〔英〕大卫·休谟:《人性论——在精神科学中采用实验推理方法的一个尝试》下册,关文运译,商务印书馆1980年版,第580页。
② 同上书,第527页。
③ 同上书,第467页。
④ 〔英〕大卫·休谟:《道德原则研究》,曾晓平译,商务印书馆2001年版,第148页。
⑤ 〔英〕大卫·休谟:《人性论——在精神科学中采用实验推理方法的一个尝试》下册,关文运译,商务印书馆1980年版,第400页。
⑥ 同上书,第527页。

才可以有效地促进自私欲望到社会契约的理性转化，进而促成人类结成社会。因此，他致力于寻找另外一种人性因素，这种因素与自私一起构成了道德体系。

与此同时，休谟也并不赞同人的自私本性之外的人性就是仁爱、良心。恰恰相反，休谟认为良心和仁爱等东西都不是属于人性的内容。这是因为，如果仁爱、良心比自私的本性更本性，那么人们将怀揣着良善与仁爱之心，以追求超过自身利益之上的利益为原则关爱、体恤每个他人，道德因之也就失去了存在的理由，美德与否对于人类生活来说就是无意义的了。休谟认为自私本性之外的其他的人的本性因素是对他人的同情的情感，或者说是有限的慷慨与仁慈。

休谟认为，人类之所以能在社会中追求美德地生活，就在于存在着一种对于全人类来讲都是相同的情感，这种共同的情感是广泛的、普遍的，并且是不随人类的生活变迁而改变的，它是永存于人类生活中并构成了人类行为评价的基本尺度。休谟认为，这种具有私生活性、普遍性和永恒性的人类情感是同情心："人性中任何性质在它本身和它的结果两方面都最为引人注目的，就是我们所有的同情别人的那种倾向，这种倾向使我们经过传达而接受他们的心里倾向和情绪，不论这些心里倾向和情绪同我们的是怎样不同，或者甚至相反。"①

休谟用自私心与同情心来界定人性，也就构筑起了人类道德架构的基础框架：自爱与爱人。用休谟的观点来看，自私是人的本性，自爱自然就是人之为人的根本；同时，同情也是人的本能，所以爱人也是成就人之为人的必需。这样的话，自爱与爱人共同构成了人类道德的基础：前者，是人类道德的自然基础；后者，是人类道德的社会基础。人类所有的道德要求和规范，都是在自爱与爱人的人类本性的引导下产生的。然而，在休谟看来，人类之爱，无论是自爱，还是爱人，都必须以利益为前提为基本内容。② 休谟的爱的原则——自爱原则和爱人原则，都是生发于利益原则，利益构成了休谟的自爱本性和共同利益感。在这里，追求个人利益是自爱的表现，而努力实现他人利益或社会公共利益就是爱人的表现。因而，自爱的本性，建基于人的共同利益原则（即"共同的利益感"）。在这里，

---

① 〔英〕大卫·休谟：《人性论——在精神科学中采用实验推理方法的一个尝试》下册，关文运译，商务印书馆1980年版，第352页。
② 注：为什么呢？休谟在《道德原则研究》中，为了克服道德判断因单纯的苦乐感决定而导致的狭隘性和主观性，又提出了利益、效用原则，用利益、效用的客观性来限制个人好恶的主观性。

利益和情感都是人类道德的基础。但是，在利益与情感之间，利益又是情感的基础，情感只是利益的表现形态。利益是决定一切的，唯有对利益的要求，或以利益为最原始的和最强劲的驱动力，才产生了感觉，才产生了对自爱与爱人的情感需要，才生发出了道德的问题，因此，自爱与爱人都以利益为共同的价值指向，它们之间的关系也就转化为利益之间的关系，即个人利益与公共利益之间的关系。

三 个人利益与公共利益关系

对于自爱与爱人的原则——人的自私本性与同情本性之间的关系问题，休谟本人并没有做出系统而详尽地论述，即使有些论述，也总是旁敲侧击，不敢正面直视，这问题似乎成了所有功利主义思想家们的理论软肋。因此，他们在涉及个人利益与公共利益的关系时，总是含糊其辞，不置可否。休谟也是这样，他的自爱与爱人理论总显得有些相互矛盾，忽而强调美德的基础在于自私心、自爱情感，忽而又讲绝对神圣的东西是同情心和共同利益，总是闪烁其词、忽左忽右。这往往使得我们难以在个人利益与公共利益之间、自爱情感与共同情感之间做出明晰地判断和确定的选择，因为哪一个更根本、更重要好像他也没有明示。然而，没有立场的政治哲学是根本不存在的，这一点同样适用于休谟。通过抽丝剥茧似的分析，我们不难发现，在休谟的致思理路中隐藏自己对于这一问题最真实的内心想法，那就是归根结底自私心、自爱情感才是道德的出发点，才是共同情感生成的基础，更是共同情感和爱人品行的归宿处；自私情感产生了同情，在自爱本性的要求之上唤起了爱人的道德需要。爱人的生存需求倘若没有自爱的存在就根本不可能产生；爱人的道德追求倘若没有更好地实现自爱，没有更好地实现自我利益，它也终将会失去存在的根基和发展的动力，到那时，遑论爱人就等于空话和笑话。这是休谟的自爱与爱人的本质联系：

> 人类是宇宙间具有最热烈的社会结合的欲望的动物，并且最多的有利条件适合于社会的结合。我们每有一个愿望，总不能不着眼于社会，完全孤立的状态，或许是我们所能遭到的最大惩罚。每一种快乐，在离群独享的时候，便会衰落下去，而每一种痛苦也就变得更加残酷而不可忍受。不论我们可以被其他任何情感所推动，如骄傲、野心、贪婪、好奇心、复仇心或性欲等，这些情感的灵魂或鼓动原则，都只能是同情的作用；如果我们完全除去了别人的思想和情绪，这些

情感便都毫无力量。自然界一切能力和元素纵然都联合起来服务并服从于一个人；太阳纵然自发地把对他有用或使他愉快的一切东西供给于他，可是你至少要给一个人，可以和他分享幸福，使他享受个人的尊重和友谊，否则他仍是一个十分可怜的人。"①

由之可见，休谟从根子上强调自爱，实际上就是主张个人利益的优先性。在他关于公私利益关系的理论中，首先要强调的就是个人利益的合理性与合道德性。如果说，曼德维尔只是论证了私利的合理性，而在道德上对它却予以贬斥，那休谟就是要在事实和价值两个层面上给私利以正名。

我们前面已经提到，休谟并没有把自私视为人的唯一本性，他不是一个彻头彻尾极端自私的唯我主义者。虽然他认为，基于自私本性的每个人其出发点就是追求私利，但他同时也为基于共同利益感的人与人之间的互助行为留下了空间，这就是人在自私的同时还有有限的慷慨和同情心，这就是人为之人的道德情操。"我们已经发现一些事例，在其中私人的利益与公共的利益是相分离，甚至相对立的；然而我们观察到道德情感继续着，尽管有这种利益上的分裂。无论哪里这些截然分明的利益明显地同时发生，我们总是发现道德情感有一种明显的增长，发现一种对德性的更热烈的好感和对恶行的更强烈的厌恶，或我们恰当地称之为感激或报复的东西。迫于这些事例，我们必须放弃这种用自爱原则来说明一切道德情感的理论。我们必须采纳一种更公共的感情，并承认社会的利益甚至就它们自身而论也不是与我们完全漠不相关的。"② 这说明单纯的个人利益往往只会导致相互之间的斗争，因此，社会的存在还需要有一种公共利益。正是在人们之间的相互合作中公共利益得以产生，作为一种共同的利益，它指向所有人的共同分享。公共利益既可以表现为显形存在，诸如公路交通、环境、卫生、邮政系统等公共设施，以及国家的警察与军队设置等等，还可以表现为隐形存在，诸如人们共同遵守的规则与秩序、法律制度与政府体制等等。在休谟看来，有关公共利益的一系列问题涉及的不单是经济领域的问题，而毋宁说是一个社会最为普遍的问题之一，自然也就是政治哲学关心的核心问题，毕竟作为政治哲学是对社会生活的整体性反思与追

---

① 〔英〕大卫·休谟：《人性论——在精神科学中采用实验推理方法的一个尝试》下册，关文运译，商务印书馆1980年版，第400页。

② 〔英〕大卫·休谟：《道德原则研究》，曾晓平译，商务印书馆2001年版，第70页。

问。这些事关公共利益的问题大致包括了何为公共利益、如何产生的公共利益以及如何调处公共利益与私人利益之间的关系等,这些都是需要深入探讨的复杂而深刻的社会问题。

休谟在何为公共利益的问题上与曼德维尔的认识大相径庭。在曼德维尔那里,他简单地把桥梁、公路、邮政等基础公共设施视为一般的社会福利和公益,而休谟却在法律与制度的层面对公共利益予以界定和加以理解,因此他提出了一种正义的政治制度的问题。自然,我们对休谟公私利益关系的考察,就需要置于其正义理论的背景之中进行。

在休谟看来,正义的美德就是:"对自己的利益和公共利益的关切。"① 既然正义的美德是以利益为前提和基础,那么,人类正义的美德到底是建立在个人利益这个基础上呢,还是建立在公共利益这个基础上呢?休谟认为,个人利益是公共利益的前提,没有个人利益根本就没有公共利益,所以正义的人间美德是建立在个人利益这个基础上的:"自私是建立正义的原始动机;面对于公益的同情是那种美德所引起的道德赞许的来源。"② "正义只是起源于人的自私和有限的慷慨、以及自然为满足人类需要所准备的稀少的供应。"③ "我们的政治义务的目的虽然是在于执行我们的自然义务,可是这个发明的第一动机,以及履行这两种义务的最初动机,都只是自私。"④

正义的美德是建立在个人的自私和对个人利益的保持和维护的基础上的。因为在休谟看来,人的天性是自私的,自私的天性是人的性情中最基本的,也是最普遍的、最持久的性情。人总是受利害的驱使而成为人,所以,每个人爱自己甚于爱其他任何人。在现实的生存过程中,人确实具有爱别人的倾向与行为,然而也只是限于对自己的子女亲属以及相识相交的人的爱,这种爱只能是人的自私本性所驱使的一种自利性的慷慨行为,并且这种慷慨行为始终存在着差别性,即与自己的亲疏远近关系成为衡量慷慨之爱强度的标准。普遍的、纯粹的、超越利益内涵的人类之爱在人类世界是根本不存在的。从根本上说,每个人是否愿意为别人做出自我牺牲或提供无私的帮助,完全取决于有无利益需要和外力的强迫。这可以说是休谟从事实层面对个人利益优先性的完全证明。

---

① 高全喜:《休谟的正义规则论》,《世界哲学》2003 年第 6 期。
② 〔英〕大卫·休谟:《人性论——在精神科学中采用实验推理方法的一个尝试》下册,关文运译,商务印书馆 1980 年版,第 540 页。
③ 同上书,第 536 页。
④ 同上书,第 584 页。

在休谟看来，同情是人对自我利益的慷慨，它借助于理性透过人的自私本性而生发出来。那就是：人的自私的慷慨产生于理性的要求，自私是人的自然本性。自爱是生命自然存在的客观需要；而同情是人的社会本性，爱人是生命向社会存在的客观要求。在自私与同情、自爱与爱人之间必然需要理性的调节。这种人间的理性不是来源于某种形而上的神圣观念，而是来源于人的生存现实——人更快乐和幸福的生活与存在的现实要求性——每个人受制于生存的更好的需要而被迫在现实的生存过程中奉献出其自私的慷慨，这就是所谓的同情心，也是共同利益感或者说是"公益"精神。在这里我们可以看到，休谟最后还是跑到理性那里寻找自爱与爱人的平衡，转换成我们论题的话语也就是说公共利益来自于理性，公私利益关系的平衡最终也要取决于理性的作用。虽然这一点休谟本人并不认同。

在休谟看来，塑造文明社会的规则与秩序是建立在正义的基础之上的。而正义之所以具有存在的可能，那是因为其代表的是作为影响人类社会最本质因素的人们之间的共同利益感。休谟笔下的共同利益感，就是指人们的相互利益。按照休谟的说法就是：我让别人占有和享用他自己的财物，那么别人也会同样地对待我；约束我自己的规则同样也约束别人的行为。双方各自的行为都参照对方的行为，以对方同样做出有利于自己的行为为前提。这种共同的、社会的利益感觉对于一切人的心灵作用都是类似的，因而可以通过同情共感的作用相互传递。凡是能激动一个人的任何感情，也总是别人在一定程度上能感受到的。一切感情都由一个人迅速地传到另一个人，而在每一个人心灵中产生相应的感情。这种共同的利益感相互表现出来，并为对方所了解，就产生了设计和维护协议的决心和行动。人人要奉献出其自私的慷慨，这不是人的无私的品格使之然，也不是外部力量的强迫使之然，而是人与人之间的一种"约定"。它实质上是在人与人之间的社会关系中自觉与不自觉地促成了一种利益上的协调与平衡。

人们相互之间的交往为人学会权衡利弊得失创造了社会环境。在经历了一番利益相互争斗后，大家都逐渐地认识到了这样一个朴素的道理，那就是与其相互伤害而人人自危，还不如以一种人为创制的措施来保证每一个人的财产稳定与安全，这恐怕是个人在如自己一样的众人之中可能获益最大的选择。个人受制于自身的利益需要，总是会考虑眼前利益多一些，这无可厚非，但现实中按照这样一种做法很可能带来的非但不是个人利益的增长，反而是对自己更大的利益损害。于是现实逐渐教育人们，不能仅仅把眼光放在眼前，利益要谋划得更为长远，而如何去谋划与实现长远利益，这就需要人与人之间创制一套大家都必须遵守的、通过协议达成的规则，而这套规则保证了人们对未来更大利益的一种预期。"只有通过这种方法才能维持社会，而社会对于他们的福利和存在也和对于我们自己的福利和存在一样，都是那样必要的。这种协议就其性质而论，并不是一种许诺，因为甚至许诺本身也是起源于人类协议，这点我们后来将会看到。协议只是一般的共同利益感觉；这种感觉是社会全体成员相互表示出来的，并且诱导他们以某些规则来调整他们的行为。"①

"约定"是人的生命向社会存在或者说是人的生命向他人谋求存在的一种需要、一种要求，它的动机是自利与自爱，所要达到的终极目的仍然是自利自爱。但这种以自利和自爱为起点和归宿的"约定"，必须要通过公益精神和公共利益感的确立才能完成，而公益精神和公共利益的实现必须需要一个中介机构来保证和维护。这个公共机构就是政府。休谟的功利主义思想之超过他的前辈的地方，最为突出地方就体现在这里。休谟写道："法律和正义的整个制度是有利于社会的；正是着眼于这种利益，人类才通过自愿的协议建立了这个制度。当这个制度一旦被这些协议建立起来之后，就有一种强烈的道德感自然地随之发生。这种道德感只能由我们对社会利益的同情而发生。"② 这里休谟强化了这一认识，那就是一个个人肆意妄为、无恶不作、强取豪夺的社会，不可能建立起稳定的社会秩序，更别谈这个社会的正义性了。要想杜绝欺诈、抢劫、暴力掠夺等行为在社会中出现，使得人人可以在良好社会秩序中实现自己的利益，唯有创制和坚守正义的法律和政治制度。"没有人能够怀疑，划定财产、稳定财物占有的协议，是确立人类社会的一切条件中最必要的条件，而且在确定和遵守这个规则的合同成立之后，对于建立一种完善的和谐与协作来说，便没有多少事情要做的了。"③

在休谟那里我们可以看到，这套法律规则和因之产生的社会秩序对于实现每个人利益的不可或缺性。也就是说，它作为一种普遍性的约束指向的是非特定性的目标却最能够体现公益的性质，最具有公器的作用。之所以称之为"公器"，是因为它的约束力并不局限于某个人或某一群体，而

---

① 〔英〕大卫·休谟:《人性论——在精神科学中采用实验推理方法的一个尝试》下册，关文运译，商务印书馆1980年版，第530页。
② 〔英〕大卫·休谟:《休谟道德原则研究》，曾晓平译，商务印书馆2001年版，第69页。
③ 〔英〕大卫·休谟:《人性论——在精神科学中采用实验推理方法的一个尝试》下册，关文运译，商务印书馆1980年版，第532页。

是对所有人都一律平等、一视同仁，它是一种没有特例和特权存在的完全公正的规则体系。它好像是大家共同遵守的游戏规则，没有了规则游戏本身也就难以存在了；同理，没有了这些法律制度和社会规则，社会的存续都可能成为问题。因此，个人之间利益的博弈与竞争，只能在社会维系的前提下才有意义，也就是说，必须在制度框架和法律范围内，这种博弈和竞争才是真正有利于个人的。这就说明，休谟看到了社会中存在利益竞争的现实，因之而产生的利益纠葛与纷争恐怕是难以回避的一个问题。倘若没有解决利益矛盾与纠纷的机制，这就一定会威胁到社会秩序的形成，进而殃及个人利益的实现。所以，单从化解矛盾、裁判纷争的意义上，也需要制定和遵守法律规则。所以在休谟心中，当出现了利益矛盾与纠纷之时，法院据此规则予以裁判，是一个正义社会的典型样态，体现出了法律之于社会秩序形成的重要作用。当然这里面内嵌着这样一个前提，那就是人人必须遵守这套规则，而且他们也必将遵守这套规则，因为利弊权衡后的理性选择使得他遵守法律的收益率最高。用法律规则来实现社会的良性治理，是英国近代以来所形成的重要政治传统。它相较于其他社会治理的原则，对于当时经济社会的发展而言无疑更为适宜和恰当。它使得社会治下的每一个都能够在法律允许的范围内最大限度地实现自身利益，同时促进了整个社会在相互的分工合作中不断发展进步。

在这里我们有必要指出，在英国古典政治经济学中，利益关系是一个无法回避的重要问题，因为社会生产方式和分配方式的跃迁，使得个人利益和社会公共利益之间的关系前所未有的凸显了出来。所以在休谟和斯密那里，如何调节和处理这样一对利益关系，成为二人政治哲学共同关注的焦点。休谟在曼德维尔私利即公益的理论启发下，进一步深化了公私利益关系的研究，他着力于发现和论证二者之所以能够自动生成和谐一致关系的内在原因。我们知道，曼德维尔最具启发性意义在地方在于，他从作为个人经济活动原点的私利之恶，推导出了一个公共善的结果。也正是这一最具启发性意义的逻辑，即"恶花结出善果"的逻辑，为后世哲学家如何诠释它带了挑战，也直接影响了他们对于公私利益关系的理论言说。苏格兰历史学派的两个代表人物休谟和斯密都明确给予了回应，并通过各自的理论阐发，全面超越了曼德维尔式的矛盾逻辑。休谟就曾提道："让两种相反的罪恶存在或许要比其中之一独存来得有利。但决不能说罪恶本身是有利的。如果有哪位作者在这一页上说，道德差别乃是政治家们维护公共利益的创造物，在另一页上却说，罪恶对社会有利，岂不是太自相矛盾了吗？议论一种罪恶，而又一般地说它对社会有利，这种说法，无论根据哪种道德体系来看，确实是个矛盾。"① 休谟认为私利与公益之间会达致一种和谐，而协调和平衡两者之间关系的就是所谓的共同利益感。休谟借以实现公私平衡的不是利益的理性计算与权衡，而是通过一种设定的人性中介，即内在的共同利益感来完成的。休谟没有诉诸清晰而确凿的理性力量，而选择了一种类似于经验的内在感觉，来论证公私利益的和谐一致，实际上也具有了某种神秘主义逻辑的色彩。用一种只能体会而不能言传的共同感觉作为两种价值观和谐的基础，显然不能得到理性主义者的完全赞同，但休谟的这一思维逻辑开创了一种解决公私利益关系问题的经验主义传统。可以这样说，这样一种共同利益感就是一种从人性到社会规则和制度的内在转化机制。

在私利与公益的关系问题上，休谟之前的哲学家多是从道德层面展开的分析；而休谟从经验主义的方法中获得了启发，试图在事实与价值两分理念下，对公私利益关系做一种完全事实性求证，力求避免道德相对主义和道德绝对主义对此问题的干预。因此，他选择从自私这一人性的基本事实出发，在一种经验主义的逻辑下借助共同利益感这一神秘的机理，从事实层面证明公益的产生，及其代表公益的社会规则与制度对于社会良性治理的重大意义。这样一条思维逻辑力求最大限度地保持经验主义的思维路向，避免掉进道德主义的泥沼和理性主义的机巧之中，可以看出休谟为此所做的巨大努力。但结果是否如休谟自己期望那样完美无缺，恐怕会是仁者见仁智者见智。综合观之，还是有一点是值得我们为休谟点赞的，那就是对于公共利益的看法彻底摆脱了纯粹道德崇高性的界定，转而用一种现实主义的视角阐释了公私利益之间颇具现代意义的联动关系。当然，休谟及斯密更多看到的是二者的非对抗面相。可以说，这是现代社会制度模式下两者关系真实写照的理论版。

综上所述，"我们看到，休谟对于利益的看法，他有关私利与公益相互关系的观点，反映了他们的政治观，体现了英国古典经济学的哲学内涵。他们所说的公共利益并不是指一个国家或政府这样的政治实体所拥有的现实财富之多少，这些都是次要的，甚至是应该依照公法加以限制的，在他们看来，真正的公共利益乃是一个社会的法律规则和经济秩序，它们才是最终有益于每一个个人的。"② 这里法律规则和经济秩序，实际上涉及个人利益与公共利益的边界问题。而公私利益之间的划界问题，又根源

---

① 〔英〕大卫·休谟：《休谟经济论文选》，陈玮译，商务印书馆1984年版，第28页。
② 高全喜：《休谟的政治哲学》，北京大学出版社2004年版，第196—203页。

于一个限度性问题——任何形式的同情都客观地存在着一个限度问题,这个限度是什么呢?或者说自私自利的人,对自我利益的慷慨的行为范围和行为边界是什么呢?关于这个问题——自利本性与自爱情感之向他人慷慨地敞开的范围和边界问题,休谟同样没有做出明确的解答。因为这个问题也历来是所有的伦理学家所无力解决的问题,更是功利主义伦理学家们感到棘手的问题,休谟也不例外。休谟所留下的这个问题,恰好成了他的后继者们——边沁和穆勒所关心的问题。[①]

第三节 斯密"无形之手"下的公私利益关系理论

在政治哲学史上,作为朋友与同胞的大卫·休谟对斯密哲学影响颇多,这得到了施特劳斯等人的认可。"斯密的道德哲学,正如他实际上所承认的,是休谟道德哲学的提炼。休谟的道德哲学与斯密的道德哲学在某些方面有所不同,这些方面尽管是非常重要的,但却不是决定性的。"[②] 与其他苏格兰启蒙学者一样,斯密对人性的界定直接影响着他的整个哲学理论。斯密关于公私利益关系的政治哲学与他的人性论之间就存在着直接而紧密的联系。

一 何为"斯密难题"

提到斯密的人性论,就不得不提到闻名于世的"斯密难题"。"斯密难题"这一称呼出自于19世纪德国历史学派的经济学家熊彼特的论述中。这一学派经济学家大多是古典经济学的反对者,其基本立场和观点是国家与民族利益至上,保护贸易优先。这主要是针对以斯密为代表的古典自由主义主张个人主义和自由贸易而提出的。他们提出斯密在《道德情操论》中提出的"同感"(sympathy)原理与在《国富论》中提出的"利己心"原理是相互矛盾的,前者意在强调人性中的利他;而后者无疑宣扬的是人性中的利己,如何理解和调处斯密在道德哲学和政治经济学中看似矛盾和冲突的两个基本原则,自然成为所谓的"斯密难题"抑或"斯密问题"。对于这一问题,后世的学者争论不休,或主张是矛盾的,或主

---

① 参见唐代兴《利益伦理》,北京大学出版社2002年版,第81页。
② 〔美〕列奥·施特劳斯、约瑟夫·克罗波西主编:《政治哲学史》下册,李天然译,河北人民出版社1993年版,第731页。

张是不矛盾的，各执一词，互不相让。但经过长时间的研究，人们对斯密在人性学说上的理解逐渐达成了共识，那就是这个问题或难题实际上是个伪问题，它是建立在对斯密整体思想误读的基础上的。就斯密整个哲学体系而言，他的人性论并不相互矛盾。从整体上来看，斯密并没有分别建立两个基本原则，虽然他在两部著作中对同一个原则的论述有所侧重，但它们并不是完全对立的。《国富论》既不以绝对的自私自利为理论的基础，《道德情操论》也不是以完全的排斥个人利益的利他为原则。正如大河内一男所说的："在经济学的历史学派看来，亚当·斯密不仅切断了他为其统一而煞费苦心的伦理和经济的联系，而且使这两者对立起来，因而与其本来意图相反，造成了削弱伦理的实践力量的结果。重新考虑斯密所说的伦理与经济的关系现在是颇有意义的工作，这与如下一点有关，即，它既要将伦理问题与经济问题正确地结合起来，又要保持实现营利经济这个最终的限制。每个人为了实现营利经济学的理念而竭尽全力，对斯密来说是优越的伦理性味，他认为，致富之路同时也是致德之路，但在与这个营利经济的理念相结合这一点上，却存在着这个伦理的界限。"[①] 又如英国经济学家诺尔曼·P.巴利也指出："《情操论》和《国富论》的哲学基础是相同的，说两部著作存在某些不一致（因为后者推断的含义来自人完全受自利驱使这一概念，而前者则出自富有同情心和仁慈的人这样一个模式）是错误的。事实上，自利信条对两者来说是共通的。"[②] 由此我们可以看到，在斯密两部著作的背后隐藏着一个完整而又一致的人性论，这个人性论的基本设定就是：贯穿在人的有限的自私本性上的那种共通的同情感。这成为斯密经济伦理思想乃至其政治哲学的一个重要的理论基点。恩格斯对此有过评论，他说：古典政治经济学"实质上是18世纪的产儿，它可以和同时代的伟大法国启蒙学者的成就媲美，并且也带有那个时代的一切优点和缺点。我们关于启蒙学者所说的话，也适用于当时的经济学家。在他们看来，新的科学不是他们那个时代的关系和需要的表现，而是永恒的理性的表现，新的科学所发现的生产和交换的规律，不是这些活动的历史地规定的形式的规律，而是永恒的自然规律；它们是从人的本性中引申出来的"[③]。所以，准确地把握斯密的人性学说，将是我们更好地理

[①]〔日〕大河内一男：《过渡时期的经济思想——亚当·斯密与弗·李斯特》，胡企林等译，中国人民大学出版社2000年版，第7页。

[②]〔英〕诺尔曼.P.巴利：《古典自由主义和自由至上主义》，竺乾威译，上海人民出版社1999年版，第32—33页。

[③]《马克思恩格斯文集》第9卷，人民出版社2009年版，第157—158页。

解他关于公私利益关系论述的前提和关键。

二 以人性为基础的公私利益和谐的道德论证

身处资本主义经济快速发展时期的斯密,无疑具有了他同时代的诸多资本主义学者的共同使命——为蓬勃发展的自由市场经济摇旗呐喊。因此,时代的任务决定了斯密政治哲学的中心与主题,那就是"充分的经济自由是国民财富增长的首要条件和基石,市场是促进经济自由的最根本的条件,人们出于利己心而达到利他的目的"[1]。可以说,斯密在经济自由的前提下,着重论证了私利与公益的自动和谐一致,这可以说是整个苏格兰学派在公私关系上的共同理论诉求。

首先,斯密从人性的基础上论证了个人利益的道德正当性与合理性,这反映出任何一个资本主义学者深层而内在的理论关切——以个人利益为最高追求,因为这是整个资本主义制度得以建立的理论前提。虽然在斯密早期的著作《道德情操论》中他已经从人的同情心理探讨伦理问题,但在《国富论》中这一伦理路向得到了进一步的深化,他基于对人本性的理解,揭示出社会的本质就是通过交换的枢纽而实现的联合。而从事交换的基本主体是社会中的人,这种人的基本特点或基本人性就是利己主义,而非利他主义。"别的动物,一达到壮年期,几乎全部都能够独立,自然状态下,不需要其他动物的援助。但人类几乎随时随地都需要同胞的协助,要想仅仅依赖他人的恩惠,那是一定不行的。他如果能够刺激他们的利己心,是有利于他,并告诉他们,给他做事,是对他们自己有利的,他要达到目的就容易得多了。不论是谁,如果他要与旁人做买卖,他首先就要这样提议。请给我以我所要的东西吧,同时,你也可以获得你所要的东西;这句话是交易的通义。"[2] 在《道德情操论》中,斯密也写道:"毫无疑问,每个人生来首先和主要关心自己",而且,"他比任何其他人都更适合关心自己。"[3] 在谈到地主的行为动机时,斯密指出:"富人只是从这大量的产品中选用了最贵重和最中意的东西。他们的消费量比穷人少;尽管他们的人性是自私的和贪婪的,虽然他们只图自己方便,虽然他们雇用千百人来为自己劳动的惟一目的是满足自己无聊而又贪得无厌的欲望……"[4] 从这些论述中我们可以窥见,希图个人利益的这种利己主

---

[1] 顾肃:《自由主义基本理念》,中央编译出版社2003年版,第339页。
[2] 〔英〕亚当·斯密:《国富论》下卷,王亚南等译,商务印书馆1974年版,第13页。
[3] 〔英〕亚当·斯密:《道德情操论》,蒋自强译,商务印书馆1997年版,第101—102页。
[4] 同上书,第229—230页。

义在斯密那里被冠以"自爱"之名,它区别于与贪婪相伴的自私。在斯密那里,这种自爱是对个人利益与幸福的关切,没有什么错误与不恰当,理应得到肯定与赞许。正是人们对自身利益和幸福的追求,一方面构成了市场经济运行所必备的条件;另一方面也培养了实现个人利益、增进个人幸福的能力与手段。斯密特别提到这些能力与手段,虽不能称其为美德,但确实是一些值得颂扬的品质,如"未雨绸缪""全面周详""适度克制""百折不挠"等。即使这类品质配不上伟大的赞美,但也应凭借它们对于实现人的财富之梦、事业之梦的有益帮助和对于实现社会文明进步的有效助益而获得人们的尊重。"人性很可能以这种方式来欺骗我们,正是这种蒙骗不断地唤起和保持人类勤劳的动机。正是这种蒙骗最初促使人类耕种土地、建筑房屋、创立城市和国家,在所有的科学和艺术领域中有所发现、有所前进,这些科学和艺术,提高了人类的生活水平,使之更加丰富多彩;完全改了世界面貌,使自然界的原始森林变成适宜于耕种的平原,把沉睡荒凉的海洋变成新的粮库,变成通达大陆上各个国家的行车大道。"[①] 斯密这个人性自爱的设定,可以说是国民经济的基本原则,它构成了人们自主追求物质财富的出发点,形成了每个人在社会经济生活中计算利益得失的主要支点,进而市场经济的基本规则和秩序在此基础上得以形成。可以说,在斯密关于公私利益关系的理论中,由于自爱而追求私利的思想占有很大的比重,这也秉承了自文艺复兴以来的启蒙运动精神的实质,符合整个西方政治思想的主流意识。

我们在看到斯密强调自爱重要性的同时,也必须认识到,斯密所认可的人性并不仅仅局限于人性自私,相反,他在论证人的自利原则的同时,始终相伴有对人性另一面的肯认,那就是人还具有仁爱的一面。他认为,在市场经济条件下,自爱的"经济人"也理应是一个"道德人"。因为,在市场经济活动中,主要的是市场交换行为涉及的是人与人之间的关系,也就是要涉及道德关系,而市场秩序产生的基本原则是人性原则,所以,人性原则中就理应体现出人与人之间的道德关系。合宜地处理人与人之间的关系,实现友爱的共同体,求得内心的快乐,做出善恶的评判等都依赖于人性仁爱的这一面。在《道德情操论》中,斯密将这种人性的仁爱描述为人性中所具有的同情的特质,而且这种特质人人皆有,无出其外。"无论人们会认为某人怎样自私,这个人的天赋中总是明显地存在着这样的一些本性,这些本性使他关心别人的命运,把别人幸福看成是自己的事情,虽然

[①] 〔英〕亚当·斯密:《道德情操论》,蒋自强译,商务印书馆1997年版,第229页。

他除了看到别人幸福而感到高兴以外，一无所得。这种本性就是怜悯或同情，就是当我们看到或逼真地想象到他人的不幸遭遇时所产生的感情。……这种情感同人性中所有其他的原始感情一样，绝不只是品性高尚的人才具备，虽然他们在这方面的感受可能最敏锐。最大的恶棍，极其严重地违反社会法律的人，也不会全然丧失同情心。"① 在这里，我们需要说明的是斯密式的同情概念，不仅具有怜悯之意，还在其上又附加了情感共鸣即同感的意思。斯密借助于当时流行的"想象"的心理学方法来阐释同感发生的过程。在他看来，同情是人性中基本的倾向，它建基于人的生活经验和想象力，而不是神的恩赐。因为每个正常的人都具相似感官，对相同的刺激都会产生一种类似的反映与感觉，而这种相似的反映与感觉正是同情感产生的机理，即在没有亲自感受到的情况下，通过想象和经验的积累，就会设身处地地感受到与他人感觉一样的情感。这就是斯密的"情感共鸣"——喜他人所喜，悲他人所悲。进而，斯密又提出了"旁观者"的概念，用"旁观者"的"同情"所形成的道德约束来调和人的自爱与仁爱两种本性，这在某种程度上是为公私利益关系的和谐做了一种道德的论证。

人的本性的双重界定即人是自私自利的又是同情利他的这种观点，在斯密生活的时期是一种普遍的认识，这种关于人性对立或矛盾的观点带来了一个问题，那就是如何在人们的行为中将这两种本性协调起来、统一起来。"这本书（《道德情操论》）所研究的是对事物的道德上的认可和非难这种观念的根源。人是抱有自私观念的动物，那么他是怎么会对事物做出道德上的判断的呢？斯密认为答案是，我们具有一种能力，能使我们自己处于第三者地位，使自己成为一个公正无私的观察者，从而对一件事情的道德（与自私相对）价值形成同情的观念。"②

资本主义社会中人的逐利的普遍性得到了斯密的肯定，但利己的经济活动本身在斯密那里并不是最终的目的。"这个世界上所有的辛苦和劳碌是为了什么呢？贪婪和野心，追求财富、权力和优越地位的目的又是什么呢？是为了提供生活上的必需品吗？那么，最低级劳动者的工资就足够了。我们看到工资为他们提供食物、衣服和舒适的住房，并且养活了整个家庭。"③ 从这里我们察觉到，斯密对于追求物质利益的人还有更高的期许，那就是在这些物质、经济以及政治的追求中获得一种心理和精神上的

---

① 〔英〕亚当·斯密：《道德情操论》，蒋自强译，商务印书馆 1997 年版，第 5 页。
② 〔美〕罗伯特·L.海尔布罗纳：《几位著名经济思想家的生平、时代和思想——世俗哲人》，蔡受百等译，商务印书馆 1994 年版，第 39 页。
③ 〔英〕亚当·斯密：《道德情操论》，蒋自强等译，商务印书馆 1997 年版，第 60 页。

慰藉,诸如"引人注目、被人关心、得到同情、自满自得和博得赞许"。正所谓"富人因富有而洋洋得意,这是因为他感到他的财富自然而然地会引起世人对他的注意,也是因为他感到,在所有这些由于他的有利地位而很容易产生的令人愉快的情绪之中,人们都倾向于赞同他"①。从这里我们可以得出,斯密认为追求自利的经济活动也要受到一定条件的限制,那就是服从而不能损害他人心目中对自己的价值评价。由于人人都是互为支撑、相互依靠的社会中的一员,这种依赖关系是个体存在的现实环境。在这种相互依赖的关系中,每个人都是别人的旁观者,同时也是被别人旁观的对象。因此,这客观上就使得自己与他人感情的协调可以通过同情来完成。要真正做到感同身受,前提就是要学会换位思考,即把自己摆在观察者和被观察者的双重位置上设身处地来感受和评价自己,以期在自我评价和他人评价中取得一致,这样才有可能得到别人的肯定与赞同。这在一定程度上起到了对人的约束作用。就经济生活中的人的自利行为而言,它使得人的这种自利行为不得超过旁观者所能容忍的程度。可以说,旁观者的同情,使得斯密在解决利己与利他的矛盾时,有了一种自律与他律相结合的道德机制。这也使得我们所发现的市场经济中,斯密所主张的公私利益自动和谐的机制有了一种人性或道德的根基。旁观者的同情,一方面对当事人的行为起到了一种修正和调节的作用;另一方面也使得自我有了一个内在的评价,这使得每个人在自爱行为的追求中,始终伴随有一种道德的评价机制,从而使得人不敢胡作非为以客观上造成一种仁者爱人的效果。"虽然对他来说,自己的幸福可能比世界上所有其他人的幸福重要,但对其他任何一个人来说并不比别人的幸福重要。因此,虽然每个人心里却是必然宁爱自己而不爱别人,但是他不敢在人们面前采取这种态度,公开承认自己是按这一原则行事的。""那么,在这种场合,同在其他一切场合一样,他一定会收敛起这种自爱的傲慢之心,并把它压抑到别人能够赞成的程度。"② 可以说,通过旁观者的同情,斯密将自爱与仁爱有机地统一到一个人身上,完成了他的情感道德论,也为在经济领域中"看不见的手"的社会机制提供了一种道德上的诠释。

三 "一只看不见的手"与公私利益和谐的经济学论证

当斯密醉心于论证他伦理生活的完美和谐时,人们自利性的追求所

---

① 〔英〕亚当·斯密:《道德情操论》,蒋自强等译,商务印书馆1997年版,第61页。
② 同上书,第398页。

造成的社会现实俨然成了他难以回避的现实,作为一种普遍现象的物质追求正深刻地改变着世俗社会,日益成为现实生活围绕的轴心。这种激荡的现实生活,又为人类出了一道难解之题:如何协调现实生活,特别是经济生活中人的自利追求和对普遍道德生活向往这二者之间的关系。作为一个健全社会中不可或缺的组成部分,这两种倾向的关系成为现代社会困扰理论学者的一大难题。斯密所处的社会转型时期,更使这个问题凸显出来。这个问题在斯密的政治经济学领域,直接反映为公与私的利益关系问题。

在斯密的政治经济学中,主要的研究对象是国民财富,用今天的术语可以称之为"国民生产总值",目标是实现整个人类的自由、合理、舒适、宽容的生活,但他研究的出发点却是"经济人"的假定。古典经济学以降的西方经济学将这一假定看作是最基本的一个假设,所有经济学的理论推理皆建基于此。特别是这个假设开创了西方经济学一个具有普遍性的原理,那就是私利追求在现实社会中的强大动机及其所带来的深刻影响。那这个"经济人"到底有哪些基本特征呢?简单地说,这个"经济人"就是一个利己与利他、经济与道德相统一的社会人。

当然,利己是"经济人"的首要特征。斯密认为人的行为具有一个基本的动机,那就是自我利益。很好说明这一动机产生源泉的就是关于人之本性的利己性,斯密称它是构成"经济人"的一个重要的现实面相。"我们每天所需的食料和饮料,不是出自屠夫、酿酒家或烙面师的恩惠,而是出于他们自利的打算。"① 可以说,这里的斯密从经济生活的角度再一次肯认了人的自利本性。在经济生活中,人们的相互交往与交换行为,都出自于每个人对自己利益的追求。这里需要说明的是,我们不应该把这种谋求个人利益的行为视为一种道德上的恶加以排斥,而应该认识到这种自利绝不是那种完全以自我为中心的自私。正如有的学者所言:"误解常常是因为对自利概念的解释过于狭窄而引起的,把《道德情操论》作者使用的这个词等同于以一己为中心的自私,实在是荒唐的曲解。十分明白的是,在此处以及在《国富论》的全书中,自利并不意味着自私。它的意思只是说个人的利益是一个人最密切关心的事。"②

除了利己是"经济人"的特征外,利他也是"经济人"的特点。斯

---

① 〔英〕亚当·斯密:《国富论》上卷,王亚南等译,商务印书馆1972年版,第14页。
② 〔英〕L. 罗宾斯:《过去和现在的政治经济学——对经济政策中主要理论的考察》,陈尚霖等译,商务印书馆1997年版,第37页。

密使人们清楚地意识到了自利的倾向,但与此同时,他也告诉人们要实现自我的目的,也就是要实现自我的利益,必须首先承认这样一个前提:那就是只有在帮助其他人实现自身利益的过程中,我们本人才有可能实现自己的利益,也就是说,他人利益具有自我利益实现的先在性。即使达不到这样,最起码也是在实现自我利益的同时不能损害别人的利益。这就是斯密为"经济人"所定义的利他倾向。正是在这样的相互利他之中,社会实现了自己的利益,即共同的利益。可以这么说,利他的倾向促成了公共利益的实现。此时的个人利益与公共利益关系,表现出来的不是矛盾性而是一致性。这也就是说,斯密通过对个人自利导出了一种有利于他人和全社会的结果,再次在合道德的意义上证成了市场经济中的个人利益。那么,是什么因素或机制使利己与利他沟通起来,从而使公私利益关系达致一种和谐一致呢?仅仅用利己来说明还不行,这就要涉及斯密公私利益关系理论中,最光彩耀眼的那只"看不见的手"。

众所周知,"无形的手"即"一只看不见的手",是亚当·斯密理论中的著名论断。斯密认为这只"无形的手"在"自然和自由的状态下"调节着社会的运行。在《道德情操论》中,他阐释了这一概念:"虽然他们雇用千百人来为自己劳动的唯一目的是满足自己无聊而又贪得无厌的欲望,但是他们还是同穷人一样分享他们所做的一切改良的成果。一只看不见的手引导他们对生活必需品做出几乎同土地在平均分配给全体居民的情况下所能做出的一样的分配,从而不知不觉地增进了社会利益。"[1] 在《国富论》中斯密提到了那只"无形的手",这主要体现在为自由企业所做的辩护中:"确实,他(指经营者——引注)通常既不打算促进公共的利益,也不知道他自己是在什么程度上促进那种利益。……他只是盘算他自己的安全,由于他管理产业的方式目的在于使其生产物的价值能达到最大程度,他所盘算的也只是他自己的利益。在这场合,像在其他场合一样,他受着一只看不见的手的指导,去尽力达到一个并非他本意想要达到的目的。也并不因为事非出于本意,就对社会有害。他追求自己的利益,往往使他能比在真正出于本意的情况下更有效地促进社会的利益。我从来没有听说过,那些假装为公众幸福而经营贸易的人做了多少好事。事实上,这种装模作样的神态在商人中间并不普遍,用不着多费唇舌去劝阻他们。"[2] 可以说,斯密在《国富论》中用这一段经典的

---

[1] 〔英〕亚当·斯密:《道德情操论》,蒋自强等译,商务印书馆1997年版,第230页。
[2] 〔英〕亚当·斯密:《国富论》下卷,王亚南等译,商务印书馆1974年版,第27页。

论述描绘了促使公私利益天然一致的无形之手。在斯密那里，能够使私人利益和公共利益自然地调和一致的内在机制就是这只"无形的手"。麦克菲说："不论是《道德情操论》抑或《国富论》，无形之手的介入皆是'为了促进社会的利益'。倘若没有无形之手的介入，则个人为了满足自己的自爱心，以自己的极为狭隘的目的为动机，就有可能威胁或者说损害社会的利益。"①

在一个其内容与运行机制日益复杂化的商品经济社会里，个人想要最为充分地了解和掌握社会生活的方方面面，的确是一件困难的事情；而要对自身生活的环境和条件以及影响自身利益的周遭因素有一个详尽的了解，是相对困难少点儿的工作，当然这里还存在着一种相当活跃且有力的自利动机，这更是做好这一工作有益的助推器。在斯密看来，资本家的投资以安全和盈利为主要考量，在动机上很少考虑道德因素。然而就是这样一种全然没把道德放进利益考量中的做法，在斯密那里却比出于纯粹利他道德考量的行为更能造福社会和他人。这在一定程度上导致了斯密在《国富论》里思考最多的问题是社会团结何以可能。"在一个社会中，人人都为他自己的利益而忙忙碌碌，这是个莫大的离心力，人们是怎样不会受到这个离心力的影响的？使各个人的活动与团结的需要相一致的是什么力量？既没有中枢的计划权威，又没有悠久传统这一稳固力量，社会是怎样使它生存所必要的那些事务得以安排就绪的？这些问题终于使斯密形成了市场规律这一想法。他所探索的是他所谓的'无形之手'——'人们的利益和爱好由此可以导向最适合全社会利益的方面'。"②

在斯密看来，人所具有的自利倾向是建立以交换为特征的社会生活的根源。这种社会的根本特征就是人与人之间通过交换，互相满足对方的需要。人固然是利己的，但交换的需要使得照顾自己之外他人的需要成为一种必然的选择，利己也要考虑到利他，不然这种交换就难以实行，利己的目的也就难以实现。因此，在这种相互的照顾之中，对所有人都有利的共同利益的选择开始出现。在这个意义上，个人利益与社会公共利益是完全一致的。"每个人改善自身境况的一致的、经常的、不断的努力是社会财富、国民财富及私人财富所赖以产生的重大因素。"③ 这一点充分表现在资

---

① 参见李非《富与德》，天津人民出版社2001年版，第107页。
② 〔美〕罗伯特·L.海尔布罗纳：《几位著名经济思想家的生平、时代和思想——世俗哲人》，蔡受百等译，商务印书馆1994年版，第45—46页。
③ 〔英〕亚当·斯密：《国富论》上卷，王亚南等译，商务印书馆1972年版，第163页。

本主义市场经济活动中。可以说,市场机制就是那只指导公私利益一致的"看不见的手"。资本家在从事投资时,所考虑的只是个人的私利,然而其结果却得到了社会公共利益的增进。自由的市场所提供的自由竞争这只看不见的手,促进人们从利己的原点出发通过市场机制而达致利他的社会效果,市场就是这样一种神奇的机制,它化个人私利为公共利益,使二者在一种自动的转换中达致内在的和谐一致,真可谓"鬼斧神工"之效。

至此,我们可以清楚地看到,斯密在道德领域和经济领域实现了一种统一的和谐论,那就是:人固然是利己的,但每个人又在为自己利益打算的时候不得不顾及其他人的利益,从而自然而然地产生了相互的和共同的利益。因此,个人利益不仅不会与公共利益相矛盾,相反会自动达致和谐与一致。正如斯密本人所坚信的那样:"每个人改善自身境况的一致的、经常的、不断的努力是社会财富、国民财富及私人财富所赖以产生的重大因素。"① 依靠同情感原理所产生的交换行为的一般规则,再加上外在的市场竞争,使得社会自动生成了一种市场秩序。斯密认为,市场社会有一种内在力量可以形成秩序,这一内在力量"它恰如以人手决定棋盘上的棋子一样,一位极简单地就能决定伟大社会中各不相同的成员的配置。他岂曾想到:棋盘上的一个棋子除经人手将其运动之外不存其他运动原理,但是在人类社会这样的伟大棋盘上,除立法机关所可能择定的运行规则之外,一切棋子尚具有其独立的运动原理"②。这就是说,"伟大社会"所具有的"独自的运动原理",即指在人手所规定的规则之外,市场社会自身内在的自组织性,或者像哈耶克所说的是一种自生秩序。著名的经济学家弗里德曼说过:"亚当·斯密认为,经济秩序可以作为许多各自谋求自身利益的人的行动的非有意识的结果而产生,这在当时是个惊人思想,知道今天仍不失其意义。"③

可以说,苏格兰学派的思想家从曼德维尔开始,经过休谟直到斯密,完成了基于情感基础之上的道德论,并且在这种道德论的基础上,逐渐明晰化了由追求私利的活动而自动生成公共利益的社会机制,进而解释出这种自发生成的秩序本身就体现了社会公共利益的要求。与此同时,斯密可以说也代表整个苏格兰学派对国家的作用进行了界定。"因为社会经济领

---

① 〔英〕亚当·斯密:《国富论》下卷,王亚南等译,商务印书馆1974年版,第13页。
② 〔英〕亚当·斯密:《道德情操论》,蒋自强等译,商务印书馆1997年版,第302页。
③ 〔美〕米尔顿·弗里德曼、罗斯·弗里德曼:《自由选择——个人声明》,胡骑等译,商务印书馆1982年版,第19页。

域受制于一只'无形的手',社会乃是一个自组织的、服从自身规律和变化的'独立的经济体系'。换言之,社会是一个由诸多互相关联的生产、交易和消费行为构成的总和,拥有自身的内在动力和不受外界影响的规律,从而独立于政治领域。在此逻辑的延长线上,自然得到了斯密对于国家的界定。那就是与自然的自由制度相匹配的只能是廉价的'小政府',这成为近代以来自由主义者的共识。早期自由主义者大多认为,国家只应拥有最小限度的权能,廉价政府、最小国家成为选择目标。"[1] 正所谓"最好的统治(政府)就是最少的统治(政府)"[2],廉价政府作为一种意识形态或者说理论,其基本观念是将国家视为"必要的恶",并在此基础上坚决反对国家介入社会和经济活动,主张应该大幅度削减国家经费,大规模缩小国家的财政和税收,进而减轻国民的负担。实质上,就是要以尽可能低廉的代价换取私人财产的维护。斯密以廉价政府的理想表达了新兴资产阶级希望有一个"自由""平等"的社会政治环境以发展资本主义的愿望。然而,愿望毕竟是愿望,斯密设想仅仅依靠"无形的手"所代表的市场机制来完成公私利益一致的调节方法,是有其现实局限性的。因为,"无形之手"作用的发挥,根本上是以斯密高度抽象后的纯粹市场经济的存在为前提的。而这种市场在其中完全充分而自由地发挥作用的纯市场经济,过去不会有,现在不会有,将来也不会有。所以,单纯依靠"无形的手"来实现公私利益关系的真正和谐一致,只能停留于斯密伟大而单纯的理想之中。公私利益关系的理论探索任重而道远。

第四节 托马斯·里德常识哲学视阈下的公私利益关系理论

托马斯·里德作为哲学史上几乎寂寂无闻的哲学家,很少受到国内学界应有而足够的重视,这大概源于同时期有太多赫赫有名的鸿儒大家,无论是从人生履历丰满性还是从学说理论的深邃性上,都是令其望其项背的。然而,太多虚华的光芒毕竟无法掩盖真正有价值的思想,随着近些年

---

[1] 刘晓欣:《论早期自由主义者对市民社会的探索》,《河南工业大学学报》(社会科学版)2009年第4期。
[2] 参见李非《富与德——亚当·斯密的无形之手市场社会的架构》,天津人民出版社2001年版,第126—127页。

对苏格兰启蒙时期哲学研究的拓展以及整个西方哲学研究的不断深入[①]，人们越来越多地注意到了一个笼罩在哈奇森、休谟、斯密等光环之下的"不入主流"的托马斯·里德——这个坚持用一种经验主义的哲学方法研究道德、政治问题的启蒙思想家，他曾在1766年接替亚当·斯密担任了格拉斯哥大学的道德哲学教授。

里德生于1710年的苏格兰，其被后世所知大概源于三点：第一，其创立了旨在反对以休谟为代表的怀疑主义哲学的常识哲学学派，使得菲诺努斯关于英国经验主义哲学发展的判断被不幸言中。[②] 第二，20世纪40年代以前，人们通过哲学史学习了解到的关于17、18世纪英国经验主义哲学发展线索的概述，就出自于里德版本，这一点足以令人产生"钟情"和好感。第三，里德的道德哲学深刻地影响了与之一样具有理论自信的德国哲学家康德，特别是里德道德哲学中的"自为"思想对康德"道德律令"思想的启示作用应予认真严肃地"重估"。近年来，随着人们对政治实践中唯理主义的反思和对经济生活中市场原教旨主义的批判，使得里德的道德哲学和政治哲学也日益成为学界研究的热点。在里德关于利己与利他、私利与公德关系的政治哲学中，贯穿着他关于常识哲学的基本理念和基本方法，正像他本人在引用蒲伯的话所表明的心迹那样："解释道德的事物，就像解释自然的事物一样。"其意在于表明，适用于自然哲学特别是牛顿物理学的实验方法，同样也可以扩展至对心灵和道德的考察中，因此，他的政治哲学的基本方法就是通过对"精神事实和道德事实的观察而上升到一般法则，它们反过来又为演绎推理给出范围"[③]。具体而言，就是将哲学的论证诉诸日常语言中的"常识"，因为他坚信"常识"足以教会人们道德上应然的东西。因此，里德对于哲学的看法就是，它理应给予人们的日常信念以稳定性和连贯性，至少不能默认那些公开承认与人们

[①] 注：正如有的学者所认为的那样，20世纪人类政治实践的巨大挫折，使得人们对法国启蒙思想衍生出的唯理主义的"理性狂妄"产生了反思与批判，这使得人们开始关注其他启蒙时期的思想资源，力图从中找到破解时代难题、重构理论的思想脚手架，苏格兰启蒙思想开始重新进入研究者的立论视野之中。除此之外，对于市场经济发展所带来的道德问题的关注本就是苏格兰学派的理论优长，它对于解决此时西方世界中因个人利益最大化的市场机制所带来的德性败坏问题，无疑具有强心剂的效用。正是这两个方面的因素，促使学界重新瞩目苏格兰启蒙思想。

[②] 注：在贝克莱《对话三篇》的结束语中，菲诺努斯认为"相同的原则初看起来导致怀疑主义，当追求到某一点时，又会把人们带回到常识"。这正好吻合了从休谟的怀疑主义到里德的常识学派的经验主义哲学发展之路。

[③] 〔澳〕亨利·洛瑞：《民族发展中的苏格兰哲学》，管月飞译，浙江大学出版社2014年版，第75页。

日常信念不一致的结论。在他看来，既然理性与常识皆出于同一个造物主，那它们必定能够被调和起来。所以，在里德关于公私利益关系的论述中，弥漫着一种调和主义的论调，即坚持以"常识+理性"的方式阐释私利、公益以及协调公私利益之间的关系，这与之前几位诉诸理性与情感的组合来处理公私利益关系的理论既有不同又相映成趣。

一 "公私利益"的道德隐喻：非理性的行为原则

对人类心灵能力的知性与意志的划分由来已久，知性重点在于体现人的思辨能力，而意志体现的是人的行动能力。就人而言，不仅应该具有思辨能力，还应该成为一个具有行动能力的存在。虽然人的行动能力是有限的，但在我们能力的范围内确立最佳的行动目标、运用这些能力以实现这些目标，在我们看来这就是人存在的真正意义和价值。而所有关于这些行动结果的道德评价，或赞美，或贬斥，其根源都在于我们是否正确地使用了这些行动的能力。知识的获得就在于它能够增强我们行动的能力，会自觉引导我们正确地使用这些行动的能力。在这种思想的支持下，托马斯·里德的学术生命致力于探讨人的理智能力与人的行动能力。在他看来，人的行动能力的正确使用中包含着所有高尚、尊严和价值，而对人的行动能力的歪曲和悖妄的使用都会招致邪恶、腐败与堕落。因此，重视对人的行动能力的剖析，成为里德哲学中所设想的人的高贵性的重要体现。人因为自我掌控能力而使得自己的行为动机有了可以不同于动物冲动的可能性[1]，他可以分辨出来行为当中所包含的尊严与价值、卑劣与过失，于是，人的义务感会拒斥各种本能与嗜好的鼓动而教导人去做那些有尊严、有价值的事情，即使因此而牺牲掉了自己的本能与嗜好，其行为的价值不会因之而有所降低，相反会因为它带给人一种内在的幸福愉悦感而增加行为的价值。里德的这个理论思路，与他所坚持的常识哲学完全一致。他抛弃了以追求个体幸福为欲望的唯一目的的理论，他主张权力、尊重和知识本身就可以成为欲求的目的，而不是像伊壁鸠鲁哲学及其现代变种所理解

---

[1] 注：张晓梅在《托马斯里德的常识哲学研究》一书中认为，里德在讨论行为动机问题时受到了当时另外一位道德哲学家约瑟夫布特勒的影响。布特勒着重强调了人的行为动机的多样与复杂性，在面临选择时，人们往往要考虑多个动机，但最终促使他行动的那个动机不一定时最强烈的那个，但一定是最权威的那个。因此，他把动机做了层次上的划分，低等动机应服从高等动机，而不是看哪种动机强度上占优。动机层次论较之同时期其他道德哲学家的动机强度论无疑具有理论的创新性，这大概也是它吸引里德注意的原因所在。

的那样，这些仅仅知识追求个人愉悦的手段。由此我们不难看出，里德拒绝了从个体幸福角度对欲求自利自爱合法性的论证。实际上，从沙夫茨伯利开始，英国道德哲学的主流观点就是，合理真正的自爱必然会使人意识到社会道德责任的担当，利己与利他最终会走到一起取得一致。这里主要将论证的基点放在了自爱一边，力图通过自爱而达致仁爱、通过利己而达致利他以及公益的实现，亚当·斯密即是典范。而深刻影响了里德的布特勒却更看重自利之外的良心，因为他对依据自爱来进行道德判断没有信心，在他看来斤斤计较往往难以避免错误，不如直接诉诸良心的命令而更能明白无误地天下公正、正当与善。可以说，从这一点上布特勒深刻地导引了里德处理公私利益关系的理论方向。里德通过一种出于常识的关于行为原则的道德考察，渗透出他关于利己、利他以及公私利益和谐关系的论述。

里德坚决反对将人的仁爱情感都简单地还原为自爱自利，在他看来，把所有的仁爱情感还原为自爱似乎是不合理的，就像要把饥饿和饥渴还原为自爱一样。因为在仁爱的感情中，对象本身的善和幸福就可以是最终被欲求的东西。在这里，也体现出了布特勒对里德思想的影响。布特勒旗帜鲜明的反对当时思想界较为流行的单一原则还原论，也就是将所有伦理现象还原为单一原则的如霍布斯的"自私"原则、哈奇森的"仁爱"原则等的方法。为了体现对这一方法的反动进而考察行为的复杂动机，里德首先从讨论行为的诸种原则的分类开始。

在这里我们首先需要弄清楚的是，里德关于行为原则的分类，实际上就是关于行为动机的分类，正如他自己所说的那样："我把行为原则理解为激发我们去行动的东西。"① 里德进而说明用以区分行为原则的词语尽量符合其日常的用法，只是尽其所能将它们进行归类和指出它们之间的差别。里德将人的行为原则分为了三大类，即机械性原则、动物性原则和理性原则。所谓机械性原则就是"不需要专注、思虑或是意志"的原则；动物性原则是人与其他动物共有的原则；第三类就是人作为"理性被造物"所具有的理性原则。他首先分析了第一类原则即机械性原则。他讲机械性原则划分为两类：本能和习惯。他对本能的解释是"趋向特定行为的一种自然的、盲目的冲动"②，吮吸和吞咽即为典型。除此之外，里

---

① 〔英〕托马斯·里德：《论人的行动能力》，丁三东译，浙江大学出版社 2011 年版，第 95 页。
② 同上书，第 100 页。

德非常有创建性地指出,有些本能对于人来说是暂时的,但有些本性却可以伴随人的一生,持续很久。他指出有四种情况下的本能就是这样的:第一种就是人的自我生存所需的本能,"为了保存自己,很多事情是我们必须要做的,但即便我们想要做它们,我们也不知道通过什么途径去做"①,就像上面提到的吞咽;第二种无意识的重复性本能,即"当行为必须被频繁地重复,倘若每次做的时候都要意愿它,那会占据我们太多的思想,为心灵中其他必要的活动所留的空间就不多了"②,像眨眼这样的行为;第三种本能活动就是行为需要即刻完成来不及思考和决定的情况下,瞬间做出的行为就是本能使然;第四种,即里德认为人的部分模仿本性也是出于本能,如儿童并非出于欲求和意愿而模仿成为结巴就属于此类。在此基础上,里德进一步分析了人类存在着判断和信念基建于本能的情况,因为这些判断和信念并不是建立在证据的基础上,而是人的构造的结果,也就是受到了本能这种自然性和盲目性的指引,而这一点里德批评的对象休谟也是承认的,他指出信念既不是理性的结果,也不是经验的结果。分析完机械性原则的第一类本能后,里德转向分析机械性原则的第二类——习惯。习惯与本能相比较只是来源不同,本能来源于先天自然,而习惯来源于后天习得。但这里里德指的习惯也不需要意志或意图的参与,即无须思想。里德认为:"当我们习惯了去做一个事情的时候,我们所获得的不仅是一种能力,更有一种在类似情况下也这么做的倾向。"③ 他举出言说的例子来说明习惯的能力及其演变而成的倾向,这与本能一样是建基于人的构造。这里我们需要注意的就是,里德将我们现在所理解得很多需要理智参与的行为都归之于本能,无意间扩大了本能的范围,为其建立在本能之上的人的利己本性的论证打开了道德的方便之门,换句话说,既然是本能的行为,那就根本不具有道德或价值评价的必要与可能,这实际上是将部分的自利倾向从道德讨论的战场撤离了出来高挂免战牌,用本能与习惯将之保护了起来,这一点在整个苏格兰启蒙思想家的灵魂深处成为一种躲不开的情结。

在以常识的方式界定完机械性原则后,里德开始了动物性原则的探讨。这类原则的特征就是参与了意志和意图,但没有动用判断力或理性,嗜好、欲求、钟情、激情、性情和意见是其具体表现。在里德看来,嗜好

---

① 〔英〕托马斯·里德:《论人的行动能力》,丁三东译,浙江大学出版社2011年版,第106页。
② 同上书,第107页。
③ 同上书,第116页。

伴随着一个固有的不适感,强度与对对象的欲求成正比的间歇性的感受,饥饿、干渴和性欲是典型。前两种是为了个体的保存,而最后一个是为了物种的延续。这些嗜好是自然所赋予人类的,其目的是很明确的,因此,从严格意义上说纯粹出于嗜好的行为是不能作为道德评价的对象的。可以说,它们既非善也非恶,而只有当它们顺从了或违背了一些更重要、更权威的原则而做出的时候,它们才能成为善的或恶的。因此,里德得出这样一个结论:

> 如果只考虑嗜好本身,那它们既不是社会性的行为原则,也不是自私的行为原则。它们不能被称作社会性的,因为它们并不蕴涵对他人福祉的考虑。它们也不能被正确地称作自私的——虽然它们通常被归入那个类别。一个嗜好把我们拉向某个特定的对象,不过这个对象对我们来说是好是坏。它和仁慈一样没有蕴涵任何的自爱。①

从这段话中,我们可以得出以下几点:第一,里德认为称为嗜好的动物性原则无关道德,因而既不能从社会道德角度也不能从个体道德角度予以评价,换句话说,它既非自私也非无私;第二,里德在这里给出了一个社会性道德的标准,那就是要考虑对他人的福祉,换句话说这就是公益标准;第三,里德在否认嗜好利己性的同时,也否认了同时代其他思想家将仁爱归结于利他性的结论,坚称仁慈也不蕴涵自爱或爱他的道德本性。到这里,如果我们认为嗜好因为不善不恶就可以肆意无度的话,那就大错特错了,毕竟作为一个具有思辨精神的哲学家,里德绝对不会做出如此武断的结论。他进一步指出,如果自然所赋予人类的嗜好能保持在自然要求的强度和状况下时,那应该是最好的。他提醒人类应该注意那些后天习得的嗜好,因为不好好掌控和处理好这些嗜好,是会有邪恶出现可能的。这里里德认为不能用一种相反的嗜好或激情力量来反对一种没有约束的嗜好(如通过惩戒的力量),而只能诉诸自我掌控的能力,这是非常有必要的。里德在这里为更高层次的、更权威行为原则的出场奠定了基础。实际上,这里也彰显出里德哲学在行为动机选择上的一个基本方法论,那就是低层次的行为原则应该服从高层次的行为原则。

为了继续强化对动物性原则的非道德性的理解,里德在分析完嗜好后

---

① 〔英〕托马斯·里德:《论人的行动能力》,丁三东译,浙江大学出版社 2011 年版,第 123 页。

接着分析了与嗜好紧密相关的欲求。在他看来，欲求不同于嗜好的地方在于，一没有固定的不适感，二不是间歇性的而是持续性的，用中国成语欲壑难填来形容恰如其分。在里德的视阈内，对权力、尊重和知识的欲求是他主要关注的三种欲求。他分别论述了三种欲求，指出这三种欲求是人的构造中的自然原则，任何通过自我感受和情感反思的人都应该信服这一点。但里德指出，在现实生活中很多人因为对这三者的欲求可以有利于其他意图的实现，而把对它们的欲求看成是达到他们其他目的的手段，如伊壁鸠鲁派就认为它们是达到个人愉悦的手段，或是通向一种自然的欲求对象的手段，而绝少人把这三者本身当作目的来追求。这真是一语中的、一针见血的见解！里德再次重申，只有出自对权力、尊重和知识自身的缘故，而不是把他们当做获得其他东西的手段而被人们追求时，才可以说这种欲求本身是自然的，既不是自私的，也不是社会性的。若这三者成为谋求私利的手段时，那对这三者的欲求就是一种自爱；若这三者成为向他人施以善行的手段时，那对这三者的欲求就是一种仁慈，或者是爱他。可以说，在这里通过对手段和目的的判断与分别，里德否定了对欲望本身恶的属性的断定，只有在它们沦为手段时才能具有道德评判的可能。但里德也继承了曼德维尔私恶即公益的某些理念，强调人类的欲求有助于道德的实现，在他看来"倘若没有自然的嗜好，理性会既不足以保存个体，也不足以延续物种。倘若没有我们刚刚提到的自然欲求，人类的德性就不足以影响人在社会中形成可被人们接受的操行"①。这里笔者分析有一个重大的理论突破，那就是对人类理性的非完全确信，即人类的理性并非完美无缺，建立在理性基础上的知识和德性并不是包治百病、包打天下的，其不完善性需要来自自然的嗜好和欲求的弥补。换句话说，良好的知识与德性必须要与这些自然的嗜好与欲求相结合，才能落实为现实生活中可以被普通人所接受的道德行为。离开了自然嗜好与欲求的德性，就会成为空洞的道德说教而一无是处。理性之箭必须瞄准嗜好与欲求的靶子，才有可能使德性行为有的放矢，也才有可能使嗜好与欲求不必成为人性的累赘。在这里，里德既规避了对嗜好、欲求的道德恶的审判和对理性完美性的笃信，又赋予二者互动与互助的关系，实际上也为论证追求私利的合理性与论证公益的合法性都留下了理论空间。正如里德所表达的那样："对权力、尊重以及知识的欲求是人的构造中的重要部分，出于它们的行为虽然严格说

---

① 〔英〕托马斯·里德：《论人的行动能力》，丁三东译，浙江大学出版社2011年版，第133页。

来并不是有德行的，但它们是人性的、高尚的，它要高于那些出于嗜好的行为。我认为，这是人类的一个普遍的、中允的判断。这个判断所依据的东西应该值得按照其恰当的位置得到考虑。"[1] "对权力、声望和知识的追求与德性一样都要求自我克制。在我们针对同伴的行为中，它们通常会走向德性所要求的操行。"[2] 在这里，里德强调了这些自然欲求虽目标不在于达成他人的福祉因而不能成为社会性的行为原则，但它们与社会有着一种无法割舍的关系，这种关系清楚明白地表明了所谓"自然的意图"，那就是人不能脱离社会而生存生活，人的构造决定了人应该在社会中生活。

里德接着论述了作为低级行为原则的钟情。这一低级行为原则是在理性成熟之前的人的有意的行为原则，它们无须或只需要少许的理性或德性的帮助，就可以使个体与共同体的存活呈现出多样式的生活场景，正是在这样的变化与革新的生命实践中，使得理性与德性逐渐走向成熟。前面所讲的动物性原则面对的对象全是事物，而钟情面对的对象主要是人，它蕴涵着"我们对某个人善意的或恶意的钟情，至少对某些无生命的东西善意或恶意的钟情"[3]。因此，里德将钟情又细分为善意的钟情、特殊的善意的钟情和恶意的钟情三类。在他看来，原本我们习惯地将钟情视为一种善意的，但他从分析钟情一词在日常生活语言中的用法，指出钟情应该是一个中性词，所以它既可以伴随着善意，也可以伴随着恶意。所谓恶意的钟情就是如愤怒、怨恨、嫉妒等通常被称为激情的原则，这些行为原则往往伴随着心灵的激荡，它们通过强化或弱化、激发或平息那些动物性的原则，对人类的操行造成很大的影响，所以被称为"激情"也是合适不过的，甚至是超出了一定程度的喜爱（love）也可以扰乱人的心灵、剥夺人的自我掌控，也可以被称为激情，例如两性之间的爱的激情。善意的钟情应该是温和的，它伴随着人的愉快和舒适的感受，都蕴含着一种对其对象的福祉或幸福的欲求。人类生活的快乐就是建立在人与人之间相互都抱有一种善意的钟情，它是生活的安慰剂，是有利于良知的，是构成人生幸福的重要组成部分。所以"所有善意的钟情都具备的另一个根本性成分，它由之而获得名称的东西，就是一种对对象的福祉和幸福的欲求"[4]。它强调只有那些本身被当作目的去追求的东西才是真正的欲求，而这些欲求

---

[1] 〔英〕托马斯·里德：《论人的行动能力》，丁三东译，浙江大学出版社 2011 年版，第 135 页。
[2] 同上书，第 134 页。
[3] 同上书，第 140 页。
[4] 同上书，第 143 页。

对象的福祉才是善意的钟情，而当一个东西被当作达成其他目的的手段而被需要时，就是不属于真正的欲求，也就不可能是善意的钟情。若把对对象福祉的追求当作是达到个人快乐的手段，那就会取消一切善意的钟情的存在。因此，在这里，里德怀着忧国忧民的情怀，强调了维系一种共同体生活所必需的行为规则，那就是以对象的福祉为追求的目的，这是每个人生活在社会中的基本原则，对自己的同伴多行善、少作恶是一种社会生活的基本道德要求。这些善意的钟情植根于人的本性，在理性尚未成熟时，乃至成熟时都一样帮助着人拥有良好操行的生活，这对于人类的保存来说是必不可少的。

进而，里德详细分析了一些特殊的善意钟情，包括对自然的钟情、对恩人的感激之情、对不幸者的怜悯和同情、对智者和善者的尊重、友谊、两性之间爱的激情和最后一种对我们所属共同体的钟情。在这里，里德把人们对于自身所处共同体的钟情视为一种非理性的或少部分理性的参与的行为动机，这是极具古典精神气质的一种理论观念。他将这种公共精神不是视为奠基于公共理性基础之上的行为原则，而把它看成是一种前理性的或部分理性的选择，就如同亚里士多德认为的那样，人天生是一种政治动物，是一种具有公共精神的存在。他坚称如果有谁不清楚这一点，那无异于长着两个脑袋的怪物，因为从全部人类的生活中，从所有国家的历史中都可以明白无误地体会到这一点。里德认为即使在实际生活中主要专注于个人利益，而较少有机会按照他们自己对公共的观点来行动的人，甚至是私人激情严重压抑了公共精神的人，乃至于弃绝厌世的人也是对公共心存善意的，虽然这种钟情可能弱小到了我们几乎无法体察到。因为他们一刻也无法离开自己与同伴所生活的再小的那个共同体，息息相关的感觉就是一种公共精神的体验，不在乎对象的范围有多大。正如里德所描述的那样："无论钟情是指向一所大学还是一个修道院，无论它指向一个家族还是一种职业，都是一种公共精神。这些钟情在类型上没有区别，它们只是在对象的范围上有区别。"① 当然，公共精神要服从理性和德性的规约与控制也是必要的，这与对其他低级行为原则的要求并无二致。因为有了理性和德性的辅佐，公共精神所产生的正能量就会远远大于其恶的负能量。"当它处于理性和德性的指引之下时，它就是灵魂中的上帝形象。它尽其所能地扩展自己有利的影响，分享上帝的幸福，分享所有被造物的幸福。

---

① 〔英〕托马斯·里德：《论人的行动能力》，丁三东译，浙江大学出版社 2011 年版，第 157 页。

这些善意的钟情在我看来乃是人类构造的组成部分。"① 正是这一基于人类自身构造的善意的钟情，使得它们可以弥补因义务感的缺失和受利益驱动所带来生存缺陷，它们既可以治愈心灵，也可以治愈肉体，强烈的愉悦感赋予人心以平和、安详、温暖，表现为温柔、亲切与仁慈的外在美，扫除一切困扰人的阴暗、忧郁与不快。它将人类集合在一起，共渡难关、共享幸福。可以说，"人类社会的安全、幸福和力量全部源于其成员相互之间的善意钟情。"② 特别是在这些钟情中，对公共福祉的钟情更成就了崇高的人类生活的存在。"如果一个人为了他的国家的福祉、为了全人类的福祉，热情地把这些更加私人性的钟情压制下去，着手去做，或寻求机会去做对他的同类有益的事情，我们就会不仅把他敬重为一个好人，更会把他敬重为一个英雄、一个善良的天使。"③ 由此我们不难看出，在追求私利与公益的道德评价上，里德无疑是坚定地站在了公益追求一面，只不过他对于公益追求的论证还不是完全理性主义的，诉诸的是一种日常感性的生活常识。

最后，里德又分析了恶意的钟情、激情、性情和意见对人类行为的影响，强调了这些行为原则之间的平衡和部分理性的自我掌控，会使这些行为原则产生善的结果和良好的操行，若一个人除了自然的嗜好、欲求和钟情之外再无其他的引导者，那他就会像一艘无人掌舵的航船，一切取决于激情之风和脾性之浪的随意摆布，那样的人生是极其危险的。学会控制自己最强烈的欲望，坚定地追求自己的人生目标，理应比那些醉心于眼前利益、毫无任何目标的人生拥有更多快乐的资格。

二　从"总体的善"到义务：公私关系的理性道德论

与行为的机械性原则不需要任何意志或意图、动物性原则虽需要意志和意图但缺乏判断力相比，行为的理性原则不仅需要意图和意志，更需要判断力或理性，因为它担负着调节人的信念与行为或操行的功能。简单而言，理性承担着做出决定的职能，决定什么目的是我们应该追求的，以及追求这些目的应选择哪些手段，这在里德看来绝不是趣味或感受的职能，而只能是理性的职能。理性不是激情的仆役，而是行动的主宰。里德认为人类行为的目的有两个，一个是对我们总体上是善的东西；另一个是我们

---

① 〔英〕托马斯·里德：《论人的行动能力》，丁三东译，浙江大学出版社2011年版，第158页。
② 同上书，第163页。
③ 同上。

的义务。所谓"总体上的善"就是借助于人的成熟的理性从人的整个存在的角度对所有必然或可能的联系和后果的考察,这会带来更多的善而非恶,这就是着眼于整体的善。这种能够从历史的联系的角度看问题想问题的能力就是一种理性的能力,这是理性所赋予的一种行为原则,是作为有理性的生物的内在构造,具备了这种行为原则的人将被引导着寻求善而规避恶,这是高于动物性原则的主导性原则。在里德看来,判断真假是思辨理性的功能,而着眼于整体判断善恶却是实践理性的功能,这一点可以说与后世康德关于实践理性的认识是如此的相似。在这里,里德总体上善的思想受到了当时时代主流道德哲学的影响,因为在他的思想中分析了人在现实生活中经常做出的偏离总体上对我们是最好的东西的情况,他认为这种情况的发生使人实际上并没有获得关于操行中什么是对什么是错的概念,换句话说,他对于什么是实际操行中的对错的意见是错的,只有理性才能使我们的真正利益和义务避免这种错误意见的干扰。正像里德承认的那样:"着眼于整体来考虑我们的善这个理性的原则赋予我们人类操行中对和错的概念,至少是明智和愚蠢的概念。当激情和嗜好恰当地服从于它的时候,它造成一种自我赞许;当它服从于激情和嗜好的时候,它就造成一种懊悔和良心的谴责。"[1] 这里这个"总体上的善"的原则就非常类似于道德原则或良知,而当时很多道德哲学家都把良知或义务感等都还原为着眼于整体对我们善的考量,这不能不说是里德难以逃离时代的一种哲学反映。这也反映出苏格兰启蒙思想家理论深处的一种倾向,将现实生活中德的考量与哲学中关于善的追问结合起来,仿佛认识了善自然就可以造成实际操行的德,然而里德也并非对此有足够的自信。里德也认为"总体上是善"的行为原则与良知或义务的行为原则还是不同的两个原则,虽然它们可以造成同样的操行,通过分析良知和义务就可以深切地感受到这一区别。

在里德看来,总体上的善的行为原则会导致所有的德性都得以践行,特别是会间接引导我们去践行正义、人道以及所有社会性的德性。因为在这个原则之下,有智慧的人能够形成正确的判断,从而直接到了自身审慎、节制与刚毅的美德。与此同时,他也会考虑到自己是一个社会性的存在,自身的幸福与不幸皆系于同伴,自身构造中还有许多善意的钟情。这里里德可以说解释了从直接自身善走向间接社会善的原因,无形中透露出

---

[1] 〔英〕托马斯·里德:《论人的行动能力》,丁三东译,浙江大学出版社2011年版,第210页。

其陷入了自身所极力排斥的"功利主义"的表达方式之中。"的确,对我们自身善的考虑本身并不能造成任何善意的钟情。不过,如果这样的钟情是我们构造的一部分,如果它们的活动造成了我们很大一部分的幸福,那么,对我们自身的考虑就应该会使我们培养和运用它们,因为所有善意的钟情使其他人的善变成了我们自己的善。"① 然而,总体上的善的原则毕竟存在着自身难以克服的缺陷。里德认为首先就是这个原则要求人是完善理性的拥有者,要有通天彻地之才,这样才能透彻地全面地把握生活的整体,才能依据这一原则而达致德性的圆满,这显然不现实。其次,这一原则太过"遥远"而不够直接、现实和简洁。在里德看来,"在许多情况下,与遥远的善的忧虑相比,当前的义务感有着更强大的影响。毫无疑问,与对弄错我们真正关切的单纯忧虑比起来,罪恶和果实的感受是一个更辛辣的训斥者"②。再次,即使存在一个拥有完善理性的人,单纯凭借这一原则而达到完满的德性,这种人在里德看来只能是智者而不是真正的德者,因为他不是以追求德本身为目的,而是把它当作有益于自己的手段,这种功利的考量使得他不可能获得最高类型的德性,当然也不配赢得人们的真正的爱与尊重。"我们只会把诚挚的爱和尊重献给这样的人:他的心灵并不龟缩于自身之中,而是伸展到了更广泛的对象;他热爱德性不仅仅处于他的天资,而是出于他自身的原因;他的仁慈不是自私的,而是慷慨的、无私的;他忘记自我,心里只有公共的福祉,他不是只把公共的福祉当作手段,而是把它当作目的;他憎恶卑鄙的东西,哪怕他可以通过它获益,他热爱正当的东西,虽然他会因之而饱受磨难。"③ 最后,出于功利考虑的自我福祉的深思熟虑的追求,本身不会带来任何的快乐,相反却会带来焦虑、不安与痛苦。这是因为他深思熟虑的只是自己的福祉,他对德性或义务没有丝毫的关注,这注定其所获得的利益相较于伴随而生的痛楚是那么的稀少,所以,只是单纯地关注于这一假定为人类操行的唯一原则,并不能给个人带来真正的快乐与幸福。因此,里德认为:"虽然着眼于整体来考虑我们的福祉,这是人的一个理性原则,然而,如果它被假定为我们操行唯一的调节原则,那他就会成为一个更加不确定的规则,与当它和另一个理性原则——即对义务的考虑——结合在一起比起来,它所

---

① 〔英〕托马斯·里德:《论人的行动能力》,丁三东译,浙江大学出版社 2011 年版,第 217 页。
② 同上书,第 219 页。
③ 同上书,第 220—221 页。

赋予人的品格的完善性并没有那么大，它所造成的幸福也没有那么多。"①这里里德实际构造了一种双轮驱动理论，即要保证着眼于整体的善的行为原则不至沦为达到个人目的的手段，就只能借助于更为直接和简洁的道德训令——义务，这样就会有效地制约以追求总体善的名义行个人利益追求之实的出现，从而保证个人利益的确实性是建立在整体善的实现的基础之上，这提出了近代处理公私利益关系的一种典型的思路，即依靠理性原则与义务原则的理论组合，实现公私利益的协调共赢。

在里德看来，"在人的构造中还存在着一个更高尚的原则，在许多情况下，这个原则和单纯对利益的顾虑比起来，会给予一个更明晰、更确定的操作规则，没有这个原则，人就不可能成为一个道德能动者"②。这里里德明确地告诉人们，总体的善的原则只是赋予人对行为做出理智的判断，而只有义务才是赋予人以德性。那什么是"义务"呢？在里德看来这个概念太日常了因此也太简单了，所以更难给出一个具有明确内涵的逻辑定义。在他的界定中，他用了一系列的同义语来描述义务，如应当做的、公正的、诚实的、值得赞赏的、应遵循的、其本身被称许的等等。日常的经验告诉我们，利益和义务是行为的两种不同的动机，它们可以导致一样的行为，但它们在人的构造中还是彼此分明相互冲突的，因此，决不能将义务概念还原为利益概念。义务原则展现的是人的存在的高尚性，因为他顾虑的不是他的利益而是更为高尚的东西，这是一种道德责任，它要求一个人去做他认为对的事情，而不去做他认为是错的事情，它使得人的存在有了一种不同利益满足的更高的价值成就感，顺其道而行容光焕发，背其道而行则萎靡自责。里德坚持义务原则的普适性，但也承认因为教育、风尚、先见、习惯等原因而造成的对义务外延认识的差别，但不管这种差别有多大，承认义务的存在并坚信它赋予了人真正的价值、是真正应该赞许的对象这一点上，是百虑而一致的。总之，里德至此已非常明确地指出理性原则是人的行为的主导性原则，公正、高尚的事物是这一原则考量的对象，对我们整体利益的关心也是这一原则关注的对象。这一行为原则结合了德性与利益的顾虑，将二者统一到了理性之名下，由之我们想到，现代处理公私利益关系的基本原则，理应包含两个基本的要素，那就是利益与道德，必须在理性的关照之下实现二者的平衡，

---

① 〔英〕托马斯·里德：《论人的行动能力》，丁三东译，浙江大学出版社2011年版，第223页。
② 同上书，第224—225页。

才能保证这种和谐的局面不被打破,否则任何一种因素的贸然突进势必会带来另外一方反方向的强势反弹,最终的结局只能是高尚与幸福的共同沦丧。

三 "里德启示":"良知"与公私利益间的平衡

在探讨了总体上的善和义务两个理性行为原则后,里德转而讨论起行为和能动者之中构成道德责任所必需的因素,因为正是基于对这些因素的普遍认同,才使得人具有同样的道德责任概念。这里需要说明的一点是,在里德看来,道德责任概念或抽象的义务概念,既不关乎任何行为本身的实在性,也不关乎行为的能动者的任何实在性,它表达的仅仅是行为与能动者之间的某种关系。说到底,道德责任或义务应该是一个关系范畴,因此,这也就使得要去对这一关系性范畴进行逻辑的界定变得十分困难。所以,转而去讨论行为和能动者之中构成道德责任的必要因素,简单地说也就是我们如何获得义务的感受,"我们是如何学会了判断和确定对错"[①]。里德赞同他同时代哲学家提出的一种回答,那就是这来源于具有成熟知性和反思能力的人透过心灵的一种本源性的能力,不管用什么名称来称呼这种本源性的能力,它从古至今都是人们之所以能够判断操行对错、事情对错的原因所在。里德把这种道德能力称作道德感,并在与自然的外在感的类比中指明,对我们道德能力的证明就如同对我们外感觉的证明那样,是自然的。道德学的首要原则就是奠基在道德能力或良知的基础上的,因为它在人类的操行中让人立刻察觉到什么是公正的、诚实的和高尚的,这是一种本源性的心灵能力,它使我们人类具有了操行中对错的概念以及义务和道德责任的概念等,我们信赖它就像我们信赖自己的感觉或其他自然能力那样。

里德强调只有通过行为能力的活动我们才能认识行为能力本身。道德能力的活动即道德感或良知,就是我们认识这种心灵能力的途径。那良知是什么?良知的职能是什么?我们首先通过良知的命令认识到了它的存在。在里德看来,良知的命令对每一个人都发出如下的要求:"一个人要出于他的确信——这么做是正确的、高尚的——而履行自己的义务,做自己该做的事情的,一个人从一个高贵的原则出发而行动,它会比那种只是出于对当前或将来回报的考虑而被收买了去做它的人,获得更大的

[①] 〔英〕托马斯·里德:《论人的行动能力》,丁三东译,浙江大学出版社 2011 年版,第 233 页。

内在满足。"① 良知作为一种心灵的能力，是在适合的文化氛围中慢慢成长成熟的，这些氛围能够成就这种能力却不能创造这种能力，因为这种能力是被自然地造物主置于人的心灵之中的。当然，这种先天能力也需要指导、教育、练习和习惯的帮助促使其日臻成熟。当有一天知性成熟了，即使我们过去不曾发现良知，当它清楚地摆在我们面前时，我们也就立刻拥有了它并采用它，这就是一种具有内在自明性的心灵能力，它的本性与结构决定了它天生就倾向于是我们人类操行的直接指引者。良知的职能就是在一个行为之前就判断它是善、是恶还是中性的，这就像是"生理之眼，自然地目视前方"②，它为所有的其他行为原则规定了限度，我们可以在现实生活中违背它的命令，但不能够明明白白地违背它而不受惩罚，至少我们的心会谴责我们自己。笔者认为，这里里德的观点，可以说深深地影响了同样具有宗教情愫的康德关于先天道德律令的理解，即使可以欺骗了全世界，你也无法欺骗自己的内心，因为内心的良知就是道德律令不容违逆。在现实生活中，可能有时其他行为原则表现的力量强大势如破竹，但从权威性上而言，没有任何其他的原则能胜过良知。良知在本性上就具有一种权威性，它规定、指引、判断、宽容、赦免、宣判乃至惩戒我们的操行，如上帝在我们心中点燃的火把，不证自明，不怒自威，它意味着每个人在任何情况下都应履行自己的义务，也只有这么做了才能称得上是个完人。良知教会我们行动，也教会我们判断，所以它"既是心灵的一种行动能力，也是心灵的一种理智能力"③。因此，在我们面对我们构造的两种规范性或主导性原则的冲突时，良知会教导我们避免执其一端而走向极端，这两个原则就是我们前面提到的着眼于整体考虑的善和我们的义务。若我们执着于整体考虑什么是对我们最好的，就极易陷入视我们自身福祉的欲求为行为唯一动机的功利主义陷阱之中；若我们仅仅出于义务的考量因德性自身的缘故而执着于德性的追求，严重压抑对我们自身和我们自己幸福的考虑，那同样会陷入道义论的虚妄幻想之中。因此，里德从人性的角度教导我们要避免陷入这两个极端中。一方面应坚持不带任何利害关系的对德性的爱，这是人类本性中最高贵的原则；另一方面也不应放弃上帝植根于我们本性中的任何一个行为原则，因为它们本身都不是邪恶的，即便我们能够根除它。"在我们目前的状况下，它们全都是有用的、必须

---

① 〔英〕托马斯·里德：《论人的行动能力》，丁三东译，浙江大学出版社 2011 年版，第 248 页。
② 同上书，第 256 页。
③ 同上书，第 258 页。

的。人性的不完善不在于消灭它们,而在于把它们限制在适当的范围内,使它们恰当地从属于主导性的原则。"① 最后,里德得出这样一个结论,那就是这两种主导性原则的对立,即着眼于整体考虑的自我幸福与对义务的考虑之间的对立,实际上仅仅是一种理论的臆想,良知作为一种理智能力,从根本上将这种对立进行了有效化解,换句话说,这二者在行为发生之前在心灵之中借助于良知就完成了统一。里德的这一理性道德论,在此有效地消弭了公私利益冲突的可能性,依靠良知这一心灵的能力有效地协调和处理了公私利益关系,这无疑具有深刻的启发意义。

无可否认的是,当我们从事一项活动时,出于满足自身需要的目的与动机是无可厚非的。然而我们环顾四周发现,我们并非自给自足的封闭的个体,我们必须要通过与外界的物质和能量的交换、互动而生存和发展,我们在考虑自身需要的同时必须要兼顾他人的需要与利益,因此,我们自身的需求与偏好与他人需求与偏好的交集就出现了,产生共振的可能性就存在了。当我们在力图满足自身需要的同时,更多地考虑他人的需要与感受,我们就会发现自身的私利追求与公益的道德目标之间离得是那么近。我们越是扩大私利与公益相重合的范围,我们越能感受到一种道义上的正当性和实际获得利益的整全性。相反,越是疏离个人利益与公益的距离,萎缩私利与公益重合的部分,个人就越发不能获得一种道义上的正当感与利益取得的确证感。因此,里德提出的力图扩展自我与他人需要相重合部分的心态与理念,我们称之为"考虑整体的自我利益"。这是一种开明的牟利行为,是一种介于纯粹无私的公德与自私自利之间的平衡。

正如斯蒂芬·杨所说的那样:"当公德向我们说话时,它的声音也许微弱得难以听见,然而,当公德得到了来自于自身利益的支持时,那么,在这种力量的推动之下,我们就会下决心为实现公德和私利的双赢而努力。对于大多数人来说,这两种动机的合力是促使我们行善的关键所在。"② 在人类行动的实际进程中,从来私利与公德都是相伴而行的,至于在哪个具体的行为中是私利占据了优势,还是公德占据了上风,则完全取决于行动者、环绕他们的环境氛围以及当时所主要关注的对象,无端地论定某一行为纯粹是出于公德或是私利作怪,无疑都表现出了我们理智的

---

① 〔英〕托马斯·里德:《论人的行动能力》,丁三东译,浙江大学出版社 2011 年版,第 259—260 页。
② 〔美〕斯蒂芬·杨:《道德资本主义:协调私利与公益》,余彬译,上海三联书店 2010 年版,第 11 页。

匮乏和理解的极端，完全忽视了这二者之间所具有的统一性，里德提醒世人：滚滚红尘中更应努力地明心见性，良知的回归将帮助我们在公与私的利害关系之中达致和融共济。

第五节　托克维尔因民主之名的公私利益关系理论

在自由主义政治哲学谱系中，托克维尔算得上是一个温和派，其年轻时代所确立的为政治科学献身的鸿鹄之志，引导他努力从完全不同于欧陆的美国社会环境、文化传统出发，在两次美国之行中细致观察、缜密思考，是什么样的力量使得自由主义的个人主义原则在政治实践中不致冲毁美国的自由民主生活？与之前自由主义哲学家霍布斯、洛克不同之处在于，他并没有诉诸由社会契约建立的国家来解决这一问题，而是选择了被自由主义理性原则遗忘了的"灵魂"与"伟大"。在自由主义的传统中，将政治与灵魂、伟大建立关联，托克维尔算是一个标志性的人物。而他之所以对"灵魂""伟大"之类表征公民荣誉与美德的范畴保持关注，来自于他自身的贵族情结和对民主的敏感与深切感受。

在托克维尔看来，贵族制虽然充斥着森严的等级制和等级观念，表现出个体的不平等，但与此同时，这些林林总总的等级、家族、团体却又成为政治社会稳定的伦理纽带，使得社会秩序与社会团结的构成有了现实的伦理基础。但随着民主社会的到来，这种原有依托等级制的社会伦理和秩序纽带逐渐瓦解，原来心灵得以安顿的伦理秩序家园不复存在，确立了平等身份的个体，更多地需要依靠自身的努力来创造新生活的意义。对于美国社会所确立的个体身份的平等，托克维尔有着极为强烈的感触，他说："我在合众国逗留期间见到一些新鲜事物，其中最引我注意的，莫过于身份平等……它赋予舆论以一定的方向，法律以一定的方针，执政者以新的箴言，被统治者以特有的习惯。"[①] 可以说，民主在给予每一个体以平等地位和身份的同时，已经成为一种人之为人的本性，是人的天赋权利，因此，这种以身份平等为特征的社会状态，在托克维尔眼中就理应是人类社会的原初状态。这里我们需要提示给大家的一点就是，与霍布斯、洛克式的自然权利思想有所区别的是，它没有沿着自然权利、原初状态、社会契约的抽象理论论证民主产生的必然性，而是强调民主作为人的自然权利造

---

① 〔法〕托克维尔：《论美国的民主》上卷，董果良译，商务印书馆1988年版，第8页。

就了以孤立个体及其竞争为特征的原初状态。托克维尔之所以有这种认识，大概基于他对美国社会民主政治生活倾向性的深刻体察。没有经历过欧洲启蒙运动的移民国家美国，在建国之初对民主政治思想的选择，少了许多欧陆政治哲学抽象政治原则的论证，更多地体现出强烈的实用主义倾向，正像托克维尔自己所说的那样："在文明世界里没有一个国家像美国那样最不注重哲学了。"[①] 但他们却在政治实践中找到了属于自己的哲学方法，那就是"摆脱一统的思想、习惯的束缚、家庭的清规、阶级的观点，甚至在一定程度上摆脱民族的偏见；只把传统视为一种习得的知识，把现存的事实视为创新和改进的有用学习材料；依靠自己的力量并全凭自己的实践去探索事物的原因，不拘手段去获得结果，不管形式去深入本质"[②]。

这种实用主义的倾向，使得托克维尔不仅看到了民主制代替贵族制的历史必然性，更是助推他对民主特别是政治民主展开进一步研究的动力。当政治民主确立了个体平等、彰显了个体自由、突出了个体权利之时，也带来了一个不争的事实，那就是社会团结和友善的基础何在。在霍布斯和洛克那里，他们求助于社会契约达成的国家，以阻止在骄傲、私欲、恐惧、虚荣的个体之间爆发相互毁灭性的冲突；而托克维尔却把解决问题的目光锁定在了民主社会中公民美德的培养之上。他坚信培养一种公民的恰当性骄傲，是有效防止自由个体的私欲、私利威胁自治民主建构这一美国最大公共利益的不二选择。他曾经在《论美国的民主》一书中忧心忡忡地指出，沉湎于个人利益而忽视和放逐公共责任，有可能产生一种对自由民主具有灭顶之灾意义的集权专制。因此，保持一份对公共事务的热情与信心，使人们能够超越对自我保存和满足的关注，去追求灵魂的卓越与伟大，从某种意义上说，既是巩固个人私利的需要，也是平衡公私关系的重要方式。托克维尔无疑在一全新的自由主义方向上，努力探寻着解决现代自由民主社会危机的出路。

一 对自治民主的赞许

我们不得不承认的一点是，托克维尔一生致力于维系自由平等的民主政治。在他的政治哲学思想中，民主具有独特的理论含义和实践价值。对自治民主的坚守，首先来源于其对美国政制与欧陆政制的比较之中。具体而言，就是在现代民主制与贵族制的区隔与不同中，预见到民主成为现代

---

① 〔法〕托克维尔：《论美国的民主》上卷，董果良译，商务印书馆1988年版，第518页。
② 同上书，第518—519页。

政治发展的必然趋势。

　　托克维尔从来没有对民主下过一个精确的定义，其使用过程的含义也不尽相同，但总的来说还是可以看到他把民主理解为两层含义，一层是以个体平等为基础且为价值诉求的社会状态；另外一层就是强调在这样一种社会状态之下而形成的民主政体，即以人民主权为特征的政治与行政制度。在他的《论美国的民主》一书中，他多是从二者结合的角度展开的论述。由这两层含义我们可以窥见，他对于平等精神的高度重视，他认为美国民主社会的最显著特征就是人与人身份地位等事实上的相似性，特别是在财富方面和智识方面，这是美国创生的现实基础，也造就了美国人得以在谋生、经营乃至于参与公共事务上具备相似知识与能力，正像他自己说的那样："因此，美国在其他社会状况方面呈现出一种非凡的现象。人民在这里比在世界上任何地方，比在历史上有记录的任何时代，都显得在财产和学识方面更近乎平等。"[①] 正是这种事实上的平等，也坚定了他认为平等是人享有的自然权利，因此，自治民主就是要通过法律、政治形式肯认每一个体享有政治和法律上的平等。进而，体现在社会生活中就是一种机会的平等，即每一个人都有选择同样生活方式和用相同的手段追求财富的同等权利。从某种意义上说，平等给予了所有人至少是最大多数人追求自身福利的普遍权利。可以这么说，以普遍平等为特征的民主其正当性的首要基础就是，它保障了多数人谋求自身福利的权利，这相比于少数人垄断财富与权力的贵族制而言，无疑是一种历史的进步，是赢得普遍赞誉和尊重的重要因素。民主制超越贵族制而具有的普遍性和正义，是顺应历史潮流的，是任何贤明贵族制无法比拟的。因此，托克维尔认为，一般而言，民主立法的目标相较于贵族的立法目标，可能更有利于最大多数人，也最有可能促进国家的繁荣与发展。这种国家的繁荣与发展，是民主制度中一种"隐蔽的趋势"，尽管民主制相较于贵族制在立法科学方面不擅长，手段也不如贵族制考究和完备，可能也不能完全杜绝错误与邪行的发生。但与之相对应的是，即使是最贤明的贵族制也存在一种"隐秘的倾向"，那就是它会导致人对人的伤害。正是基于两种制度所具有的内在驱动力，贵族制被民主制所取代也就势成必然了。

　　当然，我们理解贵族制被民主制所取代的原因，不能仅从两种制度内在取向的理论层面给予阐释，更重要的是要弄清楚产生这种"隐蔽趋势"与"隐秘倾向"的深刻根源。而这个根源就是人性，或者说是天赋人权。

---

① 〔法〕托克维尔：《论美国的民主》下卷，董果良译，商务印书馆1997年版，第59页。

托克维尔从民主制的理论倾向深入到了民主的人性根源,来进一步论证民主的合理性与正当性。换句话说,正是民主深度契合了人性的需要,所以选择民主就是回归人性,就是合理正当的。在托克维尔眼中,贵族们只是对本阶层的成员之间能够做到友爱宽和,而对于下层民众却很难展现出人性的仁慈力量。这说明贵族们是没有普遍人性观念的,人性观念在他们那里因为身份地位的差别而有所不同。这种观念固化为一种社会制度与风尚,成为限制、约束甚或背离人性、与自然格格不入的"习俗";而与之相应的是,民主制却以平等之名大刀阔斧地铲除了这一不符合人性的世俗藩篱,使得每一个个体都展现出自身所本应具有的、与其他人毫无二致的人性相似性。托克维尔详尽地讨论了平等是如何使美国的民情变得日趋温和的。他认为在民主社会中有一种基于人性的自然情感而形成的普遍风尚,这种风尚冲破了传统等级、习俗的阻碍,激发了人们相互之间的认同,增进了人们之间相互的同情,使得人与人之间变得温情脉脉。在托克维尔看来,在民主社会中,每一个体看到自己身边与自己平等和相似的人,他们会以人同此心、心同此理的切身感受体会他人的喜怒哀乐,从而使同情在民主社会中获得了真实性。所以在这里,我们可以敏锐地发现,同情在这里俨然成了民主的同义语。这种同情同样可以扩展至民族之间,打破民族之间因为习俗而形成的隔膜,造就一种国际关系的温和;这种同情使得家庭成员之间原有的尊卑等级和权利差异消失了,重新恢复到了以血缘关系为纽带的天伦挚爱之情,可以说,被习俗和政治权利束缚的自然情感和自然联系在民主社会重获新生,无论是在父母与子女之间,还是在兄弟姐妹之间。可以说,"民主的魅力正在于它向人的自然情感敞开了大门,它借助于温情来征服世界"[1]。因为符合自然的偏好,民主也自然而然地成为人的良知和认识世界中的一种普遍性观念,随着近代以来人的主体地位的渐趋巩固,民主社会中起主导作用的是愈加显见的理性和经验,因此,人们也越来越承认这种社会的合理性和正当性。总而言之,凭借源自人性普遍的自然情感和经验理性的民主,以自身巨大的"移风易俗"的力量,在不断战胜旧制度的同时也自证着自身的正当性,甚至一度成了具有天命意味的一种强大现实力量。天命意味着崇拜与敬畏,难道民主的福音就真的完美无瑕到了令人崇敬畏惧的地步吗?托克维尔会有自己的答案吗?

---

[1] 思想与社会编委会编:《托克维尔民主的政治科学》,上海三联书店2006年版,第29页。

二 "个人主义"与专制：平等与自由张力下的民主悖论

正像有人说过的那样："托克维尔并非靠赞美民主起家，也从未把民主捧到天上。"① 这是因为，托克维尔睿智地发现，民主一方面在解放个体，通过一系列的民主制度的设计使其获得了安全与和平，从弱小而日益变得强大；另一方面也使得平等个体生活在日益激烈的竞争之中，始终无法摆脱这种竞争所带来的压力与困惑、焦躁与不安，这也正是为什么托克维尔那么关注民主社会中人的灵魂和精神问题的原因所在。民主社会中人性的激情与欲望值得关注，因为它塑造了民主社会的灵魂，从而决定和影响着整个民主社会的历史进程与精神风貌，它教导着人们重新审视自我，重新认识人类的创造力。然而，也正是这种激情与欲望，也使得民主社会也面临着自身无法回避的另外一种面相，这就是托克维尔所说的民主面临的最大危险来自民情的逐渐萎靡、心灵的相继堕落和趣味的渐趋庸俗，这恐怕也是民主社会自反的现代性在人的心灵层面的集中展现。可以说，正是基于对现代民主社会政治实践中人的心灵层面的政治关注，使得托克维尔发现了民主社会中平等与自由、个性之间挥之不去的张力关系，更使其获得"一个民主时代人类心灵的秩序和混乱的剖析者"的称号。

首先，让我们来看看托克维尔是怎样认识基于平等的民主如何解放人的个性和自由的，这主要体现在他对民主时代的个人主义的看法上。前文已经讲过，民主社会最大的特征莫过于平等，珍视基于身份平等的心灵平等以及由此激发的精神，更是托克维尔政治哲学所有立论的基础。从美国社会的现实出发，我们看到了事实生活的平等到政治法律平等和机会平等，可以说，热爱平等的精神与激情，左右着整个美国社会生活到政治生活的全部，它深入人心，支配着社会的民情与公共舆论，是托克维尔认为的"尊敬的平等"和真正的社会平等。"无论财富与贫穷、权力和服从偶尔在两个人之间造成多么巨大的差异，以事实的常规为基础的公共舆论将他们之于共同的水平上，在他们之间造成一种想象上的平等，不管他们之间实际上存在着不平等。"② 俨然平等已经成为美国社会和政治生活中的共同的最大价值，它支配着所有人的交往与生活。因此，它使得在美国追

---

① 〔美〕哈维·C. 曼斯菲尔德：《托克维尔》，马睿译，译林出版社 2016 年版，第 12 页。
② 〔法〕托克维尔：《论美国的民主》下卷，董果良译，商务印书馆 1997 年版，第 576—577 页。

求自由与个性成为可能。在托克维尔看来,平等精神高扬了个体人的价值,给予每一个体以平等的价值地位,帮助每一个体确立起了自我的强大信念与信心,使得每一个人都相信依靠自己的力量创造属于自己的幸福生活。这种信念后来也发展成为美国精神的主要因素。每一个人确立了对自我的信心,他就可以不会因为目前和当下的贫困、地位底下而丧失为人的尊严,反而会燃起他努力进取的动力,恰如托克维尔所言:"有一种刚毅的和政党的对平等的激情,激发起所有人去苛求变得强大和受人尊敬。这一激情趋向于将小人物提升到伟大人物的行列中去。"① 因此,如果可以将每一个体追求自我完善的内容置于利益话语的考量之中,那么我们可以推论出,平等精神激发了每一个体大胆追求自我利益实现的动力,每一个普通的人在民主社会中都有一种不言而雅的实现个人利益的现实需要和精神动力,这在一定程度上确认了民主社会肯认个人利益或私人利益追求正当合理的观点。关于这一点也体现在托克维尔对美国人热爱物质财富的论述上。

在托克维尔看来,美国人对物质财富确实有一种极度的好感,主要原因在于美国有着自身独特的历史和现实处境,特别是"天生"于平等精神之下建国的美国,没有欧洲各国的曾经的贵族制历史,使得它具有了热爱物质财富和关注当下、只爱眼前的观念托克维尔称为平等的"隐蔽的力量"。平等造就了美国社会中大量的热爱财富的中产阶级,这个阶级的形成与壮大,也使得追求富足、实现财富梦成为一种历久弥新、持之以恒、坚忍不拔的一种普遍的激情。事实上,在民主时代的美国,人们比以往任何时候更爱金钱财富,不是因为人们的心灵更为狭隘,而是金钱和财富在这个时代比在以往时代更重要。"当依附于古老事务的威望消失后,人们不再被、也很少被通过出身、地位、职业加以区别;除了金钱以外,几乎没有任何东西能在人们之间做出明确的区分或者能够使某些人比一般人更突出。建立在财富之上的区分锁着其他区分的消失而更显重要。"② 这里托克维尔说出了后来者马克思对资本主义社会商品拜物教和货币拜物教本质的结论。当等级、身份、特权、荣誉、高贵、德性等从社会和人们追逐的目标神坛跌落后,能够取这些而代之的就只剩下财富了,所以财富在某种程度上成为社会的主宰。

这种在平等精神驱动下的从未有过的对财富的热爱,驱使着人们无度

---

① 〔法〕托克维尔:《论美国的民主》下卷,董果良译,商务印书馆1997年版,第57页。
② 同上书,第615页。

第五章 公私利益关系的非契约论解释

地索取，固然有时不会失去固守灵魂伟大的次要目标，但托克维尔还是对此表达出了忡忡忧心。他害怕这种一味追索合法享受的专注，会带来心灵的弊病，那就是它虽然不会把人带向荒淫，但却会把人带向疏懒。这里实际上揭示了民主社会可能带来的一种悖论。一方面因为平等释放了每一个人的天性，给予人们追求自身完善的巨大动力，特别是表现在对物质财富的追求上；另一方面，这种被表示为正当性价值追求的财富追逐，又有极大的可能把人们引入不完善的境地，托克维尔描述为平等时代的个体性软弱和个体性危机。这个危机首先就表现在民主社会中人们心灵的焦虑与不安，这是因为人们总是把达成完善的希望寄托于索取更多的物质财富，可当这种永不满足现状的追求不能顺利达成时，原本身处幸福之中的人们可能感受到的就是一种不安与焦虑。有学者认为："熟读卢梭的托克维尔懂得，人类的不幸并不在于贫穷，而在于与他人的比较和用想象中的未来权衡现实。"[1] 把目光锁定在现实世界享受当下的快乐，追求及时行乐，而面对形形色色的快乐诱惑常常感叹生命的有限和短暂，于是内心的挣扎和矛盾、焦虑与不安，甚至胜过了贫穷与匮乏的年代。托克维尔深刻地认识到："在对福利的人中之外，没有法律和习俗将人们固定在任何一个位置的这样一种社会状态火上浇油地刺激了人们的焦虑。"[2] 其实，这里托克维尔揭示了一种真实，那就是民主自身的悖论。民主在激发人们实现自我的高昂斗志后，又没有给人们提供必然成功的机会和现实；相反，与之具有相同权利的人们与他的平等竞争，使得阻碍人们实现自己伟大未来梦的障碍丝毫不比过去世代少。在某种程度而言，所有人具有的共同权利成为每个人实现自身权利的最大障碍。平等给了每个人以权利，但也以共同的权利阻碍着人们轻而易举地实现现实真正的平等。所以，现实的不平等倒成了平等的民主社会的最引人侧目的特征。于是，民主社会深陷平等权利——不平等现实——追求平等——新的不平等现实的怪圈之中，以人性的不变试图去改变现实，现实却以不变的不平等回应这种试图的改变，焦虑和不安自然与民主社会当中的人如影相随，使得这种理想与追求如梦幻泡影，似真似梦。任由这种平等激情的扭曲，就会产生诸如嫉妒、怨恨、仇视等不良的诉求，就可能造成人性沿着下降线堕落发展，这实际上就是平等精神的堕落，而这种平等精神的堕落实质上反映了民主社会中个人对自身价值和尊严的追求是无力的、软弱的。

---

[1] 思想与社会编委会编：《托克维尔民主的政治科学》，上海三联书店 2006 年版，第 42 页。
[2] 〔法〕托克维尔：《论美国的民主》下卷，董果良译，商务印书馆 1997 年版，第 537 页。

民主社会中的个体在残酷的竞争中，根本无法轻而易举地按照自己的想法实现自我的价值与尊严。平等面具背后实际上隐藏着个体追求自我价值的艰难之路，纵使这条道路被冠以了"自由"的称号。独立承担价值实现的任务，对于每一个民主社会中的个体而言，总显得那么力不从心。可以说，平等在摧毁传统社会当中人们团结、凝聚起来的纽带的同时，造就了一个个孤立的原子式的个人。他们在盲目的平等激情的驱使下，使每个人都对自己充满了自信，不相信自己比别人差，相信自己与别人一样优秀；然而现实却是，在日益强大的国家与社会面前，个体的力量却显得那样的微不足道，甚至个体对自由和独立的主张显得那么滑稽可笑。原子式弱小个体在民主社会中的命运，自然成为托克维尔关注的重点，这也是证明民主社会价值的关键所在。通过对历史的研究，托克维尔产生这样一种观念，那就是社会的扩张将抑制个体的力量，对于民主社会而言，并不必然代表了历史的进步，那是因为一方面对个体独立性的普遍承认是民主社会的一大特征，但与此同时这种承认对个体性也产生了最大威胁——驯服的个性。在民主社会中，卓尔不群的创造性个性容易受到排挤和抑制，而更坏的情况是，越来越多的单调乏味、没有了开拓与创新精神的个性却普遍的衍生出来、驯服出来。托克维尔就敏锐地观察到，民主社会表面上看起来喧哗躁动、热热闹闹，然而却万变不离其宗，这些变化自身却显得如出一辙、单调乏味。对单一规则的顶礼膜拜，使得诸如美国社会中的欲望的表达都显得那么循规蹈矩、整齐划一。个性的规训与服从，正在从人类社会中驱逐多样性，对普遍一般性观念的盲从正在威胁着个体对自由的获取。

在民主社会中个体不知道如何获得真正的自由，特别是在日益强大的国家和社会面前，其软弱性就更是暴露无遗。这种软弱性导致的直接后果就是个人更加关注自己的一亩三分地，希望退回到自身利益的狭隘视域中审视外在的一切，与公共领域疏离、对于公共事务和公共利益的漠视成了必然。托克维尔指出，现代民主承认每个人基于自身利益的正当性追求，自我利益和需要成为价值追求的首先目标，同时，这种对于自我利益的关注和情感也构成了民主社会道德、政治和社会的基础。个人主义作为托克维尔基于平等的自由主义内在包含的意蕴。在他看来，聚焦于自我是平等的自由主义的一般性特征，个人主义是这种特征的观念性表达。当托克维尔到访美国的时候，个人主义对于他而言还是一个新词，但个人主义的发展在当时的美国已经成为历史的必然。"个人主义是民主主义的产物，并随着身份平等的扩大而发展……个人主义是一种新的观念创造出来的一个新词。我们的祖先只知道利己主义。"① 于是，对个人主义和利己主义这两个概念的区分成为托克维尔的必需工作。在他看来，"利己主义是一种对自己的偏激的和过分的爱，它使人们只关心自己和爱自己甚于一切"②。它源自一种本能性的盲目追求，它因为太过于考虑自己和自己的利益使得一切的美德都枯萎坏死，可以说这是一种古已有之的恶习，是被普遍认为的具有道德缺陷的严重自恋。而在托克维尔看来，个人主义是一种不同于"自我中心"或"自私"的概念，它是一种民主时代的反省的和温和的感情，它的特点在于只顾自己但又心安理得，它使得每一个公民得以挣脱普罗大众，回归家庭和亲朋好友的圈子，回归到自己的个人世界之中。因此，当个人建立起属于自己的小社会的时候，大社会的事情仿佛就与自己毫无瓜葛了，它的发展变化也不再是个人关心的问题。可以说，任由这种情感不断发展下去，最终也会产生和美德相悖的行为，很有可能沦为自私自利的利己主义。"个人主义首先只是使公共德性的源泉干涸，但长此以往，个人主义会打击和破坏所有其他德性，最后沦为利己主义。"③ 托克维尔在这里充分认识到个人主义先天具有的非理性的面相，对它可能产生的道德不良后果给予了理性的分析。为什么会产生这样的后果呢？托克维尔比较和分析了民主制和贵族制的不同，揭示了此中缘由：

> 在民主时代这种对平等的热爱总是要比对自由的渴望更加强烈，但就其本身，与其说它是一种激情或一种缺陷，倒不如说是一个错误的评价。那种评价源自民主社会现状，恰恰是泛神论者和民主时代历史学家交到的东西：个人无能为力，需要服从非人性的巨大力量，而公共美德是徒劳无用的。在贵族社会中，等级制度是牢固地链接人与人以及现在与过去的纽带，民主社会则不同，它把所有的人放在同一个层面上，人们抽象而虚弱地把自己的善意延伸到全体人类，但实际上他们只对自己身边的人感兴趣。④

托克维尔对政治的关心主要在于他把政治理解为培养公共德性的公共生活，而个人主义的要害就在于它使得个人远离了公共生活的空间，从而

---

① 〔法〕托克维尔：《论美国的民主》下卷，董果良译，商务印书馆1997年版，第625—626页。
② 同上书，第625页。
③ 同上书，第625—626页。
④ 〔美〕哈维·C.曼斯菲尔德：《托克维尔》，马睿译，译林出版社2016年版，第62页。

使公共德性培育遇到了前所未有的困难。个人过分关注自身的安逸和舒适，就会使得他难以顾忌别人和公共福利。对公共利益的漠视成了个人主义的某种程度上的"应有之义"。而作为一切德性基础的公共德性，在利己主义的冲击下也会窒息而亡。在这里，托克维尔敏锐地察觉到这样一个基本事实，那就是政治作为公共生活，其德性与个人主义之间有着紧密的关系，可以说，个人主义将个人利益凌驾于公共利益之上，不仅有可能严重腐蚀公共道德，而且也会败坏和殃及私人道德，其最后令人不安的结果就是公私利益一损俱损。因此，托克维尔对于法国社会中出现的公共道德危机大声疾呼，希望那些政治议员们能够充分认识到这一道理：不能讲政治奠基于个人主义的原则之上，因为它极有可能危及良好公共道德的形成，甚至于导向专制，最终将政治和个人道德全部葬送。

在托克维尔的心目中，他非常警惕民主社会中孤立个体因退居个人生活的狭隘世界而使得专制乘虚而入。这是因为以平等为特征的民主社会，激发了人们对平等主义的热情，对于平等的追求胜过了其他价值在人们心目中的地位，包括自由。甚至在某种情况下，为了平等可以舍去自由，也就是说，为了追求平等可以忍受一个强大的僭主，只要他提供人们追求自身财富的环境，就可以有效地消弭不平等。因此，为了实现平等，人们可以选择顺从和屈从主人，而这样做就有可能出现托克维尔所意指的民主的隐忧。这一隐忧在于平等可能把人们引入奴役。追求平等的单一价值实现，使得个体极易掉进物质主义和享乐主义的园囿之中而无暇他顾，在他们眼中，公共事务与自身对于幸福的追求无涉，甚至于认为尽公民的义务可能会损害自身对于利益的追求，成为不必要的负担。只要不妨碍自身对于财富和私利的追求，即使是一个专制者，也是可以接受的。为此，托克维尔谈道："由于一心想发财，所以再也不理会把他们的个人幸福与普遍的繁荣联系起来的紧密纽带。对于这种公民，不需要剥夺他们的权利；他们会主动地交出来。在他们看来，运用公民的政治权利是一种讨厌的障碍，使他们不能专心于自己的实业活动。如果叫他们去选举代表，或请他们为当政者尽个人的效劳，或在一起讨论公共事务，他们觉得自己没有时间。他们不能把他们的宝贵的时间用去做没有报酬的工作……如果在这个关键时刻有一个精明强干的野心家想要掌权，他会发现篡夺各项大权的道路是向他敞着的。"① 前文我们已经讨论了民主时代造成了个人的软弱和

---

① 〔法〕托克维尔：《论美国的民主》下卷，董果良译，商务印书馆1997年版，第540、672页。

孤立，而这种情况下个体更没有能力抵御社会和国家的动荡带给自己伤害，在这样一种情形下，他们会自动地选择放弃自由而谋求安定和安宁，实质上在其内心中已经承认了这种奴役和顺从。因此，在政治生活中，更多的人选择了追随大多数人，仿佛大多数人代表了一种无疑的正确和权威。个人在政治生活中独立性的日渐萎靡，也使得真正公共性的形成举步维艰。而表面上代表了公共生活的力量，会以一种"多数人的面貌"窃取公共性，成为压制、控制甚至于剥夺个人独立性的力量。"做自己的主人"被大多数人所遗忘，灵魂堕落于物质利益的追索，欲望的实现与野兽无异。

正是基于此，托克维尔十分关注在政治生活中激发和保持个体的公共热情和公共道德，尽可能让个人主义的不良情绪能够远离或规避狭隘私人利益的陷阱。如何才能够战胜专制释放出的平等主义诱惑，让个体始终保持一份自由和激情，从而使得公共精神的生成成为可能，这成为托克维尔政治哲学的核心问题，也是有效解决公私利益关系的重要内容。托克维尔开始求助于民主时代对个体灵魂的救赎。

三 作为"正确理解的利益"：平衡公私利益的基本原则

托克维尔发现，这种基于平等精神对自我利益实现的关注，在激发人们进取精神的同时，也可以有效地弥合存在于个体之间的隔阂、分歧和漠视，使得他们团结起来参与公共事务和公共活动成为可能。这种可能性建立的基础就是通过对个人主义的有效约束实现的。在《论美国的民主》一书中，托克维尔专门用了一章的内容来诠释如何实现对个人主义的有效约束，这就是"美国人是怎样以'正确理解的利益'的原则同个人主义进行斗争的"。这里"正确理解的利益"也经常被翻译成"不言而喻的私利"，说的是那些好像与个体无直接相关的利益其实也可以被理解为有利于个人私利的，这里其实就是涉及如何理解个人利益的问题。例如荣誉和美德，看起来好像与个人私利无关，其实又何尝不是与个人的福利如影相随呢？托克维尔强调"正确理解的利益"原则是美国人长期恪守的信条，也是他们处理个人主义的私利可能对公共利益产生冲击的方式。换句话说，也就是如何理解个人利益关系到公私利益关系的处理。正确理解的个人利益，既保证了个人对于自我利益满足的需要，又可以有效地约束个人主义蜕变为利己主义、从而损害公共利益和公共美德，它是达致公私利益关系和谐一致的重要方面。

首先，我们要弄明白这一"正确理解的利益"是什么意思。在有的学者那里,这个"正确理解的利益"就是:"每个人为他人服务也就是在为自己服务,个人的利益在于为善。"① 这里说明,所谓"正确理解的利益"就是强调个体所做的一切,不管看起来是否与自己的利益的相关,其最终目的都是要达到自己所追求达到的一切,根本不是以达到某种所谓的伟大为宗旨的。它直截了当地向我们表明,追求私利是第一位的,而且人根本不应该无私。首先考虑自我利益的满足,这是不言而喻的。托克维尔基于美国民主政治的实践认为,一切公共利益都不应是利他无私的,相反,却应该是与自利或市场取向相吻合的。代表着群体的意见应该是建立在个人私利且有利于个人私利的基础之上的,不能够与个人私利相违背、相抵触。也正是这一点,才会吸引个体积极参与公共生活,参与社团活动、形成群体意见、维系公共利益。

另外,为什么一定要正确理解个人利益呢?托克维尔给出了两个方面的原因。第一,民主时代个体的软弱性和独立性的丧失,使得他要实现自身的利益并不是一件简单的事情,而是要受到重重的障碍。特别是面对强大的国家与政府,个体私利的攫取被迫要以服从为前提,要服从规则、遵照传统、尊重他人、符合程序等,以此为手段来实现自己的目的,这是托克维尔在美国民主政治实践中得到的深刻启发。要想实现自身的私利,不参与社团、不谋求群体性的支持力量是很难完成的。社团或结社成为一种功利性的选择,不是为了某种新思想或道德信条,而是为了实实在在的利益本身。利存则组织存,利失则组织散。社团的更迭兴亡动荡变迁成为美国政治生活的一大特点。第二,要正确利益个人利益,还受制于美国的民情。托克维尔认为在经济活动中,谋求私利是再天经地义不过的了。但他还坚持认为,就算是这样,也需要考虑维持社会正常运转的实践经验、风俗习惯和大众见解等,这些都构成了影响如何理解个人利益的民情因素。在托克维尔那里,他十分重视民情。他认为民情高于法律,是法律存在的基础。民情代表了一种"心灵的习惯",反映着一个民族特有的、完整的道德逻辑和精神风貌。在这里,自然包括宗教的因素。托克维尔谈到美国的民情中宗教因素的重要作用,他认为美国的宗教在为政治服务,它让人们尊重某些预先规定的原则,使人类的欲望之花能够结出善良的社会之果,"使人世与天堂融洽和谐"。

可以说,作为一种原则,正确理解的利益虽然不能够使人人养成美德,但却可以公民自我约束的一种力量,它使得谋求私利的个人尽可能地

---

① 宋希仁主编:《西方伦理思想史》,中国人民大学出版社 2004 年版,第 435 页。

做到遵张守则、克制温和、深谋远虑、严于律己。纵然它不能够为社会增加多少良善之举，但至少可以减少社会恶果的产生。从总体上看，整个社会的道德水准会呈现一种稳定上升的态势。在我们今天看来，托克维尔实际上找到了一种制衡或避免个人主义沦丧为利己主义的力量，这种力量就是用合理的利己主义来匡正个人主义的脱轨行为。这里既有从实际出发的考量，也有一种深沉的德性政治的理想追求。托克维尔高度赞扬了美国式的民主政治，认为它是一种不同于强调个人安全与自由的自由主义的政治样态，而是一种现代共和主义的样板。其政治理想致力于一种环境的创设，这种环境是公民能够参与公共政治生活的环境，而且参与者在其中得到了公民德性的培养和民主精神的熏陶。与自由主义积极防御公权力可能对私域的侵害不同，共和主义则积极致力于公共政治生活的参与。因为，这种参与对于个体实现自我利益有十分重要的影响和意义。可以说，激发公民积极参与公共生活并在其中逐渐培养一种公共精神，客观上实现了一种公共利益。因此，教育公民、启发明智，就成为能否实现公私利益和谐的关键。对此，托克维尔谈道："我不认为美国人所宣扬的'正确理解的利益'的原则的所有组成部分都已明明白白，但是，其中所包含的大多数真理都是清清楚楚的，只要对人进行启发教育，人人都可以理解。可见，只要不遗余力地进行教育就可以了，因为盲目的献身和本能地为善的时代已经成为遥远的过去，而自由、公共安宁和社会秩序本身通过启蒙和教育可以实现的时代即将来临。"[①] 在托克维尔看来，所谓的启发教育主要包含了教育公民了解法律和习惯性知识，深刻理解公共事务，并能对民族利益有一个正确的认知和理解，慢慢建立起深厚的感情。这并不是要求公民马上就具有大公无私的品德和为国家民族献身的精神，而是希望他们逐渐成为一个审时度势的理智的公民，可以对公共事务有一种正确的理解。

在古典德性不合时宜的现代民主社会中，基于正确理解的自我利益原则，公民将帮助他人和关心公共事务视为有用和正当的行为，客观上抑制了个人主义的肆意泛滥和无所畏惧，使其在有效约束和控制下不致对公共利益有巨大的伤害；同时，这种对于自我利益的理性审视和对公共事务、公共生活的实用主义理解，也客观上也帮助人们自觉、理性、克制地将个人利益的追求与公共利益的实现有效地结合起来，使得公民自觉地在帮助

---

① 〔法〕托克维尔：《论美国的民主》下卷，董果良译，商务印书馆1997年版，第540、625页。

和参与公共事务的活动中实现个人正当利益,并逐渐在政治生活参与中形成一种新的公民德性,正如托克维尔自己所讲的那样:"正确理解的自我利益原则并不激发巨大的牺牲,但每天鼓励人们做出小的牺牲;它仅凭自身并不能让人变得富于美德,但它的训诫塑造了大量有秩序的、温和的、节制的、慎重的和自制的公民。如果它不把意志直接引向德性,但培养了让意志在不知不觉中趋向于德性的习惯。"① 对于如何使正确理解的利益原则落到具体的政治实践过程中,托克维尔给出了自己的答案,那就是让个体在乡镇自治和结社活动中将个人利益的实现和公共福利的繁荣有效结合起来,实现真正的双赢。"乡镇生活关乎其居民日程生活的方方面面,但是如果由于行政集权使得民众不能置身其中,民众则无从理解乡镇事务的切身性。只有在参与时,个体才能深刻地认识到乡镇的公共事务时常不过是个体的私人事务的延伸,个人利益的实现有赖于公共福利的繁荣。"② 因此,在这种政治实践中,若需要公民个人来谋求公共事务的顺利开展和为公共利益做出贡献,他们一定很乐意并充满热情地去贡献自己的聪明才智。"同时,在结社中,公民学会服从公共的意志使自己的个人利益与公共利益结合起来、使自己的个人行动与公共行动相协调。"③ 可以说,通过积极参与乡镇自治和政治结社的政治生活,公民在实践自身政治权利的过程中,水乳交融地实现了公私利益关系的和谐与一致,同时也使得正确理解的利益原则不再仅仅是一种理论上的设想,而成为一种实现公私利益关系调处的现实机制。

---

① 〔法〕托克维尔:《论美国的民主》下卷,董果良译,商务印书馆1997年版,第527页。
② 思想与社会编委会编:《托克维尔民主的政治科学》,上海三联书店2006年版,第83页。
③ 同上书,第87页。

第六章　公私利益关系的理性主义探究

经历了声势浩大启蒙运动的法国，在18世纪迎来了自然科学和资产阶级革命的蓬勃发展，因此有人说："启蒙时代的欧洲是法国的欧洲。"[①]一大批学识渊博、富有激情的启蒙思想家，在广泛的领域中展开对封建专制制度的批判，宣扬自由平等和人权。由于所代表的社会阶层和利益倾向有所区别，他们的政治思想也呈现出不同的面貌。就公私利益关系这一论题而言，法国启蒙思想家的政治哲学思考，就大体上表现出两种不同的思维路向。我们粗浅地将它们划分为"经验主义的路向"与"唯理主义的路向"。这两种路向都强调在公私利益关系的处理上发挥理性的作用，但前者更注重在经验事实的基础上通过自然演化与不断磨合而达致一种公与私的统一；而后者则更多地将公私利益和谐的希望寄托于一种理性建构的理想社会。这也就注定了两者理论诉求的具体性差别，前者是基于个人利益基础上的理性和谐；而后者更关注代表整体性精神的公意的实现。

第一节　爱尔维修与霍尔巴赫：个人利益与道德原则[②]

公私利益关系问题，是人类进入文明时代以来日益凸显的社会政治问题之一，特别是近代资本主义的产生和发展，使得人们对这一问题思考也越发理性与系统。这是因为，作为一种市场经济的资本主义经济，其发展的基本推动力就是个人利益，这就促成了个人利益的发展在资本主义条件下呈现出蓬勃之势。当然，不可否认的是，任性和偶然性又是个人利益发展过程中本身所带有的遗传特性，如果任凭其肆意扩张，势必会不同的利

[①] 〔法〕乔治·勒费弗尔：《法国革命史》，顾良等译，商务印书馆1989年版，第63页。
[②] 参见杨通进《爱尔维修与霍尔巴赫论个人利益与社会利益》，《中国青年政治学院学报》1998年第4期。

益主体之间形成激烈的冲突，这种矛盾与冲突如何不能得到很好的缓和与调解，社会秩序必将在残酷的竞争与相互倾轧中陷入混乱。那么，市场经济就将失去其存在的社会根基，与此同时，各不相让的个人利益也将毁灭自身。因此，作为建立和发展市场经济的内在要求，必须要强调公私利益的一致与和谐。自然，对公私利益双方重要性的关注也就日益成为西方近代政治哲学的一大特征。即在不否定个人利益、个人价值和重要性的同时，积极主张社会公共利益存在意义和价值，希望在利己与利他、自爱与仁爱、个人利益与公共利益之间取得一致与和谐。

18世纪法国"百科全书派"的哲学家继承了古希腊哲学的唯物主义传统，肯定自然的客观存在，并把一切事物均视为自然的组成部分，人也不例外，人就好像是机器的零件一样随自然界而永恒的运动。从这种自然观出发，他们得出人的认识是来源于感觉的观点。一切精神现象无非是外在事物作用于人而得到的一种感觉。法国启蒙思想家妄图在这种感觉论的基础上创立一门"能使人民获得幸福"的科学——伦理学。作为这个时期思想杰出代表的爱尔维修和霍尔巴赫，也秉持着这样一种信念，开始了自己对于公私利益关系的讨论。与西方近代以来大多数政治哲学家一样，爱尔维修与霍尔巴赫力图在伦理学中贯穿唯物主义感觉论，以此为基础强调个人利益与社会公共利益的统一与和谐，从而为人们在市场经济条件下重新认识和解决公私利益关系问题提供了一个独特的理论视角。

一 个人主义利益观

爱尔维修认为，感官的感觉，才是人的根本本性。理智的能力也是从这种感觉能力中发展出来的。所以，"我们的观念和精神的存在要以感觉能力的存在为前提。这种能力就是灵魂本身。我由此得出结论：如果灵魂不是精神，精神就是灵魂或感觉的能力的结果"[①]。正是人在与外界对象世界的相互作用下，逐渐通过感觉而形成了快乐或痛苦的生活经验或教训，在这种经验或教训的引导下，人们产生了一种趋向于快乐和避免痛苦的本能性意向，这就构成了人的存在本性：避苦求乐，这是人类的永恒不变的人性原则；在事实层面，它还是人类行为的唯一动力之源和道德生活的现实基础。

避苦求乐的本性实质上就是人的自爱情感。自爱是爱尔维修强调的一

[①] 北京大学哲学系外国哲学史教研室编译：《西方哲学原著选读》下卷，商务印书馆1983年版，第173—174页。

个基本原则。"自爱（或对自己的爱）无非是铭刻在我们内心的感情，这种感情，鼓动人的各种爱好和欲望，可以在每一个人的身上转化为恶习，也可以转化为美德；自爱在不同的变形中，既可以产生骄傲，同样也可以产生谦虚。"① 也就是说，自爱是一种内心的感情，它产生人的各种爱好和欲望，形成人的行为动力。自爱从其本身看，并不存在善恶的道德价值，因为它只是人的一种情感事实，所以自爱是道德中立的。爱尔维修批评那些对自爱及其后果大加鞭笞的言行："对人们自爱的结果大发脾气，是无异于埋怨春天的狂风，夏天的炎热，秋天的雨水，冬天的冰雪。"② 人身体上的快乐和痛苦最容易使人感受到，这是作为一个有生命、有感觉、有智慧的动物的官能。而寻求快乐逃避痛苦是符合人的特性的行为，在这一意义上，自爱就是这种行为的常态化。因而，自爱的实质内容就是趋乐避苦。爱尔维修称："这种情感是身体的感受性的直接后果，因而为人人所共具，乃是与人不可分离的。我以它永久性、不可改变性、甚至不可变换性来作为这一点的证明，在一切情感中，这是这一类的唯一情感；我们是凭它获得我们的一切欲望、一切感情的。这些感情在我们身上只能是把自爱应用在这种或那种对象上的结果。因此我们应当把感情和性格的千差万别归之于自爱这种情感的各种不同的变相，这些变相是依人们所受的教育、支配人们的政治以及人们所处的不同地位而定的。"③ 可见，爱尔维修也得出了与西方近代的绝大多数伦理学家一样的结论，那就是："追求个人的自保、个人的利益与幸福，是人的本性。"④

与爱尔维修同时代的另一唯物主义哲学家霍尔巴赫也坚持认为，道德或关系人的义务的科学，应当建立在对人性以及人与人之间关系的认识基础上。他说："道德学如果不建立在必然要影响人类的意志、决定他们的行动的种种动因的认识上，那么它就会是一种幻影，就会丝毫没有确定可靠的原则。"⑤ 于是，他也从感觉主义出发，认为"人是一个有感觉、有理智、有理性的东西。（一）有感觉的东西，就是凭着自己的本性、构造、机体，能够感受快乐、感觉痛苦，并且由于自己的本质本身，不得不

---

① 周辅成：《西方伦理学名著选辑》下卷，商务印书馆1987年版，第52页。
② 同上书，第53页。
③ 同上书，第55页。
④ 杨通进：《爱尔维修与霍尔巴赫论个人利益与社会利益》，《中国青年政治学院学报》1998年第4期。
⑤ 〔法〕保尔·昂利·霍尔巴赫：《自然的体系》上卷，管士滨译，商务印书馆1999年版，第175页。

寻求快乐、逃避痛苦的东西。(二)一个有理智的东西,就是为自己提出一个目的,并且能够采取各种适于达到这个目的的方法的东西。(三)一个有理性的东西,就是能够凭借着经验选择最可靠的方法来达到自己提出的目的的东西"①。所以,他以爱尔维修的道德观为依据,阐释了自己的关于自爱的思想。"人从本质上都是自己爱自己、愿意保存自己、设法使自己的生存幸福的;所以,利益或对于幸福的欲求,就是人的一切行动的唯一动力。"② 在霍尔巴赫那里,自爱看来就是"一种非常不幸的倾向,由于这种倾向,堕落了的人类才厚颜无耻地爱自己,希望保全自己的生命和追求自己的幸福。如果亚当在那时不堕落,我们也许会仇恨自己,讨厌享乐和成为没有自我保全感的人"③。由此可见,在人性的问题上,霍尔巴赫与爱尔维修一样,都断定自爱是人类本性中的一种保全自己生命、追求自己幸福的倾向。有所不同的是,爱氏更加强调了自爱的积极意义;而霍氏则对自爱的本性持消极的态度。

正是这种以感觉为基础的接受力所引发出来的避苦求乐的本性与行动倾向,构成了人的"自爱"现世生活原则:避苦求乐的"自爱"原则是"支配人的行动的唯一原则"④,因为"在任何时代、任何国家,人们过去和未来都是爱自己甚于爱别人"⑤。人始终是现世的人。由于人的现世性,也就形成了人无论是对已经过去的"东西"的回忆与感受,还是对未来的"东西"想象与预设,都必须被纳入现时的状态之中,都融通了现时的感受、情绪,以及需求与欲望;也由于人的现世性,也就决定了他的感觉无论是内在性的,还是外在性的,都与自身的现时性和现时的利害得失相联结。因而,从根本上讲,爱尔维修的"自爱"原则,也就包含了利益的指向性,体现了利益规律:"自爱"原则实质性地表现为利益原则。所以爱尔维修认为,在这个存在的世界里,最普遍的规律有两种:一种是运动规律,一种利益规律。运动规律主导的是自然界,绝对的利益规律主导人的(精神)世界。所以爱尔维修才说:"利益支配着我们的一切判

---

① 〔法〕保尔·昂利·霍尔巴赫:《自然的体系》上卷,管士滨译,商务印书馆1999年版,第175页。
② 同上书,第262页。
③ 〔法〕保尔·昂利·霍尔巴赫:《袖珍神学》,单志澄译,商务印书馆1972年版,第116页。
④ 北京大学哲学系外国哲学史教研室编译:《十八世纪法国哲学——西方古典哲学原著选辑》,商务印书馆1963年版,第501页。
⑤ 北京大学哲学系外国哲学史教研室编译:《西方哲学原著选读》下卷,商务印书馆1983年版,第179页。

断。""无论在任何时候,任何地方,无论在道德问题上,还是在认识问题上,都是个人利益支配着个人的判断,公共利益支配着各个国家的判断……懂得本身的利益,合理地爱护自己:这是社会道德的基础,这是人为同类所做的一切的真正动机。"①

个人利益虽然是人的行为的价值的唯一而普遍的鉴定者,但并不等于说个人利益就绝对正确的。在人那里判别一切行为和事物所依据的尺度主要是个人利益,因为个人利益的不同就必然会导致对同一对象的判断各持己见,因而冲突和矛盾就难以避免,这实际上反映的就是个人利益之间的矛盾与冲突。正是基于这样一种情况,爱尔维修才说:"人永远服从他的理解得正确的或不正确的利益。"② ——人永远服从的理解得正确的利益。这样,当爱尔维修讲"利益是我们的唯一的推动力"时,其作为推动力的"利益"也就有了正确与不正确、是与非、道德与不道德的区别,这也就意味着个人利益也有一个正确与否的标准问题。

利益或个人利益是一个具有丰富内涵的概念;不同的思想家往往把各种不同甚至相反的内容纳入利益这一范畴之中。爱尔维修解释说:"一般人常把利益这个名词的意义仅仅局限在爱钱上;明白的读者将会察觉到我是采取这个名词的比较广泛的意义的,我是把它一般地应用在一切能够使我们增进快乐,减少痛苦的事物上的。"③ 霍尔巴赫也说:"人们所谓的利益,就是每个人按照他的气质和特有的观念把自己的安乐寄托在那上面的那个对象;由此可见,利益就只是我们每个人看作是对自己的幸福所不可少的东西。……每个人都是为自己的幸福以自己的方式而劳动的;这个幸福,就是被他寄托在或是可见的、或是隐蔽的、或是真实的、或是想象的某种对象之中,而他的行为的整个利益就是倾向于取得这个幸福。"④ 在这里,我们看到,无论是爱尔维修还是霍尔巴赫,都把利益概念是与幸福联系在了一起的,甚至说他们实际上是用"幸福"来定义"利益"的;在他们那里,与利益概念相比,幸福概念是一个更为根本的、基础性的终极概念。正如霍尔巴赫所认为的那样:"人在他所占有的这个地球上的目

---

① 〔法〕保尔·昂利·霍尔巴赫:《自然政治论》,陈太先等译,商务印书馆1994年版,第9页。
② 北京大学哲学系外国哲学史教研室编译:《十八世纪法国哲学——西方古典哲学原著选辑》,商务印书馆1963年版,第537页。
③ 同上书,第501页。
④ 〔法〕保尔·昂利·霍尔巴赫:《自然的体系》上卷,管士滨译,商务印书馆1999年版,第259—260页。

的就是保存自己并且使自己生活幸福。"① 在这里,爱氏与霍氏对利益的一般规定转向了道德。在他们看来,道德的善恶完全取决于利益。正是利益的对立,使得人们对同一事物的认识才会出现善恶之别。善恶评价的相对性是利益相对性的表现。我们借用爱尔维修的话就是:"利益在世界上是一个强有力的巫师,它在一切生灵的眼前改变了一切事物的形式。"② 这从一个侧面告诉我们,利益主导了人类所有的道德善恶、是非好坏,具体说是利益分配与占有关系产生了这些观念。所以,"如果爱美德没有利益可得,那就没有美德"③。道德是与个人自爱原则相吻合的,在自爱原则的基础上,爱尔维修得出结论:"个人利益是人们行为价值的唯一而且普遍的鉴定者。因此,与一个个人相联系的正直,按照我的定义来说,无非就是对这个人个人有利的行为的习惯。"④ 到这里,爱尔维修关于个人利益的合理性问题就转化为幸福的合道德性问题,只有找到幸福具有道德合理性的终极根据,我们才可以说真正弄清楚了个人利益的内涵,也才能说从道德的角度赋予了追求个人利益的合法性。

在爱尔维修那里,幸福与快乐是同义语。他认为,幸福就是肉体的快乐以及以此为基础的对快乐的记忆和期待,他明确指出,"我们的一切痛苦和快乐都聚集在肉体的痛苦和快乐这条主干上面","肉体的感受性乃是人的需要、感情、社会性、观念、判断、意志、行动的原则","人是一部机器,为肉体的感受性所发动,必须做肉体的感受性所执行的一切事情"。因此,"肉体的快乐和痛苦,这就是全部统治的唯一的、真正的机钮"⑤。由此看来,爱尔维修确实有过分强调肉体的感受性,把所有的幸福都归结和简化为肉体的愉悦感受的倾向。尽管如此,爱尔维修还是对幸福作了某种分类,他认为有两类快乐,一类是现实肉体的感官快乐;另一类是预期的心理和精神快乐。前者以人的自然情感为基础,以人的欲望的当下满足为特征。人人都能体验感受到的。人们享受它的时候,是等同幸福的,但这类快乐又是稍纵即逝的。后者以人的社会情感为基础,以某种想象的或精神的欲望为追求目标;这是一种欲望暂时尚未得到满足,但又

---

① 参见〔法〕保尔·昂利·霍尔巴赫《自然的体系》上卷,管士滨译,商务印书馆1999年版,第270—271页。
② 北京大学哲学系外国哲学史教研室编译:《十八世纪法国哲学——西方古典哲学原著选辑》,商务印书馆1963年版,第460页。
③ 同上书,第512页。
④ 同上书,第460页。
⑤ 北京大学哲学系外国哲学史教研室编译:《西方哲学原著选读》下卷,商务印书馆1983年版,第180页。

使人在追求过程中获得某种预期的满足为特征的欲望状态,"欲望状态乃是一种享受状态"①,虽然它"没有现实的肉体快乐那么强烈,然而更持久。身体会衰弱,想象从不衰退。而且在所有的快乐中间,预料的快乐一般地也是我们一生中给我们幸福最多的一种快乐"②,因此,爱尔维修实际上是认为,长远的、预期的、精神的快乐是一种更重要、更有价值的快乐。这种快乐是从那些给他人或社会带来益处的行为中产生的;这种快乐是一种"有益于社会、符合人道、符合公共利益"③ 真正的幸福,而"为了国民福利而牺牲个人的暂时福利,几乎永远是人们的正确理解的利益所在"④。由上可见,爱尔维修虽然承认,追求个人幸福是人的行为的动力,是道德的基础,但他认为,那种能给个人的行为提供道德合法性根据的幸福(或利益),只能是那种与社会公共利益和谐一致的幸福。

霍尔巴赫也有类似的思想,在他看来,"幸福是一种存在方式,一种我们希望它延续不断,或我们愿意在他之中长久生存下去的存在方式。它是以它的经久性和轻快性来衡量自己的。最大的幸福就是最能经久的幸福;暂时的或历时不久的幸福叫做快乐"⑤。"幸福似乎就是为我们所同意的一种经久的或暂时的景况,因为我们觉得它适合于我们的存在;这种景况,是由人同环境之间所存在着的一致产生出来的;或者幸福也可以说是人与作用于他的那些原因二者之间的协调。"⑥ 在霍尔巴赫这里,"幸福"本身也是需要加以说明和限定。在霍尔巴赫看来,追求幸福是人们的一种自然的情感。"当他们运用使别人受惠的手段来求得自己的满足时,他们就成为有道德的人;当他们单靠损害别人的福利来求得自己的满足时,他们就变成不道德的人。美德,就是把好处献给人类;恶德,就是把损害带给人们。前者是正确地理解人类欲望和利益的结果,后者是错误地理解人类欲望和利益的结果。"⑦ 那种能够为个人行为提供道德合理性辩护的幸福,只能是那种能够给他人带来幸福,至少是不损害他人利益的幸福。

---

① 北京大学哲学系外国哲学史教研室编译:《西方哲学原著选读》下卷,商务印书馆1983年版,第498页。
② 同上书,第511页。
③ 同上书,第464页。
④ 同上书,第526页。
⑤ 〔法〕保尔·昂利·霍尔巴赫:《自然的体系》上卷,管士滨译,商务印书馆1999年版,第121页。
⑥ 同上书,第122页。
⑦ 〔法〕保尔·昂利·霍尔巴赫:《自然政治论》,陈太先等译,商务印书馆1994年版,第9页。

由上可见，爱尔维修和霍尔巴赫虽然承认追求个人利益（即个人幸福）是人们行为的动力，是道德的基础和归宿，但他们并不认为任何一种追求个人利益的行为都具有道德上的合理性；在他们看来，合道德的个人逐利行为只能是满足下述两个条件的行为：其一是不给他人带来痛苦；其二是促进公共利益。第一个条件是任何个人行为具有道德合法性的最低边界；第二个条件是确定行为道德价值大小的依据，是真正的道德行为的固有特征和美德的标准。还有一点需要说明的是，爱尔维修所讲的"利益"并不仅仅局限于物质利益的范畴，而是指能够增进快乐与减少痛苦的所有事物与行为。不同的主体有不同的利益需要，但评价利益的机制是以个体的感受为标准的，因此，相较于集体利益、政府利益和国家利益，个人利益无疑有着绝对的重要性，这是构成爱尔维修个人主义利益观的重要支点。

个人利益在 18 世纪法国启蒙思想家那里，已经被赋予了一种道德理想的光辉。自利作为一种人类的普遍原则，对人类社会的进步与繁荣起着巨大的作用。自利思想从根本上否定了中世纪基督教中的仁爱论说教——超功利主义只是一种虚伪的道德说教，祭司们要人们厌弃财富和权力，其目的就是利用人们的厌弃而把两者据为己有。爱尔维修所阐明的这种功利主义的伦理观是同当时的封建神学所宣扬的超功利主义的道德说教直接对立的，反映了资本主义蓬勃兴起时的时代要求，道德与利益的统一也反映出他们所具有的唯物主义倾向。

二 公共利益与道德原则

爱尔维修和霍尔巴赫对"合理的利己主义"思想的阐释，基于他们对追求私利行为正当性的道德论证。这一论证同时也揭示出公共利益存在的必要性。在爱尔维修看来，衡量追求个人利益的行为是否道德的标准只有一个，那就是有利于公益目标的实现。虽然自爱原则和个人利益原则是人生生活的唯一而普遍的推动力，但在追求个人利益时又必须以公益为目标，并规定"美德这个名词，我们只能理解为追求共同幸福的欲望；因此，公共利益乃是美德的目的，美德所支使的行为，乃是它用来达到这个目的的手段；所以美德的观念并不是任意的；在不同的时代和不同的地点，所有的人，至少是那些生活于社会中的人，都应当对美德形成同样的观念"[①] ——这个"同样的

---

① 北京大学哲学系外国哲学史教研室编译：《十八世纪法国哲学——西方古典哲学原著选辑》，商务印书馆 1963 年版，第 460、537 页。

观念"就是把个人利益和公共利益很好地统一起来。

爱尔维修意识到,他人与社会是个人生活的现实条件和环境,个人要在这样的条件下最大限度地逃避痛苦、寻求快乐,就不得不选择同样一把个人利益的尺子既度量自身也权衡他人,这就是爱尔维修所讲的"个人利益是人们行为价值的唯一而且普遍的鉴定者"的整体含义,这也是他所讲的"利益是我们的唯一的推动力"的正确意思。"如果我生活在了一个孤岛上,孑然一身,我的生活中就没有什么罪恶和道德了。我在那里既不能表现道德也不能表现罪恶。那么我们对道德和罪恶这两个名词必须怎样了解呢?必须了解为对社会有益的行为和有害的行为。这个简单明了的观念,依我的看法,要胜过一切对道德所作的不明了的花言巧语。"① 从他们对个人利益的看法中,我们可以觅见,在18世纪法国启蒙思想家头脑里,个人与社会是对立的,但同时又是不能完全分离的。个人要满足自己的需要,就必须结成社会,建立家庭、国家,进行各种交往。对人来说,他人是最可宝贵的。理性和经验都告诉我们,单独的、孤立的个人是不可能得到幸福的。只有同类幸福,个人才能幸福。人们应该学会认识这种关系与自己的本性,从而正确地对待自己、对待他人、对待利益。因此,他们在主张个人利益与个人幸福是人的行动的原动力的同时,也主张道德要以社会为前提。

爱尔维修之所以把公共利益确定为是美德的目的,在于他对人类道德的正确理解,他认为:道德产生于人的生存需要与自然界和社会界不能完全满足于这种需要的冲突与矛盾,以及对这种种冲突与矛盾的自我调节与消解,因而人间的美德也就不是先天的、唯一的和不变的,它恰恰是发生于人的社会需要与个人行为适应这种社会需要的结果上。"人们不应当把自己的社会美德归功于……据说似乎是铭刻在一切人心上的自然的、天生的法律。这种受赞扬的自然法和其他法律一样,都是经验、思考和智慧的产物。如果大自然会把美德的明确的思想铭刻在人们的心上,那么难道人们还会把人作为牺牲供奉给被他们称为仁慈的神吗?"② 爱尔维修说:"美德这个名词,我们只能理解为追求共同幸福的欲望;因此,公益乃是美德的目的,美德所支使的行为,乃是它用来达到这个目的的手段。"③ 公共

---

① 参见〔俄〕普列汉诺夫《唯物论史论丛》,王太庆译,人民出版社1953年版,第67页。
② 北京大学哲学系外国哲学史教研室编译:《十八世纪法国哲学——西方古典哲学原著选辑》,商务印书馆1963年版,第526页。
③ 同上书,第465页。

利益"是人类一切美德的原则,也是一切法律的基础"①。"在整个世界上,道德的人乃是使这种或那种行为合乎人道、符合公共利益的人。"②因此,人的行为对社会愈是有益就愈是道德,愈是有害就愈是罪过。道德的意义即"有益于社会的行为","美德旨在造福社会","德行就是真实地并且经常地对结成社会的人类有益的一切;不德,就是有害于他们的一切。最伟大的德行就是给人们提供最大的与最持久的利益的这类行为;而最大的不德就是最扰乱他们对于幸福的倾向、最扰乱社会所必须的秩序的行为。有德行的人,就是把幸福给予那些能回报以幸福、为他的保存所需要、并且能给他以一种幸福的生存的人们的人"。③"成为有德的人,就是把自己的利益放在同别人的利益相适合的那种情况之中,就是享受那些施给别人的善举和快乐。"④因此,在爱氏和霍氏看来,能否促进公共利益、以及在多大程度上促进了公共利益,是判断一个人或一个群体的行为是否具有道德价值,以及具有多大道德价值的唯一标准。

道德原则是某种带有普遍性与合理性的原则,也就是说,它不仅在理论上是可能的,而且在现实上是可行的。这也就是说,作为面向所有人的责任伦理的道德原则,不仅要具有合理性,而且要拥有普遍性。爱尔维修和霍尔巴赫所理解的道德,就是这样一种具有普遍性和合理性的责任伦理;它与普通人的内在心性和行为倾向具有某种一致性和相容性,是人的内在心性和行为倾向的某种延续和扩展。因此,爱尔维修和霍尔巴赫认为,人性中值得培育和扩充的善良因素就是这样一种行为方式,它把个人利益与公共利益联系起来,"把自己的幸福寄托在一种有益于人类、为别人所称赞、并且使自己成为人们所关心的对象的行为中"⑤。爱尔维修视公共利益为人类一切美德的原则和一切法律的基础。他认为,真正意义的美德只能产生于个人利益与公共利益有机结合和和谐统一之中。所以,一个国家要配得上正义之名,就必须将自身的法律建立在个人利益和公共利益结合的基础上,如果"一个人一切行动都以公益为目标的时候,就是

---

① 北京大学哲学系外国哲学史教研室编译:《十八世纪法国哲学——西方古典哲学原著选辑》,商务印书馆1963年版,第463页。
② 同上书,第526页。
③ 〔法〕保尔·昂利·霍尔巴赫:《自然的体系》上卷,管士滨译,商务印书馆1999年版,第120页。
④ 〔法〕保尔·昂利·霍尔巴赫:《自然政治论》,陈太先等译,商务印书馆1994年版,第77页。
⑤ 北京大学哲学系外国哲学史教研室编译:《西方哲学原著选读》下卷,商务印书馆1983年版,第465页。

正义的","在整个世界上,道德的人乃是使这种或那种行为合乎人道、符合公共利益的人"。①

考察公私利益关系问题存在一个巨大的理论瓶颈,那就是公共利益的内涵问题,因为它不仅关系着怎样来理解和处理公与私的关系问题,而且是导致公私利益关系理论复杂而纷乱的直接根源。现代社会一般把公共利益或社会利益分成两个方面的内容:"一是可以直接满足人们的生存和发展需要的物品和服务,如公共设施、公共安全;一是用来确保公共物品和服务的生产与分配的制度安排,如有利于所有人的发展的政治制度和经济关系,一种具有安全感的互助互利的人际交往模式。"② 爱尔维修和霍尔巴赫所理解的公共利益,有时指前一方面的内容,有时指后一方面的内容,但更多的是意指后者。在他们看来,作为道德或美德标准的公共利益具有以下几个特征:

第一,公共利益不是凌驾(或游离)于个人利益之上(或之外)的、不能分解和还原的终极利益,而是存在于个人利益之中、由个人利益组成的某种派生性的复合利益;这种利益,只有当它能够有助于绝大多数人的生存和发展时,才具有实际的意义,也才是一种真实的利益。③ 公共利益是建立在个人利益基础之上的;可以为了大多数人的公共利益而抑制个别人或个别集团的特殊利益,但是,压制大多数人的利益却是不许可和不道德的,因为公共利益就是绝大多数个人的个人利益的总和。"只有那样的国家体制才是强大的,在这种体制下,社会福利是建立在恪守大多数公民的个人利益的基础之上。"④ 霍尔巴赫尤其强调公共利益的相对性和条件性,与霍尔巴赫相比,爱尔维修更注重公共利益的至上性和优先性。他说:"公共的人道有时候对于个人来说是残酷无情的。当一只船陷于长期漂泊,饥饿以一种不可抗拒的声音下令抽签决定一个不幸的人作为牺牲品,给他的同伴当作食物的时候,人们就毫不犹豫地把他杀了。这只船就是每一个国家的象征;为了公共的幸福,一切都变成了合法的,甚至变成了道德的。"⑤ 无独有偶,卢梭的观点与爱氏的这一思想可谓异口同声,卢梭

---

① 北京大学哲学系外国哲学史教研室编译:《十八世纪法国哲学——西方古典哲学原著选辑》,商务印书馆1963年版,第526页。
② 朱晓红、伊强:《行政荣誉与利益关系剖析》,《求索》2004年第2期。
③ 北京大学哲学系外国哲学史教研室编译:《西方哲学原著选读》下卷,商务印书馆1983年版,第527页。
④ 〔苏〕赫·恩·蒙让:《爱尔维修的哲学》,涂纪亮译,商务印书馆1962年版,第372页。
⑤ 北京大学哲学系外国哲学史教研室编译:《西方哲学原著选读》下卷,商务印书馆1983年版,第463页。

坚定地认为："任何人拒不服从公意的，全体就要迫使他服从公意。"① 这种不惜违背损害众意和个人利益以维护公益的主张，从现实操作层面看，无法确保不侵犯个人权利和自由，因为谁来定义公意和公共利益是一个难题，决不能因为掌握了公权力就意味着他所做出的任何选择都是体现公意和符合公共利益的。对此，法国大革命后期的情况可以给出很好的说明。② 肯定不会同意爱尔维修把国家视为孤船的比喻很难得到霍尔巴赫的认同，因为在霍氏心中，纵然国家真的大难临头，也不应贸然赞许牺牲公民个人的生命和财产的道德性；他肯定要首先追究那些使国家陷入这种困境的统治者的责任。③ 在他看来，"人们联合起来组成社会，是为了满足本身的利益；社会只有一个目的，就是让人们能够比较充分地利用大自然的恩惠来增进自己的体力和智力"④。因此，义务对于人和社会而言是双向的，霍尔巴赫特别强调了社会对个人所负有保障和帮助之责，这包括了公民个人物质福利和正当享受的实现。"如果人生活在社会里什么好处都得不到，那他就会脱离社会；如果人生活在社会里受了损失，那他很快就会舍弃社会，对社会怀抱厌恶情绪。"⑤ 因此，社会利益或公共利益的真实性和正当性，必须要通过它对所有的个人利益和个人幸福的促进来证明。

把自己的个人利益与社会公共利益统一起来，这是实现个人利益最可靠也最有效的方式。因而一般说来，那种追求和促进公共利益的行为，往往也能给个人带来可靠而持久的利益。但是，爱尔维修和霍尔巴赫也认识到，由于社会生活的复杂性，某些有益于公共利益的行为，不一定能给行为者带来最大的物质利益；有德之人有时甚至会遇到不幸，身处逆境，生活窘困，但即使如此，这种行为也仍然能给行为者带来某种精神上的满足：获得人们（甚至他的敌人）的尊重、敬仰、信任和爱戴；"除去这种如此温柔、如此巨大、如此确实的优势不算，当整个世界以不公对待善人时，也还给他留有自爱自尊、愉快地进入自己心之深处，用别人如果不盲目也应当具有的那同样的眼睛去鉴赏自己的行动的快乐。"因此，"善人

---

① 〔法〕让·雅克·卢梭：《社会契约论》，何兆武译，商务印书馆 1980 年版，第 29、39 页。
② 参见朱学勤《道德理想国的覆灭——从卢梭到罗伯斯比尔》第三、七、八章，上海三联书店出版社 1994 年版。
③ 参见〔法〕保尔·昂利·霍尔巴赫《自然政治论》，陈太先等译，商务印书馆 1994 年版，第 40、106、131 页。
④ 刘正泉、敖双红：《论公益与私益关系的定位》，《求索》2005 年第 3 期。
⑤ 〔法〕保尔·昂利·霍尔巴赫：《自然政治论》，陈太先等译，商务印书馆 1994 年版，第 7、9 页。

并不是完全不幸的;他所应得到的奖赏不能全部被人所剥夺,德行能够当作是舆论上的财富或幸福,什么东西都不能代替它。……他在逆境、困苦和忧伤之中,也会在自己身上找到一种支持;他满意自己、尊重自己、意识到自己的尊严、认识到自己的正义的善良、由于深信自己动机是正义的而感到自慰。这些支持,在坏人那里是没有的…善人绝不是一个无感觉的禁欲主义者;德行也绝不提供无感觉性;但是,如果他得到残疾,他不会象坏人病了那样怨天尤人;如果他陷于贫困,他不会象落在贫困中的坏人那样感到不幸;如果他失掉宠爱,他也不会象坏人失意那样,痛不欲生"①。在这里,霍尔巴赫认为善人所获得的精神上的愉悦与满足,可以有效补偿受到损失的物质利益,但前提是这种损失是因为维护和追求公共利益而导致的。

第二,作为法律基础的公共利益,同时也是最高的法律。可以说,公共利益是制定和修改法律的重要依据,与此同时,也是判断一种行为是否道德的重要依据。由此观之,即使在我们看来有些民族中奇怪而不同寻常的风俗和法律,"都是以公共幸福的实际利益或表面利益为基础的"②;公共利益理应成为法律服务的唯一对象;倘若只把少数人的利益视为法律服务的对象,那这种法律就难言公道。公道"就在于把属于谁的东西给谁,因而归结起来就是保障这种所有权"③。因此,"允许每一个人拥有财产、生命和自由"就成为所有制定法的核心理念,而所有制定法对这一理念的坚守体现出律法的根本性和神圣性。可以说,作为制度层面最重要的公共利益所在,保护所有权在爱氏和霍氏那里达成了共识。所有权在二人那里就是自然法授予每一个人的"独自利用他凭自己的才干、劳动和技艺所创造出来的物品的可能性";所有权是公道的,"公道以承认别人的所有权为基础,防止我们利用自己的力量去剥夺别人靠天赋或技艺和勤劳得来的利益和特权"。一切公共道德的真实基础就是所有权。需要指出的是,个人所有权不可侵犯在爱尔维修那里并不绝对,面对公共利益的威胁时个人所有权并不都能畅所欲言。与他相比,霍尔巴赫更强调所有权的神圣不可侵犯性;在他看来,"人类的自然法准许人用一切办法来实现自己的自由权和财产权。社会应该给人提供机会去享受这些权利。……社会只

---

① 〔法〕保尔·昂利·霍尔巴赫:《自然政治论》,陈太先等译,商务印书馆1994年版,第80—81页。
② 北京大学哲学系外国哲学史教研室编译:《西方哲学原著选读》下卷,商务印书馆1983年版,第466页。
③ 同上书,第545页。

有在公民危害别人的场合才能够剥夺他的自由;但社会却不能剥夺公民的所有权,因为社会之所以存在就是为了保卫这种所有权"①。

第三,公共利益是权力合法化的基础。权力在二人那里就是指向共同利益的,是致力于人们利益的统一性的。"政权只在它能够保障社会福利的时候才是合法的。对政权的服从只有在这种服从能够保障社会幸福的时候才是合乎理性的和合乎道德的。"② 这就从个人与社会关系的角度阐述了服从的含义。个人对于社会法律、公共意志和最高权力的服从,前提是社会通过这些提供给人们真实的福利,这也是社会获得要求服从资格的来源。从个人的角度看,之所以选择服从无非是出于利益的考虑,即服从比不服从获得的利益更多、更稳固。从这我们就可以推论出,一旦权力演变成为少数人谋取利益的工具,改朝换代的权利就会自然地回到人民的手中。

综上所述,强调公共利益的重要性是爱尔维修和霍尔巴赫的共同选择,因为这既是评价个人行为的道德根据,也是衡量美德的根本标准。不过,他们对公共的理解却难掩不足,主要的一点就是,把公共利益理解为个人利益的简单总和。卢梭曾指出,建立于社会契约之上的道德共同体本身就具有独立意志,这决定了它是具有全新意志的存在,而并非单个人意志简单加总的实体,就"象化合物所具有的特性并非得自构成化合物的任何一种混合物那样";公共的利害也是如此,它"不仅仅是个人利害的总和,象是在一个简单的集合体里那样,而应该说是存在于把他们结合在一起的那种联系之中;它会大于那种总和"。③ 确实,历史地看,公共利益是一种具有自身独特性质的不同于个人利益的利益;与具体的个人利益相比,它的生命更为恢宏和久远,延绵不绝地从上一代人流传到下一代人;它是把单个的个人联结成有机整体的纽带,是脆弱的个人得以成长的母体。因此,公共利益虽然存在于个人利益之中,且它的真实性的确证离不开个人利益的实现,但它却不是个人利益的简单相加,不可能完全归结和还原为具体的个人利益;公共利益是个人利益的有机总和,是个人利益中普遍公因式的"提取",它既过滤掉了个人利益中的任意性、偶然性和特殊性的因素,同时又综合并放大了其中的合理性、必然性和普遍性的成分,使某种普遍合理的公共利益得以生成和延续;只有这种普遍合理的利

---

① 〔法〕保尔·昂利·霍尔巴赫:《自然政治论》,陈太先等译,商务印书馆1994年版,第24—39页。
② 同上书,第41、45页。
③ 〔法〕让·雅克·卢梭:《社会契约论》,何兆武译,商务印书馆1980年版,第192页。

益才有资格成为集体行为的目标和个人行为道德价值大小的根据。

三 公私利益走向统一的路径

上述的讨论,使得另外一个问题得以自然呈现,那就是怎样使个人利益与公共利益走向统一呢?这种结合或统一将采取什么样切实有效的途径呢?法国启蒙思想家认为要依靠人的理性。在他们看来,作为一个社会的成员,人们必须要估计到行为的后果。有时候为了理性所计算的长久利益,就必须要放弃眼前的快乐,否则的话,即使得到了眼前的利益,也会在以后因为遭受更大的损失而痛苦。他们主张建立一种个人利益与公共利益相结合的道德,这就需要对人的自私心加以约束,力求使其适应社会公共利益的要求。因此,他们认为理性的根本原则是公共利益高于个人利益,公共利益是社会道德的标准。为了社会的公共利益,合乎正义和人道的做法就是克制、约束甚至牺牲个人利益。爱尔维修赋予这种个人利益以"正确理解的个人利益"之名。这就是不但个人要考虑自己的利益,同时也要顾及别人的和社会的公共利益。因为,人虽然是一个人自私的存在物,但也是一个理性的存在物;只要我们建立了这样一套制度和人际交往模式,使得维护和追求公共利益成为人们实现个人利益的唯一有效且可靠的途径和手段,那么,追求个人利益的理性存在物是不会拒绝那种能促进个人利益的手段的。经验和理性一再告诉人们,采取相互合作、彼此帮助和促进公共利益的行为模式,能够给人们带来许多实实在在的利益,正像霍尔巴赫所言:"德行不过是一种用别人的福利来使自己幸福的艺术。"[1]

第一,战胜自然灾害,保全生命。"人是一个寻求快乐躲避痛苦的软弱的动物,他只有与其他人联合起来,才能与其他动物争夺生活资料,战胜那些比人类更为凶猛的动物。"[2] 仅仅是一种害怕新奇事物、害怕我们还不熟悉的事物的心理,就足以迫使我们到同类之中去寻求支持力量,当然还包括了使人产生恐惧和不安的孤独、黑暗、风声和沉寂等。这样,承担人们的苦闷、怀疑和恐惧解除任务的就是社会了,社会成为解除一切灾难(真实的和想象的)的庇护所。这种真实利益使得人们主动与他人合作,共同关心和维护社会的公共利益。

---

[1] 〔法〕保尔·昂利·霍尔巴赫:《自然的体系》下卷,管士滨译,商务印书馆1999年版,第263页。

[2] 北京大学哲学系外国哲学史教研室编译:《西方哲学原著选读》下卷,商务印书馆1983年版,第462页。

第二，帮助个人利益得以更好地实现。人是一个充满各种需要的社会生物，他不能独自使自己幸福，在任何时刻都需要他人所提供的援助。只有靠他的同类的帮助，他才能抵御命运的打击，才能补偿他不得不尝到的肉体上的苦难。可以说，发挥技巧、张扬理性、惩恶扬善都依赖于别人的鼓励和支持。更重要的是，能够获得单个人行动所不能获得的利益，才是联合和集体行动得以存在的根本原因。因此，在自然界中，人最需要的乃是人，对人最有益的东西也是人。而其他人和我一样，也只关心自己的幸福和利益；只有在我的行为对他们有利且有益于他们的幸福的时候，他们才会主动关心我的利益和幸福。所以，为他人幸福而工作目的是为了使自己幸福，这是实现的过程与手段；热爱和关心那些与我的存在符合一致、能够保存它、能使我的生存幸福的其他人，把我的利益与我所交往的人们的利益混合在一起，主动关心并自觉维护他人的利益和公共的利益。

第三，他人和社会成就了人的丰富精神生活。人的幸福某种程度是建立在数量级的感觉和印象上的，这也就是说，感觉和印象多少与幸福指数成正比。而如何获得较多感觉和印象，就成为关乎幸福的关键。显然，离群索居肯定不行，这样感受少而印象浅。于是，生活环境的错综复杂恰恰成为充足感受与深刻印象的基地，它使得人内心精神世界丰盈而充实。就此而论，"为了培养和训练人类的理性，个人必须要获得经验和思考，而这只能是社会生活的结果。只有与他人生活在一起，我们的精神生活才能丰富；只有帮助他人、为公共利益献身，才能够形成自豪感和崇高感；我们的理性和德行才能得到培养和锻炼"①。

正由于与他人相互合作、关心和追求公共利益对个人利益如此重要、对个人幸福如此不可或缺，因而受理性支配的个人出于个人利益和幸福的考虑，便会主动而自觉地去关心和维护他人的幸福和公共的利益。因此，在爱尔维修和霍尔巴赫看来，把个人利益和公共利益统一起来的基础乃是人的理性；这种以利益的精确算计为特征的清明而冷静的理性，可称之为"工具理性"。这种工具理性是把个人利益和公共利益联结和统一起来的内在的、本质的、必然的、可靠的基础。爱尔维修和霍尔巴赫的这种思想是对斯宾诺莎的理性主义伦理学的继承和发展。斯氏曾说：人是一个理性存在物，理性是人的本性，而"理性所真正要求的，在于每个人都爱他自己，都寻求自己的利益——寻求对自己真正有利的东西，并且人人都力

---

① 周要：《略论爱尔维修的利益学说》，《重庆社会科学》2005 年第 4 期。

求一切足以引导人达到较大圆满性的东西"①。然而，人的有限的性和脆弱性又使得他必须与外界事物打交道，因为这样才能保持自我的存在。"单就心灵来说，如果我们的心灵完全孤立着，除自己外，毫无所知，则我们的知性，便决不会这样完善。所以，在我们外面，实在有不少的对我们有益的东西，是我们所寻求的。其中尤以完全与我们的本性相符合的存在，为最有价值。……除了人外，没有别的东西对于人更有益。因此，人要保持他的存在，最有价值之事，莫过于力求所有的人都和谐一致，使所有人的心灵与身体都好象是一个人的身体与心灵一样，人人都团结一致，尽可能努力去保持他们的存在，人人都追求全体的公共福利。由此可见，凡受理性指导的人，亦即以理性作指针而寻求自己的利益的人，他们所追求的东西，也即是他们为别人而追求的东西。"②

除了理性之外，法国启蒙思想家们还寄希望于法律和教育。具有强制性的法律规范一经颁布，他们就希望个人摒弃私人感情、自愿服从公共利益。而让人明事理懂道理的教育，其主张个人行为应以公共利益为标尺，这是从根本上杜绝道德堕落的重要条件。因为在他们看来，道德的堕落就是公私利益的分离或对立。所以在此意义上，我们还是可以感受到这些法国启蒙思想家，把个人利益的实现机制定位于公共利益的维系。也就是说，在他们心目中，一切为着公共利益而实施的行为，其最终目的还是在于个人利益的实现和发展。纯粹为公而毫无私利的行为不可能存在于这个世上，因为道德本身要求不能分割公益与私利。所以，所谓高尚的道德行为，其本质上和实际上仍然是为了个人的利益。由此我们得出，爱氏和霍氏的伦理学说极具功利色彩，这体现在他们都强调个人利益是基础和目的、公共利益建立在个人利益之上的核心观点上。"要行为正直，就应当仅仅倾听和信任公共的利益，而不要听信我们周围的人。个人利益通常总是使他们利令智昏。——因此为了做一个正直的人，就必须把灵魂的高尚和精神的明智结合起来。任何一个在自己身上结合了这两种不同的自然赠品的人，都以公共利益作为行动的指南的。这种利益是人类一切美德的原则，也是一切法律的基础。它应当启发立法者，迫使人民服从他所制定的法律。总之，为了这个原则，必须牺牲自己的一切温情，连人道的温情也不例外。……从以上所说的话得出的结论就是：要想行为正直，就必须不要听自己所属的那些集团的话，而只听公共利益的指示。永远听从公共利

---

① 〔荷〕巴鲁赫·德·斯宾诺莎：《伦理学》，贺麟译，商务印书馆1981年版，第171页。
② 同上书，第170页。

益的人的行为,只会是或者直接有利于个人而无害于国家的行为。这样的行为对于他是永远有益的。"①

追求个人利益和公共利益的统一,是众多中外政治哲学家的基本旨趣与共同目标;不管他们论证这种统一的具体方式如何不同,也不管他们把这种统一的终极根据归结为何种因素,如工具理性、道德直觉,还是道德情感、道德理性等,但落实到现实的操作层面,他们都主张以"个人利益与公共利益的统一"作为评价人们行为道德价值的标准;在强调个人利益与公共利益的统一方面,他们都殊途同归,百虑一致。可以这样说,政治哲学的立场就是如何协调公私利益关系的立场。无论在何种时代,那种为了个人私利而损害公共利益的行为都是不道德的行为;不管这种行为有着怎样漂亮的借口,也不管有多少人这样做了,这都不能成为社会所标榜的道义正宗。我们的善恶标准不能有所松动,善就是善,恶就是恶,这是维系和守护人类文明根基的重任所系。

爱氏和霍氏这种以个人利益为起点、以公共利益为中介、以个人利益为归宿的理论是前后一贯的,就是强烈批评目的论伦理学的包尔生也坦率地承认,"在某种意义上,利己主义是不可避免的。甚至最无私的人欲望他人幸福,也是因为他们的幸福对他来说并非无关紧要,推进他人的幸福和减轻他人的痛苦对他来说是一种使他满足和得到安慰的源泉"②。我对他人的同情也是我的感情,"我的行动只可能受我的动机和感情决定,而决不是受另一个人的动机和感情决定"③。甚至自我牺牲也是为了自我保存,"即保存理想的自我。的确,这是一种最值得骄傲的自我维护——我牺牲了我自己,我在战斗中献出了我的生命,这是为了一种我看得比我的生命还高的善。一种纯粹被动的牺牲并不是我的行为,因而不是自我牺牲。所以,在自我牺牲的行为中,总有一种'自我'的因素在内……自我总是介入其中,它牺牲一种善只是为了另一种更高的善;它为声望而牺牲财产,为良心而牺牲声望,为民族的自由和荣誉而牺牲自己的生命"④。确实,爱氏和霍氏理论中的这种"利己主义",不是普通意义上的利己主义,即那种与"利他"相矛盾的损人利己。他们所主张的"利己"是以

---

① 北京大学哲学系外国哲学史教研室编译:《西方哲学原著选读》下卷,商务印书馆1983年版,第183—184页。
② 〔德〕弗里德里希·包尔生:《伦理学体系》,何怀宏等译,中国社会科学出版社1988年版,第211页。
③ 同上书,第325页。
④ 同上书,第331页。

"利他"为前提的,是主观上利己、客观上利他的。如果一个人是如此地"为我"和"利己",把上述行为都归入自我幸福的范畴,那么,我们还有什么可说的呢?这不就是所有的伦理学家所孜孜以求和奢望的结局吗?于此,我们似乎又可以说,爱氏和霍氏的理论表现形式或许显得有些粗糙和理想,但其理论的伦理精神与所有伟大而精深的伦理思想一样,同样值得敬佩。

第二节 卢梭:基于"公意"的公私利益关系理解

在《国家的神话》一书中,恩斯特·卡西尔写道:

> 尽管对一切政治问题有着这种强烈的兴趣,但启蒙运动阶段并没有发展出一种新的政治哲学。……在卢梭政治哲学的目的和方法的概念里,在他关于人的不可剥夺的和不可转让的权利学说中,几乎没有任何东西不能从洛克、格老秀斯或普芬道夫的著作里找到类似的表述或原型。卢梭与他同时代的人的功劳是在一个与此不同的领域。他们更为关切的是社会"生活"而不是政治"学说"。他们不是要去证明,而是要去断定和运用人的社会生活的第一原理。[①]

在这里,我们可以看出,卡西尔对卢梭的创新性贡献是持有否定态度的。笔者认为他是有一定道理的。就卢梭政治哲学的目的与方法而言,确实与先前的契约论思想家并没有实质性的区别。撇开其在不同含义上运用相同概念的差异,从整体上考察其理论架构,就不难看出,卢梭不过是将先前霍布斯、洛克的社会契约论思想进一步完整化和精致化了。就我们公私利益关系的论题而言,卢梭的认识与理解,并没有超出契约论思想整体的理论模型之外。尽管卢梭的社会契约论思想看起来是那么的复杂与矛盾,但在公私利益关系这个核心问题的关照下,我们可以更为清楚地认识到他思想的整体性与连贯性,并不像有些学者所认为的那样存在两个卢梭。

一 卢梭对"自然状态"的设定

要弄清楚卢梭的社会契约论思想,首要的是正确理解他对于自然状态

[①] 〔德〕恩斯特·卡西尔:《国家的神话》,范进等译,华夏出版社1990年版,第216页。

与社会状态的界定,以及这种界定与霍布斯、洛克思想的异同之处。卢梭的政治哲学有一个被大家所公认的显著特征,那就是他确立了自然与文明的对立原则,也就是自然状态与社会状态的对立原则。在他看来,文明并不意味着进步与理想,相反,却是人性堕落的表现。虽然卢梭也承认,从自然状态走向社会状态是人类历史发展过程中不可避免的结果,但在他的思想中,这并不意味着人类美好的生活在社会状态中得到了最好的体现。恰恰相反,在卢梭的描绘中,所谓文明的社会生活中,充斥着的是不平等与不自由,体现的是人受奴役、受压迫、受剥削的枷锁性境况。在这里,他虽是站在广大下层群众立场上对现实社会的批判,但无疑也真实地反映出现代社会的面向。"现代性的第一次危机出现在让—雅克卢梭的思想中。"① 卢梭对社会状态的界定是建立在与自然状态相区别的意义上的。换句话说,在卢梭的政治哲学中,自然状态与社会状态是异质性的。此前的契约论思想家在卢梭看来,从未真正地比较和分析过自然状态与社会状态的差异。最多的观点就是认为,自然状态与社会状态的唯一区别就在于缺乏一种政治社会结构和组织形式,即缺乏一种具有公共权威的强力组织。然而,卢梭并不认为这就是自然状态与社会状态的真正区别。

卢梭认为的自然状态是根本上区别于霍布斯以及洛克所认识的自然状态的:

> 按照卢梭的设想,自然状态是一种和平的、人人平等的、自由的状态。在自然状态下,自然人除了年龄、体质和力量上的差别外,没有任何其他特权上的不平等。自然人的欲望来自肉体的需要,满足需要的是食物、异性和休息。因为这些要求很低,因而也都比较容易得到。自然人的理智是简单的、有限的,情感是初级的、自然的。他们没有"你的"和"我的"这类观念,也不知道虚荣和对他人的奴役。他们没有实业,没有教育,甚至在相当一段时期没有语言。他们彼此是独立的,无所谓相互义务,也无所谓道德。②

这样的自然状态不可能是霍布斯笔下的"一切人对一切人"的战争状态。这样的自然人,其本性无所谓善恶。那么,是什么因素使得人与人

---

① 〔美〕列奥·施特劳斯:《自然权利与历史》,彭刚译,生活·读书·新知三联书店 2003 年版,第 257 页。
② 宋希仁:《卢梭论人》,《中国人民大学学报》1987 年第 3 期。

之间可以和睦地相处,而不致产生冲突呢?卢梭认为这是出于人的两种自然的本能,即自爱与怜悯使得自然状态中人与人之间没有任何道德关系,既无相互仇杀的恶德,也无相互扶助的美德。道德在自然状态中尚未出现。"两个先于理性而存在的原理:一个原理使我们热烈地关切我们的幸福和我们自己的保存;另一个原理使我们在看到任何有感觉的生物,主要是我们的同类遭受灭亡或痛苦的时候,会感到一种天然的憎恶。我们的精神活动能够使这两个原理相互协调并且配合起来。"① 可见,卢梭通过诉诸人的两种本能性的情感而得以保证他的自然状态的美好。卢梭十分赞赏这种自然状态,"每个人都生而自由、平等,他只是为了自己的利益,才会转让自己的自由"②。卢梭在这里对自然状态的设定,其用意在于以自然状态中的美好,来评击和批判现实所谓文明中社会存在的违背人性的奴役与压迫。"无论何物,只要出于自然的创造,都是好的,一经人手就变坏了""我们所有的智慧,都脱不了奴隶的偏见。我们所有的习惯都在奴役我们,束缚我们,压制我们。文明人从生到死都脱不了奴隶的羁绊"。所以,"人是生而自由的,但却是无所不在枷锁之中。自以为是其他一切的主人的人,反而比其他一切更是奴隶"。③ 从这里,我们可以看到,自然状态的和谐靠的是自爱与怜悯这两种人之本性,这种思路也影响到后来苏格兰启蒙学派对社会利益和谐的人性基础的肯认。当然,这也是卢梭后来在设计理想的社会秩序时所坚持的人性基础,是他坚持公私利益能够和谐一致的根本的内在人性因素,虽然他的论述并不仅仅着眼于这点。

由此可见,卢梭的自然状态是完全不同于霍布斯与洛克的描绘的。对于霍布斯与洛克对自然状态的描述,卢梭认为他们论述虽是野蛮人,但实际描绘的却是文明人。为什么会出现这样的矛盾呢?卢梭认为是霍布斯和洛克将文明社会中的人搬到了他们的自然状态,把在文明社会才会暴露的人性移植到了自然人的身上。施特劳斯也说霍布斯理解的自然人,即自然而然敌视他的每个同类的贪婪的野兽,"只有通过将政治人的无尽止的欲望归给原初的人的方式才能断定此点""洛克的勤奋的自然人也是从已经反战了的社会中引出的构造物"。④ 我们可以看到,卢梭的自然状态是较

---

① 〔法〕让·雅克·卢梭:《论人类不平等的起源和基础》,李常山译,商务印书馆1962年版,第67页。
② 〔法〕让·雅克·卢梭:《社会契约论》,何兆武译,商务印书馆1980年版,第9—10页。
③ 同上书,第8页。
④ 〔美〕列奥·施特劳斯、约瑟夫·克罗波西主编:《政治哲学史》下册,李天然译,河北人民出版社1993年版,第650—651页。

之霍布斯与洛克的自然状态更具"自然性"的人的本真状态。因此,这里在人的社会状态的对应上,卢梭与霍布斯和洛克之间存在着错位对应,即卢梭后来的社会状态对应的是霍布斯与洛克的自然状态,而卢梭后来在《社会契约论》中所描述的理想的社会状态就应该对应于霍布斯与洛克的政治社会。这样,我们可以更加清楚地认识到,卢梭与霍布斯、洛克同属于社会契约论传统的思想理路的一致性,这也就决定了他们在解决公私利益矛盾上所遵循的大致是同一种理论模式。

二 公意与公私利益的和谐

卢梭对文明社会的批判,直接反映出他对于现实社会的批判。这种社会在卢梭眼里与霍布斯、洛克的战争状态并无二致。在卢梭批判文明社会之前,他需要先回答一个这样的问题:既然他笔下的自然状态那么和谐美好,人人得以安居乐业,那还有必要进入文明社会吗?卢梭为了回答这个诘难,在人性中引入了"可完善性"这个东西。他认为,人类的学习能力能够改变并且已经在改变他们自己的生活条件。除此之外,社会合作的好处也慢慢被他们所认识,并且经过"若干世纪"之后,他们迎来了人类历史上居有定所且基本财产具备的家庭的建立:住在简单的住所里,拥有了基本的财产。固定的家庭集合成简单的社群。在卢梭那里的"这一时期""应该是最幸福而最持久的一个时期……是人类所经历的最美好的时期"。卢梭把这个向更复杂的社会关系演进的中间阶段称为"黄金时代",因为处于这个阶段的人们生活在自足和轻微依赖的和谐之中,处于一种懒散和以自我中心的任性的中间阶段。然而,它所带来的技术与经济的进步,却慢慢地随着物质产品的增加而逐渐成为一种人的"枷锁",进而随着私有制的产生正式标志着人类文明社会的开始。如卢梭所言:"自从一个人需要另一个人的帮助的时候起;自从人们觉察到一个人据有两个人食粮的好处的时候起;平等就消失了,私有制出现了。"[1] "谁第一个把一块土地圈起来并想到说:这是我的,而且找到一些头脑十分简单的人居然相信了他的话,谁就是文明社会的真正奠基者。"[2] 显然,卢梭在这里是出于一个文学家的想象而虚构了这么一个偶然的时刻,但它毕竟向我们昭示了人类历史发展的必然性和嬗变过程。文明社会的产生所带来的物质

---

[1] 〔法〕让·雅克·卢梭:《论人类不平等的起源和基础》,李常山译,商务印书馆1962年版,第121页。
[2] 同上书,第111页。

进步,"成了习惯便会使他们失去原先的兴味,从而变成一种不可或缺的真正需要:因得不到这些享受而感到的痛苦,远比得到它们而感到的乐趣大得多;失去那些享受固然不幸,而得到那些享受,也不怎么感到幸福"①。总而言之,他们开始堕落了。"富人的强取豪夺、穷人的到处劫掠和人们疯狂的贪欲,这一切扼杀了人的天然的怜悯心和微弱的公正的声音,使人变成了吝啬鬼、野心家和恶人。在强者的权利与先占者的权利之间发生了无休止的冲突,最后以战斗和屠杀告终。新生的社会让位于战争状态。"② 这不就是霍布斯误认为是自然状态的人类状态吗?卢梭笔下的文明社会丝毫不比霍布斯的自然状态多那么一丁点的温情。人与人之间发生着普遍的利益冲突,人人都隐藏着损人利己之心,贫富的不平等使得和平慈爱的原始本性在人身上发生蜕变,自由和独立的天性在人身上丧失殆尽,经济和精神上的自足在人身上难以寻觅。然而,这还不是悲剧的高潮,在卢梭看来,社会的混乱,使出于利己之心考虑的富人们,想出了一套最深谋远虑的计划,富人掌握政权,把富人的私利谎称为公共利益,把维护他们私利的法律说成是公正与和平的体现,在此基础上建立社会和法律制度。从这里我们可以清楚地看到,卢梭的这种人的异化思想全面地影响到了马克思的异化理论,同时,他对于资产阶级政府"公共利益代表"的虚伪性的揭露,也是深刻地为马克思所汲取。在这里,我们先前对于霍布斯、洛克自然状态中公私利益矛盾和冲突的分析,更为突出地地彰显出来。富人与穷人之间的利益冲突,以私利与公益的假面目得以出现。所谓的文明社会真的演变成了利益冲突的舞台,这使得谋求一种更为合理和理想的社会状态,成为卢梭政治哲学自然发展的逻辑。

卢梭像许多其他社会契约论思想家一样,力图通过诉诸社会契约来人为地制造一个合法性的政治权威,从而能够在这个公私合一的政治权威下达致一种和谐理想的社会秩序。卢梭在《社会契约论》中通过合法的社会契约条款为国家的合法性规定了条件。社会契约所要解决的问题是:"要寻找出一种结合的形式,使它能以全部共同的力量来维护和保障每个结合者的人身和财富,并且由于这一结合而使每一个与全体相联合的人又只不过是在服从自己本人,并且仍然像以往一样地自由。"③ 以此观之,

---

① 〔法〕让·雅克·卢梭:《论人类不平等的起源和基础》,李常山译,商务印书馆1962年版,第90页。

② 〔法〕让·雅克·卢梭:《论人与人之间不平等的起因和基础》,李平沤译,商务印书馆2007年版,第98—99页。

③ 〔法〕让·雅克·卢梭:《社会契约论》,何兆武译,商务印书馆1980年版,第23页。

社会契约并没有改变个人的自由和对自己的主宰权,更提不到限制个人利益和选择自由。那么,各自为战的人们又如何实现联合呢,这恐怕就不得不请出使卢梭毁誉参半的"公意"观念了。

在卢梭看来,契约一旦经过所有人的同意而得以订立,个人就应该毫无保留地服从人民和社会的整体,服从国家的精神,而国家正是"公共人格"。个人越是彻底地把权利交给整体,国家也就越完美。国家具有一种普遍的强制力量,如有不服从公意,全体可以强迫其服从,这等于迫使他自由。卢梭认为:"国家全体成员的经常意志就是公意;正因为如此,他们才是公民并且是自由的。"① 在这里为了继续阐释清楚这个"公意"的含义,卢梭特意区分了一下公意与众意。公意不同于众意,更不同于私意和团体意志。因为在卢梭看来,众意只是着眼于私人利益,只是个别意志的总和,而公意只着眼于公共利益。因此,尽管公意与众意有时相同,但也可能不一致。今天看来,众意是统计意义上的集体意志,而公意则是共有的本质意义上的集体意志。在卢梭那里,公意是属于更高一层的全体意志,是一种统一的意志。

"意志要么是公意,要么不是;它要么是人民共同体的意志,要么就只是一部分人的。在前一种情况下,这种意志一经宣示就成为一种主权行为,并且构成法律。在第二种情况下,它便只是一种个别意志,或者是一种行政行为,至多只不过是一道命令而已。"② 可见卢梭否认统计学意义上的集体意志。由此看来,社会契约也就是"我们每个人都以其自身及其全部的力量共同置于公意的最高指示下,并且我们在共同体中接纳每一个成员作为全体之不可分割的一部分"③。

因此,"惟有公意才能按照国家创制的目的,即公共幸福,来指导国家的各种力量;因为,如果说个别利益的对立使得社会的建立成为必要,那么,就是这些个别利益的一致才使得社会的建立成为可能。正是这些不同利益的共同之点,才形成了社会的联系;如果没有所有这些利益彼此并不具有某些一致之点的话,那么就没有任何社会可以存在了。因此,治理社会就应当完全根据这种共同的利益"④。

在卢梭看来,公意是永远正确的,因为人民是绝对不会被腐蚀的。因此,按照逻辑,在这种公意指导下建立的国家,就应该是卢梭所理想和憧

---

① 〔法〕让·雅克·卢梭:《社会契约论》,何兆武译,商务印书馆1980年版,第140页。
② 同上书,第36—37页。
③ 同上书,第20页。
④ 同上书,第31页。

憬的社会状态。在这个国家中,公共利益与私人利益达到了一种完美结合,根本不会出现公私利益之间的紧张关系。从这里,我们不难看出,卢梭作为一个社会契约论者,也还是没有跳出以往社会契约论者解决公私关系模式的窠臼——谋求一种理想的政治权威来促进公与私的和谐。或许,这里卢梭的浪漫主义正是反映了他对于在公意政治下解决公私关系的乐观与自信。然而,当体现了公意的主权由抽象走向具体时,公意本身的含混不清也呈现出来。这或许是在提示我们,这种解决思路本身存在着问题。

三 公意的困境

就卢梭对公意本身的论述来说,其含义是含混不清的。正如萨拜因所说:"卢梭的'公意'概念明显的缺陷是极其抽象和离开实际,公意仅仅是关于社会的观念和形式。"① "他有时认为众意中除掉个别意志间正负相抵消的部分而外,则剩下的总和仍然是公意;有时认为当公民充分了解情况,彼此之间没有勾结不形成宗派时,从大量的小分歧中总可以产生出公意;有时认为国家全体成员的经常意志就是公意;有时认为从票数的计算中就可以得出公意的宣告。"② 从上面这些论述之中,我们还是可以看到多数人的同意或多数人的意志更符合卢梭对公意的初心。与之相联系的是,卢梭对正义与否的解决就只需要诉诸大多数人来决定的公意。由于公意的一贯正确,所以在这个意义上,卢梭的政治理论就打开了多数人暴政的可能性。而且,卢梭没有在公意实现者这个问题上给出明确答案,使得公意的实现具有了神秘主义的色彩和留存了较大诠释空间。但他坚持把法律看成是公意外化的产物,突出了立法者的存在:"为了发现能适合于各个民族的最好的社会规则,就需要有一种能够洞察人类的全部感情而又不受任何感情所支配的最高智慧;它与我们得人性没有任何关系,但又能认识人性的深处;它自身的幸福与我们无关,然而它又很愿意关怀我们的幸福;最后,在时世的推移里,他照顾到长远的光荣,能在这个世纪里工作,而在下个世纪里享受。"③ 可见,卢梭将这里的立法者又弹射到了超越普通人和社会的"神明"地位,唯心主义的神秘性再次跃然纸上。这

---

① 〔美〕乔治·霍兰·萨拜因:《政治学说史》下卷,刘山等译,商务印书馆1982年版,第667页。
② 周少来:《制度立国与道德僭越——卢梭政治逻辑剖析》,《青海师范大学学报》(哲学社会科学版)2001年第5期。
③ 〔法〕让·雅克·卢梭:《社会契约论》,何兆武译,商务印书馆1980年版,第49—50页。

一"神明"在卢梭心目中实际上就是指他倾心仰慕的民主共和制。然而，卢梭的政治哲学理论对主权的制度化缺乏系统的论述，因而使得他的主权论始终存在着抽象同一和绝对同一的原则，混淆了国家与市民会社的界限，借用黑格尔的定义，就是把"单纯的共同点"与"真正的普遍"混淆在一起，缺乏对二者本质的甄别，从而使制度层面应该培育起来且能促使社会有序运作的各种合理因素难以显现。卢梭在社会层面断然否定自由，又在政治层面要求直接民主制，两者看似矛盾，实质内在一致。由于缺乏制度化的政治参与，"下面的极端民主制与上面的绝对权威对接，互为补充，互为存在"。结果是"在下者不能聚合有常，只能街头暴起暴落，成者为王，败者为寇。在上者不能落地生根，落实为制度性的安排"[1]。由此看来，卢梭的公意说的含混不清和主权论的思辨性质，使得他对于理想制度的设计成为一大难题。近代以来，政治哲学家在思考政治问题时，无一例外地把人性问题与政治建构问题联系起来，这样做，很自然地对政治建构产生出某种具有普遍性质的要求，即要求制度安排与政治价值关联起来。然而卢梭对制度问题的思考与他所设定的自由、平等这些基本的政治价值无甚关联。这是因为，他虽然也把人性问题与社会政治联系起来，但他首先把人性理解为一个社会政治的改造过程，在这个过程中，制度的安排不能充分反映基本的政治价值。因为，"在一个完美的立法之下，个别的或个人的意志应该是毫无地位的，政府本身的团体意志应该是极其次要的，从而公意或者主权的意志永远应该是主导的，并且是其他一切意志的惟一规范"[2]。卢梭把政治价值从制度层面抽离出来，其原因在于，他坚持认为公意是立国之本，主权者执行公意以保障人的自由和平等的权利，而国家只有作为一个整体时才能保证平等。就制度安排而言，他根本就不认为存在一个完美的政体形式，他对民主制能否真正实现也不抱希望。进而，他认为个别意志总是反对公意的，而作为中间体的政府也因此反对主权，个别意志或众意对公意的危害，将导致国家的解体。然而，指出这种危害并不一定能遏制住它，虽然他也考察过许多具体的政治制度，但终究也难以将他的主权论落实到制度层面，因为那样需要近似神灵的奇理斯玛[3]型的人。"人间平凡的政治机器只能由平凡的人来驾驭，但平凡的人被赋予了绝对的权力而无所限制，便不会不受到权力毒性的腐蚀，便不

---

[1] 朱学勤：《道德理想国的覆灭——从卢梭到罗伯斯比尔》，上海三联书店1994年版，第84页。
[2] 〔法〕让·雅克·卢梭：《社会契约论》，何兆武译，商务印书馆1980年版，第79页。
[3] 注：所谓"奇理斯玛"，即英文 Charismatic 的音译，意指"个人魅力"。

能不导致权力的滥用和异化。这便是卢梭政治逻辑发生背反与逆转的症结所在。"①

从卢梭的身上我们看到，个人主义和私有制观念与公意思想的格格不入，从而导致了公意流于抽象的形式化。毫无疑问，卢梭政治哲学的立论出发点就是原子个人主义。因为从他对自然状态中的"自然人"和政治共同体中的"主权者"的描述中我们看出，原子式的个人就是这些人的本来面目。实际上，之所以在18世纪法国有这样的看法一点儿也不应奇怪，是因为此时的个人正是瓦解封建时代催生新时代的真正主人，是全新生产力的推动者。然而卢梭却认为"这种个人是一种理想，它的存在是过去的事；在他们看来，这种个人不是历史的结果，而是历史的起点"。按照卢梭的看法，"合乎自然的个人并不是从历史中产生的，而是由自然造成的"②。这样，卢梭就把本来是历史产物的人当作了原始自然的人，实质上是想通过返回起点的做法，为时代和历史的产物做出合法性的论证。正如有学者所讲的那样，卢梭把"18世纪的资产阶级个人抽象化了，把资产阶级个人的历史权利抽象化为天赋的自然权利。卢梭未能为权利提供真正的社会基础，因为他的'公意'只是资产阶级社会个人与个人之间的一种结合形式，其实质仍是'众意'，即个人利益和个别意志的总和③"④。卢梭之所以会虚化公意和社会权利，唯恐与他的私有制观念不可分割。虽然他对私有制进行了道德色彩浓厚的激烈批判，斥责其为不平等的根源，但在激烈的言辞背后却有着难以掩饰的真实内心，那就是并非像他所说那样讨厌私有制，他也并非私有制的天敌，在他看来"财产权是公民所有权利中最为神圣的一种权利，而且在某些方面它甚至比自由更重要"⑤。这样，卢梭就以抽象的自然权利之名赋予了最实在的财产权以天然的合理性和永恒性。

---

① 周少来：《制度立国与道德僭越——卢梭政治逻辑剖析》，《青海师范大学学报》（哲学社会科学版）2001年第5期。
② 〔法〕让·雅克·卢梭：《论人类不平等的起源和基础》，李常山译，商务印书馆1962年版，第145页。
③ 注：这里我们有必要区分一下"公意"与"众意"。在卢梭看来，"众意"只是个人私意的总和，它着眼于私人利益，是一种数学统计意义上的集体意志；而"公意"是国家全体成员的经常意志，它着眼于公共利益，是共有的本质意义上的集体意志，是属于更高一层的全体意志，是一种统一的意志。
④ 刘日明：《卢梭与近代政治哲学的转向》，《同济大学学报》（社会科学版）2003年第3期。
⑤ 〔法〕让·雅克·卢梭：《论人类不平等的起源和基础》，李常山译，商务印书馆1962年版，第233页。

"公意"抽象化带来的直接效果就是蜕变为"众意",即个人独立意志的数量之和,随之社会权利成为徒有其表而无有其实的"虚设"。正是在此意义上,卢梭在权利的问题上达到了与众多启蒙思想家一样的学术高度,即天赋人权的高度,市民社会的高度,政治解放的高度,私有财产的高度。"这也表明,卢梭讲的自由和平等并不具有普适性,而仅仅是市民社会成员权利的政治表达形式。"[1] 卢梭所追求的真正"公意"只能是资产阶级的民主共和国。

总而言之,我们看到在卢梭谋求的公意消灭私意,小我完全溶于大我中,以取消私人空间来消解公私矛盾的理想,难以真正实现。"公意"思想的要害在于将"私意"纳入"公意"的轨道,用"公意"吞噬"私意",用"公共利益"压抑"私人利益",用"普遍性"压抑"特殊性"。从卢梭公意说的虚幻性上,我们可以得出这样的结论:在资产阶级的视阈之中,如果政治制度的设计难以超脱市场社会的限制,不能彻底消灭私有制,就根本不可能建立什么代表了一切个人利益的所谓公意。即使有,那也只能是资产阶级用于欺骗广大人民的"政治幌子"。期望一个公意下的政府来完成公私利益的和谐,只会存在于资产阶级理论家的形而上学设计中,现实中是不会有任何立锥之所的。这也从客观上宣告,社会契约论这种解决公私利益矛盾的方法,只能在形而上学的抽象王国中找到安身之地。

---

[1] 刘日明:《卢梭与近代政治哲学的转向》,《同济大学学报》(社会科学版) 2003 年第 3 期。

第七章　公私利益关系的功利主义考量

在近代欧洲政治哲学发展史上,功利主义思想有着举足轻重的地位和影响,它的理论渊源最早可以追溯到古希腊时期的德谟克利特和伊壁鸠鲁的快乐主义思想。而功利主义之所以能够成为近代极具感召力的道德和政治学说,更多地应该归功于法国具有功利主义倾向的启蒙思想家爱尔维修和霍尔巴赫等人的影响。功利主义承袭并发扬光大了英国经验主义哲学传统和情感论伦理学的特质,而且具有极强的实践性特点,它的基本道德原则是最大多数人的最大幸福原则。这可以说是英国社会政治经济诸多领域中的普遍性原则,它至今仍然影响着英国的政治文化。近代功利主义属于西方自由主义的理论传统,它是自由主义在新的历史发展时期的产物,是资产阶级由革命夺权过渡到由行政手段管理国家后,自由主义由激进到温和的发展缩影。正如萨拜因所说:"作为功利主义基础的'自由主义的理想是革命时代的后果,但是它的成就却大部分是高水平的务实的才智应用与具体问题的产物……非常自然,它的哲学逐渐变成功利主义的,而不再是革命的了。"[1]

功利主义以"最大多数人的最大幸福"为其基本原则。这一原则也表明了"功利主义也是结果论的伦理理论,因为它以行为或伦理准则未来可取的结果为判定善恶的基准。因此,功利主义也经常引起社会改革家和进步思想家的兴趣,他们常把科学技术带入政策的形成过程。从这个意义上说,功利主义也是一种'理性主义的'理论,其倡导者相信科学可解决社会问题并可实现社会和谐。而且,功利主义者自称不受任何别种意识形态的狭隘教条所束缚,这些意识形态经常自认为服务于一部分特定人群的利益,因为功利主义者强调自己的判断是从一个'理想的'或客观的观察者的角度作出的,所促进的是普遍利益而非狭隘利益。而且,功利

---

[1] 〔美〕乔治·霍兰·萨拜因:《政治学说史》下卷,刘山等译,商务印书馆1986年版,第743页。

主义还被认为是从个人主义的前提得出的结论,因为其理论出发点是个人的幸福,而不是抽象的社会福利或总意志"①。

功利主义作为一种结果论或效果论的伦理观,其政治性的运用成为助推其影响力的最主要途径。这一点也得到了罗素的肯定:功利主义的"重要地位与其说是哲学上的,不如说是政治上的"②。毫不夸张地说,20世纪的政治理论与政治实践没有受到功利主义影响的几乎很少,这也跟一段相当长的时期内政治自由主义把功利主义视为其理论基础有关。原本功利主义学说主要适用于对个人行为的伦理评价之上,强调的是作为行为结果的快乐的最大效度。从这一原初理论出发,很难推论出政治上的仁爱原则,即强调政治行为结果上的效果最大化;更别提推论出支持这一原则的政府强制行为的合法性了。可是,上述这伦理的和政治的两方面对于自由主义来说都很重要。"当然,在政治自由主义的层面,社会经济政治的学说更显得重要,这也是古典功利主义者主要关注的领域。功利主义的意义不仅在于它以普遍有利的结果对人的行为以及一般政治和社会政策所作的评估,而且在于它以特殊的方式对结果概念的解释。"③

第一节 边沁:功利原则与公私利益的同一

麦金太尔在他的《伦理学简史》中写道:"在近代世界,道德和政治论争中的一个显著特征是,在一定程度上,正是改革家、激进分子和革命者复活了旧有的学说,而他们的保守的和反动的对立面则是新学说的创立者。"④ 在我看来,这点也适用于古典功利主义的奠基人边沁。边沁的功利主义理论是对英国经验论传统、法国唯物主义的功利学说,甚至于是对古希腊伊壁鸠鲁快乐主义学说的继承。在他的功利主义学说中,汇集了众多先贤的思想因子,尤其是他采用了源自休谟的"功利"概念和源自普利斯特利的"最大多数人的最大幸福"命题,使之成为其功利主义思想的基本原则。可见,边沁的诸多概念的"借用",使他的理论获得了"旧

---

① 顾肃:《试论当代政治哲学的学理基础》,《复旦大学学报》(社会科学版) 2004 年第 5 期。
② 〔英〕伯特兰·罗素:《西方哲学史》下卷,何兆武等译,商务印书馆 1981 年版,第 327 页。
③ 顾肃:《试论当代政治哲学的学理基础》,《复旦大学学报》(社会科学版) 2004 年第 5 期。
④ 〔美〕阿拉斯代尔·麦金太尔:《伦理学简史》,龚群译,商务印书馆 2003 年版,第 297 页。

瓶装新酒"的称谓。也正是有这"新酒",才体现出边沁对功利主义政治哲学体系的独特发挥和创造,边沁也才能真正称得上的是把功利主义理论系统化的第一人。"要不是大胆,杰瑞米·边沁就一定会默默无闻。"[1] 在关于功利主义系统论述的著作《道德与立法原理导论》的开篇,他就申明:

> 自然把人类置于两位主公——快乐和痛苦——的主宰之下。只有它们才指示我们应当干什么,决定我们将要干什么。是非标准,因果联系,俱由其定夺。凡我们所行、所言、所思,无不由其支配:我们所能做的力图摆脱被支配地位的每项努力,都只会昭示和肯定这一点。一个人在口头上可以声称绝不再受其主宰,但实际上他将照旧每时每刻对其俯首称臣。功利原理承认这一被支配地位,把它当作旨在依靠理性和法律之手建造福乐大厦的制度的基础。凡试图怀疑这个原理的制度,都是重虚轻实,人性昧理,从暗弃明。[2]

由此可见,边沁政治思想的基础是伦理学,是建立在快乐主义基础上的功利主义原理。因此,我们要考察边沁政治哲学思想中的公私利益关系理论,就必须深入到其整个政治哲学的体系之中,尤其是对他的功利原理的分析之中。边沁也正是在阐释他的功利原理的普适性的同时,为我们呈现出一种对于公私利益关系的典型诠释——功利主导下的公私利益和谐论。

一 功利原理与个人利益

众所周知,个人主义理念和精神是边沁功利论思想得以建立的前提和基础,所以他被后世称为"个人主义的功利主义思想家"。个人利益论是边沁功利主义政治哲学的核心与基石,它是以经验主义人性论为基础的。在边沁看来,人类的一切事情,如宗教、社会、政治、经济、道德等,均源于人性。因此,为了寻求对于现行社会政治与法律制度的变革,就必须诉诸人性,就像17、18世纪的先辈一样。

边沁认为,自然界和人类社会都有自己的规律,社会规律的基础便在

---

[1] 〔美〕伊安·夏皮罗:《政治的道德基础》,姚建华等译,上海三联书店2006年版,第23页。
[2] 〔英〕杰瑞米·边沁:《道德与立法原理导论》,时殷弘译,商务印书馆2000年版,第57页。

人的本性之中。爱尔维修等人的自爱原则或利益原则在边沁那里被改造为了求乐避苦原则，与前者一样也将此视为人性。边沁将作为道德标准的体验归结为个人的快乐和痛苦，他认为，快乐或幸福就是善，痛苦自然就是不善即恶。倘若要比较两种事态的善恶，就只能权衡一下哪种事态产生的后果中快乐大于痛苦，从而该种事态相对为善。因此，在对边沁的功利原则的展开论述之前，我们有必要先行考察一下他关于苦乐原理的阐述。正如施特劳斯所言："边沁政治哲学的力量，取决于他关于幸福的看法以及他对科学地制定政策，以取得幸福所抱的乐观主义态度在多大程度上具有说服力。"[①] 边沁确立了苦乐在人的行为中的支配和主导地位。从他对此的理解来说，若行为中过滤掉了苦乐的因素，很多东西将失去存在的意义，例如与苦乐关系密切的幸福，甚至于在一般意义上常常不与苦乐相关的正义、义务、责任以及美德等。所以，对行为结果带给人的苦乐的预期就成为人行动与否的动机，追求快乐与避免痛苦成为行为的最终目的。可以看出，因为对行为后发结果中苦乐的强调，必然使边沁理论的后果导向特征十分突出，即主要从行为结果回溯行为本身的道德性，将评价行为正当性的标准寄于结果中快乐因素是否增加或痛苦因素是否减少上。对后果的关注，使得边沁着重研究苦乐两种感觉。首先，他将苦乐分别进行了归类划分。苦乐各有简单与复杂之分，简单的苦或乐，又各有十多种。简单的苦乐复合成复杂的苦乐，复杂的苦乐可以分解为几种简单的苦乐，这两种过程都要靠心理联想作用来实现。但是，有一点需要说明的是，简单的苦乐与复杂的苦乐之间，只有数量上的不同，没有性质上的差别。另外，边沁还强调了个人苦乐与他人以及社会环境的关涉性，这可以说是边沁赋予18世纪的快乐主义以量化的时代特征。这些都为边沁对后果进行计算的思维模式奠定了基础，而这也成为边沁解决公私利益关系的重要理论来源。

为了从量上对个体的快乐进行考察，边沁设计了独特的计算方法。他提出了对快乐的计算标准包括七项：强度、持续性、确定性、远近性、繁殖性、纯洁性和广延性。这些计算标准中涵盖了几乎所有涉及快乐的因素，分别从这些因素进行计算得出的快乐总量就成为判断行为善恶的依据。有了这个计算方法后，就可以对任意两种不同的快乐进行比较了。这种计算的实质在于，它进一步说明了如何区分与快乐相联系的利益的重要

---

① 〔美〕列奥·斯特劳斯、约瑟夫·克罗波西主编：《政治哲学史》下册，李天然译，河北人民出版社1993年版，第853页。

性，即哪种利益带给人的快乐多一些，哪种利益就是更重要的。这样的话，利益重要与否的问题，转变成了快乐多少的问题。另外，这种计算还帮助我们明辨真实与虚假的利益，即真利益带来的快乐多于痛苦，假利益带来的痛苦多于快乐。与此同时，这种计算方法，还涉及个人与他人之间的关系，它可以区分个人利益是否带来他人的更大的痛苦以及是否能够给最多的人带来最大的快乐的总量。这在一定程度上，使得个人利益与公共利益的结合成为一种可能。在边沁的理论中，因为快乐原理与功利原理紧密相关，对快乐的计算方法，也可以用于计算人类活动和社会机构的功利。总而言之，这个计算方法是以个人为参照系的，是以个体感受为基点的，本质上是一种个人主义的利益计算。因此，可以说，边沁的功利主义理论的出发点是个体，旨在维护的仍然是自由主义思想家坚持强调的个人利益本位论。

边沁的功利论学说由两个简单的原则构成：一个是最大多数人的最大幸福原则；另一个是每个人只能当作一个人来计算，而绝不能当作一个以上的人来计算。从这两个原则中，我们可以看到边沁的功利或利益计算是以个人为视角的。每个人是平等的个体，他们无论社会地位如何，都有感受快乐的本性，都有追求幸福的权利，都是欲望快乐和追求幸福的主体，因此，我们不应该以一种社会的眼光来区分人，而从根本上抛弃了人的存在本性。提出最大多数人的最大幸福原则，就是要重新唤回人的存在本性。进一步而言，边沁所谓的最大多数人的最大幸福绝不是抽象化后的全体人民的利益与幸福或社会的利益与幸福，而是最大多数个人的最大幸福。每个人都是社会中独立的一员，他既不能代表别人，也不能被别人所代表，每个人在追求幸福上存在同等的权利，谁也不比谁拥有更多的生存利益。可以说，边沁曾用一句话概括了他对人的自由、平等与民主精神的重申，那就是"每个人都可以成为自己的律师"。边沁的整个政治哲学就是从具有独立人格、自由意志和平等权利的个人为出发点和最终归宿的，对这一点的把握，是我们正确理解边沁功利主义思想的关键所在。边沁功利主义政治哲学的这两个原则，集中凝聚了他的个人主义理想和西方自由主义政治哲学的传统。

建立在具有深厚传统的个人主义精神和人本经验基础上的功利主义政治哲学，必然要以个人利益论为整个理论的思想基石，边沁的思想就集中表现出这一理论特点。边沁对西方个人主义精神传统进行了新的发挥，这主要体现在他更为务实地将个人主义精神定位于现实的利益舞台上，使得抽象的个人主义精神变换成为个人主义的利益精神。对快乐的计算方法就是突出的例子。它表现出边沁重视现实,重视利益关系,反对虚构,反对形而上学思辨的理论风格,从而给个人主义精神注入了时代的气息。于是,西方社会中的个人主义传统在利益的旗帜下,更具有了人本性的鲜活的生命力和自我扩张性。边沁用以证明个人利益合法性与合道德性的工具就是人的经验苦乐感受,这是每一个正常的人都具有的本能,是一种无法否认的现实存在。所以,据此强调个人利益的现实性有着极强的说服力。正是这种现实的求乐避苦的本性,使得现实生活中的每个人都自觉的成为自我利益的第一创造者、维护者、追求者、享受者。个人利益是唯一的现实利益成为边沁内心深处固守的基本信条,为此,他提出了对这一基本信念的论证。

首先,他把避苦求乐的人生行为和过程定义为自我利益的追求、创造与实现的过程。边沁的功利主义思想是以利益论为核心的,正因为人都抓住求乐避苦的原则不放,所以他的利益观就是避苦求乐。可以说,边沁的利益就是建立在快乐的基础上的,个人利益是行为的根据,也是道德产生的根源。这样一来,快乐与利益、功利链接在一起,成为一个整体。在边沁看来,能够给利益攸关的当事人带来快乐(或福泽、利益、好处、善良等,这些快乐的同义语)或防止痛苦(或危害、邪恶、不幸等,这些痛苦的同义语)的事物特性就叫做功利。简而言之,功利、利益与快乐成为同等意义上的同一性概念。在这里,我们不难看出这样一个无须过多论证的事实,那就是这里的功利便是广义利益的同义词。而边沁功利主义思想的精彩之处就在于他通过利益把功利与快乐联系了起来,这也为他的功利原则普适性的论证提供了经验事实的支持。边沁重复了爱尔维修的快乐即是善、痛苦为恶的传统原则,在此基础上,边沁提出"功利原则指的就是:当我们对任何一种行为予以赞成或不赞成的时候,我们是看该行为是增多还是减少当事者的幸福;换句话说,就是看该行为增及或者违反当事人的幸福为准"[①]。幸福来源于快乐,快乐来源于利益——因为人要生存,必须要依赖生存资源,这一切,自然界并没有现成地提供给我们,只有通过自己的劳动才能换取生存资源,这是一种付出,只有付出更多,人才能得到更多。付出本身意味着痛苦,而由付出得来的利益并不仅仅意味着利益,它更意味着快乐。它包含了人生的快乐之源,幸福之源。所以,人生的快乐就意味着自我利益的获得。在这里,个人利益成为高于一

---

① 〔英〕杰瑞米·边沁:《道德与立法原理导论》,时殷弘译,商务印书馆2000年版,第211页。

切的东西,因为它是人之本性的要求。

其次,人虽然生活在茫茫人海之中,但在边沁看来,这样的社会只不过是一个虚幻的"影像"——"社会是一种虚构的团体,由被认作其成员的个人所组成"。① 这里说明,社会产生的基础和条件是现实的个人,脱离了现实中的个人,社会得以产生和存在的基础就不复存在了,社会本身的价值和意义也将难以产生。因为社会不具有自生意义机制,其意义有赖于成员个人的外在赋予。在此基础上,边沁得出了个人中心论,强调个人是社会的中心,个人利益和个人幸福是高于社会利益和社会幸福的,换句话说,在社会中个人利益比社会利益更为实在和现实。理由很简单:无数个个人组成了林林总总、各种各样的社会,自然无数个个人利益的集合才成就了集体与社会的利益,因此"不了解个人利益是什么,而奢谈社会利益,是无益的"②。没有个人利益的时下,根本就没有社会利益;离开了对个人利益的追求与创造,实现社会利益就只是一句空话。

最后,社会的道德问题,表面上看是一个社会问题,但就其实质而言,则属于个人问题。只有当个人存在时,才产生了人与人之间的交往,也才有了道德问题。只有当人在追求避苦求乐的利益行为过程中,才会出现关于行为善恶的道德评价问题。因此,个人的行为是道德评价的基本对象,也是道德赖以产生的基点。

综上所述,个人利益是深深萦绕在边沁心头的挥之不去的情结。它构成了人类道德的基础,因之而起的人类的文明史就变为了对个人利益的维护与和弘扬的历史,人类之爱也就是以个人利益追求不断向着更高水平上的展开形态,所以从根本上讲,个人利益与公共利益在边沁对个人利益的论述中走向了"同一"。

二 公私利益的同一

在苦乐原理的基础上,边沁从霍布斯式的人性出发,提出了他的功利主义原则,即"最大多数人的最大幸福"原则。"最大多数人的幸福是正确与错误的衡量标准。"③ 以个人为出发点的功利主义,所内在隐藏着一个重大的理论困局,那就是怎样与极端的利己主义相区别呢?因为假如每一个人都以追求自身的最大功利所得为出发点,会不会产生这样一种后

---

① 〔英〕杰瑞米·边沁:《道德与立法原理导论》,时殷弘译,商务印书馆2000年版,第211页。
② 周辅成:《西方伦理学名著选辑》下卷,商务印书馆1987年版,第230页。
③ 〔英〕杰瑞米·边沁:《政府片论》,沈叔平译,商务印书馆1994年版,第92页。

果，即为了个人利益而不择手段呢？为了消除这一理论的责难，边沁利用上了他关于快乐的计算方法，即根据快乐的诸多指标来判断某一行为所产生的对个人以及对社会总的快乐的大小，按照两利相权取其重、两害相权取其轻的原则来确定行为的准则。虽然以我们现在的眼光审视这种计算方法，它存在诸多的不可测的因素，因而是不具备多大科学性与精确性的。但在边沁看来，它却是使最大化的个人利益与最大化的社会公共利益相协调一致的关键保障。

边沁建立了一种独特的"公共利益"理论，即当他在强调个人利益与公共利益同一的时候，就内在地隐含着这样一个假定性的事实：个人利益就是公共利益，两者是一码事，为个人利益奋斗也就是为公共利益奋斗。在边沁看来，要得出个人利益的最大化也就实现了公共利益的最大化这个结论，前提无疑应该是公共利益等于个人利益数量上的总和。而这个前提，成为边沁关于公私利益关系理论的核心与实质。边沁关于公私利益思想的精神实质就隐含在这个前提之中。

个人利益何以能够与公共利益相同一呢？或者说个人利益如何能够成为公共利益呢？要理解这一在今天看起来无异于天方夜谭式的论断，还必须从边沁关于个人与社会关系的方面来看。个人与社会的关系问题，始终是人类伦理学建构的背景问题，更是人类政治、法律与道德建设的理论基础。个人与社会关系的界定，直接决定着政治哲学中对于公私关系的理解。在公私关系的大课题中，最为明显的彰显个人与社会关系的范畴就是公共利益。有什么样的个人与社会关系的认定，也就会带来什么样的关于公共利益的定义。这一点，也清楚地体现在边沁的理论设计之中。思考和求取个人与社会的关系问题，其出发点不同，求取定位个人与社会的关系的结果也就不一样。从政治哲学史上看，关于个人与社会关系理论的出发点无非两种：一种是从个人出发，突出强调的往往是个人利益的本位性；另一种则是从社会出发，突出强调的更多是公共利益或作为公共利益代表的国家利益、社会利益的本位性。两种不同的出发点塑造了两种的不同的理论样态，哲学史上的例子不胜枚举。但是，在诸多的理论形态中，我们也发现了这样一个事实，那就是随着社会的发展与进步，对于个人与社会关系的认识也更加辨证与合理，特别是近代以来，资本主义市场经济的发展，使得无论是从个人还是从社会视角出发对个人与社会关系的考察，都有可能达致一种理论的共识。这成为影响近代以来政治哲学发展的一大理论发现。

作为近代功利主义政治哲学代表的边沁，也是从个人与社会关系的思考入手,进而界定个人利益与公共利益关系的。不过他的理论出发点显然是个人,他是站在个人的视角来界定社会的。他认为,社会只是由各个个人所组成的,社会关系是一切个人走进他人和人群的行为状态,或者说过程状态的总和。由此可见,边沁是从具体的、具有独立人格、自由意志精神和自由权利的个人出发来论证个人与社会的关系的。他明确指出社会是由具有本位地位的个人组成的,个人是实体,社会是虚体,社会必须以个人的存在和充实为前提,才能够获得实体性的存在。所以,在这种认识下,不难得出所谓社会公共利益就是单个个人利益的总和这一结论。个人利益是实在的利益,社会利益是虚体的利益,社会利益要想获得实在性,就必须有个人利益的存在和支撑,并且,社会利益要获得充实,就先得有个人利益的充盈。只有从这样的思路出发,才能够理解边沁在其《道德与立法原理》中所做的论述:"社会是一个虚构的团体,由被认作其成员的个人所组成。那么社会利益是什么呢?——它就是组成社会之所有单个成员的利益的总和。"① 后来他又在《关于刑赏的学说》中,通过批判"个人利益必须服从社会利益"的观念而进一步论证到,作为组成社会的每一分子的个人,他们个人利益的数量之和构成了社会利益,所以在此意义上个人利益是唯一实实在在的利益,而社会利益只具有人格总和的抽象性。

边沁的"最大多数人的最大幸福"原则,其实就是"最大多数个人的最大利益"原则,这里突出了"个人"二字,使得边沁的以个人利益为本位的功利思想更加鲜明。这里的"最大多数人的最大利益",不是指的被抽掉了人格化的、具体的、具有个人意志、自由精神和平等权利内涵的"人民的利益"或空洞的"公共利益",而是指具有当下性的避乐求苦的最大多数个人的最大利益。因而,边沁在这里所讲的个人利益就是社会利益中的"个人利益",并不是指你这个人的利益或少数几个人的利益,而是指的组成社会的每个单个成员的利益;边沁这里所讲的"社会利益"也同样不是我们习惯上讲的那种抽掉了社会的实在主体和载体(即个人)的空洞抽象的社会利益,而是指"组成社会之所有单个成员的利益之总和",② 这就是边沁的个人利益是唯一现实利益的真正内涵,这同样也是边沁个人利益与公共利益关系理论的精神实质所在。边沁关于公私利益关

---

① 〔英〕杰瑞米·边沁:《道德与立法原理导论》,时殷弘译,商务印书馆2000年版,第211页。
② 参见唐代兴《利益伦理》,北京大学出版社2002年版,第97页。

系的理论,完全取决于他的以个人利益为基点的功利原则。

个人追求自身的快乐与幸福的行为,必然要指向其外部对象而达向大多数人的快乐与幸福。因为,自身之外的每一个人都有追求幸福生活的本性与权利,所以,个人行为在追求自身快乐与幸福的同时,必须得考虑给自身之外的他者带来快乐与幸福。于是,边沁为把自己的以个人主义为出发点的快乐主义思想引向功利主义铺设了一座桥梁:"功利原则承认人类受苦乐统治,并且以这种统治为其体系的基础,这种体系的目标在于假借'理性'和'法律'之手以建树福利的体系。"① 由此可见,边沁整个思想体系的核心内容和宗旨是功利,追求功利不仅是生存的冲动与需要,也是人类生活理性的职责,更是法律强制的重要任务。立法者的基本任务,就是在个人利益与社会公共利益之间求得协调。这种协调对于个人来说,就是对自己追求幸福和快乐的量的预期和计算过程;对于社会来讲,则是利用政府和法律保证个人的生存、富裕和安全。

如何处理个人利益和公共利益的关系,历来是伦理政治生活中所要面临的一个难题。它之所以是一个难题,就在于:第一,个人利益和社会公共利益之间始终存在着矛盾和冲突,这种矛盾和冲突根源于人的生存需要的无限度性与满足这种生存需要的资源的有限性(即匮乏性)之间的张力关系。第二,个人和社会在有关于什么是"社会公共利益"这一问题上的认识分歧性与模糊性。基于这一难题,边沁试图通过把社会还原为个人的办法来解决和消除之。②

在边沁的政治哲学中,由于将公共利益界定为个人利益的数量总和,因此,只要每一个人在追求个人利益的同时,也就自然而然地推动了整个社会公共利益的增长;只要每个人真正在追求他自己利益的最大化,最终就会达到社会全体利益的最大化。因此,边沁是在维护"合理的个人主义"的名义下,完成了公私利益的协调与一致。然而,在每个人都追求自身利益的最大化的同时,是什么保证了个人利益间不会产生矛盾和冲突呢?边沁将这个问题的答案设定在他的功利原则之中。我们看到,边沁的功利思想在一定程度上对极端利己主义行为有着一定的制约性,这体现在

---

① 〔英〕杰瑞米·边沁:《道德与立法原理导论》,时殷弘译,商务印书馆 2000 年版,第 57 页。
② 唐代兴:《利益伦理:当代道德建设的双重指向——功利主义道德理想启示录(一)》,《西南民族学院学报》(哲学社会科学版) 2002 年第 3 期。

对总的功利效果的计算上。正如我们前面所提及的那样，在行为效果的计算标准中，内在包含着涉他性思想，即在各种现实关系中考量效果的思想。这使得一味追求自我利益的个人，在功利主义效果论面前，不得不收敛日益膨胀的私欲，这可以说是功利主义思想躲避极端利己主义责难的机巧设计。边沁力图在实现个人利益的同时，也实现公共利益，从而达到一种"双赢"的结果。这种理论的美好设计，反映了边沁所持有的理论抱负。

尽管如此，边沁以个人幸福为依归、以个人利益为最后立足点的原则，还是遭受到西方不少政治哲学家的批评。功利主义对行为的道德评价完全依赖于对具体行为结果的衡量，尤其是站在个人利益角度的衡量，使得人们完全忽略了对行为动机的考量。"唯结果论"成为影响我们全面认识与评价行为道德性的桎梏，因为它在一定程度上否认了人们确有某些崇高的行为动机，这些动机是不可以完全归结为对行为结果的唯一权衡的。边沁所主张的完全脱离行为动机的"唯结果论"，是对法国启蒙思想家的唯物主义功用理论的庸俗化。

边沁功利理论所主张的以个人利益作为公共利益的基础的观点，反映了正处于自由资本主义市场经济发展时期的英国资本主义经济状况和社会价值取向。边沁从社会经验出发，将注重公共利益庸俗化为对个人利益的维护。恩格斯曾经尖锐地指出，边沁这样做，是使整体服从于部分，使主语服从于谓语，因而把一切都弄颠倒了。实际上，边沁也看到了公共利益与私人利益在现实生活中的区别与对立。他说，每个公民显然受到公共利益和私人利益的影响，在多数场合，这两种不同的利益往往是对立的，以至于若是只追求二者之一，另一种利益必因此而被牺牲。也正是处于这种"社会的经验主义"理论的考虑，边沁在功利原则的基础上又提出了四种制裁，即自然制裁、政治制裁、公众制裁和宗教制裁，以此作为德性行动，即"应该如何行动"的理由和根据。其中，边沁特别重视作为政治制裁的法律制裁的作用，他认为这是把个人谋利的负面效应限制在一定范围内的必要制度与措施，是防止犯罪、增进幸福，协调个人利益和公共利益的重要制度化方法。进而，边沁力图把正在确立中的资本主义市场经济及其主体纳入到法治的轨道，以保障自由竞争的经济秩序的正常运行，以限制个人非理性的逐利行为，使之既不受外在干涉，同时也不干涉他人的利益。单从字面上来看，这些设想并无不妥，有的想法对于那些试图向市场经济转轨的国家，还具有相当的启发与借鉴意义。但是，边沁毕竟是彻底的个人主义者，他将社会公共利益简单地等同于个人利益的数量总和，这在现代无疑是具有相当局限性的。现代资本主义学者，无论多么强调个人利益的重要性，他们都不得不承认存在一种独立于个人利益的之外的、具有独立形态的公共利益的存在。正因为如此，恩格斯才指出，合成说的要害在于"把单个利益当作普遍利益的基础"，"使整体从属于部分"，其实质只是"片面地谈论赤裸裸的单个利益"。① 马克思也评论说："边沁！因为双方都只顾自己。使他们连在一起并发生关系的惟一力量，是他们的利己心，是他们的特殊利益，是他们的私人利益。"② 这里说明，从表面上看边沁极力鼓吹"最大多数人的最大利益"，给人以社会公益论的印象，但个人利益与社会公共利益相权，其重心无疑是落在前者身上的。因此，边沁力图以公私同一的方式消弭公私利益的矛盾与冲突，被现实证明是不成功的。作为功利主义政治哲学集大成者的约翰·密尔，承担起了将边沁所开创的功利主义公私利益关系理论前向推进的任务。

第二节　密尔：幸福主义与公私利益的和谐

江宜桦先生在《自由民主的理路》中曾这样写道："思想史上的重要人物经常留给后世两个（或甚至两个以上）不同的印象与遗产。这也许是因为深邃的哲学家原本体大思精，能够冶众说于一炉，故矛盾对立之理论虽并存而不相害。又也许只是因为后人痴愚，不识镜花水月真幻之别，故强指一贯者为不一贯、一体者非一体。"③ 对于我们所要讨论的约翰·密尔而言，似乎也存在着这样一个"双重面相"的问题，即他的自由原则与功利原则。我们依据伯林对密尔思想的解读，认为个体性、自由、欲望由自由原则来代表，而群体性、幸福、德性更多是依靠功利原则来强调。作为纯粹对比性的概念，两者似乎性质不同、旨趣径庭。对于这一点，众多思想家的认识也殊多差异。④ 在这里，笔者并不想全面展开对

---

① 《马克思恩格斯文集》第 1 卷，人民出版社 2009 年版，第 106 页。
② 《马克思恩格斯全集》第 44 卷，人民出版社 2001 年版，第 204—205 页。
③ 江宜桦：《自由民主的理路》，新星出版社 2006 年版，第 127 页。
④ 注：关于"自由原则"与"功利原则"的讨论，一般是放在"自由主义 VS 功利主义"的问题框架下进行。论者向来争辩密尔究竟是一个重视个体自主性的自由主义者，还是一个以功利主义为基础的思想家。有人认为密尔的思想体系中存在着难以化解的矛盾，但是在个体性与社会福祉之间，密尔应该还是倾向于前者；但也有人认为密尔毕竟没有背离功利主义的传统，其所有著作均可在功利原则的纲领下得到解释，包括自由在内。江宜桦认为，密尔思想中存在两种无法相互涵摄的原则，但未必以自由原则为重。保持两种原则的动态均衡，才是密尔政治思想的重要启示。

这两个所谓不相容原则关系的论述，因为这不是本论题关注的中心。笔者只想按照密尔本人文本所提供的思想线索，对他关于公私利益关系的思想有一个更为全面的把握。因此，笔者必须从密尔关于自由原则的集中论述开始。

一 群己权界——公私利益划分的自由视角

密尔的《论自由》一书一直以来被西方自由主义奉为圭臬之作，因为它全面而系统地阐述了个人自由权利神圣不可侵犯的根本原则。密尔脱离了对自由的思辨与抽象的传统性研讨，别开生面地从个人自由与社会控制（或干预）的关系视角，通过把握"私人领域"与"公共领域"来探讨自由的含义、性质与范围。正如他本人在《论自由》中所言："公民自由或社会自由，也就是要探讨社会所能合法施用于个人的权力的性质和限度。"① 以此观之，这里密尔对自由的认识已经与哲学上相对于必然性而言的自由明确的区分开来了。他所说的自由，是与权利、权威相联系的自由。因此，这就决定了他的自由是一种关系思维中的自由，是一种存在边界的自由。密尔的自由理论正是在个人自由与社会控制的关系中展开的。

密尔认为，人总是以个体的形式生活在社会之中的，要能够使个体在社会中保持独立的生活和存在，必须使其正当的利益权利得以保证，而个人自由则是其正当利益和权利得到保障的基础，所以，个人自由背后是个人利益，密尔对个体自由的强调，实质上是在政治哲学领域对个人利益的维护与彰显。这使得我们在考察他的个人自由时，有了更为明确地现实根基与理论深度。作为人，他必须追求和具有个人的自由，然而，人又总是生活在一定的社会群体中的，因此，人在追求自己的自由时，又要服从某种旨在维持社会存在和福利的权利。因为社会保证和维护了个人的自由。简言之，个人的自由是社会发展的条件和必需的动力，社会的存在、秩序和福利也构成了对个人自由的保障与维护。所以，这种关系思维下的个人自由就只能是："任何人的行动，只有涉及他人的部分才须对社会负责，在仅只涉及本人的那部分，他的独立性在权利上是绝对的。对于本人自己，对于他自己的身和心，个人乃是最高主权者。"② 总之，自由在密尔那里就是只要不对他人造成伤害，做自己认为对自己发展最有利的事情就应该被允许；而国家与社会应该在此原则下最小限度地限制个人自我发展

---

① 〔英〕约翰·斯图亚特·密尔：《论自由》，程崇华译，商务印书馆1982年版，第1页。
② 同上书，第10页。

的领域。这可以说是个人自由对社会控制的宣言，宣称要在两者之间划出一条边界。划界的原则就是两条：1. 个人行为只要不涉及他人利益，个人就有绝对的独立性和完全行动的自由，不必向社会负责，他人也无权干涉。如果认为有必要时，只能采取忠告、指教和劝说的方式，而不能强制。2. 对他人利益有害的行为，个人应该负责，并应当承受社会的或者法律的制裁。而社会或法律对个人行为进行干涉的唯一目的，只能是防止对他人的危害。在密尔看来，这样两条简单的原则，足以保证个人与社会各守边界而不相互僭越，从而在既维护个人利益又兼顾社会公共利益的一团和气中营造一种良性的社会秩序。我们需要说明的是，在密尔为个人自由张目的背后，是对个人利益合法性与范围论证。在个人自由中，最为突出的是个人对自我利益追求的自由，这是一切其他自由的基础和保证，是所有自由中最为核心的自由。作为一名资本主义政治思想的代言人，密尔不可能脱离开整个社会和时代的发展而对个人自由进行空洞的论证，他是基于资本主义市场经济发展的要求，而对个人逐利正当性的哲学诠释。因此，对个人自由划定界限，也就是为个人利益划定界限。为个人利益设定了范围，也就使得个人利益与公共利益之间有了一种明确相区分的思想，这与以往功利主义者简单地把个人利益之和等同于公共利益的思想有所不同。

　　密尔对个人自由与社会控制划界的思想，暗含有以下几种意蕴：第一，对个人自由界定，反映出对个人利益的界定。真正的个人自由，绝不是空想的产物，只有在行动中——只有"不剥夺"或"不阻碍"他人利益而以"自己的方式寻求自己的利益"的劳动，才能创造出个人的自由；真正的个人自由也不是抽象、空洞而无实际内容的道德的产物，而是被赋予了具体生活的内容和生存利益的、可以衡量的价值。个人自由的核心内容就是追逐个人利益，因此，对个人自由的这种界定就可以视为站在利益视角对个人利益的定义，即既制约又扩张。制约其私利肆意张扬，防止滑入极端利己主义的泥潭。他认为在边沁的功利思想中，虽然一再强调最大多数人的最大幸福原则，但这个原则并没有解决个人利益追求与社会道德相对立的问题。当设计个人利益与社会公共利益相冲突时，虽然边沁也貌似求公的主张个人只能"取大舍小"地以个人利益服从社会公共利益为最后归宿，但实质上边沁以功利原理解释这种行为，认为这是个人为了追求和获得未来的更大的个人利益而勉为其难做出的选择。这样一来，更多的人认为边沁的功利主义就是一种终极的利己主义，而这种利己主义很难在现实生活中保证个人利益为公共利益的自我牺牲，因为现实中的个体是有限性的个体，如果他看不到可能会为他个人带来的利益，就不会选择暂时的自我牺牲。这使得边沁的最大多数人的最大幸福原则，无力承担解决公私利益冲突的重任，美好的理想在个人功利的计算中流产。这也就难怪众多人对边沁思想可能导致的极端利己主义持激烈地批评态度。因此，密尔认为真正的个人自由，不仅是在寻求自己的利益中不剥夺、不损害他人的利益或不阻碍他人的谋利，而且还应该对他人谋求利益予以一种发自内心的、如同自己为自己谋利那样的尊敬、热爱，即像你希望别人待你那样对待每一个他者，像爱你那样去爱所有为寻求自己的正当利益而努力的人，做到真正的"己所不欲，勿施于人"。与此同时，密尔也认为应该扩张个人合法和正当的私利追求，这彰显了自由主义政治哲学的个人主义立场。毕竟对个人自由的限制是一种消极意义上的限制，在密尔看来，内心所固守的根本立场还是积极追求个人自由，即"惟一实称其名的自由，乃是按照我们自己的道路追求我们自己的好处的自由"[①]。可以说密尔最为看好的还是个人对于属于自己的"好处"或利益的主动追求，而且他把这种自由看作是判断社会优劣的标准，这使我们更为清晰地认识到，在密尔关于公私利益关系的思考中，个人利益仍然是整个理论的出发点和归宿。对个人利益合法性的论证，是功利主导下的公私利益关系的第一大突出特征。功利的立足点在个人，个人是利益的核心主体，这是功利主义公私利益关系理论的首要原则。

第二，密尔对个人自由的限制，对个人利益空间的压缩，从另一个侧面给具有独立形态的公共利益留出了空间。社会控制的"公共领域"是公共利益的场域，是个人自由不能肆意践踏的禁区。这反映出密尔已经初步具有了公共利益区别于私人利益的思想，这是对边沁没有合理地区分公私利益、严肃地对待公共利益缺陷的弥补。虽然这一思想没有明显而正面地予以表述，但毕竟开启了对于公私利益关系理解的新局面。在密尔的思想中，通过公私划界，已经有了明确的公私利益相互制约而达致和谐的思想。这种和谐不是一方对另一方的吞噬，而是双方保持一定张力的均衡，即在各自的领域内，公私利益都有充分的理由得到发展。但是，这时候依然有一个问题需要解决，那就是：凭什么保证个人自由或个人利益的追求与社会控制或公益的追求不相互僭越呢？是什么使得对个人利益的关心可以走向对公众利益的关系呢？边沁意义上的功利原理能够成功地解释这一切吗？这使得我们转入考察密尔对于功利主义的修正与发展，因为这是使

[①] 〔英〕约翰·斯图亚特·密尔：《论自由》，程崇华译，商务印书馆1982年版，第13页。

密尔能更好地解决公私利益关系的理论基地。

二 幸福主义——功利主义的修正与发展

我们常说哲学是时代精神的精华,哲学思想理应反映时代的变迁。哲学家努力把握时代的脉搏,在实践中推进理论的应用和发展,比起困于斗室皓首穷经般的体系论证要重要和有价值得多。边沁和密尔作为致力于社会改革的时代思想家,无疑在他们的学说中更多地体现出为时代进步和社会发展的摇旗呐喊。不要过分苛求他们学说的完备与至善,而应当以一种历史的眼光审视他们理论所独具的鲜活的时代张力,正如有的学者所言:"思想家的存在及其作用与价值,就在于他能够关注历史留给现实的根本问题而努力地探求其解决之道。而任何一位卓有建树的思想家,当他竭其生命的智慧求解历史遗留给时代的旧问题时,也就不可避免地给未来的时代开创出新的问题,这些新旧问题的相互交织与渗透,才构成了人类的思想发展史,才生成了人类文明前进的新动力。"[①] 所以,我们用这样一种眼光看边沁与密尔之间的关系,就真的是再合适不过了。边沁对公私利益矛盾的解决是称不得成功的,但他所开创的利用功利主义原理,即最大多数的最大幸福来解决公私关系的理论先河,却极大地启发和推进了密尔对这一问题的解决。密尔正是在继承和发展了边沁功利主义思想的基础上,通过对功利主义原理的改造,试图更好地解决公私利益的关系问题。

我们前面已经提到,马克思、恩格斯对边沁的功利主义思想进行了高度而中肯的评价,但他们也一针见血地指出边沁学说的致命缺陷:"一切现存的关系完全从属于功利关系,而这种功利关系被无条件地推崇为其他一切关系的独特内容。"[②] 密尔作为边沁主义思想的继承者,当然深知边沁理论的不足,正如他自己所说,边沁的哲学只能"教授一种方法,这种方法是用来组织和整训社会整体中的贸易事物。……他的错误在于把人类事务中的贸易部分当做人类事务的全部"[③]。因此,边沁功利主义学说因解决公私利益关系等问题的不力,而遭致了众多的非难。例如,有人攻击作为边沁功利主义基础的快乐主义学说,说这种快乐论是只适合于猪的学说;还有人质疑边沁如何使个人的快乐理论走向公众的快乐理论,因为这是边沁功利主义理论自洽的关键。面对诸多挑战,作为边沁钦定接班人

[①] 参见唐代兴《利益伦理》,北京大学出版社2002年版,第127—128页。
[②] 《马克思恩格斯全集》第3卷,人民出版社1960年版,第483页。
[③] 〔英〕约翰·穆勒:《边沁》,转引自阿尔比《英国功利主义史》,斯旺索南沙因有限公司1902年版,第208页。

的密尔,不是抱残守缺似地为边沁辩护,而是力求通过对边沁思想的改进来更有力地维护功利主义的思想。其言如斯:"在这场合,我不再讨论别的学说,只要对于功用主义或幸福说之了解与赏识,并这说所可能有的证明这些上头作一点贡献。"①

密尔对功利主义的改造,是从对快乐的重新思考开始的。密尔首先认为快乐不仅有量的可计算性,同时还存在着质的差别性。"承认某些种类的快乐比其他种类更惬意并更可贵这个事实是与功利主义十分相符合的。我们估计一切其他东西的价值的时候,都把品质与分量同加考虑。"所谓快乐的品质上的差别,主要是指人不仅具有肉体感官上的快乐,还有精神上的追求,这是人区别于动物的根本所在。比之肉体感官上的快乐,理智的、情感的、想象的以及道德情操上的快乐是更为高级别的快乐。因此,"功利主义的著作家一般都以心灵的快乐高于肉体的快乐",并且这一种类的快乐更可欲更可贵。② 他写道:"做一个不满足的人比做一个满足的猪好;做一个不满足的苏格拉底比做一个傻子好。""傻子或是猪,看法不同,这是因为他们只知道这个问题的他们自己那方面。苏格拉底一类的人却知道两方面。"③ 在这个基础上,依据最大幸福原理,人类行为的最后目的"乃是一种尽量免掉痛苦,尽量在质和量两方面多多享乐的生活"④。我们透过密尔对快乐中质与量的区分,进而更多地强调精神性的快乐这一点,应该看到密尔反对把人引向一种无差别、无个性的普遍快乐主义,而是主张快乐的多元和差异性,其背后的深层目的在于张扬人的个性,使人的个性追求成为一种合理正当的要求。在密尔看来,功利主义所强调的"最大多数人的最大幸福",是以确切保证人的个性的充分发展为前提的,即快乐是个性的快乐。这里清楚地向我们展示了密尔的功利主义以个人主义为出发点的思想倾向。

密尔在界定了快乐具有质的差别之后,实质上已经从道德的层面界定了快乐追求的可选择性。这时,密尔引进了自己所独具特色的幸福论,用以说明对高级快乐的道德选择。幸福是密尔理论的核心概念,是作为道德的最终标准的概念。借用宋希仁先生的话:"如果说对快乐的质与量的区分是密尔对既有理论的破坏性修正,那么,对幸福的论述则是对新的理论

---

① 〔英〕约翰·穆勒:《功用主义》,唐钺译,商务印书馆1957年版,第4页。
② 周辅成:《西方伦理学名著选辑》下卷,商务印书馆1987年版,第243页。
③ 〔英〕约翰·穆勒:《功用主义》,唐钺译,商务印书馆1957年版,第10页。注:穆勒即是密尔,翻译不同。
④ 同上书,第12页。

的建设性推进。"① 密尔认为，低级的快乐可以提供给人以感官或肉体的满足，但却不一定能给人带来真正意义上的幸福感；而要获得真正意义上的幸福感，那只能由良心、社会情感和做人的自尊心来择定，这种选择也许不能满足人的某些物质需要，但却可以捕获人的精神为他带来幸福。因此，密尔说：

> 承认功用为道德基础的信条，换言之，最大幸福主义，主张行为的是与它增进幸福的倾向为比例；行为的非与它产生不幸福的倾向为比例。幸福是指快乐与免除痛苦；不幸福是指痛苦和丧失掉快乐。要对于这个学说所立的道德标准作明了的观察，定须还说许多话；尤其，对于痛苦与快乐的观念包括什么事物的问题；并这个问题多少是有待再讨论这两方面。然而，这些补充的说明对于这个道德观所根据的人生观没有什么影响；这个人生观就是承认只有快乐，并免痛苦，是因它是目的而认为可欲的事物，而且一切可欲的事物（在功用主义的系统内这种事物与在任何其他系统内一样多）是因为它自身本有的快乐，或是因为它是增进快乐避免痛苦的方法而成为可欲的事物。②

由此观之，快乐与痛苦是行为善恶的根本标准，这是功利主义的要义。在密尔看来，快乐之所以是善和道德的，就在于它创造了幸福，或者说快乐本身即为幸福，因为它满足了人的一定欲望，所以使人感到幸福；而所谓的幸福，就是增进快乐和避免痛苦。在密尔的眼里，"幸福是一个具体的整体，也是一个多元的概念，爱音乐、追求健康、崇尚德性、追求个体的自由发展等，这些都可以作为幸福的组成部分包括在幸福之内"③。从这里我们得出，快乐也是幸福的组成部分，所以快乐也是有价值的。密尔之前的传统的功利主义认为道德的终极标准是快乐，而密尔对此不以为然，他认为作为道德标准幸福相较于快乐显然更根本，原因在于幸福既符合人的心理的事实，也符合生活经验的事实。所以，"幸福是人生的最终目的，只有幸福自身才是有价值的。幸福，因是目的，是可欲的；并且只有幸福才是因它是目的而可欲的；一切别的东西只因它是取得幸福的工具

---

① 宋希仁主编：《西方伦理思想史》，中国人民大学出版社 2004 年版，第 301 页。
② 〔英〕约翰·穆勒：《功用主义》，唐钺译，商务印书馆 1957 年版，第 7 页。
③ 牛京辉：《从快乐主义到幸福主义——J. S. 密尔对边沁功用主义的修正》，《湖南社会科学》2002 年第 6 期。

而成为可欲的"①。

与此同时,密尔并没有把幸福仅仅看成是个人的情感和心理状态,而是看成所有个人的集合的心理状态,是一切与这行为有关的人的幸福。因此,把幸福作为道德的标准,就是尽可能最大程度地使人类全体得到幸福,这也就是"最大多数人的最大幸福"原则。密尔就是在这个原则下,谋求对边沁没有成功解决的公私利益关系的解决的。

三 公私和谐——功利主义的逻辑必然

我们可以说,密尔致力于对功利主义原理的证明过程,就是力图解决公私利益关系的过程。如果不能很好地解决个人利益与社会公共利益的矛盾与冲突,功利主义思想就不能成为真正的政治哲学与道德哲学。因此,密尔对功利主义的证明有一个隐含的中心,那就是消解公私利益的矛盾与冲突。

追求一种高尚生活的本性和生活意愿,是构成了人能够从个人利己走向利他主义的人本基础。密尔通过对快乐质与量的区分,已经使我们看到快乐在道德评价上的高低之别。只有那些精神性的快乐,才能真正带给人以幸福的感受,因而才是值得追求的高尚的行为。因此,一个人绝不能只停留在低级快乐的享受上,他还必须要追求更高级的快乐;如果一个人不能约束自己而沉湎于肉欲的放纵和低级趣味的享乐,那他始终也不能真正享受到真正意义的幸福,那样的人生将永远是灰色的,最多也只是获致人们对"猪的生活"的"赞誉"。一个高尚的人追求的是高级的精神快乐:"一个禀有较高等的心能的人比低等的人需要较多的东西才能使他快活,大概也能感受更剧烈的痛楚,必定在较多的方面会与痛楚接触;但是,不管这些缺陷,他始终不能够真真情愿沉沦到他觉得是一种下等的生活。"②在密尔的视野里,人的心灵意志与情感意向的制约人对快乐的选择。所以,在密尔看来,良心、社会情感、义务感是"最大幸福的道德观念的最后裁决力",因为人始终是社会的人,作为社会的人,人的追求高尚生活的本性和生活意愿,使得他始终坚信一种基本的信仰,即要"使他觉得自己有一个天然的要求,就是他的情感和目标,与别人的情感和目标之间要协调"③。换句话说,就是要用良心对待每一个人,就是"爱邻如

---

① 牛京辉:《从快乐主义到幸福主义——J. S. 密尔对边沁功用主义的修正》,《湖南社会科学》2002 年第 6 期。
② 〔英〕约翰·穆勒:《功用主义》,唐钺译,商务印书馆 1957 年版,第 9 页。
③ 周辅成:《西方伦理学名著选辑》下卷,商务印书馆 1987 年版,第 262 页。

己"；真正高级的快乐就是为他人的快乐和人类全体的幸福而乐意于自我牺牲。① 不能够增加幸福总量或没有增加这个总量的趋势的自我牺牲，在功利主义道德观看来是白费，这种行为并不是值得称赞的行为。这些论证捍卫了功利主义的基本理论特质，但与边沁不同的是，密尔并没有将这种牺牲的终极意义归结为个人对自己利益的长久谋划，而是归结为人类总体幸福的增加。这一方面避免了别人对边沁终极利己主义的批评；另一方面也在个人幸福中，给对他人的包容和对德性的渴望等广泛的内容留置了空间。所以，从这个意义上说，密尔是一个摄取了多种思想营养的综合者，这为他在一定程度上克服边沁理论的偏狭性创造了条件。因此，说密尔是一个折衷主义者好像也有道理。

密尔为了彻底消除个人利益与利他主义之间的矛盾，进一步从社会出发，考察了个人幸福与自我牺牲的关系，得出自我牺牲是人生美德和幸福的来源的结论。我们已经知道人的本性决定人要追求一种高级的快乐，而自我牺牲是一种高级快乐的创造形式，也就是真正幸福的创造形式。因此，自我牺牲本身也就具有了美德的性质。反过来说，自我牺牲的美德能给人带来快乐与幸福，是符合功利主义最大多数最大幸福原则的。功利主义揭示出自我牺牲是符合人类生活的规律与人类生存发展的本质要求的，是符合人间道德要求的。将这种自我牺牲与功利主义连在一起，避免了空洞的道德说教而更能激发人的高尚品格。自我牺牲的行为主体是个人，但效果却是惠及全体。因此，可以说自我牺牲是个人利益走向公共利益的中介与桥梁。个人的自我牺牲并不是目的，而是以获得个人的高级的精神快乐和真正的幸福为先决条件的，也就是以他人或全人类的幸福为目的的。这里当然也有个人的幸福得享其中，但这个幸福是不同于边沁对个人物质利益的期许的，它更多的是一种精神上的益处。可以说，自我牺牲在功利主义的基础上，兼顾了个人的幸福与全体的幸福，是保证个人利益走向公共利益的有效机制。他既避免了空洞道义论带来的对自我的完全抛弃，即否认个人有自我利益的存在；又避免了纯粹利己主义只顾个人利益的道德局限性。另外，密尔还指出了自我牺牲的行为只有在特定的社会条件下才是必要的和不可缺少的。这个必要条件是密尔说的："只有在世界的安排很不完善的情况下，才会以绝对牺牲自己的幸福，作为有益于别人的幸

---

① 注：密尔指出，功利主义道德观所赞美的舍身是"能够为别人的幸福或别人幸福的某些工具而牺牲"，别人指人类全体，或人的集团利益所规定范围内的人。

的最好办法。"① 总之，作为功利主义强调和提倡的自我牺牲，是一定能够给他人或全人类增加幸福的自我牺牲，离开了这一点，自我牺牲就是不必要的、没有价值的或是徒劳的。

如果说，功利原则使得自我牺牲成为应当的话，那么接下来的任务就应该是回答何以能够自我牺牲。密尔认为"功利主义的道德观确认人类有为别人福利而牺牲自己的最大幸福的能力"②，这是人可以选择自我牺牲来消除个人利益与公共利益的矛盾与冲突的前提条件。那么，我们不禁会问，人类何以具有自我牺牲的能力呢？实质上，这成为上述解决公私利益关系的根本和核心问题，它关系到上述论证最终成立与否。密尔自然是清楚这一点的，所以下了大力气来回答这一问题。密尔认为人类之所以具有自我牺牲的能力，就在于有内在和外在两方面的因素：内在的是人具有的道德意识或道德情感；而外在的是社会影响力与社会约束力。

就其内在因素而言，人所具有的社会情感是形成自我牺牲能力的重要内在动力。因此，密尔解决个人幸福和他人、社会幸福的关系，或是解决利他主义的可能性问题时，都把对社会情感的阐释视为关键。人类是有情感、有思维、有心灵意志品质的生命物，在密尔那里人类的社会情感就是"要同人类成为一体的欲望"③。因此，这种社会情感就具有了自然情感的意味，这种社会情感的形成需要人们在社会生活中长期熏染和培养，作为社会中的一员，认同自己的身份是自然而必要的，至少这是一种态度。人逐渐养成了考虑他人利益的立场，"自己至少要不做一切大损别人之事，并且（纵使只是为保护自己计）要不断地反对这些大恶的事情"④。社会中的个人在与他人合作追求公共利益目标的过程中，越来越"把自己的感情与别人的福利化为一体，或是至少自己感情越变越对别人利益加以实际上的重视"⑤。以至于到后来人会认为自己从天性上就是重视别人的，别人的利益乃是他自然照顾到的，就好像照顾其他生活的必需物一样自然。这种自然情感借助于心理的联想机制，而逐渐在人们的心中形成了所谓的良心，而这成为保障自我牺牲得以实现的根本的内在道德情感。"这

---

① 周辅成：《西方伦理学名著选辑》下卷，商务印书馆1987年版，第252页。
② 同上。
③ 〔英〕约翰·穆勒：《功用主义》，唐钺译，商务印书馆1957年版，第33页。
④ 同上书，第34页。
⑤ 同上。

种情感，假如是无偏私的，与纯粹的义务观念相连而不只牵连特种义务或任何附属的情境，那么，它就是良心的精髓。"① 良心是"一种伴随违反义务而起的相当强烈的痛苦"，因此可以阻止人们做违背公共利益的事情，而人们一旦跨越雷池，良心将变成悔恨而重现于心上。可以说，良心作为内在的道德情感或道德意识，保证了人们不会随意侵犯公共利益和他人利益，同时，也为人能对自己的利益做出自我牺牲提供了一种内在的动力。这样，人一旦获得了这样一种内在的道德情感，那么个人利益与社会公共利益之间自然就达成了一种和谐一致的状态，而实现最大多数人的最大幸福也具有了坚强的内在道德支持。

然而，密尔也十分清楚，在一个物欲横流的世界里，要让每一个人自觉地牺牲自我利益而求得公私利益的和谐一致，还是存在许多实践上的困难，尤其是对那些本身就不具备或丧失了社会情感的人来说，功利主义的良心对他们显得是那样的奢侈而多余。因此，要想使每个人都获得这样一种社会情感和价值取向（功利主义道德理想所诉求的），不仅需要自我开掘内在修养，还需要利用外部的因素来实现。密尔认为可以利用的外部因素是法律和社会组织、教育和社会舆论。法律和社会组织应该成为促进个人利益与公共利益协调一致的重要外部力量，它们通过规范性的手段，可以强化人的社会情感，有效地塑造个人的行为，这是使自我牺牲落在实处，从而保证最大多数最大幸福得以实现的重要社会力量。至于教育和社会舆论，更多的是起到灌输、强化、巩固社会情感的作用，它们也在一定程度上促进了自我利益牺牲而得以实现公私利益和谐。

总而言之，密尔在经验论的基础上，在内外结合的机制保障下，最终使得自我牺牲成为个人所具备的现实能力，从而保证了个人的幸福或利益可以顺利地过渡到普遍的幸福或公共利益，这也就是说，密尔利用自我牺牲从实践的角度证明了公私利益可以达致和谐一致，谋求最大多数人的最大幸福是可以成为现实的功利主义原理。修正和改造后的功利主义，在其对自身的证明中，完成了对公私利益和谐关系的诠释。到这里，我们可以说，密尔通过对功利主义原理的修正性证明，对先前在自由论中所提出的公私利益关系和谐的观点，提供了一种功利主义视角的道德论证。在他的自由原则与功利原则的统一中，我们可以更好地认识他对于公私划界和公私利益关系的思想。

---

① 〔英〕约翰·穆勒：《功用主义》，唐钺译，商务印书馆1957年版，第30页。

第三节　功利主义公私利益关系理论的评价

可以毫不夸张地说，功利主义自从产生的第一天开始，就引发了无休止的争论；对其所坚持的功利原则的批评，更是络绎不绝。作为一种理论学说，恐怕没有任何他者可以像功利主义那样，影响到 19 世纪以来整个世界政治哲学的发展。功利主义作为一种激进的自由主义学说，在社会变革时期的诸多领域如政治、经济、社会等都施加了极大的影响。这一点得到了萨拜因的支持，他说，"每一次重大的改革都可以找到边沁思想的影响"①，甚至可以说是"按照边沁批评和指明的方向进行的"②。在《神圣家族》中，马克思、恩格斯说："成熟的共产主义也是直接起源于法国唯物主义的。这种唯物主义正是以爱尔维修所赋予的形式回到了它的祖国英国。边沁根据爱尔维修的道德论构建了他那正确理解的利益的体系，而欧文则从边沁的体系出发论证了英国的共产主义。"③ 毛泽东在《在延安文艺座谈会上的讲话》中也曾指出："唯物主义并不一般地反对功利主义"④"我们是无产阶级的功利主义者"⑤。

功利主义的公私利益关系理论，在坚持功利主义原理的基础上，消除了伊壁鸠鲁式的快乐主义那种利己的强烈的个人主义和主观性，力图用一种更为科学的权衡方法来从社会的角度考虑"最大多数人的最大幸福"。在兼顾个人利益的前提下，更多地侧重社会的普遍利益，这些都对马克思的公私利益关系思想以至于现代政治哲学的诸多思想产生了深远的影响。功利主义积极致力于现实社会改造的实践品格，使得它更容易变成一种社会的伦理精神。正如一位资产阶级学者所言："密尔的伦理学对自由主义是重要的，因为它实际上放弃了利己主义，主张社会福利是与一切善良的人都有关系的事，并且把自由、正直、自尊和个人特性看成他们对幸福的贡献之外的固有属性。这种道德信念成为密尔文明社会整个观念的基石。"⑥

---

① 〔美〕乔治·霍兰·萨拜因：《政治学说史》下卷，刘山等译，商务印书馆 1986 年版，第 756 页。
② 同上。
③ 《马克思恩格斯文集》第 1 卷，人民出版社 2009 年版，第 335 页。
④ 《毛泽东选集》第 3 卷，人民出版社 1991 年版，第 821 页。
⑤ 同上。
⑥ 〔美〕乔治·霍兰·萨拜因：《政治学说史》下卷，刘山等译，商务印书馆 1986 年版，第 779 页。

但是，我们也许会问：密尔或者说功利主义者真的放弃个人利益了吗？这在我看来是根本不可能的。作为一种自由主义理论的功利主义，其核心和基础仍然是个人主义。所以，对个人利益的追求依旧是其理论的根本性诉求。离开了这一点，就会抹杀对于功利主义思想的本质性把握。不能因为他们表面强调了社会的公共利益，就想当然地认为他们放弃了个人私利，这只不过是资产阶级学者掩盖其真实目的的"美丽谎言"而已。实际上，他们为了维护个体性和个人自由而显得凡事无可无不可，其骨子里的道德标准是相当明确的。就其功利原则而言，其出发点和最终的归宿，都是以个体为参照系的，最终是归结为个体感受的幸福与否的。所以，个人利益是功利主义公私利益关系中深层而执着的追求，永不会变。

不过，就功利主义思想本身看，它也清楚地看到了社会发展中所存在的一个核心矛盾，即公私利益矛盾和冲突。如果不能很好地解决这一矛盾，将会影响到整个社会的安定与和谐，甚至于发展。这充分反映出日益激化的土地贵族、金融贵族与工业资本家的矛盾，这一矛盾是随着工业的发展和城市的兴起而发展变化的。与此同时，工业发展所带来的更为根本的两大阵营即资本家和产业工人之间的矛盾逐渐显现，这进一步强化了社会物质及其利益关系在整个社会生活中的重要作用。恩格斯说："英国工业的这一次革命化是现代英国各种关系的基础，是整个社会的运动的动力。上面已经谈过，它的第一个结果就是利益被升格为对人的统治。"在这个时代，"个人的或国家的一切交往，都被溶化在商业交往中，这就等于说，财产、物升格为世界的统治者。"[①] 可以说，功利主义是工业资产阶级为自身利益辩护的理论基础。在这个基础上，功利主义者提出了从快乐论和个人利益的原则出发，以最大幸福主义为最高原则，这个最大幸福主义原则包含了追求最大幸福，同时也蕴含着对于公私利益和谐一致的追求。因此，绝不能将自私自利的大帽子不容分说地扣在功利主义的头上，实际上他们在追求和维护个人利益的同时，也没有忘记对社会公共利益，即最大多数人最大幸福的期许。然而，功利主义对公私利益关系问题的解决，并没有他们自己所预想的那样成功。从根本上而言，在公私利益关系的问题上，他们过于理想的方案，在现实生活中注定是行不通的。

首先，在密尔对边沁理论的改造中，反映出功利主义理论在解决公私

---

① 《马克思恩格斯文集》第 1 卷，人民出版社 2009 年版，第 105 页。

关系上的自反性。无论是边沁的单纯从数量，还是密尔从质与量兼顾的角度来衡量快乐即幸福的方法，实质上都是一种理想化的理论思维，与实践还有相当的差距。毕竟，快乐也好，幸福也罢，都是个体的主观感受，很难承担起作为行为客观道德标准的任务。表面上，功利主义将功利的原则诉诸描述性的人之本性，似乎难以驳倒；但实质上，这种对于人性的抽象理解并不能科学地解释人的一切行为，自然作为功利原则的自然基础也是十分不牢固的。虽然把科学即量化的方式引进伦理学的分析，把大问题化为小问题，进而分门别类地解决方面，对政治和社会问题的思维方式起到过一定的影响，但从根本上说，还是初级、简单和草率的。

其次，功利主义对社会公共利益的看法过于简单，也是不能很好地认识和把握公共利益，进而成功地解决公私利益关系的症结之一。密尔与边沁一样，都认为社会公共利益就是个人利益的数量加总，故而努力追求最大化的个人利益，是使社会公共利益达到最大化的必然选择。这也反映出功利主义对公共利益的理解还停留在简单化的水平，这决定了他们对公私利益关系的解决也是不能成功的。在他们的眼里，只有个人利益才是社会利益的基础，这是符合人类本性的。因而，从本质上讲，个人利益是唯一现实的利益，离开了个人利益而奢谈公共利益，往往只能是空论而已。虽然为搪塞反对者的质疑，而转而强调利他主义和自我牺牲，可能会获得一些道义上的支持和情感上的认同，但对于个人在具体的生存实践中，却并不能达到预期的效果。这样，反而增加了人们对功利主义道德理想的虚假性的不信任与怀疑感。另外，过分地强调利他主义和自我牺牲，也容易使功利主义演变成为一种空洞的道德至上的说教。

最后，功利主义的"最大多数人的最大幸福"原则流于理想而难以实现，使得基于功利原理之上公私利益和谐关系成为泡影。这不仅在于功利主义对公共利益的界定过于不严肃，而且就这种利益理想本身而言也过于"理想"。按照功利主义对"最大多数人的最大幸福"的设想，它并非出于道德义务论的考虑，它应该是一种利益和谐的理想主义。但在辩论的过程中有意无意地夸大了对利他和自我牺牲的作用，使得功利主义蒙上了道德义务论的色彩。故而，功利主义开始强调行为的动机是根本义务，即最大幸福。然而，功利主义的立足点是个人主义的，其基本的价值取向是个人利益的，其得到关注的不是动机而是结果，所以，功利主义具有了两种相反的论证方向，理论自生的矛盾凸显出来。这还不算，关键是所谓的义务性动机，在功利主义者自己的眼中也难以实现，他们自己也坦言：在现实生活中，绝大多数人在日常生活中通常是更多地考虑自己的利益，哪怕就是那些道德水准极高的人也同样如此，只有少数人在极特殊的情况下才为公共利益而行动。整天没有丝毫的利己动机与行为，而专门从事利他行为的"圣人"是根本不存在的。因此，把最大幸福作为人的行为的唯一道德标准是不现实的，也是难以实现的。个人在追逐自己私利的时候，就难以避免地会发生相互的碰撞，公私利益的矛盾与冲突仍在，和谐还是理想；企图仅凭个人行为而实现公共利益乃至公私利益和谐的愿望，仍旧是愿望。

第八章　公私利益关系的思辨哲学探析

　　立足已稳的英国资产阶级正在如火如荼地开展人类历史上一场声势浩大的革命——工业革命。在这场革命中，资产阶级追求自我利益的私欲得以最大限度地释放出来，他们拼命地扩大再生产，疯狂地牟取最大利润，尽情地满足自己的发财欲。一切的一切在有产者的眼中，似乎都变成了"资本"。而就在这个时候，我们回观当时的德国，却是另有一番景象。当时的德国哲学家们并没有如英国哲学家们一样，公开而响亮地为新兴的资产阶级与资本主义经济助威呐喊，而是选择了用抽象晦涩的语言小心翼翼地论证着私有财产的合理性，推演着人的"意志自由""主观自由"的必然性。这其中的原因主要在于，当时的德国在政治上仍旧处于分裂动荡的状态，经济上依旧贫弱落后，整个社会生活滞后于英法。虽然资本主义在内外诸多因素的刺激下有了一定的发展，但在强大的封建专制统治下，在诸侯分裂割据的情况下，很难快速地壮大起来。素有思辨精神的德国哲学家们，就是在这种社会背景下，展开了他们为新兴资产阶级做思想启蒙的工作。然而，特定的历史条件决定了德国资产阶级的先天不足——软弱性与妥协性，这也充分反映在德国古典的政治哲学中，那就是既体现出革命性，又具有浓厚的保守性，加之其语言形式的桀曲聱牙、逻辑论证的抽象思辨，使得德国古典政治哲学呈现出一种特殊的理论面貌——"法国革命的德国理论"。自然，作为这一特色的典型代表，康德与黑格尔关于公私利益关系的理论，其特点也概莫能外。

第一节　康德的公私利益关系理论：在权利与正义之间

　　卢梭和休谟的思想，深深地影响了 18 世纪最后一位社会契约论者，他就是伟大的康德。与以往的社会契约论者一样，康德社会契约论学说，也离不开他对于人性的看法或者更确切地说是对人的看法。这是康德政治哲学的深层基础，也是他理论的终极关怀。康德承认在政治思想上对他影响最大的是卢梭。1762年，康德读了卢梭的《爱弥儿》后，思想发生了很大的变化，据说在他读这部书的那些天里，几十年如一日的时间表也被打乱了。他说从这本书中得到的最大教益是"学会了尊重人"。人在康德那里不是手段而是目的，这是他展开自由——人的本性问题研究得出的核心观点。这不仅是贯穿于康德整个道德哲学的一条主线，而且也是作为康德道德哲学自然延伸的政治哲学的核心观念。在康德看来，政治哲学是他对人类道德进步的可能性所做的一种政治设想。这样，他就将道德世界与政治世界重新联系在了一起。正如施特劳斯所认为的那样，康德哲学的新颖而独特之处，就在于在经验之外为问题找到了新的解释。因此，"处在道德法则下的人性就对政治上可允许的东西施加了一个'限制性条件'，这个条件应该以某种方式影响政治理论和政治实践"[①]。从康德对人性的论述中，我们可以清楚地看到他的先验哲学的烙印。康德认为社会性是身处自然状态中的人初始就有的，是一种先验理念的规定，这一规定使得国家和法律的建立具备了基础和条件。这种思路有别于以社会契约或个人利益为基础构建国家与法律的传统，颇具古典意味。

一 康德的人性设定与公私利益关系的理论基调

康德在对自然作了目的论的即道德的解释后，认为人所具有的自然禀赋终究是要通过历史的过程得以充分地发展出来，这样历史就体现为一种自由和理性的发展过程，而不是一种给定的自然必然性的实现过程。这是因为人的所有自然倾向的发挥，最终将导致人作为理性动物的能力，这种能力使人能够把自然当作对象、手段来加以利用，并使人成为能够自由选择他所欲望的任何目的的主体。这是康德对人类历史发展的逻辑规定，而这种发展是在时间中展开的漫长过程，它还必须借助于现实的手段将它实现出来，在康德看来，这种现实的手段是以人性为基础的人的对抗性。但康德界定了这种对抗性的限度，那就是以最终导致人类合法秩序的产生为止。这里的对抗性，康德定义为人类的"非社会的社会性"。这种"非社会的社会性"存在两种倾向，一是人的社会性，或者说是"群性"，就是指人类进入社会的倾向；另一个是人的"反社会性"，或者说是"己性"，就是指经常威胁分裂社会的倾向，而且这种倾向贯穿于走向社会倾向的全程之中。"因为他同时也发觉自己有着非社会的本性，想要一味按照自己

[①] 徐向东：《自由主义、社会契约与政治辩护》，北京大学出版社2005年版，第120页。

的意思来摆布一切,并且因此之故就会处处都遇到阻力,正如他凭他自己本身就可以了解的那样,在他那方面他自己也是倾向于成为对别人的阻力的。"① 这两种倾向对人类社会的发展都起着重要的作用,在康德所设想的人类最初的生活状态,即田园牧歌式的"自然状态"中,它造就了人们的团结友爱、和谐美满;但是,在人们享受着原始的自由的同时,却又不断地发现,人类禀赋的发挥受着巨大的制约与局限。而在人类发展的天平上,两种倾向决定了人类必然要打破这种原始的平衡,这样,康德看重的人的"非社会的社会性"就必然要在人类发展中起重要作用。

在康德看来,人所具有的这种"非社会性"或者说个人主义更为关键。它导致了社会中的冲突,导致了人与人之间的竞争,使人们更好地生存遇到了种种阻力,但"正是这种阻力才唤起了人类的全部能力,推动着他去克服自己的懒惰倾向,并且由于虚荣心、权力欲或贪婪心的驱使而要在他的同胞们——他既不能很好地容忍他们,可又不能脱离他们——中间为自己争得一席地位。于是就出现了由野蛮进入文化的真正的第一步"②。可以说,这里康德给予了这种非社会性以极高的价值评价:"没有这种非社会性的而且其本身确实是并不可爱的性质,——每个人当其私欲横流时都必然会遇到的那种阻力就是从这里面产生的,——人类的全部才智就会在一种美满的和睦、安逸与互亲互爱的阿迦底亚式③的牧歌生活之中,永远被埋没在它们的胚胎里。人类若是也像他们所畜牧的羊群那样温驯,就难以为自己的生存创造出比自己的家畜所具有的更大的价值来了;他们便会填补不起来造化作为有理性的大自然为他们的目的而留下的空白。因此,让我们感谢大自然之有这种不合群性,有这种竞相猜忌的虚荣心,有这种贪得无厌的占有欲和统治欲吧!没有这些东西,人道之中的全部优越的自然秉赋就会永远沉睡而得不到发展。……这种趋向的自然推动力、这种非社会性的及其贯彻始终的阻力的根源——从这里面产生出来了那么多的灾难,然而它同时却又推动人们重新鼓起力量,从而也就推动了自然秉赋更进一步地发展——便很好地显示了一位睿智的造物主的安排,而并非有某个恶神的手搅乱了他那庄严宏伟的布局或者是出于嫉妒而败坏

---

① 〔德〕伊曼努尔·康德:《历史理性批判文集》,何兆武译,商务印书馆2005年版,第7—8页。

② 同上。

③ 注:阿迦底亚原为古希腊的风景区,居民以生活淳朴、幸福著称;此词引申为田园式或牧歌式的同义语。

了它们。"① 这种非社会性促进了一种社会性的实现,这是因为无秩序前提下的冲突和竞争,非但不能使人获得利益,而且会连累自己的生命安全都时时处在危险当中。因此,面对着充满了无休止的危险与苦难的这种"非黄金时代",人的理性使得自己一定要想办法脱离这种状态。而经过审慎的思考,人只能选择在法律的治下放弃原始的野性自由,转而求得和平与安全。由此我们看到,"只有在这种情况下,人身上所内在的非社会的社会性才不仅是一种破坏性的力量,还同时是文明的发展所必不可少的催化剂。也可以说,正是社会冲突促使人们运用自己的理性,认清自己的利益,谋求某种秩序,在此基础上人们就摆脱了亚满足状态而进入文明状态,形成法律制度和国家。社会冲突作为自然实现自己目的的手段,实际上就是推动人类社会向前发展的现实力量。无论从积极的方面说还是从消极的方面看,均是如此"②。从这个视角看,康德公私利益关系的理论,也必然建基于这种人的"非社会的社会性"所带来的社会冲突之上;更具体地说,就是公私利益矛盾与冲突是作为实现和谐统一这一目的的手段,或者说,公私利益关系在"彼岸世界"的真正和谐一致,要借助于公私利益矛盾与冲突的现实过程得以实现。在康德看来,和谐仅仅是人们的愿望,而不和谐是自然的命令,目的是为了促进人类的发展。然而,虽然不和谐可能是自然最终产生和谐的手段,但那种和谐本身也只能是得到很好控制的不和谐,至少在法律和政治的层面上可以实现这种控制。在这一点上,他既秉承了过去社会契约论的传统路数,又凸显出思辨哲学对于市场社会现实中公私利益关系的真知灼见。

总体而言,康德对人类的品格和动机没有足够的信心,即使他对人类的未来比较乐观,这是因为他看到了人性中"非社会的社会性"所具有的恶的一面。当然,这一面相主要体现在社会心理层面。人性中矛盾与冲突都根源于人的非社会的社会性,它使人"既需要寻求合作,又不得不处处提防;既谋求控制别人,又不希望自己被别人左右;既需要一定的秩序,又一有机会就将自己置身事外"③。在此,康德将更多的注意力放在了人与人之间、人与社会之间关系的考虑上,以及这种关系在人的心理上的反映,而不是抓住行为的道德性不放。康德通过"非社会的社会性"这一概念诠释了人性的冲突必然表现为社会中的冲突。在社会所发生的实

---

① 〔德〕伊曼努尔·康德:《历史理性批判文集》,何兆武译,商务印书馆2005年版,第7—8页。
② 王林:《浅析康德之人的非社会的社会性》,《辽宁行政学院学报》2007年第2期。
③ 同上。

际冲突中，利益之间的矛盾与冲突成为核心，这是由人的贪欲和社会中资源的有限性而导致的。康德认为，无须深刻地考察就可以看出，在现实生活中人们都不遗余力地追逐着自身的利益，这导致人与人之间不断地发生冲突，在冲突的过程中，人身上恶的一面暴露无遗，人类历史仿佛就成了人类的无穷无尽的贪欲、幼稚的虚荣心、贪得无厌的占有欲，甚至是毁灭欲等卑劣情欲表演的大舞台，所有这个舞台上令人生厌的表演都看起来有点拙劣与丑陋。然而，康德却看到了这种矛盾和冲突正是促使人类进步的真正动力。这种非社会性可谓"恶"，"恶"并非人的自然人欲，而是因追求个人利益以致违背普遍立法的个体性，亦即人的劣根性。这里需要说明的是，康德并不赞成那种超越了一定限度的自利行为，他所认可的是那种法律规定下的合法的利己行为。康德这里所表露的历史进步的思想，被黑格尔发展为"恶是推动历史发展的动力"这一著名论断。从这里，我们可以看到他们思辨哲学表述下的共有的现实出发点，那就是个人追求自身利益的欲望和行动，构成了历史发展的真实基础，而从根本上剥夺了神意或抽象的理念解释历史发展的权利。这也从一个侧面反映出，作为资产阶级代表的这些哲学家，总是有意无意地在自己的理论表述中，渗透着这样一种信念：资产阶级追求私利是正当而神圣的权利。可以说，与其他社会契约论者相同的是，康德也通过诉诸人性的讨论，论证了个人利益的合法性与正当性。

但与此同时，社会中的人们也会为了共同的利益而生活在一起，以及不同生活方式的人们之间所进行的商品交换也促使人们联系在一起。但这种合作，其内在深层的根源仍是个人自利的需要，而不是基于道德。这一点，几乎是所有的社会契约论者都不得不承认的事实。这个时期的康德，看到了商业发展的社会作用，他认为商品交换使得人们之间的关系更为紧密，人类要避免冲突与战争、希求和平与安宁，商业精神是必不可少的。在这里，康德展现了与古典自由主义者一样的乐观信念，那就是相信个人利益与整个社会的利益之间存在着某种和谐关系。因此，康德并不像卢梭那样，将一个国家订立一套完美法律的希望寄托在一群天使般的人民身上，而是雄辩地宣称："为一族人民立法，并不需要有一群天使般的人民而后可，哪怕是一群魔鬼也可以，只要是他们有此智慧。"[①]

[①] 〔德〕伊曼努尔·康德：《历史理性批判文集》，何兆武译，商务印书馆2005年版，第8页。

二 自由权利话语下的利益关系

在康德看来，这种对抗性的自然状态不会永远持续下去。相互隔绝的个人通过一种决定即原始契约而组成民族国家，确立公共强制的法律，以此来限制人性中的非社会性。这里，我们需要重申的一点是，康德并不是把自然状态看成一个历史事实，因为"我们并非从一个外在的权威的立法出现之前的任何经验中，就认识到人们之间的自然侵犯的规律，以及使他们彼此发生争斗的罪恶倾向"①。我们讨论从自然状态走向公民社会的依据只能是"这个尚未用法律加以调节的社会状态的理性观念"。"这个观念指出，在一个法律的社会状态能够公开建立之前，单独的个人、民族和国家决不可能是安全的、不受他人暴力侵犯的。这种情况从人们的思路中便可以看得很清楚，每个人根据他自己的意志都自然地按着在他看来好像是好的和正确的事情去做，完全不考虑别人的意见。因此，除非决心放弃这个法律的社会组织，否则，人们首先不得不做的事，就是接受一条原则：必须离开自然状态（在这种状态中，每一个人根据他自己的爱好生活），并和所有那些不可避免要互相来往的人组成一个政治共同体，大家共同服从由公共强制性法律所规定的外部限制。"② 所以，在康德看来："国家，从它是由所有生活在一个法律联合体中的具有公共利益的人们所组成的，并从它的形式来看，叫做共同体或称之为共和国。"③ 这里他所讲的公共利益主要指的是公共权利，即人的天赋自由权；而所讲的法律不过是道德律令的同义语。因此，国家实质上是按照道德律令建立起来的作为意志总称的"自由人"的联合体。由此出发，康德认为，国家的唯一职能或任务就是制定和执行法律，基本特征就是实行法治；国家作为纯粹法的组织，其目的、使命不是谋求臣民的幸福，而是保障人的自由权利。他说：有关一个共同体的全部准则所必须据以出发的最高原则"并不是从共同体的建制或机构中使臣民能期待获得幸福的问题，而首先纯然是使每一个人的权利由此可以得到保障的问题"④。何谓"自由"呢？康德的理解就是："没有人能强制我按照他的方式而可以幸福，而是每一个人都

---

① 〔德〕伊曼努尔·康德：《法的形而上学原理——权利的科学》，沈叔平译，商务印书馆1991年版，第136页。
② 同上书，第136—137页。
③ 同上书，第135页。
④ 〔德〕伊曼努尔·康德：《历史理性批判文集》，何兆武译，商务印书馆1990年版，第2页。

可以按照自己所认为是美好的途径去追求自己的幸福，只要他不伤害别人也根据可能的普遍法则而能与每个人的自由相共处的那种追逐类似目的的自由。"① 在他看来，"人们生活在国家中并没有牺牲自己与生俱来的自由，只是放弃了那种野蛮无法律的自由，但又立刻获得可作为共和国成员的自由，获得了并未减少的全部正当的自由"②。国家通过法律来限制某些人的任性自由从而保证人人都有自由，这就是法的理念的胜利和正义的实现。在这里，康德力图维护的是个人自由的权利，这反映了他自由主义的倾向。所谓的自由，在这里无非就是个人追求自己私利的同类话语；国家致力于保障人的自由，也就是保护了人追求个人利益的权利。正如马克思、恩格斯对康德这套先验哲学的评价那样：康德是德国市民"利益的粉饰者"。③ 不管是康德，还是这些市民，"都没有觉察到资产阶级的这些理论思想是以物质利益和由物质生产关系制约和决定的意志为基础的"。正由于自己的这个幻想，"康德把这种理论的表达的利益割裂开来，并把法国资产阶级意志的有物质动机的规定变为'自由意志'、自在自为的意志、人类意志的纯粹自我规定，从而就把这种意志变成纯粹思想上的概念规定和道德假设"。④

康德所理解的自由是有限度的，是必须在法律的强制性的规范下的，即"公开的强制性法律之下的人权，每个人就由此而规定了自己的应分，并获得了免于受任何别人侵犯的保障"⑤。这种限制根源于康德始终将自由与权利紧密地联系在一起。在康德眼中，权利是一个关涉与他人外在关系的概念，它不能从经验中得出，而只能从内在的自由理性的最高道德法则中寻找其规定性。"权利乃是以每个人自己的自由与每个人别人的自由之协调一致为条件而限制每个人的自由的，只要这一点根据普遍的法则乃是可能的；而公共权利则是使这样一种彻底的协调一致成为可能的那种外部法则的总和。"⑥ 康德在这里对自由的限定，实际上正是看到了无所限

---

① 〔德〕伊曼努尔·康德：《历史理性批判文集》，何兆武译，商务印书馆1990年版，第182页。
② 应奇：《康德政治哲学的历史价值和时代影响》，《上海社会科学院学术季刊》1995年第2期。
③ 《马克思恩格斯全集》第3卷，人民出版社1960年版，第213页。
④ 参见〔苏〕瓦·费·阿斯穆斯《康德》，孙鼎国译，北京大学出版社1987年版，第290—291页。
⑤ 〔德〕伊曼努尔·康德：《历史理性批判文集》，何兆武译，商务印书馆1990年版，第194页。
⑥ 同上。

制的自由给社会所带来的巨大危害后的理性反思。对个人自由的理解，也决定了他对于个人利益的理解。个人利益绝不是那种肆意膨胀无所限制的个人欲望，而是在法律规制之下的以不损害他人正当谋利为前提的利益。可以说，在这种对于私人利益的理解之中，隐含着一种涂抹了道德色彩的"公共性"，个人利益的取得是在一种与他人的公共关系中完成的。这无疑是康德思辨理性下对公私利益关系的一种理解。

因此，可以说，康德的自由概念并不像初看起来的那样简单。一方面，自由意味着个人可以自由地选择他自己的生活目的；另一方面，既然社会是人们之间的某种联合，因此人的自由选择还要与整个社会的目标相协调。从某种程度上说，康德整个政治哲学始终都在围绕着这样一个基本问题来讨论，那就是：如何使公民的自由与一个必然对这个自由施加限制的国家和法律制度之间能够协调一致。透过自由所表达的利益话语，这也就是说如何使个人利益与公共利益协调一致的问题。个人利益的实现是以公共利益的实现为前提的。个人只有首先保障民族、国家的存在，才能享有一种真正的自由，即一种实在的个人利益。就公私利益关系而言，康德强调的公私利益二者的协调一致，主要通过两个途径来实现，一是法律的实施；二是民族感情的强化，最后要实现的就是二者的追求方向一致、步调协调。

我们从权利的概念中看到，它不仅是确立权利主体自由空间的法则，而且也是规定主体自由界限的法则。但不管是那种意义上的法则，它都有一种强制性蕴含其中。因此，可以说"权利本身就内在包含着强制性的权力。……这意味着自由体们在外在关系中的自由，总是包含着普遍的相互强制"[1]。如果说每个人根据自己的意志行动、生活而不妨碍他人的普遍自由是个人绝对的权利的话，那它是不可剥夺、不可替代、不可损害的；与此同时，这种绝对权利也使人拥有一种权力，这种权力主要用于强制他人尊重和维护每个人的普遍自由，其特征就是不可剥夺、不能损害，但可以替代。因此，正是通过这种"强制权力"的让渡与委托才形成了国家这一公共权力机构。可以说，康德在论述自由与权利的关系中，也将自由对强制权力的尊重逐渐转换为对国家代表的公共权力的尊重。这里，康德特别明确地继承了自由主义传统对国家的体认，那就是国家的强制权力是与保护个人的自由空间紧密地连接在一起的，失去了自由空间，强制性的权力也会随之消失；反之，强制性的权力是必不可少的，因为取消了

---

[1] 黄裕生：《康德论自由与权利》，《江苏行政学院学报》2005年第5期。

它,自由空间也将不复存在。权利与自由,内在地包含着这样两层意蕴。

三 个人与国家

康德认为人们达成社会契约的初始目的就是为了维护自己的"自由空间",从而维护自己的安全和利益,只不过这一目的的实现要借助于一个公共机构——国家的建立。但是否有了国家之后,就一定能够做到真正维护和保障人们的权利呢?这恐怕还要考量一下人们达成的公共意志在这个国家的实现程度。因此,可以说,社会契约所代表的公共意志是国家的道德基础。公民的同意是一切公法和政府的起源。公民政府使人民结合在一个体制中,使他们彼此同意确保他人和自己的自由和财产等权利。如果公民没有遵守为维护一个有秩序的、和平的社会所必要的规则,例如财产权规则的话,国家就有权对他们实施强制手段。

在建立国家的问题上,公共意志而不是单个人的特殊意志具有优先权,但这并不意味着创造了体现公意的主权者就取消了个人的特殊意志的权利。这既是他作为一个自由主义者始终坚守的价值底线,也是他思辨哲学所恪守的基本原则,即我们作为个人的特殊意志与我们作为公民参与的普遍意志共同存在。这就使得政府必须既考虑特殊意志的要求,也考虑普遍意志的要求,要把两者统一起来。

我们进一步研究发现,在康德那里,国家与公民社会实质上指称的是同一对象,表征的都是个人与社会整体的关系。之所以有两个名称,乃是分别从不同角度即个人特殊性和社会普遍性来审视国家的结果。将共同体称为国家,体现的是从社会进行观察的视角;称为公民社会,折射出的是从个人进行观察的角度。国家令人想起的多是社会的整体性,而公民社会令人想起更多的是个人。所以在这里,康德是在同一的意义上来使用这两个概念的,并没有认真地对二者作出界分,他甚至认为这样做是没有必要与毫无意义的。正如有人所认为的那样:"国家和公民社会不过是从不同的角度看到的整个社会的活动,因而康德并没有将国家与构成其一部分的私人活动区别开来,国家不过是一种共同的权力,其目的是使私人的活动保持和谐;而公民社会就是私人的活动领域。※因此,康德并不认为国家体现了某种超出个人所能成就的更高的善,在这一点上,康德与大多数自由主义思想家是一致的,国家的存在不过是为了保证个人能够公正地追求他们自己的利益。尽管国家确实是至关重要的,因为它可以维护社会的和平与和谐,但这并不意味着国家在伦理上代表了一种超出了公民社会的更高的善。国家可以为公民社会提供自由与法律,使人们的共同生活成为可能；但这并不表明国家比这种自由与法律以及人们的共同生活更为重要。"① 康德并没有像格林那样认为社会是一个有机体，"国家是促进共同利益的制度"②。尽管康德或许会同意在公民与自己的国家之间，应保持一种归属性和认同感。但这并不等于要把个人利益与国家利益混为一谈，甚至在二者之间划等号。这也就是说，无论是个人还是国家都不能想当然的认为自己的利益就是另外一方的利益。康德特别提到了国家，他强调国家作为公权力的承载和实施者，它凭借手中的强制力可以使原本处在竞争中的人们共同生活、安享和平，这充分体现了国家在社会整体和个人利益两个方面都要兼顾的本质。国家要完成这一本质性的任务，就必须要克服或调和人的"非社会的社会性"，使人们彼此之间可以和谐共处。但是康德所认可的个人利益与国家利益的统一性只具有"消极的"意义。这是因为个人需要国家的强制力帮助自己实现自身的利益，也是基于此，个人才对国家表现出尊重与顺从；但另一方面，个人对国家却不是毫无保留的奉献个性与权利，毋宁说他只是把国家看成了达到自己目的的工具，自己决定自己的目的，这是人为之的重要自由，须臾不能与自己分隔。这就意味着，一旦公民社会或国家建立，不论以任何名义——共同体的或个人的——来干涉他人的合法性的利己活动，都被认为是非法的、不正当的。这反映出康德作为一位自由主义者，对个人利益和个人自由的坚守。从个人角度而言，个人总是他自己利益的最好判断者，我们并不知道怎样做才对别人最有好处，但我们知道怎样做对自己最有益处。

在康德的政治哲学中，个人与社会或国家之间的关系并没有达到完全的和谐一致。实际上，个人与社会的关系或许也不可能达致一种完全静态的一致，二者总是处以一种动态的关系之中。正如康德所设想的那样，个人不会时刻都以对社会负责任的方式行动。他会遵循自己专断的意志，试图把自己的意志凌驾于社会整体的利益之上。因此，为了维系社会的共同生活和保障社会的共同利益，法律强制的存在就在所难免。因为这是对损害社会整体利益行为的震慑，是避免共同利益损失的保障。在现实中，这种强制存在的基础是国家权力。因此国家权力实际上代表的是社会利益，而个人只代表他自己的私人利益。可以说，正是个人不能自觉自愿地以对社会负责任的方式行动，国家权力的产生才成为必然。国家成为个人的道

---

① 欧阳英：《在反思中寻找新的联系——康德政治哲学主要特点评析》，《学术论坛》2004年第4期。

② T. H. Green, *Lectures on the Principles of Political Obligation*, New York: Cambridge University Press, 1986, p. 131.

德意向和他的实际行为之间的中介。从康德对个人与社会关系的回答中，我们还是可以看到他关于个人利益与公共利益关系的理论倾向。

> 国家并不代表什么普遍的利益，这种利益比个人合法地追求他们自己的利益更为重要。所谓国家利益，实际上只是意味着它能够提供一个有秩序的社会，在这个社会中，人们可以以自己认为合适的方式追求自己的利益。康德的这种看法与他的政治哲学的一般倾向是一致的。实际上，康德对国家的看法与后来称为"放任主义"的观点非常一致，也是一种不干预主义。①

国家的作用是维护共同利益，这实际上是尊重并且促进相互竞争的个人利益，从这个观点看，康德认为国家并不代表什么实质性的统一的共同利益，现实中恐怕也不存在这种共同利益，国家的主要作用大概就是创设这样一种均衡的社会环境，以实现每个人对自身正当利益的追求。所以在这个问题上，康德的观点不仅不同于黑格尔，而且不同于卢梭，倒是和很多自由主义者的论调极其吻合。在卢梭看来，公意代表的是真正的公共利益，但它并不等于个别意志的总和，即"众意"，而是"众意"的综合，给它指出一个一的方向。在卢梭那里，"公意"是非常抽象的，甚至有一些神秘的色彩，它被认为是存在于体现了公意的制度与机构之上。它表达的是人们的某种共同意识，它是真正的主权者。而在康德那里，这"公意"或者说"普遍意志"就显得虚化和单纯多了，没有那么多的实体意味。康德诉诸现实政治生活的经验，强调公意不是外在于政治统治之外的独立物，而是直接体现为现实的政治权力机构及其活动。换句话说，公意就意味统治者及其行为，反过来说，统治者及其行为也就是表达了公意，二者合二为一了。康德之所以这么认为，就在于康德从来没有把社会视为一个有机体，那就更不会存在这一有机体专属的独立而统一意志，即卢梭视野下的"公意"。在他那里，社会就是一个人们共同生活的场域，人们并没有因为生活在一起就泯灭了个人的独立性和分散性，况且他进一步强调指出，若要真的创造出了这样一种具有统一性的独立的"公意"，那极有可能会带来对个人自由与权利的压制，这样的政府或公权力就会衍生出专制主义和家长制，这种结果是康德内心所不愿接受、现实所不能容忍

---

① 欧阳英：《在反思中寻找新的联系——康德政治哲学主要特点评析》，《学术论坛》2004年第4期。

的。所以，康德对"公意"这一概念不甚感兴趣。

康德还没有看到，公共利益与私人利益是直接相关的，他只是简单地认为，人民必须由他人统治，来实现他们的共同利益。因此，康德认为不应太看重国家所具有的统治形式，到底是一个人、少数人还是许多人掌握最高权力，这都不是最重要的，只要它是正义①的，"可以一直保持下去"就行。

四 个人利益与国家利益的关系

康德认为在正义的国家体制中，公民应当享有自由、平等和独立的权利。自由、平等、独立和财产权构成了个人基本权利的体系，它是人作为人应当具有的，是"天赋"的或者说自然的。但这并不意味着在自然状态中人就已经享有了这些权利，实际上，它们是由独立的、强有力的国家所治理的社会本应提供的权利。人们应当联合起来，建立公民社会，这对于建立保障人的外在自由的条件是至关重要的。只有在公民社会中，人们才能实际上享受他们的"自然权利"。

在康德那里，作为公民社会道德基础的社会契约是来源于纯粹实践理性的先天的国家宪法原则，因此，社会在创造个人外在自由方面的优先性也仅体现为哲学或者逻辑的含义，而不具备事实的或者历史的含义。康德以实践理性的先天概念证明，如果不先进入社会状态，个人自由就不可能实现。既然个人自由以社会状态的存在为前提，那么一个道德上具有正当性的社会就应当是使个人自由成为可能的社会。康德坚持这样的自由主义立场，国家的存在是为了个人的自由。尽管正是国家使个人自由成为可能，但这并不意味着国家体现了一种高于个体的伦理上的善。

与此同时，康德从对法国大革命的反思中也认识到，个人追求自由、平等必须受到限制，否则它可能危及社会的安宁与稳定。这也就意味着，理性的个人对自身利益的追求必须受到限制，这一限制是国家为维护整个社会的利益所作出的，它尽管没有增加公民个人的福利，但对于维护整个社会是必不可少的。因此，个人利益与国家利益之间的关系就是必须讨论的问题。

康德讨论国家利益问题是从确认这样一个前提开始的，这个前提就是：理性的个人是追求利益的主体，国家不能，也不可能为了自身而追求自身的福利。国家只是公意的体现，是基于社会合作的必要性的人为的产

---

① 注：康德对正义与权利的界定具有同一的含义。

物，它要为了个人而保障整个社会的利益。因此，如果国家的三个职能部门，即立法、行政和司法机构密切合作，和谐运转，使国家能够很好地为个人的利益服务，这也就实现了国家的利益本身。同时，社会的善也由此实现。康德指出："国家的利益绝不能和它的公民的富裕和幸福混为一谈，因为也许在自然状态中（如卢梭所坚持的）或者在专制政府下能够更容易和令人满意地达到这些目标。"① 要维护国家的利益，既要反对个人追求自己幸福过程中的目无法纪，也要警惕君主或政治领袖的中央集权的野心。国家的利益不是直接产生于个人的需要和利益，也不直接产生于体现于政治制度中的公意所代表的合作的利益，它是个人与国家之间主体间性的体现，是这两种力量的平衡，是像法治这样的制度框架。因此，国家与个人想要独占和专享都是不可能的。

言而总之，康德主张国家少干预人的自由和社会生活，应给予人的自由以宽阔的活动空间。但是，康德同时也承认国家必须承担一些公共功能，例如保障社会福利等。首先，法律赋予主权者有管理财政经济的大权，这是因为在道德和本体的意义上，主权者是共同体中的财产的最高所有者，因为财产权本身就是以主权者对土地及其产物的原始占有为基础的。② 这种道德或本体意义的普遍占有使政府有权管理国家的经济，当然，最好是在纳税人的代表的监督之下。不过，康德对经济缺乏研究，因此他并没有详细指出国家应当如何来指导国民经济，也没有论述干预与放任之间究竟是何关系，以及如何规避家长制这种可能来源于干预的危险。依康德之见，比较有意义的事情是，在资本主义的初级发展阶段，国家可以消除资本主义发展的障碍，其方法是保障产权、维护平等的竞争等等。

另外，一个政府存在的正当性即公意要求它必须去关心和帮助穷人和有迫切需要的社会弱势群体。康德强调统治者对于穷人的帮助不是出自于仁慈，而是基于社会契约论的"权力"要求。但是主权者的这一权力并不单纯地来源于社会契约以及与此有关的正义原则的要求，因为社会契约和正义原则更关注个人的权利，而不是他们的幸福。主权者的这一权力还来源于康德的道德哲学。"无助的穷人必须得到救济，如果是孩子，必须得到照料，为什么·因为我们是人而不是兽。这并不来源于穷人作为公民的权利，而来源于他们作为人的需求。"因此，为了穷人而干预社会这一

---

① 〔德〕伊曼努尔·康德：《康德文集》第 6 卷，刘克苏等译，改革出版社 1997 年版，第 146 页。
② 同上书，第 156 页。

原理同样来源于康德纯粹道德哲学的观念。在这个问题上，康德并不是单纯从正义原则的角度来考虑的，政府在这一方面的作用实际上超出了正义原则通常所要求的范围。在照顾穷人的问题上，国家必须例外地担当道德的角色，将它自己的利益等同于社会中个人的利益。①

　　总而言之，康德区别了个人的利益与国家或者说政府的利益。虽然他没有希望看到两者能达到完全的统一，但他还是坚信二者具有一种负效应的相关。如果政府正当地限制了个人的自由与独立，它就代表了真正的公共利益；如果个人通过公开性的权利和代议机构对政府的权力有所制约，它也就保卫了真正的公共利益。我们不能指望个人总是以负责任的方式行动，同样也不能指望政府总以政治上负责任的态度行动，因此对两者都要加以限制，这种限制既有利于个人，也有利于国家。这里我们可以说，康德哲学对于公私利益关系和谐与一致的看法，来自于双方对各自对立面的限制，是一种相反相成的关系。

　　康德在政治上对个人和政府的这种双面不信任，也反映到他对于公私利益关系的看法之中，他既坚守个人利益是政府行为的基础与根本目的，同时又对个人利益的不断扩张心存顾虑，毕竟法国大革命所宣扬的极端的个人主义会带来大众自下而上的变革，这种激进的政治变革必然导致社会的动乱与不安，还有可能导致社会解体成野蛮的、无法无天的无政府状态。因此，他反对个人利益不受任何限制的肆意膨胀；与此同时，康德当然希望看到现存的国家尽可能地接近国家的理想，即它是一个共和国，成熟的人民通过代议制参与制定法律，从而使个人利益可以在法律的轨道内实现合理而正当的发展与保护。但是经验的世界并非时常令人满意，在个人与国家之间，康德虽然更加看重个人，强调个人权利与自由、个人利益的重要性，但在权力问题上，他却更加信任国家。这表现在当个人利益的追求与国家、政府的利益发生矛盾时，他还是主张一种温和的、自上而下的政治变革，只有这样才能在维护国家利益或公共利益的基础上，走出这种矛盾与困境，从而实现个人的正当利益。因此，他宁愿冒专制主义的危险，也不愿意回到野蛮状态。康德哲学的两面性在公私利益关系的难题面

---

① 注：康德在他的《道德形而上学》中论述了人的两种义务——道德的义务和法律的义务。这说明个人追求自己的目的不仅应当符合正义的原则，即履行法律的义务，同时在个人的目的中应包含客观的目的，即自己道德的完善和他人的幸福、公共利益，也就是要履行道德的义务。可以说，履行法律义务的正义原则是对个人行为的底线要求，而履行道德义务的道德原则是对个人行为的高层次要求。如果二者发生矛盾，更应该乐于接受与公共原则即道德原则一致的解决方式。

前顿时显现。正如马克思、恩格斯所写的，法国"强有力的资产阶级自由主义"没有能够成为德国市民理论家的直接的信仰，资产阶级自由主义的强大实践力量吓退了畏首畏尾的德国小资产阶级。

第二节　黑格尔的公私利益关系理论：在自由与平等之间

迄今为止，任何对黑格尔政治哲学的研究，都离不开对其整个哲学体系逻辑的把握，因为这是能够更为清楚地认识和理解所要研究问题的必由之路。黑格尔应用其特有的三段论逻辑形式将理性的触角伸展到人类思想的一切领域，构筑出一种典型的形而上学体系，其政治哲学不过是其哲学体系逻辑推演中的一个环节和阶段。而作为政治哲学核心内容的公私利益关系理论，就更离不开整个哲学体系的形而上学支持。所以，正像卡西尔所说的那样："如果我们要理解黑格尔政治理论的真实特征，我们必须把问题投射到一个更大的平面上。仅研究他本人对具体政治问题的意见是不够的，因为这些意见只是一种个人的兴趣而不是哲学的兴趣。'意见是我的'，黑格尔在他的一句著名的双关语里这样说道。但关键的不是这一政治信条，而只是由他的体系所导引的新政治思想的方向。这与其说是黑格尔所给出的特定回答（这种回答被证明直观重要并且永远重要），不如说是新的提问方式。"[①]

一　私有财产的论证——公私关系的形上开端

众所周知，黑格尔把人类历史的发展过程描绘成"绝对精神"或"绝对理念"在一系列的逻辑矛盾中自我运演的过程。这样，人类历史的发展过程在黑格尔笔下就成为庞大概念系统逻辑地生成、推演和转化的过程。黑格尔对一切社会政治历史问题的研究，主要集中在绝对精神发展的第三个阶段——精神阶段中。特别是在这一阶段的"客观精神"部分中，作为黑格尔政治哲学主要思想的"法哲学"以一种精神哲学的理论形式表现出来。

黑格尔界定在"主观精神"阶段自由还只是潜在的，是"意愿自己成为自己的对象、自己决定自己"的内部自由；而在"客观精神"阶段中，这种内部的自由开始具有了现实存在的外部形式，即"自由意志"。

---

① 〔德〕恩斯特·卡西尔：《国家的神话》，范进译，华夏出版社1990年版，第309页。

自由意志在法哲学中的行进，演化出抽象法、道德和伦理三个部分。在抽象法阶段，自由意志还没有分化，是一种抽象的同一，即是一个抽象的人格。因此，自由只是一种抽象形式的自由，它体现为对外物的所有权，即财产权。换句话说，就是人格只有体现在财产的私人所有权上。只有在对外在物的占有和支配上，人才能称其为现实的人，人的自我价值才能得以确证和实现。侵犯了财产权，也就意味着侵犯了人的自由。

黑格尔在抽象法的阶段论述了私人财产权的问题，"在这领域（所有权、契约等）中我们所具有的自由就是我们所说的人，也叫主体，它是自由的，的确对自己说来是自由的，并在事物中给自己以定在"①。在黑格尔看来，"所有权所以合乎理性，不在于满足需要，而在于扬弃人格的纯粹主观性。人唯有在所有权中才是作为理性的存在的"②。这表明，所有权是确立现实人格及其权利的基础。

"人作为自由意志的存在，总是要将自身的自由意志变为定在。自由意志的定在过程，就是对物的占有过程。"③ 这体现出人的活动所具有的意识能动性，而且这种意识体现的是人独特的自由意志，自由意志触动了人对于外在于自己之物的占有，这是自由意志外化的要求和体现，反映的实质上是一种权利观，即人有占有外在之物的绝对权利。这里有三点需要说明：第一，这里的人是指的是所有人，一般意义上而非特殊意义上的人；第二，毫无规定性和目的性的外在之物，借助于人的自由意志的实现过程而被赋予了"规定和灵魂"，并成为人的东西。第三，人的意志对物具有的优越性主要体现在它是自在自为存在的自由意志，具有无限可能性的特质，体现为意志要求和与活动能力的双重无限可能，即"所有的物都可变为人们所有"。④

从字面含义看，在黑格尔那里，抽象法是客观自在的法，是法的本性，因而它确实与历史内容无关；但就黑格尔坚持将概念的运动作为历史进程的中心线索这一大的理论背景而言，我们又不能不从他字面之下领会到其深层"历史叙事性"。这里自由意志代表的就是资产阶级的社会人

---

① 〔德〕格奥尔格·威廉·弗里德里希·黑格尔：《法哲学原理——自然法和国家学纲要》，范扬等译，商务印书馆1961年版，第43页。
② 同上书，第50页。
③ 高兆明：《作为自由意志定在的财产权——黑格尔〈法哲学原理〉读书札记》，《吉首大学学报》（社会科学版）2006年第1期。
④ 〔德〕格奥尔格·威廉·弗里德里希·黑格尔：《法哲学原理——自然法和国家学纲要》，范扬等译，商务印书馆1961年版，第52—53页。

格，字面上的抽象法，折射的是现实生活中资产阶级对于主体权利的肯认与张扬，就像黑格尔本人也经常说的那样，是在思想中对时代的把握。正如一位学者所言，我们如果把黑格尔谈什么"成为一个人"和"不侵害人格"放在一个历史语境中，就会立刻感受到黑格尔在抽象法中对权利的自由的说法，直接来自他对资产阶级市民社会现实的理解。① 这实质上就是对资产阶级的财产所有权和个人私利的肯定性论证。

黑格尔认为："把某物置于我自己外部力量的支配下，就构成了占有。"② 占有有两层含义：其一，利己主义的占有，即特殊方面的占有，满足特殊利益，这是手段意义上的占有；其二，存在（本质）的占有，即作为自由意志的我体现于我占有的对象之中，换句话说，是对象成就了我作为自由意志的现实存在即自由的实现。这个意义上的占有是真实的合法的因素，即所有权的规定。所以，"从自由的角度看，财产是自由最初的定在，它本身是本质的目的"③。在黑格尔看来，所有权使得个人意志成为客观的了，因此，所有权就牢牢地打上了个人的印记，成为私人的了。在这里黑格尔实际上通过强调个人意志的实现，变相地表达了对对私有财产权正当性与合法性的哲学肯定。

进而，黑格尔又谈到了所谓共同所有权的个人本质。"共同所有权由于它的本性可变为个别所有，也获得了一种自在地可分解的共同性的规定。"④ 这也就是说公有的东西一般是可以被分割而为个人所有的。黑格尔进一步举例说明，自然界中的东西不是财产，不是人的活动的产物，因此不能私有。比如空气、阳光等自然物，是不能成为私有财产的，而只能为公众所有，也就可以分割为个人所享有。但分割性同时也意味着构成性，表明该种共同体属人的构成性存在，即离开个人就难以存在的现实，从而强化了这种个人所有权的实现离不开共同体的事实，明确表达了个体所有权是共同体中的个人的所有权的意蕴。可以说，正是私人所有权赋予这一共同体新的质的规定性，离开了私人和私人所有权，共同体将成为没有任何规定性的空洞之物。这里蕴含着深刻的辩证思想，既说明了这种共同体所具有的内在否定性或异质性，又诠释了共同体的生命与活力须臾离不开个体，且一定要分化为个体。至于个体把其应有的部分留在其中，这

---

① 注：在张旭东的《全球化时代的文化认同》一书中，作者持有这样的观点。
② 〔德〕格奥尔格·威廉·弗里德里希·黑格尔：《法哲学原理——自然法和国家学纲要》，范扬等译，商务印书馆1961年版，第54页。
③ 同上。
④ 同上。

本身是一种任意而偶然之举。可以说，共同所有权对私人所有权并非简单而消极的否定，毋宁说是一种积极地扬弃。归根结底，共同体所有权发展的过程中终会分化为私人所有权，这再次肯定了黑格尔哲学中私人所有权具有的绝对性和无限可能性。

然而，问题不是单向度的，我们需要深思的还有问题的另一面，那就是：共同体的力量会否因为私人所有权的出现而被消解？人们之间通过友谊、信任而搭建的社会交往关系还能够很好地维系吗？或者换言之，人们之间能否避免可能的矛盾与冲突建立或维系一个良善的共同体呢？等等。黑格尔自然绕不开对这些问题的回答。通过对柏拉图、伊壁鸠鲁等排斥私有制、侵犯人格权利思想的批评，黑格尔努力表达了在私人所有权基础之上重建和睦友善的社会关系、在公私利益划界基础之上重构良善有序共同体的愿望。而这显然成为近代市场经济社会发展以来，社会生活所要面对的一个突出课题。所有这一切，都可以归结为黑格尔对于市民社会核心问题的论述，即如何从特殊性与形式普遍性的矛盾与冲突，走向实质性的特殊与普遍的同一，即达到一种实质而具体的普遍性。

所以，从黑格尔关于所有权的论述中，透露着一种强烈的倾向，那就是竭力论证资产阶级私有财产的合法性。正如有人就说："显然，黑格尔实际上是用一种特殊的形式宣布了资产阶级私有财产的不可侵犯性。"① 就我们的公私论题而言，强调私人财产的重要性，成为黑格尔在市民社会中正式论述公私利益关系的开始。从逻辑本身的发展上看，只有私有制成为社会的一种合理而正当的制度后，私人利益才会应运而成为正当与合理的，也才可能有在私利追求中与公益所发生的摩擦与碰撞。因此，我们不难看出，黑格尔抽象法的真精神植根于现实的市民社会，是现实东西的哲学反映。就像他自己认为的那样，合乎理性的东西就是现实的东西，因而不能把"现在"看成空虚的东西，否则理性就超脱了现在。当然，这并不是说哲学要研究本质的外在显现的东西。而是说通过现实的东西去发现理性的东西。哲学的任务在于理解存在的东西，哲学不能超出它那个时代。可以说，虽然黑格尔在抽象的层面上思考私利的问题，但却并不喜欢抽象性，而是致力于一种现实具体性的达成。因此，客观伦理阶段，自由意志既通过外物、又通过内心的主观性而最终得以返回一种充分的现实性。自然，我们关于公私利益关系的论述应该主要在这种现实性的伦理领域进行论述。首先，伦理中的市民社会环节，就向我们展示了一副普遍性

---

① 张桂林：《西方政治哲学》，中国政法大学出版社 1999 年版，第 209 页。

与特殊性相冲突即公私利益冲突的画面。

二 市民社会的冲突——公私关系的道德坎陷①

市民社会理论是黑格尔政治哲学的一个重要组成部分。根据黑格尔的逻辑三段论，从抽象同一性到自身的内在差别再到普遍同一性的思路，他把伦理也分成了家庭、市民社会和国家三个环节或三个阶段。家庭和国家体现的是整体性的伦理精神，而作为二者中介的市民社会所体现的却是一种差异性的伦理精神。黑格尔从绝对精神自我演进的逻辑出发，把市民社会看作是人类的伦理生活逻辑展开的一个阶段或一个环节。②

因此，要考察黑格尔的市民社会理论，离不开对市民社会所身处的整个伦理体系的认识。

黑格尔认为，家庭是直接的或自然的伦理精神，是以婚姻关系为纽带、以爱的情感为基础的血缘共同体。利益在这个共同体中不是人们交往的原则，爱才是维系人们交往互动的存在。所谓"爱的原则"其实质就是一种"同一性原则"，即"一般来说，就是意识到我和别一个人的统一，使我不专为自己而孤立起来"③。也正是意识了这样一种统一性，也才使得自我意识凸显了出来。总之，精神的纽带就通过家庭这个实体性的存在而获得了它应有的合法性和必然性，任何激情和特殊的偏好都难以撼动它的存在。然而，家庭中的个人人格是非独立性的，这就使得"结合在家庭统一体中的各个环节必须从概念中分离出来成为独立的实在性"④，这就带来了家庭的解体。家庭的解体代表着原本具有的一种整体性的伦理精神丢失了，普遍性中释放出了获得自身规定性的个体的特殊性，精神的发展进入到了一个新的差别性阶段，而"在这个阶段，普遍性只是在作为它的形式的特殊性假象地映现出来"⑤。如此，伦理精神从家庭进展到

---

① 参见刘晓欣《从主体自由的视角看黑格尔市民社会理论中的核心矛盾》，《湖北社会科学》2007年第9期。
② 同上。
③ 〔德〕格奥尔格·威廉·弗里德里希·黑格尔：《法哲学原理——自然法和国家学纲要》，范扬等译，商务印书馆1961年版，第175页。
④ 同上书，第195页。
⑤ 王作印：《黑格尔政治哲学性质及其当代意蕴》，《当代世界与社会主义》2008年第4期。

市民社会。这里，有必要申明的一点是，黑格尔是在概念运动的逻辑中解释从家庭过渡到市民社会的必然性的，这依然透露着其"思想建筑现实"的原则。同时这也说明，这种解释并不一定是科学而合理的。实际上，家庭的解体并不必然地产生市民社会；市民社会是在现代市场经济的催生下才出现的，它的原则不是家庭关系的必然产物。黑格尔在普遍性与特殊性的矛盾关系中解读市民社会的产生，难免有迁就概念运动逻辑之嫌。

  黑格尔认为，市民社会在现代世界中形成的，比国家形成要晚，"它必须有一个国家作为独立的东西在它面前"。①但按照其概念运动的逻辑关系，市民社会是介于家庭与国家之间的差别的阶段。在这样一个阶段中，人们将自身的目的定位于追求的全部，而其他外在于人的一切皆是达成和实现我的目的的手段，需要说明的就是这种手段因为不可或缺，所以从外在形式上说，需要先满足别人以实现自身的特殊性客观上也取得了一种普遍性的形式。这样，市民社会就必然有两个原则：第一，"具体的人作为特殊的人本身就是目的；作为各种需要的整体以及自然必然性与任性的混合体来说，他是市民社会的一个原则"②。第二，"特殊的人在本质上是同另一些这种特殊性相关的，所以每一个特殊的都是通过他人的中介，同时也无条件地通过普遍性的形式的中介，而肯定自己并得到满足。这一普遍性的形式是市民社会的另一个原则"③。这两个原则表明，市民社会以具体个人的特殊性为目的，但这种特殊性以普遍性为条件，与普遍性存在本质性的联系。正像黑格尔自己所说的那样，一切偶然性的爱好与秉性都要受到理性必然性的制约。这样，"利己的目的，就在它受普遍性制约的实现中建立起一切方面相互依赖的制度"④，即需要的体系、司法、警察和同业公会。"市民社会的基础是普遍性，但本身却是特殊性充分展现的舞台。在市民社会中，特殊性成为了基本的原则。特殊性构成了普遍性的现象，传统家庭解体所产生的独立个体成为了一切目的。在这里，追求私利的特殊性与追求公益的普遍性之间，发生了一种现象性的分离，而且这种分离成为了整个市民社会的基本特征。因此，特殊性原则与普遍性原则之间的矛盾，成为主导黑格尔市民社会理论展开的核心矛盾，是黑格尔对现代社会诸多矛盾理解的总根源。因此，对于这一矛

---

① 〔德〕格奥尔格·威廉·弗里德里希·黑格尔：《法哲学原理——自然法和国家学纲要》，范扬等译，商务印书馆1961年版，第197页。
② 同上。
③ 同上。
④ 同上书，第198页。

盾的深刻解读,将是我们把握市民社会真正核心与本质的一把总钥匙。"① 可以说,在黑格尔的政治哲学中,市民社会是其公私利益矛盾与冲突集中展示的舞台。

市民社会是"各个成员作为独立的单个人的联合,因而也就是在形式普遍性中的联合,这种联合是通过成员的需要,通过保障人身和财产的法律制度,和通过维护他们特殊利益和公共利益的外部秩序而建立起来的"②。从这个概念中,我们可以得出市民社会首先是一个"需要的体系"。在需要的体系中,黑格尔首先肯认的是特殊性原则。"最初,特殊性一般地被规定为跟意志的普遍物相对抗的东西,它是主观需要。"③ 这种需要通过外在物、通过活动和劳动满足的是主观的特殊性。黑格尔高度肯认了作为生物的人,有权把他自身的需要作为他的目的。以特殊性为核心原则的市民社会是"在现代世界中形成的,现代世界第一次使理念的一切规定各得其所"④。现代主体的确立及作为现代主体的人的价值与尊严的肯认是现代世界诞生的首要标志。在黑格尔眼里,现代革命就是将个人从社会和传统的束缚下解放出,使个人真正变成共同体中的坚实构成力量;在信仰方面,个人可以摆脱教会的束缚而直接面向帝;科学发现强化了特殊事物在可感世界地位,增强了人类抵制自然的能力。所有这些都意味着人类的主体自由的巨大释放,这种宣泄与释放冲垮的是自然的野蛮的给定性、人类社会实质性共同体的奴役性。在市民社会中现代主体昂首挺立,因为正是这一主体的特殊性和所拥有的自由权力成就了现代市民社会。

但与此同时也应看到,在"需要的体系"中,满足别人的需要是实现或满足个人需要的前提条件,这就预示了普遍性的环节藏匿在满足别人需要的关系中。"因此发生在这一有限性的领域中的合理性的这种表现,就是理智。"⑤ 也就是说,市民社会是一个"需要和理智"并存的社会。在黑格尔的概念辩证运动中,它表现为理念"赋予特殊性以全面发展和伸张的权利,而赋予普遍性以证明自己既是特殊性的基础和必要形式、又是特殊性的控制力量和最后目的的权利"⑥。特殊性与普遍性是相互分离

---

① 刘晓欣:《从主体自由的视角看黑格尔市民社会理论中的核心矛盾》,《湖北社会科学》2007年第9期。
② 〔德〕格奥尔格·威廉·弗里德里希·黑格尔:《法哲学原理——自然法和国家学纲要》,范扬等译,商务印书馆1961年版,第174页。
③ 同上书,第204页。
④ 同上书,第197页。
⑤ 同上书,第204页。
⑥ 同上书,第198页。

的，但又不是绝对隔绝的，它们是相互依赖、相互制约、相互转化的。因为"其中一个所做的虽然看来是同另一个相对立的，并且以为只有同另一个保持一定距离才能存在，但是每一个毕竟要以另一个为其条件"①。而"我在促进我的目的的同时，也促进了普遍物，而普遍物反过来又促进了我的目的"②。"在劳动和满足需要的上述依赖性和相互关系中，主观的利己心转化为对其他一切人的需要得到满足是有帮助的东西，即通过普遍物而转化为特殊物的中介。这是一种辩证运动。其结果是，每个人在为自己取得、生产和享受的同时，也正为了其他一切人的享受而生产和取得。"③

市民社会在交互性的结构中创造了传统社会从未有过的这种个体性。在市民社会中，形式的普遍化与内容的特殊性发生了分离，它造成了一种社会关系与自我关联的新模式。市民社会的成员，作为有需求的个人，他们有能力与他人缔结契约，不论想得到什么东西，他们都可以选择签订契约。"个人在其独立自由中……把存在一其特殊性中的他们自身，以及他们的作为自为存在的有意识的存在，视为他们的目标—由社会原子所组成的一个系统。通过这种方式，这种实体就仅仅成了各独立单位及它们的各种特殊利益间的一种一般性的中介性关联。"④ 随着自由市场经济的建立和发展，市场交易行为的普及与常态化，个人追逐自我利益的倾向得以强化。反映在思想意识中，就是强化了个体运用理性批判外部世界和自身的权利，并且将之视为人的天赋自然本性。

在市场社会中，任何一个独立自主的个人所进行的谋求个人需要的活动都是"特殊的"和"任性的"，是"跟意志的普遍物相对抗的东西"。这就是说，每个人都只关心自己的特殊需要，并且都只以自己的特殊方式谋求自己的特殊需要。那么，这些各自特殊的个人谋利的活动是如何达成一种有机的联系，从而达到各自特殊利益的满足或者说"普遍意志的实现"呢？黑格尔通过政治经济学的分析，发现了"需要的体系"这个市场社会中经济生活的核心结构。市民社会作为"需要的体系"，在其中"需要的目的是满足主观特殊性，但普遍性就在这种满足跟别人的需要和

---

① 〔德〕格奥尔格·威廉·弗里德里希·黑格尔：《法哲学原理——自然法和国家学纲要》，范扬等译，商务印书馆1961年版，第199页。
② 同上。
③ 同上书，第210页。
④ 〔德〕格奥尔格·威廉·弗里德里希·黑格尔：《精神哲学——哲学全书》，杨祖陶译，人民出版社2006年版，第332页。

自由任性的关系中，肯定了自己"①。这种普遍性，作为被承认的东西，它使孤立的和抽象的需要以及满足的手段与方法都成为具体的、社会的，也就是说，需要及满足需要的手段、方法与他人的需要及满足需要的手段方法之间形成了一种相互的关系，需要逐渐地改头换面为"社会的需要"。而社会需要作为"观念的精神需要"是对"直接的或自然的需要"的扬弃，在其中普遍物占着优势，因此它就含有解放的一面，即含有超出外在的必然性、内在的偶然性以及任性的一面。这时，原本是特殊性之间的关系，凸显为特殊性与普遍性之间的关系。黑格尔在"需要的体系"中，回答着与斯密相同的问题，即特殊利益如何走向普遍利益的产生。而且，似乎在这个问题上二人的回答并无二致。

其实则不然，黑格尔在斯密认识的基础上，更加敏锐地观察到这个普遍性还只是一种抽象的普遍性，还没有达到特殊性与普遍性的实在性的统一。为什么说这种普遍性是抽象的呢？这是由于黑格尔认为，市民社会成员之间的联系主要是基于自我的私人利益，他们互为工具以满足各自的需要，所以市民社会成员之间的联系只是偶然的、工具性的和外在性的，独立的个人之间缺乏必然的联系，而仅仅具有外在的契约性关系，人与人之间的关联还只是一种抽象的关联。在这种抽象的普遍性中，人一方面获得了极大的经济自由；另一方面，却又产生着一系列的差异与不平等。在市民社会中，个人分享普遍财富的可能性受到诸多限制，例如受到资本、技能、禀赋、体质等差异的限制。这些差异可以表现在一切方面和一切阶段，并且连同其他偶然性和任性，产生了各个人的财富和技能的不平等。因此，"在市民社会中不但不扬弃人的自然不平等（自然就是不平等的始基），它反而从精神中产生它，并把它提高到技能和财富上、甚至在理智教养和道德教养上的不平等"②。正是这种不平等的"合理性"，使得市民社会自然成为存在等级差别的社会。黑格尔认为："人必须成为某种人物，这句话的意思就是说，他应隶属于某一特定阶级，因为这里所说的某种人物，就是某种实体性的东西。不属于任何等级的人是一个单纯的私人，他不处于现实的普遍性中。"③

市民社会作为"需要的体系"，在自身中自在自为地包含着普遍性，也就是说，市民社会是一个特殊性的领域，它以私人对财产的占有为原

---

① 〔德〕格奥尔格·威廉·弗里德里希·黑格尔：《法哲学原理——自然法和国家学纲要》，范扬等译，商务印书馆1961年版，第204页。
② 同上书，第211页。
③ 同上书，第216页。

则,而这种特殊性必须具有普遍性的形式,也就是必须通过司法、警察、同业公会等手段加以保护。司法之所以是保护私人权利的普遍形式,是因为在法的定义中,"自我被理解为普遍的人,即跟一切人同一的"①。在市民社会中,由于"所有权和人格都得到法律上的承认,并具有法律上的效力,所以犯罪不再只是侵犯了主观的无限的东西,而且侵犯了普遍事物,这一普遍事物自身是具有固定而坚强的实存的"②。可以说,在司法中,私人的主观特殊性与自在存在的、普遍的法相结合,采取了法的形式,并受到法律的保护。对于法而言,私人的福利不仅是一种外在的东西,更是在需要的体系中作为本质性规定存在的东西。因此,司法理应保护私人所有权。这就需要借助一种外在的形式,即警察。警察作为"普遍物的保安权力首先局限于偶然性的范围(笔者注:针对犯罪这种恶的偶然性),同时它是一种外部秩序"③。"警察的监督和照料,目的在于成为个人与普遍可能性之间的中介。"④ 然而,警察仅仅是通过形成外部只需的方式保护个人的权利,实质上它并不直接关注个人的特殊利益。从家庭的保护下脱离出来的市民社会成员,要求市民社会像家庭那样保护他们的权利。而市民社会作为一个充满了差异与等级的体系,它必然导致贫富两极分化。而且,"当广大群众的生活降低到一定水平——作为社会成员所必需的自然而然的调整的水平——之下,从而丧失了自食其力的这种正义、正直和自尊的感情时,就会产生贱民,而贱民之产生同时使不平均的财富更容易集中在少数人手中"⑤。可以说,黑格尔敏锐地观察到自由主义市民社会理论本身的困局,那就是它难以摆脱市民社会所带来的两极分化与贫富差距。黑格尔努力在市民社会本身中,寻找解决这一困局的出路。他找到了同业公会这种外部形式,认为它是有助于增进私人福利的普遍形式。在黑格尔看来,市民社会在照料特殊利益的时候,必须将其普遍性的原则(伦理性的东西)同特殊性的利益结合起来,"根据理念,普遍物是内在于特殊性的目的和对象的,所以,伦理性的东西作为内在的东西就回到了市民社会中,这就构成同业公会的规定"⑥。总而言之,在警察

---

① 〔德〕格奥尔格·威廉·弗里德里希·黑格尔:《法哲学原理——自然法和国家学纲要》,范扬等译,商务印书馆1961年版,第217页。
② 同上书,第228页。
③ 同上书,第238页。
④ 同上书,第240页。
⑤ 同上书,第245页。
⑥ 同上书,第248页。

的外部秩序中，司法的普遍权力与个人的特殊权利结合在一起，个人的权利通过普遍的权力得到维护；在同业公会中，个人的特殊福利采取了普遍物的形式，并通过同业公会这个普遍物得以保护和实现。至此，市民社会的这两个环节表征着特殊性在其发展中与普遍性的统一，似乎黑格尔所看到的市民社会的难题得以完全解答了。

然而，事实并非如此。市民社会的这两个环节所达到的特殊性与普遍性的统一是有限度的，是完全服务于特殊目的的，它还远远没有达到那种代表了最高伦理精神的特殊性与普遍性的统一。"在外在的强大的必然性的制约下，人身陷形式化的追名逐利之中，忘记了自由的客观内容。这个时候的人们，已经变得日益'无家可归'。黑格尔在赞扬市民社会的历史进步性的同时，也深深忧虑这种后果的产生。市民社会是以分离为基础的，但充分自由有要求统一性。虽然市民社会的体制体现了自我规定，但显然是单维度的、形式化的，还不具有充分性。形式的过程与特殊的内容的分离似乎允诺了充分的自由，然而事实上却引导市民社会逐渐走向形式合理性的统治。在现代性确立的过程之中，我们可以清晰地看到，它是通过在直达以及个别自我中设定特殊个人（包括他们的愿望与需要）与普遍的东西（风俗与法律等社会事物）之间的差异而产生的。不管这种差异设定的理论来源如何，有一点却是相同的，那就是：在这种差异的设定中，个人之间的联系没有被破坏，它仍然存在，但是却变成了日益丧失内容的纯粹形式化的关系。作为特殊性与普遍性之间区别的结果，在形式与内容之间也有了一种新的区分。所有的内容都被放到了确定的特殊成员这一边，那么共同体的统一性就必须被理解为形式化的。由于这种空洞的形式化特征，交互性确认的现代模式不包含对社会活动的任何自然限制。在市民社会的需要货物流通中，可以容纳进的种类或数量有多少，没有任何实质性的价值观或传统来限制，市民社会特殊性的追求可以无限制的加以扩张。资本的积累以及市场的增长受到需求的刺激，生产日益扩大化和专门化，工人的生活也日益机械化；富人过着一种更为奢侈的生活，即使那些变的无聊的需求也可以得到满足。人类生活中越来越多的东西都可以被当作商品来对待，没有神圣的性质可言了，市场交换的世俗化浪潮风起云涌。"① 当然，外部的限制是有的，例如资源的稀缺或需求的有限，迫使生产的扩张跨出过门染指世界，贫穷与异化、生产危机、殖民主义以

---

① 刘晓欣：《从主体自由的视角看黑格尔市民社会理论中的核心矛盾》，《湖北社会科学》2007年第9期。

及国际关系危局等等，都成了市民社会这一核心矛盾的不可避免的危情结局。

在黑格尔看来，外在的这种普遍性不足以统摄特殊性的追求，因而造成了普遍性伦理的丧失。特殊性与普遍性之间的紧张冲突，成为市民社会舞台上的一出活剧。形式化的普遍性也使得追求特殊性的自由变得日益丧失了客观的特殊内容。而舍弃一切特殊内容企求自由，在形式普遍性的要求下，最终却又把自己置于偶然和武断的内容之下，这不可不谓一种悲情的结局。

为了自己的私利而与他人发生关系的外在普遍性，日益将人牢固地束缚在偶然内容之上。真正的自我规定并没有完全实现。虽然市民社会的成员实际上从不把自己等同于他的需求和冲动，但他的生活依然要受制于它们。除此之外，他没有任何内容赋予生活。他的自由的空虚性以及冲动对他的统治就其根源而言，就是那侵染了市民社会一切方面的对更多东西的无休止的索取。人类越来越在思考这样一个问题：难道人生的全部意义仅在于此吗？黑格尔在法哲学中给出了他的答案。人类还有更高的普遍伦理性的追求，它是市民社会中所缺失的维度。只有更高的伦理实体，才可以克服市民社会所带来诸多困难。那就是体现了最高伦理的国家。国家真正实现了特殊性与普遍性的统一，在国家中，伦理的普遍性超越"需要体系"的形式普遍性，从而在更高的阶段上回复到自身。这个普遍的伦理实体赋予自由以"绝对形式"，从而实现了人类真正的自由生活。可见，在市民社会中特殊性与普遍性的矛盾与冲突，成为黑格尔法哲学逻辑进程的主导性因素。

三 完美国家的建立——公私和解的伦理之路

近代以来欧陆哲学关于私利与公益关系问题的讨论中，大致遵循了这样一种理论逻辑或者思考路向，那就是坚持用一种理性建构主义的方法来辩证地审视这样一对矛盾，特别是强调理性在解决公私利益关系中的重要作用。这在如狄德罗这样的法国启蒙思想家的著作中新的尤为明显。然而，要是推选最能够体现这一特点的理论家，那绝对是非黑格尔莫属。他代表了19世纪以来德国思辨理性哲学发展的高峰，在他关于私利与公益关系问题的详尽阐释中，透露了一种"理性的机巧"，这实质上就是强调了辩证理性在此问题上的具体运用和具体体现。"黑格尔一方面承认自利的行为或'恶'的行为的合理性与必然性，如前所述，黑格尔认为它们是社会生活中直接存在的现实，因为人无法脱离于他们作为人所具有的特殊需要和欲望，无法抑制其特殊性。然而，另一方面，黑格尔并未停留于这一点上。"① 辩证理性的精妙之处在于揭示了这种自私自利的行为促成了一种新的普遍性的产生，这种普遍性在德国理性看来就是统一的实体性本质。在政治哲学史上，我们发现这种动机与效果的背反的理论，黑格尔并不是首创，尤其是在私利与公益的关系上。前面咱们已经讨论过的曼德维尔的"私恶即公益"的思想，就是这种思路的典型代表。但需要说明的是，曼德维尔并没有理性的视角来阐释这一外在形式的内在根据，而仅仅从一种经验事实地角度来描述这一现象。而黑格尔继承了康德对这一问题的理解路径，坚持以理性的辩证法来阐释这种公私利益关系。

黑格尔这样写道："理性的机巧，一般讲来，表现在一种利用工具的活动里。这种理性的活动一方面让事物按照它们自己的本性，彼此互相影响，互相削弱，而它自己并不直接干预其过程，但同时却正好实现了它自己的目的。"② 对此，黑格尔在《精神现象学》的"德行与世界进程"中曾有过精彩的分析，在他看来："每个个人诚然都会一味在享受财富时其行为是自私自利的；因为正是在财富中人会意识到自己是自为的，并从而认为财富不是精神性的东西。然而即使只从外表上看，也就一望而知，一个人自己享受时，他也在促进一切人都得到享受；一个人劳动时，他既是为他自己劳动也是为一切人劳动，而且一切人也都为他而劳动。因此，一个人的自为的存在本来即是普遍的，自私自利只不过是一种想象的东西；这种想象并不能把自己所设想的东西真正实现出来，即是说，并不能真实地作出某种只于自己有利而不促进一切人的福利的事情。"③

由此可见，德国辩证理性通过理性机巧的运作所达到的普遍性是一种实质性的普遍性，那些过程中的个别性不过是一些手段和工具，普遍性的东西才是根本性的，它表现在人类社会关系方面就是伦理实体，在黑格尔看来，这个伦理实体就是国家。国家是对个人和市民社会的总体性统摄。"黑格尔认为：由于'市民社会以个人的特殊利益为其基础'，因而导致了个人主义的过分膨胀；于是，社会和个人不能构成直接性的内在统一，只能系于外在的关系。换言之，市民社会的整体性，表现为非整体的整体

---

① 陈立旭：《个人目的、个人利益与公共事业——黑格尔〈精神现象学〉解读》，《浙江社会科学》2004年第4期。
② 〔德〕格奥尔格·威廉·弗里德里希·黑格尔：《小逻辑》，贺麟译，商务印书馆1980年版，第394—395页。
③ 〔德〕格奥尔格·威廉·弗里德里希·黑格尔：《精神现象学》下卷，贺麟等译，商务印书馆1981年版，第47页。

性，是一种形式的整体性；而社会性，则显现为人与人的非社会性或孤立个人的杂多性。这是一种残缺不全的关系，因此'绝对精神'势必将它提升至更高的人类关系，这更高的关系便是作为'主体世界'的'普遍性国家'。"①

"国家是绝对自在自为的理性的东西，因为它是实体性意志的现实，它在被提升到普遍性的特殊自我意识中具有这种现实性。这个实体性的统一是绝对的不受推动的自身目的，在这个自身目的中自由达到它的最高权利，正如这个最终目的对单个人具有最高权利一样，成为国家成员是单个人的最高义务。"② 据此，黑格尔把国家界定为绝对合理的东西，认定其合理性的根据就在于：普遍性统摄了个体性和特殊性，从而真正实现了普遍性与特殊性的实质同一，实现了主观性与客观性、权利与义务、自由与法律的有机统一。具体来说就是："'国家'是'地球'上的'神圣的观念'。所以，在国家里面，历史的对象就比以前更有了确定的形式。并且，在国家里，'自由'获得了客观性，而且生活在这种客观性的享受之中。因为'法律'是'精神'的客观性，乃是精神真正的意志。只有服从法律，意志才是自由的。当国家或祖国形成一种共同存在的时候，当人类主观的意志服从法律的时候，——'自由'和'必然'间的矛盾便消失了。那种'合理的'东西作为实体的东西，它是必然的。当我们承认它为法律，并且把它当做我们自己存在的实体来服从它，我们就是自由的。于是客观的意志和主观的意志互相调和，从而成为一个相同的纯粹的全体。"③ 国家是"地上的神"，是伦理整体（实质的普遍性）与自由的现实；而个人只是人，是偶性与部分（个别性与特殊性）；因此，国家理应支配个人。黑格尔指出：国家之所以高于个人，是因为普遍性构成个别的本质，个人只有在符合他的普遍本质规定时，才是一种真实的存在。因此，"个人本身只有成为国家成员才具有客观性、真理性和伦理性"④。而国家决定个人的生存与发展是理所当然的事情。国家是目的，个人是手段。由于国家的普遍利益绝对重于个人利益，而国家的全体性高于个人的

---

① 胡建：《从"个人主义"到"国家整体主义"——黑格尔的社会文化价值目标述评》，《浙江学刊》2000 年第 1 期。
② 〔德〕格奥尔格·威廉·弗里德里希·黑格尔：《法哲学原理——自然法和国家学纲要》，范扬等译，商务印书馆 1961 年版，第 253 页。
③ 〔德〕格奥尔格·威廉·弗里德里希·黑格尔：《历史哲学》，王造时译，上海书店出版社 2001 年版，第 40 页。
④ 〔德〕格奥尔格·威廉·弗里德里希·黑格尔：《法哲学原理——自然法和国家学纲要》，范扬等译，商务印书馆 1961 年版，第 254 页。

主体性，因此"国家所要求的义务，也直接就是个人的权利"①。"个人对国家尽多少义务，同时也就享有多少权力。"② 这样，黑格尔形成了独具特色的国家主义伦理观，强调个人对国家以义务为本，个人服从国家，当个人利益与公共利益发生矛盾时，应毫不迟疑地选择牺牲个人利益以成全国家利益，甚至"当国家要求个人献出生命的时候，他就得献出生命"③。

黑格尔认为国家是普遍性的领域，"国家的目的就是普遍利益本身，而这种普遍利益又包含着特殊的利益，它是特殊利益的实体"④。因此，国家又是"具体自由的现实"，这个具体自由就在于，自爱国家中，个人的单一性及其特殊利益获得它们的完全发展，以及他们的权利获得明白承认。在黑格尔看来，现代国家不同于古代国家就在于它是普遍性与特殊性的统一。"在古典的古代国家中，普遍性已经出现，但是特殊性还没有解除束缚而获得自由，它也没有回到普遍性，即回复到整体的普遍目的。现代国家的本质在于，普遍物是同特殊性的完全自由和私人福利相结合的，所以家庭和市民社会的利益必须集中于国家；但是，目的的普遍性如果没有特殊性自己的知识和意志——特殊性的权利必须予以保持——就不能向前迈进。"⑤

到这里，我们可以更清楚地看到，尽管黑格尔强调国家是市民社会的外在必然性和内在目的，强调特殊性必须与普遍性达到统一，但黑格尔绝不是某些人所理解的那样，是一个主张压抑个性、压制个人特殊利益的国家主义或极权主义者；相反，从某种意义来看，倒有人认为他是一种大陆思想型的自由主义者。⑥ 我们姑且先不对这种贴标签式的定义下判断，单就他思想本身而言，他是坚决反对那种排斥特殊利益的"义务论"观点的。他说："个人无论采取任何方式履行他的义务，他必须同时找到他自己的利益，和他的满足或打算。本于他在国家中的地位，他的权利必然产生，由于这种权利，普遍事物就成为他自己的特殊事物。……个人从他

---

① 〔德〕格奥尔格·威廉·弗里德里希·黑格尔：《法哲学原理——自然法和国家学纲要》，范扬等译，商务印书馆1961年版，第263页。
② 同上书，第261页。
③ 同上书，第79页。
④ 同上书，第269页。
⑤ 同上书，第261页。
⑥ 注：例如，有人就把黑格尔等德国思想家都视为一种有别于英国古典型的另一类自由主义。参见福山的《历史的终结》，拉吉罗的《欧洲自由主义史》和克里斯提的《施密特与权威的自由主义》，后者不仅认为黑格尔是自由主义者，而且认为施密特也属于自由主义之一种，即权威的自由主义。

的义务说是受人制服的，但在履行义务中，他作为公民，其人身和财产得到了保护，他的特殊福利得到了照顾，他的实体性的本质得到了满足，他并且找到了成为这一整体的成员的意识和自尊感；就在这样地完成义务以作为对国家的效劳和职务时，他保持了他的生命和生活。"①

黑格尔既反对用普遍性吞噬特殊性，也反对用特殊性排斥普遍性。在他看来，这样两种思想倾向都是错误的，都不能很好地处理特殊利益与公共利益的关系，因为它们都不能达到实质意义上的普遍性与特殊性的统一，因而既不能形成真实的普遍意志和普遍利益，也满足不了个人的真实的特殊意志和特殊利益。所以，他只认为现代国家才真正实现了普遍性与特殊性的统一。总而言之，黑格尔辩证法的独到之处恰在于，国家的普遍目的并不是一开始就赤裸裸地摆在那里的，也不是与个人目的完全隔绝的，它的普遍性恰恰是通过无数个人在追求自己私利的个别目的中，甚至是从那些罪恶的目的中升华出来的。正如鲍桑葵所言："个人的生活不是由他的出身预先决定的，他被迫面对经济的需要，这是一种普遍的结局。他不得不抛掉自己的粗野和自大，并自动地按某种要求来塑造自己。不走这一步就不可能有真正的自由——通过自己的行动使自己在外在需要的领域中得到一个确定的位置，即'成为重要人物'或者使自己依附于一个提供工作机会的阶级。"② 这就是黑格尔所说的"现代的要求"。因此，作为一种否定性的力量，可以说国家目的或普遍公益是在个人私利的消亡中运行于大地之上的。然而，这里的消亡又不是绝对的抛弃，而是一种扬弃，即包含着肯定和否定两个方面，既排除了个人的孤单单的自私自利，但又通过一种新的联系而将个人保持在国家利益的总体性之中，并作为国家的一分子、一个环节而存在。罗素评价道：在黑格尔的国家中，"个人并不消失，而是通过与更大的有机体和谐的关系获得更充分的实在性，个人被忽视的国家不是黑格尔的'绝对'的雏形"③。因此，这样一个既包含着个人的有限性，又服从于一个总体性目的；既兼顾了个人利益，又以公共利益为目的的社会有机体，是黑格尔政治理想主义的最突出表达，更是黑格尔的辩证法解决个人与社会关系的逻辑所在。

然而，对于这种绝对的理想主义，既名满天下又谤亦随之。黑格尔与

---

① 〔德〕格奥尔格·威廉·弗里德里希·黑格尔：《法哲学原理——自然法和国家学纲要》，范扬等译，商务印书馆1961年版，第262—263页。
② 〔英〕鲍桑葵：《关于国家的哲学理论》，汪淑钧译，商务印书馆1995年版，第264页。
③ 〔英〕伯特兰·罗素：《西方哲学史》下卷，何兆武等译，商务印书馆1982年版，第290页。

尼采和海德格尔相似的命运是，他们几乎一死就成了批判的对象，从哲学到政治对他们的口诛笔伐延绵至今。黑格尔的同胞海姆在他的《黑格尔及其时代》中就指出，黑格尔的国家学说只不过是对卡尔斯巴德警察国家及其政治迫害的学术辩护而已；而米歇莱特说他与复辟年代反动政府的政策相得益彰。随着对黑格尔思想解读的偏差逐渐加大，他在不少同行的笔下变得越来越反动，越来越面目可憎。霍布豪斯说黑格尔的国家学说是个错误，因为它要证明否定个人是正确的；罗素则在他的《西方哲学史》中抨击黑格尔的国家学说，使凡是可能想象得到的一切国内暴政和一切对外侵略都有了借口；在波普尔的笔下，更是无情地鞭挞了这种理想主义的国家观。在他看来，一种唯美主义的道德政治化就是把理想主义植入政治领域的做法，也许听起来十分悦耳和动听，但其结果却可能是灾难性的。

总之，不管人们如何诟病黑格尔的国家学说，有一点是无法抹杀的，那就是作为一个有良知的学者，黑格尔始终如一地关心着人类对真正幸福的追求，他坚持人类追求真正自由的永恒信念能不断地得以实现。人类就是在不断地克服公私利益矛盾的进程中，走向一种理想的伦理生活样态的。不管是否像黑格尔所希望的那样，通过所谓更高伦理实体——国家的建立，就可以一劳永逸地解决二者的关系，实现人类真正的自由生活，但至少黑格尔给出了一个我们可以去借鉴、去思考的理论方向——必须有一种体现人类共同利益的理性力量来制约市民社会；否则，人类的前途并不美妙。他的公私利益关系理论中所独具的思想光芒，深深地吸引着一个更伟大的理论者——马克思在这个问题中继续开拓前行。

第九章 公私利益关系的当代争鸣

当历史的时针进入 20 世纪，西方政治哲学的发展也进入到一个新的"群雄逐鹿"的时期。沿着现代性批判的理论旨趣和哲学自身发展的逻辑，重返古典与挺进后现代似乎构成了当代政治哲学的表面分殊，形构出 20 世纪以来西方政治哲学纷繁芜杂的理论样貌。但事实真如其理论面相所呈现的那样泾渭分明吗？在笔者看来，其实则不然。换句话说，想要用一种简单明了的意识形态标准将流派纷呈的理论明晰地划分几种类型，恐怕是一种理论上的大胆冒险。正如有学者认为的那样："今天看来，已经很难用意识形态的立场标准，对所有这些重要思潮或流派进行列队。像'自由主义—保守主义'、'左派—右派'这样一些对立范畴也几乎完全丧失了他们在使用中的有效性。"[1] 这说明，既有概念理解的确定性正在悄然发生改变，传统形而上学所标识的普遍主义和抽象自我正在陷入前所未有的崩解之中。如何在这样一种反思与批判现代性的思潮中，重新找寻到一种摆脱"怀疑"的确定性基础，恐怕是 20 世纪所有政治哲学努力的意蕴。就传统政治哲学关于公私利益关系的理解而言，同样面临着摒弃形而上学建构和普遍主义话语的洗心革面之痛。在政治哲学理论转向的整体境遇中，作为难以回避的核心问题，公益与私利的关系问题仍然是众多理论思潮所要做的必答题，纵然他们的答案相较于以往可能更为隐晦与迂回。因为这一核心问题背后，所表征的是自古希腊以来西方政治哲学传统的核心，那就是：要找寻政治现象背后确定性的价值基础，围绕这一基础形成一种价值等级系统，使之能够成为权衡一切现实政治事务与是非善恶的判断标准，在此基础上重现一种事实与价值相统一的理解体系。

众所周知，近代以来西方主流政治哲学的理论基础是自由主义，特别是个人主义至上的自由主义，"因为现代政治理论力图为个人的道德判断寻求地位，鼓励个人的道德判断，都是建立在对一个权力体系的宽容和支

---

[1] 洪涛：《本原与事变——政治哲学 10 篇》，上海人民出版社 2009 年版，第 230 页。

持的基础之上"①。正是"这种个人主义既表现为一种认识论的个人主义，也表现为一种实践的（政治的、经济的）个人主义"②，使其构成了现代价值的普遍主义基础，个人尊严、个人自由、个人权利、个人利益与道德自我在驱逐传统或总价超验主体的同时，逐渐取而代之成为新的现代形而上学超验的价值主体。正是基于此，尼采才宣称了"人"的死亡，现代形而上学的个人主义价值危机不期而遇了。"我们时代的社会与政治发展已经陷入了急需解救个体主义的具体意蕴、和解救用非个体主义或反个体主义的方式来探讨政治学危险的尖锐状态"③，西方政治哲学在一场旨在拯救个人主义危机、避免其制度瓦解的理论背景下，展开了重新审视"公益"与"私利"关系的理论思考。

第一节 "权利优先"：自由至上的公私利益关系理论

在反思与批判现代性的个人主义的滔天洪流之中，并非如人们所想的那样，所有的政治哲学家在此大潮前都会自动的缴械投降。以哈耶克、诺奇克以及波普为代表的这类哲学家，尽管也在努力反思现代性的形而上学基础，也反对从功利主义的视角为自由主义辩护，但在其将个人自由和个人权利视为不可动摇的绝对价值这一点上，他们又在竭尽全力地为"个人主义"吟唱着挽歌，希望复兴渐行渐远的洛克式古典自由主义的余晖。这种权且称为"绝对自由主义"的应对策略，虽其内部各个理论观点以及论证逻辑存在诸多差异，但不可否认的是，其最终解决个人主义危机的理论方略就是以"坚持和捍卫个人"。这就决定了其在公益与私利的博弈中，天然的具有了理论选择的倾向性，即使其中不乏理论上对于公益的称颂与重视，但这终不过是聊以自慰的点缀而已。

一 自然形成秩序——哈耶克的公私利益关系理论

约翰·格雷认为，哈耶克致力于阐发一种新的思想体系，在体系创造的意义上不亚于马克思和穆勒，但这种体系因为强调了哲学上理性使用的

---

① 〔英〕史蒂文·卢克斯：《个人主义：分析与批判》，阎克文译，江苏人民出版社2001年版，第39页。
② 洪涛：《本原与事变——政治哲学10篇》，上海人民出版社2009年版，第236页。
③ 〔美〕弗莱德·R. 多尔迈：《主体性的黄昏》，万俊人等译，上海人民出版社1992年版，第53页。

有限性和范围，也成了备受指责的对象。在这里，我们可以获得这样一种信息，那就是哈耶克政治哲学的首要立足点就是建立在对现代性中理性至上原则的反拨。

在哈耶克看来，人类的理性是有限制的，并非如现代许多人所设想的那样全知全能。在理性主义发展的历史上，一般存在着两种不同的思想传统，即建构主义的理想主义传统和批判性的理性主义传统。以笛卡尔为代表的建构主义的传统，坚信人类自身的理性建构能力，认为人类社会文明的创造与发展皆系于此。这种理性传统的延展与扩张，一度成为现代文明发展中的主导思想。但与此同时，任何一种思想的存在都是以对立面思想观念的存在为前提的。在理性建构传统甚嚣尘上的同时，一直也存在着另外一种对理性能力有限性的认识，那就是以亚当·斯密、休谟、弗格森等为代表的反建构主义的理性传统。他们强调一切的社会现象并不是人类自身设计的结果，而是人类自身行动的结果，换句话说，是自身生长的自然结果。哈耶克深受这种传统的影响，进而对理性的建构意图始终抱着怀疑和防范的态度，他甚至于将理性的使用与爆炸物的处理相雷同，足见其对待理性建构的审慎。在此基础上，哈耶克认为人类理性不可能对社会制度作出全面的设计与构建，虽然他也不否认人类基于某种意图的目标可以有意地设计个别的法律或组织，这是因为在他看来，现代社会中个人拥有的知识相对于浩如烟海的人类知识而言太有局限性了，这种有限的知识使得个人难以应对整体社会的设计与建造。那怎样解释社会的生成与发展呢？哈耶克强调，唯有在人与他人的相互交往中，互相利用不为自己所知的他人的知识，才能促进社会的进步和文明的发展。这就引出了哈耶克最为著名的"自发的秩序"观。

哈耶克认为一个复杂社会的形成与发展，依赖于其中的人们普遍的受到了某些"非理性传统"——规则、惯例、习俗等——的影响，人们自觉地遵守这些"传统"而自然而然地形成了这种结果。人们之所以愿意遵守这些传统，并非出于某种预知到的目的或后果，而是在日常的生活经验中，人们不止一次地发现遵守"传统"的群体更易获得更大更多的成功。因此，哈耶克认为这种"自生自发的秩序""是一种抽象的、与目的无涉的人际关系模式（系统、结构），……是构成它的个人之间正常的、受规则支配的行为之自然而然的产物"。[①] 在这里，哈耶克也明确，一个

---

① 〔美〕拉齐恩·萨丽：《哈耶克与古典自由主义》，秋风译，贵州人民出版社2003年版，第329页。

社会中形成秩序的元素是复杂而多变的,单纯依靠人类有限的理性来创在繁复的秩序,无异于缘木求鱼,换句话说,人造秩序事实上根本无法应对秩序营造元素的多样性与复杂性。哈耶克明确了两种秩序的产生,一种是倚仗人力的外在性因素而得以产生的人为秩序,哈耶克命名为"组织",即基于特定目的的聚合;另一种就是自发秩序,完全不依赖于外在的目的与机构而生成。前者所形成的秩序是具体的、外在的,能被人们所察觉;而后者形成的秩序并不一定显现于我们的感官前,因此要感知它的存在就要依赖抽象的理论认知。哈耶克认为现代社会中这两种秩序是都存在的,但二者所依存的规范是不同的。人造的秩序所依存的是命令,这种命令是建基于组织所追求的共同的具体而特定的目的。而反观自生秩序,我们可以看到其最根本就是依赖于社会中的个人遵守特定的规则,而不是共同的特定目的序列,并且只有通过遵守和执行这种特定的规则,才能有效地协调社会中个人和组织的行为。在哈耶克看来,这种自发秩序的观念有点儿类似于古典学派的"看不见的手"的观念,都强调了适宜规则在行为者活动中的规范和引导作用。也就是说,不是随便遵守一个规则就一定能够形成或维持复杂的自生秩序,只有这个规则是可以产生整体性秩序的时候,这个规则才是应该被遵守的,而且在特殊情况下这样做了就会产生如上的效果。这里,哈耶克将"适当"的规则看成了决定自发社会秩序是否有"助益"性质的决定性因素,使得我们的讨论转化为什么样的规则才是"适当的"这一问题。哈耶克坚持认为,评价一种社会秩序是否是有助益的,主要看这种秩序是否较好地服务于关涉其间的个人的利益以及是否有利于参与其间的个人知识的较好运用。因此,在"有助益"的自发社会秩序的意义上,"适当"的规则与个人利益以及个人知识的良好运用等联系了起来。作为哈耶克政治哲学核心问题的个人自由(个人利益)与社会整体秩序(社会共同善)之间的关系问题也渐次浮出了水面。

如何在阐释规则与秩序的关系中,捍卫古典自由主义的个人利益,使之避免一种原子论式的指责,同时又能够很好地兼顾对超越于个人之上的共同善的追求,成为哈耶克政治哲学中思考公私利益关系的独特进路。哈耶克并没有像许多自由主义者那样,预设了一种脱离人类共同体而存在的原子式的自私自利的个人,而是将社会看成了个人自由和个人主义得以实现的前提,强调个人自由是自由社会的产物,同时也承担着推动社会不断发展和文明不断进步的源动力作用。在这种意义上,哈耶克以一种社会理论的形式捍卫着古典自由主义的个人主义,并使得个人自由和对公益追求相合相融、不可分割。

首先，正义的规则保证了自生秩序的产生和运行，更重要的还是对个人自由的最大保障。哈耶克认为现代社会的发展使得个人目标范围日益多样化，加之区域小团体或组织的崩解也使得社会很难达成共识性的整体目标，在这种情况下所谓的仅仅依靠具体组织目标而建构的社会正义，相应的也很难体现其公正性。因为其关注的不是个人不受制约和干扰地追求自身的自由和利益，而毋宁说它更在意的是此种社会目标的达成度，也就是经济分配的结果是否充分体现了这一正义原则，其目的论的倾向使之几乎不关心程序和过程的公平正义。哈耶克对此种社会正义颇有微词，认为它就是一个凌空蹈虚之物，其作用就是暗示和引诱我们对某个特定群体的意见和要求举手赞成。众所周知，现代自由主义强调的正义更多的是以平等为其理论的出发点，而古典自由主义所强调的正义更多地体现为自由的内涵。哈耶克全面否定与批判社会正义的言外之意，就在于其要复兴古典自由主义以自由命名正义的理论传统，这在他著作的字里行间显露无余。在哈耶克看来，自由社会的本质就在于自生自发秩序，什么样的力量可以保障自发秩序的生成与运行，同理这种力量也就成就了自由的实现，而这种力量就是在哈耶克看来就是正义的。通过前文的分析，我们可以清楚地了解这种力量在哈耶克那里就是正当的或适当的个人行为规则。

为了更好地回答正当的个人行为规则如何实现了对个人自由的保障这一问题，我们需要先来了解一下哈耶克对规则正义与否定性自由的理解。哈耶克将正义视为人的行为的一种属性，在他看来只有人的行为才能称得上正义与否，因此，正义用以对人的行为及其规则进行价值判断的范畴。进而，哈耶克认为："只有那些能够由正当行为规则加以决定的人之行动秩序的方面，才会产生有关正义的问题。所谓正义，始终意味着某个人或某些人应当或不应当采取某种行动；而这种所谓的'应当'，反过来又预设了对某种规则的承认：这些规则界定了一系列情势，而在这些情势中，某种特定的行为是被禁止的，或者是被要求采取的。"① 由此可以知道，正当行为规则是判断个人行为正义与否的关键因素，这里存在着一个问题逻辑的转换，那就是正义问题由一个人性问题或道德问题转换成为一个规则问题。可以说，哈耶克实现了正义论域从道德向规则的迁移，程序正义或规则正义成为哈耶克关注的重点。需要重申的是，这种正当行为规则不一定是明文写出来的，也不同于自然本能下的行为规范，更不是理性建构

---

① 〔英〕弗里德里希·奥古斯特·冯·哈耶克：《法律、立法与自由——规则与秩序》第二、三卷，邓正来等译，中国大百科全书出版社2000年版，第52页。

下的创造，它是人在社会交往与生活中所赖以遵循并得以达成自身目的和预期的内在要求，它使得个人结成了群体，群体走向了社会，文明得以产生、社会得以发展，人们在相互交往之中迎获了开放、包容与自由，一言以蔽之，正当行为规则就是能够维系自生秩序的特定规则。邓正来先生认为，哈耶克并未就何为适当的规则做出任何明确的界定，这是因为哈耶克从理性有限性的角度出发反对任何公理式的定义，这种理性建构的做法违背了其所坚持的带有进化论色彩的理性主义，他坚持强调规则在个人行为互动中的生成性。规则一般来说都具有一般性、普遍性与抽象性的特点，从哈耶克思想发展的历程来看，其前期思想关注更多的是规则的一般性，而在其后期思想中更多强调的是规则的抽象性与否定性，这主要体现在其对于公法与私法的理论见解中。哈耶克关于正当行为规则的否定性理解，是我们透视其对自由进行否定性理解的枢纽。

从某种意义上讲，正是行为规则的抽象性成就了它的正义性。"正当行为规则致力于服务的那些'价值'并不是人们希望予以推进的那个现存的事实性秩序所含有的细节，而是它所具有的抽象特征……因为我们希望我们社会中的这个整体秩序能够在较高的程度上保有这些特征。"[1] 这个规则要求其适用于数量未知的和非确定性的人和事，它必须是依据个人的知识和目的加以运用的，不依附于任何共同的目的，个人无须知道这种目的的存在。哈耶克强调抽象规则的正当性源于其独立于任何具体的目的，不是依附于实现任何具体内容的目的。至于动机为何、结果如何均不是它指涉的重点，它着重关注的是人的行为本身是否遵循着特定的可以型塑自生秩序的规则，以及他人的权利与自由是否在个人行为中受损，这实质上是为人的行为的正当性划出了范围。可以看出，对于人的行为的约束是规则在此处体现出来的作用，也是其正义性的主要表现。而这种约束的表达主要基于否定性的意蕴，即告诉人那些行为是"非正义"的。后期在私法的意义上，哈耶克更多地强调了正当行为规则的否定性含义，主要在于揭示了何者不能存在，而不是何者能够存在。"正当行为规则一般都是对不正当行为的禁令"[2]，它具有以下的特征：第一是否定性的特征，第二是保护性特征，第三是检测标准性特征。具体而言就是，第一种特征是对行为提出的禁止性要求，也就是规定什么行为是不允许做的，而没有

---

[1] 〔英〕弗里德里希·奥古斯特·冯·哈耶克：《法律、立法与自由——规则与秩序》第一卷，邓正来等译，中国大百科全书出版社2000年版，第166页。

[2] 同上书，第55页。

规定什么行为是可以做的；第二种特征主要是针对行为目的提出的，旨在通过行为的要求体现保护个人自由的目的；第三种特征主要是将这一要求视为了检验其他特定具体规则的标准。哈耶克在这里明确表示这些规则不适用于公法中的组织。这种行为规则所具有的否定性，实质上为个人营造了属于自身合法性预期的空间，厘清了属于个人自己的自由领域，在这一边界之内，每个人都可以自由地按照自己的目的选择行事。通过否定性行为规则赋予了个人行为以合法实现的途径与范围，可以说为个人自由划出了领地与界限。哈耶克始终认为否定性的规则不能够创造正义，但它产生了实现正义的条件，这个条件就是对自由划出边界线。这样一来，规则与自由和正义便联系在了一起，传统意义上的自由权利和自由状态，经由否定性的规则表达而与正义联系在了一起，自由拥有了正义的价值意蕴，是正义的自由；而正义也涵盖了自由的理论内涵，是得享自由的正义。在此意义上，我们看到了一个积极的自由主义者哈耶克①，从否定性的角度对洛克式自由所具有正义性的独特论证。

这里有一点需要说明的是，为什么哈耶克没有像亚当·斯密一样，直截了当地强调自生进化的正当性规则确保了每个人个人利益的追求。那是因为哈耶克敏锐地观察到斯密的这种论证范式，即在不违反公正的法律的前提下，自由追求属于自己的利益无可厚非这种观点，虽不具有主观故意，但客观上极易导致走向自私自利的利己主义，对此自己难以接受。我们从这里不难看出，哈耶克在阐释古典自由主义自由重要性的同时，采取了一种完全不同于自由至上主义者的、易被现代社群主义曲解攻击的论证方式，那就是用一种公益性视角或者更直白地说，是用一种否定具体的个人利益的论证捍卫了追求个人利益的一般性抽象原则的正义性。与此同时，他用一种正当行为规则下个人行为的正义性论证了自生秩序生成与运行的最大的社会"公益"。

哈耶克对公益的认识较之以往的自由主义者存在很大的差异。在他看来，所谓的公益即共同的善，并非实实在在存在的具体利益，而更多地指向了一种抽象的价值。自由社会中保障自生秩序的生成与运行是所有问题中的核心问题，而这一秩序有赖于抽象的行为规则体系的存在，在这一意义上，共同善就俨然化身成了保障此种抽象的条件，即它允许成千上万彼

---

① 注：格雷和库卡塔斯都认为哈耶克显然不是一个消极的自由主义者，而是一个积极的自由主义者，因为他仅仅在人的行为遵循的是理性的即自生地进化着的规则的范围内，把个人视为自由的。

此不相识的，也不可能了解彼此具体条件和意图的人们，能够在社会交往中彼此相互调适、不致酿成冲突，这表征了某种抽象的社会关系模式。正是在这种具有包容性的秩序中，每一个社会成员都能追求自己的目标。对于这种秩序，我们中的多数人几乎是在毫不知情的情况下自然而然地顺应着它的存在、依赖着它的运转。如前文所述，对某些特定行为规则——正当行为规则（哈耶克语）的遵守形成了这种秩序。而这些规则所构成的系统因为有助于实施它们的每一个人而得到了发展与支配，进而转化成为一种有助益群体的行为规则系统受到人们的遵守，这在哈耶克看来就是普遍利益的所在。显然，哈耶克在这里是从公共利益的视角出发，对维系这个社会自生秩序的规则系统的合理性与正当性作了论证。

哈耶克认为我们可以透过自由社会的自生秩序的本质而洞悉公益的所在，同时也认为实现这种公益的条件是可以有意识的予以培养的，但它坚决反对刻意设计追求的所谓的公共利益的存在，特别是以政治权力将某种预想的具体的目的强加于社会秩序的所谓的"普遍利益"观念与行为。他始终认为"共同的善"或公共利益不是政治决定的对象。它认为过去自由主义传统将政府权力看成是"最小的恶"，承认其存在的正当性与合法性只在于其维护普遍的或公共利益的特定目的，坚决反对其将公权力用于实现特定的利益；但由于人民使用的那些不尽相同的术语所具有的含混性，到后来却使得政府可以把它想称之为普遍利益的任何一种利益都冠以这种头衔，以此为借口可以轻易地驱使无数的人为这种他们丝毫不感兴趣的但又无法回避的目的去任劳任怨。在哈耶克看来，之所以出现了这种情况，其主要原因就在于人们过去对于公共利益这一概念的理解出了问题。"人们似乎自然而然地认为，公共利益在某种意义上将必定是所有私人利益的综合；而如何把所有的私人利益聚合起来的问题似乎又是一个无法解决的难题。"[①] 哈耶克从来不承认存在一种客观的一般性的原则或标准，由此可以决定相互冲突的目标之间孰轻孰重，即使经过再广泛的参与讨论和协商，都很难对一个具体的特定的目标达成完全的一致，这种共识在复杂的社会秩序内是难以立足的。因为没有一个人可以拥有无所不知的充分的知识和理性，从而能够证明一个具体的目标对所有的人而言都是值得大家追求的，即使他本人是如何的聪明、公正和无私。哈耶克在这里强化了他的理性不及的知识论，指出我们能够认识的知识很有限，"对于空间上

---

① 〔英〕弗里德里希·奥古斯特·冯·哈耶克：《法律、立法与自由——规则与秩序》第二、三卷，邓正来等译，中国大百科全书出版社2000年版，第2页。

无限广阔的自由秩序之中决定我们同胞生活的无以计数及变动不居的事实和条件,我们是、并且永远是无从知晓的"①。因此,我们无需在行动之前就具体的目标达成一致,而只需在个人利用自有的知识在不断适应当地具体的环境之中,逐渐找到最适合自己的行为方式,也就是说,一个自由的社会中只有个人被允许利用自己的知识追求自己选择的目标之时,才能逐渐明晰作为正当行为规则的知识,它的出现是以分散在整个社会具体环境中的一切知识的涌流为前提的,而这些知识作为一个整体是个人所无法企及的,因为它克服了人类心智的局限。正是从这一点出发,哈耶克认为政府也很难成为拥有所有知识的主体,自然,任何形式试图通过政府权力来实现个别具体目标的所谓的"公共利益"观念与口号,只能是出自政治上有权势者的个人意志的专断而已。哈耶克进一步强调,这种专断对于自生社会秩序的干涉,从来就不可能有益于公共利益。这是因为其严重地抑制了知识的形成与利用,尤其是关于具体环境条件下的知识的形成与运用,这种知识分散于构成复杂社会的无数人那里,这些人是在一种无意识的状态下利用着这种知识。所以,任何强加于自生社会秩序之上的有意识、有目的的制度性安排,总会抑制这种知识的利用,从而妨碍社会秩序的有效运转和每个人长远利益的实现,这都是不符合公共利益本质内涵的。

综上所述,我们在哈耶克捍卫古典自由主义传统的理论基调中,看到了其在处理公私利益关系中所呈现的明显的苏格兰启蒙运动理路。第一,他坚定捍卫个人自由的古典传统,但这种捍卫又不是从追求具体的个人利益的正当性与合法性的角度入手进行的,而是强调了在法律规则调整下,个人基于私人领域的独立性而行使不伤害他人自由的特征出发的。它既避免了放任主义无法有效规避原子式私人自私自利的诘难,也跳出了理性建构下虚假公益的专断窠臼,可以说,在一种平衡主义的理论维度上重申了个人自由的实践上的优先性。第二,哈耶克从有限理性的知识论出发所形成的对于公益的理解,承继了曼德维尔、斯密、休谟到门格尔的思维路向,坚持从市场秩序的形成机制中淬炼出整个社会自生秩序的基本原理,强调公共利益作为一种抽象价值存在的重要意义,摒弃了从实质利益角度界定公益的大陆传统,使得公共利益与个人自由之间形成了一种互动性的关系模式,使得作为一个自由主义者捍卫个人自由至上的意图隐匿在一种隐蔽的逻辑之中。抽象的行为规则是保证个人私利活动的"无意识背景"

---

① 〔美〕拉齐恩·萨丽:《哈耶克与古典自由主义》,秋风译,贵州人民出版社2003年版,第342—343页。

条件，它作为一种手段、工具所具有的普惠性和先在性，便具有了公益的性质；而它在保障个人充分追求自身目的的同时，又促进了此种规则的生成、显现与运行，使之更好地服务于人们在合法性范围内的利益预期，并有效地防止个人权利受到不法侵害。第三，哈耶克从知识论的视角坚决反对理性建构主义的社会制度设计，强调未经设计的行为的重要意义，并以此种行为结果为自己社会理论建构的中心，强调了社会自生秩序的致思理路，反对一切非市场行为的政治干预，特别是警惕那些依仗公权力打着"公益"旗号的、行个人专断之目的、对个人权利进行粗暴干涉的"社会正义"之举。他坚定地站在了自由市场和程序正义的一边，捍卫着市场机制的合法性，强化了法律规则范围内个人自由的神圣不可侵犯性，用一种非个人主义的方式论证了个人主义的立场，在一种否定具体的个人利益的立论基础上促成了抽象行为规则的公益与合法性个人自由追求之间的相融相和、孰实孰虚、是真是伪，那就仁者见仁、智者见智。

二 捍卫权利优先——诺齐克的公私利益关系理论

在某种程度上说，《正义论》的出版成就了 20 世纪 70 年代以来两位成功的政治哲学家，除了这本书的作者约翰·罗尔斯之外，那就要数罗伯特·诺齐克了。正像纽约大学哲学系教授内格尔所说的那样，100 年后仍然需要人们严肃认真阅读的 20 世纪下半叶最伟大的政治哲学家，一个是罗尔斯，另外一个就是诺齐克。诺齐克之所以在政治哲学史上具有如此重要的地位，主要源于其在第二次世界大战以后对古典自由主义精神的重振，其对个人权利至高无上地位的坚守以及对于最小国家的强调，成为自由主义坚持市场自由、反对政府权力干预的右翼思想的典型代表。虽然他没有十分明确的关于公私利益关系的理论，但透过他的个人权利逻辑在先的自由主义政治哲学，我们还是可以窥见其在个人利益与社会公共善之间的平衡方面所做出的理论尝试，从中洞悉古典自由主义对于公私利益关系的理论倾向。

诺齐克的政治哲学通过对个人权利和自由的逻辑在先的强调，形成了一种以自我所有权的肯认为核心的赋权理论，实现了对个人权利的规范性理论论证。20 世纪复兴古典自由主义，即自由至上性的最重要的哲学家，一个是前文所述主张自发生成秩序的哈耶克，另一个就是主张个人权利绝对优先、全力维护私人财产权的诺齐克。正如有的学者所讲的那样，与哈耶克相比，诺齐克更像是个古典自由主义者，这反映在他为个人权利和自由所做的辩护工作中。在诺齐克的政治哲学著作中，最能够体现其这一思想的就是《无政府、国家与乌托邦》一书，在这本书的开篇写道："个人拥有权力，有些事情是他人和团体都不能对他们做的，做了就侵犯他们的权利。"① 可以说，作者开宗明义地点出了作为一种国家理论的政治哲学，其理论前提或道德原则就是个人权利绝对优先，这种优先性就是指在逻辑上，个人权利相较于所谓的社会公共利益和国家权力，甚至于为了实现个人权利的功利（效用）主义而言，具有绝对的优先性和决定性。换句话说，绝对的个人权利不应该被打着"公共利益"或国家权力旗号的行为所伤害，它们无权因为此让个人权利付出牺牲，诺齐克对此进行了断然的否定。进而，诺齐克也反对为了所谓的权利效用的最大化可以去牺牲别人的正当权利的主张，即使这种牺牲是微乎其微的也不行。因为在他看来，没有人有资格可以为了任何所谓的正当目的或理由而侵犯或处分别人的个人权利，即使是国家政府也不行。诺齐克这种绝对的个人权利至上的思想，有人称之为一种"边界限制"理论或道德观。这里实质上包含了双重的限制功能，既是对个人主张自我权利的一种边界限制，即每个人主张自己正当合法的权利之时，不能够有损于别人的正当权利；同时又是对作为公共权力的国家政府的功能的边界限制，即国家政府只应在自己具备功能的范围内发挥作用就可以了，不要越界插手个人权利的事情，更不能随意处分和干预个人权利和自由。从这里我们可以看到，诺齐克的政治哲学实质上也要面对和处理个人（权利）和国家（权力）的关系问题，同样要关照个人利益和公共利益的关系难题。可以说，诺齐克通过规范性的论证阐明了个人权利先在性和绝对性，特别是论证了个人财产权的合法性与正当性，这就从实质性意义上肯定了追求个人利益在自由市场经济条件下毋庸置疑的合法性与正当性；同时，通过实证性理论阐释了在绝对的个人权利基础上，市场社会的秩序又是如何形成的，即最小国家的构成理论，这就从实质性意义上坚持了在追求个人利益的同时，同样需要照顾到人类对于美好生活追求的社会公共善，即使这种公共的善也是为了更好地实现个人的利益与权利。可以说，诺齐克还是要在坚持个人权利绝对性的基础上，兼顾到自由放任主义可能带来的社会负面效应，兼顾到自由民主社会的有效团结和秩序形成，这客观上就是一种公共性的考量。所以，在诺齐克的政治哲学中，除了对个人权利绝对性的探讨，还有对最小国家起源正当性与合法性的论证，这在某种程度上凸显了诺齐克的公私关系思想。

---

① 〔美〕罗伯特·诺齐克：《无政府、国家和乌托邦》，姚大志译，中国社会科学出版社1991年版，第1页。

首先，我们通过对诺齐克个人权利绝对性、优先性理论的阐释，透视其对自由市场条件下维护个人财产权为核心的个人利益的坚定信念。为了避免与功利主义主张的"利益或效用最大化"思想相混淆，诺齐克有意尽量少地谈到利益问题，主要谈的还是权利问题，即用一种权利话语完全替代了利益语汇。正是在这一点上，罗尔斯评价诺齐克的理论是"权利优先于利益"的理论。但正如马克思所讲的那样："'思想'一旦离开'利益'，就一定会使自己出丑。"① 所以说，诺齐克对个人权利逻辑在先的论证，就是对个人利益在自由市场社会中正当性与合法性的论证。在诺齐克那里，绝对的个人权利有着特定的内涵，即包括生命的权利、财产所有权和自由权。这些权利之所以是绝对的，就在于它们不是建基于功利主义的效用和幸福之上，也不是建立在自由和平等之上，而是基于对自我的拥有和对世界之物的拥有上，进而扩展到对自由的拥有上。它的绝对性体现在非强制性上，即没有任何人以任何理由可以强制或侵犯个人基于自我拥有的个人权利，其中最根本的就是不能侵犯正当的个人财产权。自己的生活、自由和自己的身体只能由你自己支配和处分，这是因为它们专属于你自己而非他人。在这里，诺齐克强调了个人权利的逻辑先在性，即它不需要任何前提条件，诸如什么资格等就自然而然地拥有，这是天经地义的，同时就是神圣不可侵犯的、不可转让的，就像你自己也不能把自己卖为奴隶一样，即使是你自己自愿的也不行。诺齐克非常重视个人财产所有权，他反对根据需要或贡献大小来分配财产，强调财产的正当性依据的是个人权利。一个人只要依据被赋予的权利而获得自然界中无主物或是从合法持有财产的人那里合法转让过来的财产，那他个人就拥有正当的财产权。这种财产权就如同人身权一样是绝对的，是不容侵犯的。如果其他的权利侵犯了这种合法正当的财产权，那么这种权利就是无效的权利，是不被允许的权利。可以说，诺齐克通过个人权利的至高无上和不可侵犯，强化了作为个体的人的独立性与尊严，赋予个人权利以道德的正当性与和合法性，同时也为道德画出了底线和边界。因此，诺齐克的政治哲学内在包含着道德哲学为其确立的界限，并形成了一种相互约束的机制。每一个人对自己权利伸张的边界就是他人的正当合法权利，他人对自身权力的维护也不能践踏我自身的正当合法权利，任何行动都不能超越这一边线。因此，这一道德约束成为维系个人权利绝对性的重要机制，它直接瞄准了那种主张为了社会利益或公共善可以随意牺牲和践踏个人正当合法权利的观

---

① 《马克思恩格斯文集》第 1 卷，人民出版社 2009 年版，第 286 页。

点，诺齐克断然指出此种观点没有合法性。他还指出，这种所谓的社会利益或公共善是根本不存在的，它只不过是让我们服从和忍受个人权利损害的借口。没有任何的社会利益或公共善是高于、胜过个人权利的。任何组织和个人在没有征得权利所有人同意情况下随意牺牲或用之以达成其他目的都是不道德的，不应被允许的。个人权利应该且需要被给予尊重。在这里我们看到，无论是功利主义以功利之名牺牲个人权利还是罗尔斯的以平等之名委屈个人权利，都是遭到诺齐克反对的。可以说，诺齐克以对个人权利的强论证维护和坚守了个人自由，为私人财产权的正当性和合法性做了精细的辩护，体现了对个人的道义担当，客观上也助推了个人主义在新自由主义条件下的复苏和重振。

然而，任何思想的偏执总会令自身出丑。在积极伸张个人权利的绝对性的同时，诺齐克也不得不回答诸如"洛克难题""斯密难题"等提出的自由主义自身的逻辑难题，这就是个人权利个人自由的大行其道，客观上必然会带来诸如安全等公共需要有效供给不足的问题，如何平衡个人权利与秩序形成之间的问题，也成为诺齐克必须要回答的问题。当然，这一问题的回答也关乎规范性论证的绝对的个人权利能否落地的问题，即从个人权利至上性的基础出发，如何在实证性的意义上阐释清楚秩序的形成何以必要和如何可能。因此，诺齐克推出了自己的"最小国家"理论。

诺齐克的国家理论是从论证国家产生的正当性开始的。他与洛克一样是从自然状态的设定出发的，但却走了一条与洛克契约论形成国家不同的道路。"看不见的手的解释"是诺齐克关于国家产生的论证机制，他告诉我们国家既不是因为人们之间达成契约的结果，也不是任何"公意"或集体意志的产物，而是在一种类似于斯密神秘的市场机制下自动形成的。这实质上是一种市场机制作用在政治哲学领域中的投射，它从现实主义的角度论证了国家起源的正当性与合法性，摒弃了传统形而上学国家论中诉诸自然法或自然权利的论证思维，凸显的是一种实证性的理论倾向。在诺齐克看来，自然状态中的人们生活过的舒适而惬意，美好而和平，几乎处在一种完善的自由状态。然而即使是这样，也还存在着一种隐患，那就是当人们之间出现争议之后由谁来负责裁决和判断的问题，也就是缺失一种解决争议的公共权力机构。在这一问题上，洛克诉诸通过公民之间订立的一致同意的契约而达成的国家来完成这一使命；而诺齐克却没有这样做，他认为在一个幅员广阔的地域范围内有众多聚居的个人来通过一个大家都同意的方案来让渡自己的部分权利以形成一个公共权力机构——国家，实际上是存在极大困难的。他认为这种基于全体同意而建立国家的理论设想或设计，只能是一种主观理想化的选择。诺齐克坚决反对这种契约主义的国家产生论，反对把国家看成是自然状态中的人们理性选择的结果，他强调国家的产生是一个自然而然的过程，是自然生成的产物。他认为在自然状态中，当一个人受到伤害之时，他选择的最有可能的救济措施应该就是找人帮助，这些人就包括自己的亲朋好友；当然，来而不往非礼也，当别人有困难时他也会应邀施以援手，这有点儿类似于市场中的交换。长此以往，这样就会自然而然地形成一个个荣辱与共的共同体或"保护性社团"。进而，这种临时性的、不稳定的社团或团体不能完全及时满足人们的需要，这就促进了类似于这种团体的专业化发展，专门性保护机构的诞生成为势在必然。这些专门性的机构与被保护人之间形成了一种类似于市场交易的保护交易机制，它们出售保护，被保护人付费，公平合理、买卖自由。一个地域内形成的众多保护性机构相互竞争，最后成就了一个击败所有竞争对手、享有良好市场声誉的"支配性保护社团"。这个"支配性保护社团"还不是严格意义上的国家，它需要经过两次蜕变才会变成诺齐克眼中的"最小国家"，也是理论上功能最多的国家。第一次蜕变就是"支配性保护社团"变成"极限的国家"，这次演变的主要原因在于解决被保护人与"自由人"或者"独立者"之间的矛盾而产生的。在一定的区域内，既存在着加入保护性社团的个人，也存在着游离于保护性社团之外的个体，即"自由人或者独立者"。当二者之间发生了矛盾乃至伤害后，独立的个体依据可靠的程序是可以对被保护人施以惩罚的，这是他应有的权利，不应受到干预与指责。但与此同时，个人的行为又是危险和不确定性的，怎样防止这种惩罚过分或不当，避免引起不必要的恐慌和不安，诺齐克选择支配性的社团来垄断全部惩罚和索赔的权力，禁止任何个人的使用报复的权力。权力的出场，使得原来"支配性的保护社团"演变成为诺齐克称为的"极限国家"。然而，此时的"极限国家"在诺齐克的眼中还不是真正意义上的国家，因为在他看来，所谓的国家应该要达到两条标准，第一条就是垄断了使用强力的权力，除此之外任何人不能行使惩罚与索赔的行为；第二条就是所有的公民都应是国家保护的对象，而不只是一部分人享有这种保护。由此观之，"极限国家"虽然满足了第一条的要求，但显然它还不是全体公民的保护神，只是保护了付费的被保护者。它依据自由人或独立者可能出现的行动的危险而对他们的行为予以禁止，实质上是不具有合法性的，在某种程度上也缺乏道德的支撑，毕竟这种禁止实质上损害了自由人或独立者的正当权益。要使这种禁止获得道德正当性的支持，最好的办法就是给予这些被禁止的独立者或自由人以

"赔偿",而最好的"赔偿"就是也向他们提供保护服务。而当"极限国家"为区域内的全体提供保护时,作为诺齐克国家标准的第二条也就实现了,"最小国家"也就顺势而生了。

从诺齐克"最小国家"产生的自然过程阐释中,我们可以清晰地看到他的努力。这种努力既区别于个人主义的无政府主义,强调了国家产生的必要性,又不同于洛克契约式的对国家产生的理性设计,它强调国家是在"看不见的手"的作用下自然而然生成的,是一个活生生的事实过程。诺齐克对这只"看不见的手"是礼赞有加。他认为这只"看不见的手"是"那种乍看起来是某个人有意设计的产物的东西,实际上不是由任何人的意向带来的。我们可以称与此相对照的一种揭示为'隐蔽的手'的解释"①。他正是借助于这只"看不见的手"完成了他对于国家产生事实和道德的双重论证,赋予了国家产生和形成事实上的合理性与道德上的合法性。在这一自然而然的系统性论证中,他致力于强调在国家产生的每一阶段中都没有违反和侵犯个人权利,都力图去实现一种个人权利与国家之间的和解,赋予国家产生事实上合理性的同时,也通过捍卫和维护个人权利的绝对性赋予了国家起源以道德的正当性。在这里,我们必须要明确这样两点:第一,诺齐克以个人权利的绝对性为核心阐释了国家的自然生成过程,再次明确地表明了他作为权力至上的自由主义政治哲学家对于个人权利至上性的坚守,这一点折射到他的公私利益关系思想中,必然强化了他坚持个人利益首要地位的理论倾向,即使这种内在的利益倾向包裹在权利的外衣之下没有跃然纸上,也丝毫不妨碍这种推论;第二,诺齐克利用"看不见的手"的机制论证了国家的产生,在驳斥个人主义的无政府主义的同时,为国家产生的必要性与合理性做了最好的辩护。而"看不见的手"则凸显了诺齐克捍卫自由市场经济机制的坚定信念。这里实质上也蕴含着通过"看不见的手"的自动机制,同样可以缓解个人利益之间的矛盾与冲突,比如产生一种调处矛盾和冲突的"最小国家",它显示出诺齐克对于规避原子化的个人主义可能带来的社会撕裂与危害结果的乐观,也内在蕴含着对维系共同体存在的公共理性的自信,虽然他口头上不承认所谓公共利益的存在,但客观上还是为社会团结等表征了公共利益的要素留存了空间。基于此,斯密对于公私利益关系的调处方式仿佛重现。更为相似的是,接下来诺齐克对于"最小国家"功能的限定,更是发展了洛

---

① 〔美〕罗伯特·诺齐克:《无政府、国家和乌托邦》,姚大志译,中国社会科学出版社1991年版,第28页。

克"守夜人国家"的思想，强化了国家及其活动的伦理界限，重申了公共权力不得以任何借口干涉个人权利的自由主义原则，从另一侧面继续力挺个人权利的绝对性，守护了谋求个人利益作为市场经济社会原则的正当性与合法性，诺齐克用了一句"再分配等于盗窃"，令人深刻的表达说明了此意。

然而，不论诺齐克对个人权利的论证多么符合道德的要求，事实上这种对个人自由和市场经济的放任主义态度，还是让人们存有道德的隐忧，那就是源自个人主义的个人权利的绝对至上性，其在市场经济环境中的无条件的贯彻，不会自发产生一种令人满意的公平正义，肆意伸张的个人权利、自由所带来的社会团结崩解、社会认同困境、政治合法性危机等，还会不以人的意志为转移的激发与涌现出来。由个人权利和社会团结之间引发的社会矛盾，成为诺齐克不得不面对的现实质疑。怎样有效缓解这一矛盾与紧张关系呢？诺齐克将自己对于"最小国家"的理论设计推向了乌托邦这一理想的架构，诺齐克表示："最小国家"是"一切可能的世界中最好的世界"，而且"最小国家为乌托邦提供了最佳框架"。这是因为"我们描述的这种乌托邦框架就等于是'最弱意义的国家'"，而"最小国家"就是现实世界最弱意义的国家，是乌托邦在现实世界的投射。需要指出的是，在诺齐克那里，这种以最小国家为蓝本的乌托邦国家理想是一种复合多元价值的共同体理想。他强调这样一种最小国家体现着人类对于美好生活的理想与追求，它最大限度地保护和捍卫个人的利益和权利。在这种国家中，与个人权利和利益相比，国家总是处在次要的位置上，个人权利和利益总是具有优先性和根本性。与此同时，它也允许人们在拥有同样尊严的条件下资源结合起来，相互协调合作地去选择他们想要的生活和想要实现的价值目标。当然在这中间，每一个人都具有同样的权利与尊严，任何人不能把别人当作实现自给目的的工具与手段。从这里我们以窥见，诺齐克想要努力地去弥合对于个人权利至上性的追求可能带来的社会分歧与矛盾，有效缓解个人权利的主张与社会公共善（利益）之间的紧张。进而，他继续谈到最小国家这种理想框架的设计，最根本的是要把道德上正确的东西与现实中法律要求的东西区分开来。他强调个人权利高于强制性的义务，财产权更是胜过做善事的义务。在他看来，法律不能强迫人都去做道德上应当去做的事情，道德上的应然不能成为法律实施上的实然，在道德的应当和法律不强迫之间不应存在矛盾。在此基础上，诺齐克坚持认为反对福利国家并不是不去实施善行，而是不要通过国家强制去实施善行。如果一味通过国家去强制实施善行，有可能对来自于道德自愿的善行产生压制。诺齐克坚信通过自愿的慈善捐赠、市场化的保险运营机制和志愿者社团的自愿服务等形式，同样可以实现福利国家所能提供的社会公共善（利益）。至此，我们可以说，诺齐克最后还是要为公共利益的形成找到一种现实的机制，去缓和由于极端坚持个人权利和利益至上所带的社会紧张关系，最小国家这种理想乌托邦的追求，不仅是人们向往的美好生活的希望，同样也是公私利益关系得以完美调处的可欲求模式，这恐怕也是诺齐克权利至上主义政治哲学中的另外真意。

第二节 "自由的平等"：兼顾自由与平等的公私利益关系理论

在政治哲学中，自由与平等是一对最重要的价值。然而问题在于，这又是政治哲学中很难处理的一对政治价值，仿佛在自由与平等之间天生就存在着一种张力关系。特别是随着现代市场经济的发展，自由与平等在政治实践中的纠结与矛盾以相互论争的政治哲学形式不断呈现出来，在自由主义的政治哲学范式中这一点显得尤为突出。在传统自由主义的理论谱系中，强调绝对自由的倾向占据了统治地位，反对运用国家权力来实现平等的社会结果，而且坚持认为这一结果必然会损害个体自由。但这种理论倾向在第二次世界大战以后随着西方社会民权运动、新左派运动等的出现悄然发生了改变。在强调自由价值的同时，对于平等、人权和正义的关注更为突出，而约翰·罗尔斯自然就是这种理论转向的重要推手。他提出了一种平等主义的自由主义主张，希望通过重新界定正义来调处自由与平等的紧张关系，力图在一种新的规范性政治哲学中实现二者之间的平衡，为真正的自由主义正名，即最狭隘意义上的自由主义主张，也从来没有完全抛弃社会正义、公平和道德。

一 作为公平的正义——罗尔斯的公私利益关系理论

在西方自由主义的庞大谱系和阵营中，罗尔斯绝对算得上是现代自由主义发展史上居功至伟者，这主要体现在他的《正义论》的发表，实质开创了围绕正义讨论为核心的规范性政治哲学的复兴，影响到了从20世纪70年代至今的哲学和社会科学的研究。"言政治哲学必称罗尔斯"成为一种现象级的存在。无论是他理论与观点的赞同者、追随者，还是与之相反的反对者、挑战者，在客观上都必须承认罗尔斯的影响。正像诺齐克这样一个出色的对手所评价的那样:"现在,政治哲学家们或者必须在罗尔斯的理论框架内工作,或者必须解释不这样做的理由。"① 罗尔斯的政治哲学理论中最具光芒的就要算他的正义理论了,他努力要在国家层面调处自由与平等、公共与私人的努力,就是以一种平衡个人之善和公共之善的正义观面目出现的。虽然他没有直接论述公私利益关系的理论,但在他的正义理论中,我们还是可以强烈地感受到对于兼顾公私利益的愿望,对于多元文化下社会繁荣的期许。

罗尔斯对正义问题的关注起源于对功利主义的批判。他反对在社会总福利的理由或借口下牺牲少数人甚至是一个人抽象的看来似乎毫不重要的权利,他认为这是不正义的。在罗尔斯看来,这种强调以"最大多数人的最大幸福"为原则的功利主义,以社会效用的最大化为道德正当性的根据,虽然突出了社会整体性的价值目标的实现,与市场经济追求的价值最大化原则也相吻合,具有了普遍性价值原则的意义,但因为它过于强调目的性的倾向,极容易在理论与实践上使个体的正当权益遭到无妄之灾,从而为专制主义和集权主义留下政治空间、产生不良社会后果。因此,必须对这种价值原则予以矫正,重新确立一套普遍有效的价值原则——正义原则,作为个人行为的调节器、社会合作的稳定器和自由民主社会秩序的守护者。

在罗尔斯看来,诸如自由等是人的最基本的权利,是不能凭借功利之名予以随意剥夺的。罗尔斯认为作为社会的首要利益,"所有的社会基本益品——自由与机会、收入与财富、自尊的基础——都必须平等地分配,除非对某一种或所有社会基本益品的不平等分配将有利于最少受惠者"②。在这里我们可以看出,罗尔斯不仅关心经济利益,而且对包括政治和道德在内的所有价值给予了关照。这里实际上说明,他已经观察到一个社会的包括经济和政治制度在内的体制与结构都会影响到人的欲望与需要,因此必须要从理性选择的角度来考察人们对首要利益的选择,而不能仅仅从类似于动物感性的角度来考虑利益选择。所以,罗尔斯一开始就将正义的考量放在了规范性社会基本结构的基础之上。他认为:"对我们来说,正义的主要问题是社会的基本结构,或者更准确地说,是社会的主要制度分配基本权利和义务,决定由社会合作产生的利益之划分的方式。"③ 在此,

---

① 〔美〕罗伯特·诺齐克:《无政府、国家和乌托邦》,姚大志译,中国社会科学出版社 2008 年版,第 218 页。
② 〔美〕约翰·罗尔斯:《正义论》,何怀宏译,中国社会科学出版社 1988 年版,第 5 页。
③ 同上。

正义被罗尔斯看成了社会制度的首要美德。罗尔斯的正义也就成为一种分配正义,一种制度正义。他坚信一种社会制度即使再有效、再有序,只要它不能够对人们的基本权利和义务进行合理正当的分配,也就是不正义的,是需要加以改造或废除的。考量制度的正义与否,落脚点还是是否对社会合作所产生的利益有了合理的划分,这里就要求不能为了所谓大多数人的利益而剥夺少数人的自由,也不能为了所谓多数人的更大利益而牺牲少数人的利益。在一个正义的社会里,公民基于正义的基本权利确定不移、不容侵犯。从这里我们也可以看到,罗尔斯秉承了自由主义对个人权利和自由的捍卫,其正义论的理论前提仍然是自由主义的传统。然而,与哈耶克等自由至上主义者不同的是,罗尔斯没有拒斥社会正义,也没有如哈耶克等认为的那样把正义理解为集体消灭个体、实现财富绝对平均主义的平等主义,而是坚持社会规则只要做到了"正确分配社会合作的利益和负担",那这种社会制度就是正义的,实际上,罗尔斯也多次强调他所说的社会制度规定的有关权利、利益和义务等,不可能在人与人之间做到完全平等,任何社会基本结构中的不平等应该是一种不可避免的常态。不能认为存在不平等就是这个社会不公正,更为重要和根本的问题是,如何解释一种不平等是公正的或者是可以实现公正的。由此看出,罗尔斯所坚持的正义原则非但没有排斥个人自由和权利,相反却在一种正义社会结构的追寻中使得个人自由和权利有了实现的现实基础。"正义的社会要充分保障社会中的每个公民享有基本自由的平等权利和实现自己人生目标的平等机会。"[①]

可以说,在这里这种带有普遍意义的正义的社会制度供给,成为每一个公民自身特殊利益即个人利益实现的所在,同时,这一基本制度架构又具有了作为整体性的社会公共利益或公共善的面相。罗尔斯在继承和发展了传统社会契约论的基础上,进一步阐释了他的正义原则。他认为社会是人们相互合作的联合体,人们在相互关系中认识到某些具有约束力的规则并据此行动。这些规则维系了人们之间的相互合作,促进了合作参与者的利益的实现。因此,他们选择社会合作,是因为看到了基于合作的共同生活比单独生活要好。当然,合作产生的利益分配,就成为产生矛盾与冲突的潜在因素。因为每一个参与者都想从中分得更多。这个时候就需要确立一系列的原则用以规范分配合作产生的利益。这就是基于社会合作的利益和负担的合理分配的正义原则。所以在罗尔斯看来,一个秩序良好的社

[①] 万绍红:《西方共和主义公共利益理论研究》,上海三联书店2016年版,第69页。

会，不仅要促进其成员利益的实现，更重要的要有一套行之有效的、普遍接受的正义原则。因此，这一正义原则就会成为有效弥合不同利益诉求者在分配利益和负担时的分歧的重要机制，它在不同的目的和要求之间架起了沟通和理解的桥梁。罗尔斯为了解释人们是如何达成这一普遍接受的正义原则时，引入了"无知之幕"的设定。他强调由社会契约达成的原始协议，是在那些关心自身利益的且有理性的个人之间形成的，而这些个人他们处在一种原始的平等地位上。他们每一个人都不知道自己在社会中所处的阶级地位或社会地位，甚至对自己所具有的善观念和心理倾向也不明就里，这样就保证了他们在选择正义原则中没有任何的"前见"，而只会凭借理性做出选择，更不会感到由于自然或社会的偶然而沾光或吃亏。可以说，这就是人们选择正义原则时的对所有人都公平的"无知之幕"条件，只有在这样条件下的选择，罗尔斯才认为能够真正找到那些普遍接受的正义观念。实质上，罗尔斯在这里强调了一种"起点平等"的观念。然而现实的情况却与此种假设形成了张力关系，因为没有任何一个社会中的人生来不处在一种特定的社会地位和社会关系之中，期望一种所有人都完全自愿进入的合作体系几乎是不可能的。为此，罗尔斯又祭出了他的"反思的平衡"法宝，用以调和理论与现实之间的紧张关系。他强调一个人在做出有关正义和道德的判断时，往往是在对各种已有的正义原则的综合思考和整体权衡后得出的结论。因此，这就赋予了人们对道德和正义选择做出合理性修正的机会，也为罗尔斯对两个正义原则的阐释与排序做好前提性准备。

从原始协议出发，罗尔斯进一步阐释了他的正义原则的具体内容。首先他区分了制度正义和个人正义，强调不要把对社会制度的正义要求适用于个人，他明确指出他所谈的正义原则主要指的是制度的正义，即社会基本结构的正义性问题。作为社会成员普遍接受的原则，正义原则实质上属于一种公共规则体系，它不仅规定了人们的权利、义务、地位、职级等，还规定了违反这些规定会遭到的惩罚和辩护等条件，因此它具有了公共利益和公共善的意蕴。接着罗尔斯又谈到了社会现实中难以避免的不平等，因此，这种制度正义还必须能够容纳这种不平等，而不是用强力去否定和拒斥这种不平等。综合以上因素，罗尔斯认为一个社会体制的正义与否，主要是看基本权利和义务是如何分配的，以及影响分配的各种经济机会和社会条件，而不是追求一种结果上的绝对平均主义。由此他提出了反复论证了他的两条正义原则。

第一条原则被罗尔斯称为平等原则，它强调了由各国宪法规定的公民的自由平等权利是正义原则的第一原则,具有排序的优先性、基本性和绝对性,在这一点上所有的自由主义者都异口同声,也就是说任何时候都不能违背这一条,倘若违反,则第二条也就不可能成立了。在这一点上表现出了一个自由主义者的坚定信念和原来本色。在某种程度上而言,这一条也是社会合作能够展开的重要前提条件,更是个人利益得以实现的坚强合法屏障。光有这一条还没有足够的说服力来诠释社会利益的和负担的分配,因为人们之间在收入和财富的分配以及权力的运用方面还存在着现实的差别和不平等,怎样才能解释通这种不平等也是符合正义的呢?罗尔斯求助于他的正义原则的第二条:差别原则或不平等原则。它承认这种利益和负担的分配存在不平等,但坚持认为这种不平等会对每个人有利;同样权力的使用也存在不平等,但社会上的官职是对所有人开放的,即同样才能的人都有平等的机会可以从事这些工作。这实际上就对现实政治实践中存在的不平等给出了一种解释,即只要这种不平等有利于这个社会中地位境况最差者,那么这种不平等就是可以接受的,也就是说造成这种不平等社会制度仍然是正义的。可以说,罗尔斯在这里为资本主义经济生活中的不平等找到了最好的道德借口,使人们自愿承认这种差别的合理性与正当性,进而起到了维护资本主义经济秩序的重要作用。可以说,这两条正义原则凸显了罗尔斯作为一名自由主义者对个人利益正当性和合理性的值守,为一种秩序良好社会的维系奠定了坚实基础。然而,这种作为公平的正义的核心理念如何才能成为现实?也就是说,怎样才能在一种现实的多元文化的条件下达成对于社会正义原则的普遍共识?在同样具有平等的自由权利的公民之间,如何形成一个稳定而正义的社会,这些都是需要罗尔斯进一步回答的问题,这不仅关乎以正义为基础的良序社会的形成,更关乎个人利益的实现是否能够成为现实,"重叠共识"和公共理性成为罗尔斯继续探寻自由与平等共存、公共利益与私人利益兼顾的必然理论诉求。

  罗尔斯认为一种正义的社会要保障每个公民的个人利益得以实现,需要凭借的是一整套社会结构和社会制度,而这一社会制度和架构通过国家的宪法制度得以巩固。那么,如何保证这样一套宪政制度的有效供给就成为正当的个人利益能否得以实现的关键。同时,这样一套宪法确立的制度体系就也就具有了保证个人利益得以实现的公共善的意味,换句话说就是,罗尔斯所认可的一种公共利益的存在。我们可以发现,罗尔斯与哈耶克不同的是,他承认了最低限度的公共利益的存在,这就包括了对全体社会成员有利益的制度安排,即正义的法律制度和社会规范以及税收等社会财富的转移支付等。这显然有利于维系社会合作,能够给个体带来比自身孤立奋斗获得更多的利益，从而增进全体社会成员的普遍福祉。这种公共利益的实现的机制就是罗尔斯的公共理性和"重叠共识"学说。

如果说在《正义论》中罗尔斯求助于正义感来保证正义原则的施行，防止人们因为利益的诱惑而损害正义原则，那么，在《政治自由主义》中罗尔斯则出现了一个重要的转向，转而求助于公共理性下的多元共识即"重叠共识"来实现正义观念和正义社会的稳定，即一种秩序良好社会的实现。可以说，关于一种秩序良好社会的实现，在《正义论》中主要是由基本的道德信念来整合；而《政治自由主义》中则转到了依靠正义的政治观念来整合，而正义的政治观念则是对理性多元社会中各种学说重叠共识的反映或聚焦。在西方社会多元文化背景下，正义共识成了一种以自由公共理性为鲜明特征的自由主义理论诉求，回应了基本权利假设和现实社会的关系问题，用政治正义论证了资产阶级自由民主制度的正当性与合法性。

罗尔斯认为公共理性是民主制度下人民的基本特征，它是公民的理性，是那些享有平等公民身份的人们的理性，而公共理性的指向与目标就是公共的善。在罗尔斯看来，公民应该在政治正义的框架内开展政治活动，包括政治讨论等，因为这些活动多涉及的问题都必须是普遍认可的，也就是具有强烈的普惠性和公共性。公共理性为这种相关的政治讨论与政治推理设定了限制和提供了标准，也就是说，所谓合法的政治讨论和政治推理只能是运用和符合公共理性的活动。因此可以说，在某种程度上公共理性成了参与政治讨论的公民的所应遵守和所希望遵守的义务。特别是对根本性的政治问题的讨论，必须要运用公共理性进行限制。这里罗尔斯也敏锐地观察到，不是所有的问题都能够运用公共理性达成共识，也就是不能够用公共理性去限制所有政治问题的讨论，因为在多元文化的现实社会中，理性多元论的事实必须承认，要想轻而易举地克服理性多元论对形成政治共识的干扰几无可能，除非国家运用强制的权力和手段，那也只能形成一种思想和信念的表面上的统一，而一个统一稳定长治久安的民主社会存在的前提条件必须是在根本性的政治问题上获得了社会上绝大多数公民的实质性支持。因此，面对根本性政治问题达成共识的困难，罗尔斯转向了"重叠共识"观念的讨论。所谓的"重叠共识"是指运用公共理性使得各种宗教的、哲学的和道德的学说，在宪法体制和基本正义的问题上达成共识，其核心仍然是正义原则，也就是"重叠共识"指向的是正义原则可行性，即如何使人们在获得了理想的正义原则后，又能够接受而坚定地执行，这恐怕是所有聚焦于正义问题讨论的政治哲学家都无法回避的一个问题,这关系到正义原则能够再造一个繁荣而稳定的民主社会的问题。在罗尔斯看来,之所以能够形成关于正义原则的"重叠共识",首先在于公民深处同一种文化传统之中,在西方的宪政民主制度内部,他乐观地认为人们可以就各种宪法实质和基本正义问题达成大体上的一致。其次,罗尔斯强调公民达成一致的不是形而上层面的信念的一致,而仅仅就基本政治问题中的正义原则获得了共识,是一种公共理性下的政治正义观念的获致。最后,当政治正义的原则与各种形而上的信念价值相冲突之时,政治正义具有价值的优先性。因为没有政治正义的存在,社会团结与合作的基础就消失了,公民个人的生存与利益都面临着前所未有的困难,更遑论对形而上信念的坚守与执着了。所以,政治正义相较于其他的价值具有无可比拟的优越性。当然,罗尔斯也明确了一个观念,那就是有关于社会基本体制和公民权利等重叠共识不是先验的,而是一个慢慢发展的过程,在这个过程中,有关于政治正义的讨论与实际的政治运作之间一直存在着一种互动和配合,并最终为形成现代多元社会稳定的政治基础准备了"重叠共识"。公共理性也在这个过程中得以运用、得以强化、得以巩固。从公私利益关系的视角观之,"重叠共识"的出现使得体现了政治正义的宪法体制得以出现,使得因为强化个人自由和利益而可能产生的社会负面效应有效地得到了控制,减缓了自由主义的个人主义原则对社会团结和合作产生的冲击,确保了自由民主社会的长治久安;与此同时,这一达成共识的机制和体现政治正义的宪法制度体制,因为其所具有的普惠性,而具有了有限公共利益的性质,可以说,这种有限公共利益的存在不仅有效纾解了个人利益非理性的肆意妄为可能的社会危机,而且在某种意义上因为其公共性质的存在,使得正当合法的个人利益的实现具备了现实基础。总之,罗尔斯基于社会稳定性的考量而提出的公共理性和"重叠共识"理论,为我们设置一种化解公私利益紧张关系、缓解自由和平等尖锐对立的巧妙思路,使得二者在一种政治正义的求索之中亦步亦趋、动态衡平。

二 平等对待每个人的权利——德沃金的公私利益关系理论

有人认为罗纳德·德沃金是可以和罗尔斯、诺齐克比肩的20世纪晚期的著名政治哲学家。我们姑且不去质疑这种观点的合理性,但十分清楚的是,德沃金政治哲学所讨论的问题域仍然没有跳出前二者的论题范围,所以有的学者就认为,作为一位平等主义的自由主义者,他主张以"资源平等"为核心的分配正义观,与罗尔斯似乎在一个行列之中;而他又强调这种平等是建立在权利概念的基础之上的,希望政治哲学家认真对待平等权利，且认为正义的哲学基础不是契约论而是对人们平等的尊重，这又有点诺齐克的意味，是一个权利主义的自由主义者。德沃金的政治哲学在某种程度上就是罗尔斯和诺齐克政治哲学张力关系的一种集中映射，反映出自由主义哲学内部在平等与责任之间的紧张关系。因此之故，德沃金的政治哲学就致力于将"平等"与"责任"有效的统一起来，使之能够在超越平等主义自由主义和自由至上自由主义的基础上，重建当代自由主义的正义理论。当然，就德沃金的政治哲学理论而言，他没有十分鲜明的关于公私利益关系的论述，但从他的权利理论、平等思想以及共同体思想中，我们还是可以找寻到对这一政治哲学核心问题关涉的蛛丝马迹。

大多数人通常认为，"权利理论"是德沃金早期的思想的集中体现，或者说他早期的政治哲学主要可以以此来进行概括。正如他的经典著作《认真对待权利》一样，权利的概念在德沃金的政治哲学中占据着重要的位置，甚至于是最重要的概念，因为从某种程度上讲，他就是要祭出这个武器以用来对法律实证主义的义务或者责任为主的理论体系进行针锋相对的批判。为了论证权利的优先性，德沃金首先做了两种区分，即个人权利与集体目标的区分、原则和政策的区分。为什么要做这两个区分呢？依据德沃金的理解，这两个区分，特别是后一种区分是与政治证明有关系的。在他看来，政治证明的方式有两种，一种是通过原则、另外一种是通过政策，而原则指向的是个人权利，政策指向的是集体目标。"原则的论证意在确立个人权利，政策的论证意在确立集体目标。"[①] 进一步解释就是，若一种政治决定中关于原则的论证充分体现了对个人权利的尊重和对个人权利的有力地维护，那这一政治决定我们就可以称之为合理性的；同理，若一种政治决定中关于政策的论证体现出了促进和保护共同体的集体目标，那这一政治决定我们也可以称之为合理性的。简单概括就是，权利的对象是个人，是属于个人的；而集体目标则是关涉全体社会成员的，是与公共利益或普遍利益紧密相关的。由此，我们不难看出，德沃金对于个人权利的优先的论证，实际上是在政治原则上强调了个人利益的优先性和正当性，从而坚持和捍卫了自由主义政治哲学的基本立场。而他与此同时对于集体目标的关注，实际上也在政治实践中为公共利益的存在设置了合理性的基础。所以，兼顾平等主义和权利主义的德沃金，必然不会放弃在公私利益关系问题上的调和主义倾向。

[①] 〔美〕罗纳德·德沃金：《认真对待权利》，信春鹰等译，中国大百科全书出版社1998年版，第90页。

首先，我们来看一下德沃金强调个人权利优先的理论。在德沃金看来，权利优先性的证明，有利于巩固个人作为公民的合法地位，特别是有利于论证公民不服从、反对政府的合法性。在他看来："个人拥有反对国家的权利，而且这些权利优先于法律明文创设的权利。"① 其实这里就表明在德沃金那里，个人权利具有了一种天赋自然权利的意味，是一种背景权利，即以抽象的方式为社会的政治决定做辩护的权利，它相较于因法律而规定的制度权利具有优先性，是可以凭借此修改制度权利的。进而，德沃金继续解释道个人可以凭借权利来反对政府，但这种权利是有特定内涵的，而不是个人所具有的所有权利都可以当作武器来反对政府。在他看来，只有那些最基本的宪法权利才可以用来对抗政府，这也就是说，在德沃金那里并非所有的权利同等重要，而只有如言论自由似的某些具体权利才称得上是宪法规定的基本权利。从这里我们可以了解到，在德沃金眼中是没有一般自由的抽象权利的，抽象自由的权利在实际的政治生活中是不起作用的，还会引起自由与平等的对抗。在他看来个人拥有是具体自由的权利，而这一权利的基础就是平等，因此这种"平等关怀和尊重的权利"就是基本宪法权利中的核心，是被管理者对管理者提出的要求，要求管理者平等地对待他们的权利。德沃金谈道，只要个体被平等的对待了，也就不会产生类似于特定自由权利与平等权利之间的冲突，因为特定自由从根本上是来源于平等权的。因此，"平等关怀和尊重的权利"在德沃金那里有着自然权利的地位，类似于几何学中不证自明的公理，是最根本的原则。它推导出了特定的自由权与财产权并对它们予以限制，对这一权利的理解有时会出现某些字面的偏差，其实从本质上讲它不是被平等对待的权利，而是基于作为平等的个体而对待的权利。德沃金认为存在着两种抽象的平等权利：一种是在物品和收入分配中被平等的对待，另一种在政治决策中作为平等主体参与的权利。且后一种一直都被认为是自由主义的传统，是自由主义平等观的基础。个人具体的自由权利只有在这后一种权利要求自由时才能被承认，因此，在德沃金那里具体的自由权利因之产生于平等的基础上，而与平等权利之间的冲突就被消灭了。

通过德沃金对这一基于平等的权利的解读，我们可以得出，他主张个人可以反对政府的合法性，明确了他坚持认为国家政府不能以任何名义包括公共利益之名，来对那些反对政府的人们进行压制或制裁，当然，这些

---

① 〔美〕罗纳德·德沃金：《认真对待权利》，信春鹰等译，中国大百科全书出版社1998年版，第 XI 页。

个人的自由权利是依据宪法权利的,也就是建立在平等基础上的。他在《原则问题》中指出:"这种形式的自由主义坚持政府必须在以下的意义上平等地对待其人民。它不得借助任何公民如不放弃其平等价值便不能接受的理由而牺牲或限制任何公民。"[1] 这里凸显了作为自由主义防止国家权力对个人权利的侵犯,同样是德沃金权利理论的重要关注点,但与洛克等人不同的是,德沃金并没有仅仅消极被动地停留在了对国家的限制之上,他从现实中看到了另外一种担忧,那就是个人肆无忌惮地对国家形成的攻击,可能会带来政治合法性的危机以及社会良性秩序的建构困难。于是,他在坚持限制政府权力的同时,为了避免这种个人权利反对政府的主张演变成无政府主义,进而提出了在某种情况下,特别是个人与个人之间的权利主张产生矛盾与冲突之时,政府是可以介入并予以干涉的。政府的干涉就是要限制某个人的个人权利,用以调处纷争、平息事态。然而,这种干涉德沃金强调决不能凭借个人权利之外的什么借口,如公共善或公共利益,或多数人的福利等,而只能依据个人权利孰轻孰重来实施,简单地说就是保护重要的、牺牲次要的,当然,重要和次要是一定要经过审慎地比较与权衡的,总之作为干涉主体的政府一定要有充足的理由和依据。因此,我们可以看到,德沃金与罗尔斯相同的是都在坚持平等权利的同时,也客观地承认了现实当中可能出现的不平等,但这种不平等必须是在认真权衡和比较了个体利益之后的理性结果,也就是说,这种不平等是建立在承认双方利益争当性基础上出现的,是能够容忍的有缘由的。而与此同时,这一平等权利也彰显了人为之人的尊严,倘若在政治决策中根本没有认真对待时,也就等同于"侮辱了个人"。德沃金在阐释不平等可以容忍的原因时,仍然捍卫了个体平等的权利,在这样的意义上,德沃金与罗尔斯常常被认为是平等自由主义的战友。

德沃金对于原则和政策的区分,使得权利对应的是原则,而集体目标或公共利益对应的是政策。因此,他没有将一般意义上具有集体目标或公共利益意味的发展权、民族权等集体权利,归之于他的权利理论的范畴,他的权利指称的对象主要是个体。集体目标或公共利益是集体决策的结果,常常诉诸功利主义或者多数人的结果,因此不可避免地对于少数人的利益有所不顾,所以德沃金要求政策必须是在考虑了"平等关怀和尊重的权利"之上的结果。因此,在分配正义方面,德沃金站在了罗尔斯一边,反对诺齐克的持有正义的原则,认为他只承认市场交换没有为分配和

---

[1] R. Dworkin, *A Matter of Principle*, Cambridge, Harvard University Press, 1985, p. 205.

再分配留下空间。但是，德沃金在如何实现平等分配的问题上又与罗尔斯分道扬镳了，他进而通过论述资源平等来反对罗尔斯达到平等的方式，强调了"开端"意义上的平等，否定了罗尔斯自然状态和无知之幕下的"起点"的不平等。当然，德沃金所讲的平等并没有仅仅局限在经济平等或资源平等，还涉及了政治平等。因为他看到了正义共同体的存在对于个人权利实现的重要意义，虽然为了个人权利需要对集体生活进行限制，但没有共同体或在不正义的共同体中生活，个体还是会觉得个人的生活会受到巨大影响甚至于遭受损失；因此，要想过上自己想要的美好生活，就必须要将个人的人格和自我利益融入共同体之中，而共同体追求的是集体目标的达成，是为着公共利益而存在的，它典型的现实形态就是政治共同体，所以，德沃金关于平等的讨论自然延伸到政治生活领域，强调了资源平等之外还需要政治平等，但什么样的政治共同体更有利于实现政治平等，这成为德沃金平等问题探讨的理论归宿。当然，我们也必须要承认一点，那就是德沃金对政治共同体的探讨，一方面源于理论发展的需要；另一方面也是为了应对来自自由主义内部和社群主义外部的理论挑战。正是在这样的背景下，德沃金全面阐释了他的整体性思想和共同体理论。这实际上也回应了社群主义认为自由主义只关心个人利益而忽视公共利益的指责，显示了他的公私利益关系理论。

在德沃金那里，政治平等就意味着民主，因为民主的实质就是政治权力和政治价值的分配，关涉个人的政治参与，体现着参与的正义性与否。德沃金通过比较程序民主和实质民主，认为实质民主更重要，它更能够通过实质性的决策和结果来反映是否做到了对共同体成员给予了平等的关照。而程序民主显然只关心过程的公平性，却不愿意去探讨结果是否照顾到了个体的平等。德沃金关注实质性民主的结果，实际上就是关心民主参与政治过程的结果，而这个结果在德沃金那里又被分成了三种：第一种就是象征性结果，即由平等的投票制度而营造的政治的平等；第二种就是主体结果，即在承认公民的政治参与都有政治分量的同时，公民作为行为主体在政治过程中会因为地位和身份等因素的影响而产生不同的参与结果；第三种就是共同体结果，即这种政治参与的结果使得共同体中的成员意识到政治是一种共同的事业，是众人之事，个人与之有紧密的关系，在这种参与的过程中，个人不仅可以分享共同体的成功，而且在参与的过程中也慢慢地培养了人们的归宿感和认同感，即共同体感。因此，德沃金开始将政治平等的讨论引向了政治共同体的话题。接着，他深入分析了四种共同体观念，即多数决定论、家长主义、社群主义和公民共和主义，对它们没有足够的自由主义宽容精神而失望,他试图要去建构一种新的自由主义的共同体观念,这种共同体必须对诸如同性恋这样的事情持有中立的宽容立场。首先,德沃金反对共同体的人格化,不主张把共同体看成是一个超人的生活存在,共同体的生活内容应该有严格的限制,即他所认为的共同体的集体生活仅仅包括以下这些正式的政治行为:立法、裁决、实施以及其他的政府职能。这些应该是政治生活的全部,也是政治生活的边界,换句话说,只有在这样的政治结构中,公民的共同行为才能够被理解为政治活动或集体活动。除此之外,每个人都可以按自己的意愿、自己的伦理理想和善观念选择自己想要过的生活,不必强求人们关于善的观念完全一致,也不可能一致,因此,应当对每一个人政治生活之外的私人生活保持一种价值中立和宽容的态度。其次,德沃金也不同意诺齐克只关注私人生活、将私人生活与公共生活界限分明的观念,他认为不正义和不平等的公共政治生活,不会对个人的私人生活毫无影响;相反,倘若一个人生活在一个不正义的共同体中,他想要过一种成功的私人生活恐怕是困难重重的,这要比他在一个正义的共同体中过成功私人生活难得多。因此,最后在这里,德沃金强调了正义的共同体生活对于公民个人利益的实现和良善的私人生活,有着伦理上的优先性,换句话说,只有将自我利益的实现融入共同之中,才能真正实现公私共赢。这种观念在强调个人主义的自由主义理论传统中无疑是令人侧目,在给予所有人以平等关切的政治生活中,正义将使良善的个人生活与幸福的个人生活双双达成,因此,"从这一优先然而有力的角度说,我们的私人生活,我们在使他人拥有同我们一样的生活方面的成功或失败,都依赖于我们在政治上的共同成功。政治共同体具有相对于个人生活的伦理有限性"①。

第三节 "善优先":社群主义的公私利益关系理论

社群主义常常被称为共同体主义(Communitarianism),普遍接受的理解是一种在论战中形成的哲学流派,当然它论战的对象就是大名鼎鼎的新自由主义政治哲学。与自由主义强调个体价值的首要地位不同,社群主义的原则是强调道德共同体的价值高于道德个体的价值,这主要是因为在人类道德生活中,社会、历史、整体等非个人因素起着基础性和必然性作

---

① 姚大志:《何谓正义——当代西方政治哲学研究》,人民出版社2007年版,第146页。

用。正是这样道德共同体的存在，使得个人利益的实现有了确实的保障。在近代以来的政治哲学史中，社会、社群就已多见，其主要致力于抵御自由主义和个人主义的理论肆虐。而在当代政治哲学历史中，社群主义重出江湖也就自然不应大惊小怪了，原因自然就是当代新自由主义政治哲学的强势复兴。于是，当代社群主义与新自由主义的论战中蔚然成为政治哲学舞台上的一大景观。借助于新自由主义的威名，悄然之间社群主义也渐次成为一股影响现代政治哲学发展的力量，改变或重构了当代政治哲学的版图。在社群主义看来，社群最大的特征在于其宽容和包容性，它是成员情感、信仰和政治归属的现实存在；生活于社群中的个人应将社群的共同目的和价值视为第一选择，这是每一个体实现过良善生活愿望的必然选择。只有实现了作为社群公共善的目的和价值，个人目标和价值才能够得以完成。换句话说，正是社群给予了个人以共同的目标和价值，同时也赋予了个人生活以意义和价值。因此，在社群主义者眼中，只有将个人的善与社群的善结合在一起的善才是真正值得追求的善，这也就是说，个人利益和公共利益是统一的，公共利益是个人利益实现的基础和前提，个人利益之中也包含着公共利益。社群中的每个人都应当以追求公共利益的实现作为第一要义和首要选择，要努力用这种共同的善或公共利益来界定人们的生活方式，让公众知悉这种关于善的概念，并使这种公共善或公共利益成为公众的自然偏好和自觉倾向。

一 公共善优先——麦金泰尔的公私利益关系理论

在20世纪西方伦理学发展的历史上，麦金泰尔绝对可以称得上与罗尔斯交相辉映的一位。原因在于面对现代社会重建公共社会伦理秩序的课题，罗尔斯与麦金泰尔走出了两条截然不同的道路。如果把罗尔斯开创的发扬契约论传统、弘扬道义论责任的现代自由主义伦理学视为"向前看"的解决方案的话，那麦金泰尔的借助于历史主义的方法，主张回归亚里士多德式德性的共同体主义伦理学则就是"向后看"的解决方案了。我们曾试图按照一种严密的理论逻辑梳理其全部的德性理论，但最后发现这实在是一项困难的工作，因为麦金泰尔的道德共同体理论几乎就是在与自由主义规范伦理学的论战中生发出来的，辩论、批驳的痕迹处处皆是，很难用一种建构主义的理论逻辑把其全貌完整的展现出来。正如有学者所说的那样，为其理论体系找到坚实可靠的基础是一件困难的事情。然而，令人欣喜的是，我们这里讨论的他在公私利益关系问题上的基本观念，还是较为清晰地通过他的公共善优先的思想得以展示。

作为一位坚持历史主义方法的共同体主义者，麦金泰尔认为自由主义所建立的普遍主义政治哲学因为缺乏历史性而显得虚幻，其为现代社会确立的所谓普遍性的价值体系，如正义、自由、平等、权利等，在很大程度上也不具有普适性。在他看来，自由主义的这种普遍性话语垄断了现代政治哲学的舞台，阻碍了其他政治思想的出场，没有解决现代社会多元价值共存在根本问题，因此它只能是被束之高阁的虚构理论。于是，他把开火的矛头首先对准了自由主义核心理念的个人主义，将对个人权利为核心的个人主义全面道德讨伐为主攻方向，这一点也得到了迈克尔·莱斯诺夫的证实："在所有这些朝三暮四的表现中，确实存在着一条主线，即他对自由主义的个人主义的仇视。"[①] 进而，全面批判和否定现代自由主义开创的普遍主义的规范伦理学，用以证成他所主张的共同体的公共善或公共利益高于、优于个人权利和个人利益。

麦金泰尔对自由主义个人主义的批判，首先指向了自由主义政治哲学核心和基础地位的个人权利。在他看来，自由主义内部在权利和功利的关系上所有侧重不同，但无疑主流是将权利看成不证自明的理论前提，这就是自然权利思想。麦金泰尔指出，根本不存在什么不证自明的真理，就连对这种权利做坚定辩护的德沃金都承认无法证实它。因此，在麦金泰尔眼里，自然权利不具实在性，只不过是一种特殊的理论虚构。众所周知，自然权利是自由主义政治哲学预设自然状态的理论前提，麦金泰尔上否认了自然权利也就等于说否认了自然状态学说。在麦金泰尔看来，自由主义的原子式的个人主义原则，其建立的逻辑基础就是抽象的人性和抽象的原初状态，其建构的方法是逻辑的而非历史的。正是这种非历史主义的方法，切断了西方伦理学的历史文化传统，使得现代西方政治哲学或伦理学以一种抽象的自我为基础来构造，就如同一座大厦建立在流沙之上，其造成的道德乱象和社会危机自然应归罪于此。麦金泰尔就坚持认为，罗尔斯的政治哲学因为坚持抽象的个人观念，使其难以完全摆脱道德怀疑主义的诘难。这是因为从政治认识论的视角审视这种抽象的个人观念，我们不难发现这种设定仿佛是脱离特定生活方式的域外之人才有的。而且，这种抽象的设定还有可能把这种个人主义或个人权利引向道德上的虚无主义和直觉主义。对此，麦金泰尔认为罗尔斯的正义论就是建立在这种道德直觉主义的基础上的，因而它是不具有普适性和可通约性的。麦金泰尔甚至将尼采

---

① 〔英〕迈克尔·H. 莱斯诺夫：《二十世纪的政治哲学家》，冯克利译，商务印书馆2001年版，第7页。

式超人看成是个人主义企图摆脱自身后果的最后尝试,全方位展示了个人主义极限变异后的面目。

麦金泰尔坚持认为人是特定社会认同的产物,也是该种认同的承载者,因此,他必将视生活于同一社会环境的其他人如同自己一样享有善和利益,也就是说,对自己是善的东西对同一环境中的其他人也是善的,即真正做到了"己所不欲,勿施于人",这都源于善对人而言具有同一性和共享性。在这里,我们不仅看到了荣辱与共的共同体思想,即共享的思想,而且看到了共同善即公共利益的思想。公共善的共享,可以说就是公共利益的非排他性的集中体现。进而,麦金泰尔在这里也强调了个人善也就是个人利益的实现离不开共同体的存在,因为共同体中的人们不仅分享社会财富,也同样分享构思和创意,甚至于分享成就个人成功的社会环境与条件。可以说,离开了共同体,个人很难完全实现自身的利益。麦金泰尔谈到,离群索居的个人和抽象的自我在现实的生活实践中是很难存在的,其利益和权利的实现是没有现实根基的。离开了共同体的存在,确定性的自我会变成幽灵般的存在,是很难获得生活的意义与价值的。在麦金泰尔看来,自由主义所代表的现代性的自我,完全是一种情感主义的自我,它缺少的是现实确定性的评价标准和具体内容,进而,这种自我与其扮演的角色和采取的行动之间的关系被完全概念化和虚化了。有学者认为,麦金泰尔这种对于个人与共同体关系的理解,特别是强调个人是社会关系产物的思想,深深受到了马克思思想的影响。麦金泰尔从这种自我观出发对自由主义的原子式个人主义进行了激烈批评,他认为自由主义讲过个人从他赖以生活的共同体或社会关系中割裂出来,使之成为没有任何差别的、没有具体身份信息的、丧失了特殊性的、没有任何意见与思想的抽象的先验的存在,而这样的个人显然在现实当中是根本不存在的。任何人总是生活在一个特定的共同体中的,他总是处于一种特定的社会历史环境之中,特定的社会历史环境和文化传统构成了他自我认同的重要背景。也就是说,离开了这种特定社会环境的共同体,个人根本无法分辨自身的社会角色,以及由此所确定的应该享有的权利和应该承担的义务。个人总是社会的个人,本质上是由社会关系确定的。脱离了社会关系,人也就失去了自我的本质。

在这种关于自我理解的基础上,麦金泰尔像众多的社群主义者一样,在权利和善何者优先的问题上,态度鲜明地表示"善优先于权利"。与自由主义者坚持权利优先不同的是,麦金泰尔并不认为个人权利具有持守的优先性,更不认为这种个人权利可以独立于特定的社会结构和道德环境之外。在《德性之后》这本书中,他从语言学演进的角度论证了自由主义者权利观非现实性,证明个人所享有的权利是某种特定的社会规则和社会条件下的产物,而这种特定而具体的社会条件和社会规则只能是特定历史阶段和社会文化环境的产物,它不具有超历史的普遍性和现实性,因此,这种先验性的个人权利是不存在的,所谓的普天之下人人皆可共享的许诺,也是名副其实的谎言。自由主义所宣扬的自然权利或个人天赋权利的学说,麦金泰尔认为在历史上从未存在过,至少无人能确证其存在过。它们是自由主义者为其理论论证的需要而预设的虚假的逻辑前提,相信它们就会如同相信女巫和独角兽这些从未得到确证的东西一样,显得那么荒唐可笑。他坚持强调社会(共同体)第一个人原则,主张用公共的善即公共利益来反对个人权利和个人利益的信马由缰。他认为个人的德性即权益,必须要由共同体的善来加以规定和界定,在他的眼里,个人的德性如爱国、诚信、友善、团结、奉献、正直等均是通过共同体而形成的,共同体的善起着塑造其中个人品质与价值观的重要作用,因此,共同体的善即公共我利益必须得到尊重和维护。可以说,没有共同体的善也就不会真正有个人的善和权益,进而整个社会的道德沦丧就成为必然,社会团结的解体就不可避免。麦金泰尔强调,在一个社会里,倘若没有了人人得以共享的公共利益,也就不会存在为了这种公共利益和这个共同体而奉献牺牲的实质性的德性观念,那公共生活的道德根基就会日渐消失,直至整个社会团结的崩解。那么,个人就会因为丧失了生活意义和价值的来源,而成为无所追求、无所栖息的灵魂游荡者,找不到精神的归宿。特别是在传统社会向现代社会的转型过程中,失去了传统文化所赋予的生活价值与意义的个体,在努力争取自我主权的同时,极易走向不确定性的自我,成为一种非历史的存在和抽象的个人。

综上所述,我们可以看到,在公私利益关系问题上,麦金泰尔坚持了社群主义的基本理论立场,那就是公共利益相较于个人利益具有优先性,它是个人利益得以实现的真正保障。个人只有通过具有共同目标、共同价值和共同利益的共同体、社群,才能获得生活的意义和价值。因此,一如其他社群主义者那样,麦金泰尔在回归亚里士多德的同时,坚持共同体高于与个人,共同体利益高于个人利益,善优先于权利的主张,力图通过恢复亚里士多德式的公共美德,以替代被自由主义的个人权利冲击的七零八散的现代社会公共道德生活,重建一种良善而美好的生活。

二 自由与正义的限度——桑德尔的公私利益关系理论

在社群主义政治哲学家中,迈克·桑德尔绝对算得上是一位少壮派,相较于麦金泰尔、泰勒和沃尔泽而言,他是一个理论特点最为鲜明的共同主义者,这在于他的理论被称为是"共同体的强理论"。他把自己对于自由主义理论的批评矛头主要对准了罗尔斯,强调了罗尔斯的个人概念是贫乏且不恰当的。他主要以罗尔斯的自由主义正义观作为批判的靶子,在更为深刻的意义上阐述了自身对于社群的理解和基于德性的正义观。我们主要通过他对于罗尔斯自我观的批判和对权利优先于善的批评,认清他基于共同体的公私利益关系理论。

为了全面彻底地对罗尔斯的自我观进行批判,桑德尔从罗尔斯自我形象产生的原初状态结构的批驳开始。这一原初状态的设定,也是罗尔斯自由主义正义观产生的起点。桑德尔在罗尔斯的原初状态中看到了内嵌于其中的我们人类的自我形象,这是一种原子化的、自治的、世俗的和自私的个体,深刻的归属关系和共同体关系与这些原子式的个人没有关系。罗尔斯所设想的这种人渴望在正义的规则下与他人和平共处,愿意服从它们自身的特殊目标、愿望与理想,也愿意去履行任何特定的义务,尽管这些义务可能出自于友谊、群体成员或公共社会制度。在桑德尔看来,罗尔斯在原初状态中看到的这种人其实是毫无归属性的,他们可以灵活地调适自己,正义在这种人那里是不具有确定性目标的,随时会被新的目标、理想和愿望取而代之。因此,桑德尔得出了这样一个结论:在罗尔斯原初状态下的自我是一个具有独立特性的主体,这个自我"向所有的利益、价值和善的概念开放,只要它们可以按照个体化的主体的利益来建构,而且这种个体利益优先于其目的"①。这就是说,罗尔斯言下的这个自我是毫无目的内容承载的空壳,任何社会价值和目标都只是附加在外的一种修饰,并不是这个自我的构成部分。也就是说,总有一个透明的毫无内容的"我"先于我所附加和承载的目标或价值,若自我身上承载的这些被选择和纳入的社会因素一旦消失,那这个自我在空间上几乎什么也不是。桑德尔批评罗尔斯的这种自我是一种"没有限定的自我",或者叫作"无所牵挂的自我",它先于目标和目的,天马行空、神出鬼没。基于此,桑德尔强烈质疑罗尔斯的这个毫无内容的"无知之幕"的设计,因为这个设计

---

① M. Daly ed., *Communitarianism: A New Public Ethics*, Belmont, California Wadsworth Publishing Company, 1994, pp. 84 – 85.

是论证"没有限制的自我"的基础。他坚持认为,人一开始并不是绝对透明的,人的自然属性如血缘和家庭关系,就证明这种无知之幕的假设是不能够成立的。相反,人是在与他人分享具体历史内容中形成的,也就是说,与世界的连接是人为之人的构成性因素,人不会在完全不知情的情况下做出影响我们的选择,那种所谓鲁滨孙式的个人只是一种虚构的原初自我。因此,要想真的认识一个人并非易事,罗尔斯决定原初自我的"无知之幕"确实是不靠谱的设计。

桑德尔还在罗尔斯的"无知之幕"的设想中看到一种颠倒了的个人与共同体的关系。在桑德尔眼中,罗尔斯的"没有限定的自我"将共同体、社会性都排除在外了,因为这是外在于自我的因素,是附加条件,因而他不能正确理解个人与社会的关系,更不能够明白地说明社会合作产生的基础。桑德尔认为,个人是社会或共同体的产物,这一点像极了他老师辈的麦金泰尔,也强调个人不能离开社会或共同体而存在,个体之间性质和价值的差异,在于其身处其中的社会和共同体的不同。某种程度上是共同体成就了"自我",决定了我之为我,而不是由作为主体的我选择了我所是的我。在这一意义上,只能发现我,而不能选择我之为我。在这里,桑德尔实际上也提出了自己关于自我的观念,那就是构成性的自我观,或者说是环境的自我观。这种自我观视自我为社会和环境,即社会或共同体的产物。从社会或共同体出发,是目的和价值决定了自我,而不是自我决定了目标和价值,不是自我优先于社会或共同体,而是社会或共同体及其价值优先于自考我。自我将社会视为情感的纽带和归宿,是自我证成的所在。个人无法离开社会而展现自我的本质,社会是构成自我人格认同的内容本身。在这种关于构成性自我的论证中,桑德尔全面地展示出了自己共同体的强理论,即共同体的情感是自我承认的,共同体的目标是自我追求的,共同体的道德价值也是被共同体的成员理解和认同的,更重要的是自我也是在共同体中得以发现的。"对于这种构成性的自我主体来说,共同体不是说明作为一份子的公民拥有什么,而是他们是什么;不是他们选择的一种关系,而是他们发现的忠诚和情感,他们的认同构成。"[①] 综上而言,我们可以看到透过对罗尔斯自我观的批评,桑德尔强调了目的优先于自我,共同体价值优先于自我价值的观点。他坚决反对将自我价值凌驾于共同体价值之上,实际上否定了自由主义强调的个人利益至上的原则,对于抽象的个人主义原则予以了拒斥。他强调共同体的价值和目标规定和塑

[①] 周穗明:《当代西方政治哲学》,江苏人民出版社 2016 年版,第 232 页。

造了个人，形成了自我的价值和目标，这实际强调了公共利益优于或高于个人利益的理论倾向，表明了个人利益实现的现实基础和前提条件就是公共利益，离开了公共利益、个人利益的实现恐怕举步维艰。

紧接着，桑德尔进一步批判了罗尔斯的权利优先于善的思想。在他看来，罗尔斯之所以得出权利或者叫正当优先于善或者公益，乃是因为他设定了一种原初状态下空洞无物没有限定的自我这一主体，且这一自我还先在于目的和价值。桑德尔认为权利不是首要的，不具有优先性，真正最高的善是道德共同体的公共善即公共利益；公共善优先于个人的权利和利益，也优先于基于个人权利的正义原则。桑德尔力图用一种德性权利取个人权利而代之，用一种类似于共和主义的自由代替自由主义的自由。首先，在批判自由主义个人权利的基础上，论证了共同体的公共善（利益）的首要地位。桑德尔认为个人权利在自由主义的政治哲学中居于中心的位置，其维护个人权利优先性的考量基于两层含义：其一就是不能因为所谓的普遍善或公共利益而牺牲个人权益，即不承认牺牲个人利益可以促进公共利益；其二，强调界定个人权利的正义原则而不能建立在任何特定而具体的良善生活之上，否则正义原则就不具备了普适性。因此，在罗尔斯那里所谓正义与否，就在于是否坚持个人权利的优先地位。而桑德尔基于共同体主义的立场反其道而行之，强调了善优先于权利的主张，力图抵御和反抗自由的权利优先、个人利益至上的思想。对此，桑德尔明确地表示，他和罗尔斯之争的核心问题是权利是否优先于善，而不是权利重要与否的问题。在他看来，罗尔斯的个人权利论是彻底的个人主义的反映，它排除了与自我的构成有关系的任何善恶观念，也将公共生活的可能性拒斥于权利之外，在这里个人与共同体无关，个人权利也与共同体和公共生活无涉。更不用说承认共同体的价值与追求，以及由此而得以保证的构成性自我的确定性。确定共同体的可能性因为缺少了构成性的自我而几乎不存在。正是基于此，桑德尔之所以强调共同体的价值高于道德个体的价值，乃是因为诸如历史、关系、传统和共同体等社会因素对人的生活而言具有基础性和必然性的意义，个人的生活须臾离不开这些因素。所以，这些共同体中被普遍认可和认同的社会因素，决定了公共善是最高的善。在社会生活中，还有那些诸如仁爱、团结等更为崇高的道德目标需要追求，所以仅仅把个人权利视为人的全部是既没有必要也没有可能。如果正义仅仅是基于个人权利，那么某种程度上对这种正义强调得越多，其社会的道德状况就变得越恶劣。在桑德尔看来，一个社会中的成员若能够出于爱或共同价值目标而对生活于其中的其他人给予关注，那强调权利的优先的情况就会大大减少。

在论证了公共善优先于权利的基础上，桑德尔强调权利和界定权利的正义原则的基础就是公共善。在桑德尔那里，权利从来就和善不是分道扬镳的关系，总是希望权利独立于善的观点是站不住脚的。相反，权利总是与善息息相关。那样，用来界定权利边界的正义原则也就与善存在不解之缘了。桑德尔认为正义原则汲取的道德力量，只能从特殊共同体和人们信奉和分享的文化传统中来。而且，一旦得到了道德支持，这种正义原则必定要反哺作为目的的道德价值或内在善。这就形成了正义原则、道德价值和内在善的良性互动关系，这就更加明确地说明了权利和作为权利界定原则的正义原则，都需要建立在公共善的基础上。这无异于说，桑德尔认为内在于公共善的正义，其价值目标就是为了实现公共善以及在此基础上的个人善、个人利益。综上所述，我们在一个坚定的共同体主义者的政治哲学中，看到了一种高扬公共利益至上的公私利益关系理论，它强调了公共利益的优先性、至上性、基础性和根本性，他希望在优先实现公共利益的基础上达成一种公私利益的共赢。他坚信致力于实现公共利益是作为公民必需的美德，它比个人权利更适合良善公共生活的要求。生活于共同体中的个体心灵越靠近公共善，就越发会感觉到德性之于共同生活的幸福。

结语　百虑一致与殊途同归:公私之辩的现代意义[①]

公私利益关系是贯穿人类历史并具有深刻影响的一对范畴,它既关系着国家体制、法律制度、产权关系、思想文化体制、国家、社会、个人的关系等诸多方面,也直接间接地影响和制约着每一时代人们的道德观念与政治行为等。因此,公私利益关系问题,迄今成为一个跨学科、多领域的研究课题,而且随着时代的变化其言说方式与话语表达也经历着深刻的变化。然而,万变不离其宗,当代政治哲学所争论的众多问题,其背后的理论实质依然难以脱离对公私关系这一现实生活和政治哲学共同聚焦的核心命题的回答,因为作为植根于人类共同体生活范式下的内生性问题,它已经深深地嵌入人类社会的基本结构之中。这种共生关系使我们看到,在人类没有进入马克思所预言的理想社会之前,恐怕这一关系或这一矛盾将与人类社会的发展相依相伴、如影随形。

新自由主义与社群主义之争是当代政治哲学的一道风景。从公私利益关系的视角来审视新自由主义与社群主义之争,首先需要将二者的主张转换为一种利益的话语方式。简单地说,自由主义强调个人权利优先,也就是个人利益至上,并由之而规定他人或国家行为的界限,是对他人行为的一种边际约束,强调个人利益在个人选择中的天然合理性与必要性;而社群主义强调群体、社会以及历史传统对人的价值取舍的影响,个人权利、个人利益的实现离不开社群,只有公共利益的实现才是个人利益实现的保障,强调社会公共利益、群体利益才是最高的价值,社群本身就是一种善,因此,它是一种公共利益至上论。表面上二者的何种利益具有优先性的争论,根源于一种形而上的设定,那就是在个人与社群的关系中,何者具有本位意义上的先在性。

[①]　参见刘晓欣《新自由主义与社群主义之争——以公私利益关系的研究视角》,《人民论坛》2011年第8期。

自由主义者认为个人是分析和认识社会的基本单位，坚持对国家、社会、政府乃至法律的理解应该紧紧围绕个人自由权利的实现与保障。而这一观点恰恰成了社群主义抨击的主要目标，在他们看来，高扬普遍理性并把它视为个人自由的理论根源，这种观念的持有者仿佛是游离于特定生活方式之外的。因为按照这种对于个人自由权利抽象理解的逻辑，其极有可能在道德方面结出虚无主义和直觉主义的苦果，从而使自身的逻辑陷入凌空蹈虚的困境。社群主义者麦金泰尔曾就此批评过罗尔斯的抽象个人观念："要成功地识别和理解其他人正在做什么，我们总是要把一个特殊事件置于一些叙事的历史背景条件中，这历史既有个人所涉及的历史，也有个人在其中活动和所经历的环境的历史。"① 只有这样，才能有效避免在阐释个人自由权利根源的同时掉进道德怀疑主义的窠臼。桑德尔也批评了罗尔斯的个人主义立论："罗尔斯的自我向所有的利益、价值和善的概念开放，只要它们可以按照个体化的主体的利益来构建，而且这种个体利益优先于其目的，这就是说，它们被描述为我寻求的客体，而不是我所是的主体。"这样，"作为一个人的价值和目的总是附加在自我之上的，而不是自我的构成部分，所以社团的意义也只是附加的，而不是秩序良好的社会的构成部分"②。总而言之，社群主义者针对自由主义以个人为本位的价值观的批评，正是基于这种价值观可能产生的某些社会负效应。进而，社群主义者指出真正的政治哲学应该以良序社会作为其中心话语，这就决定了人际之间的诸种行为与关系，例如互利、共赢、和谐等，并不能单纯依靠市场机制在社会生活中的作用，换句话说，在诉诸自由竞争的同时，还应该照顾到社会平等，谋求扩大社会福利。这些都是当代政治哲学视野中的重大问题，社群主义在这些方面的努力是有其合理性的。然而，这种合理性的成立并不必然以批评罗尔斯为基本前提，因为罗尔斯从来没有否认现实的个人总是处于社会联系之中的，完全脱离社会的原子式的个人是从来就不存在的。只是罗尔斯强调任何一种选择可能最终都要归结为个人的选择，因为这种选择的原始动因只能由个人发出。自由主义在强调个人利益作为理论基石和出发点的同时，从来没有得出不考虑合作和社会福利、社会公共利益的结论。相反，罗尔斯在其理论架构中提出了保护弱者群体的差别原则，就是持有极端放任主义观点的诺齐克，也从来没有否认

---

① 〔美〕阿拉斯代尔·麦金泰尔：《德性之后》，龚群等译，中国社会科学出版社 1995 年版，第 266 页。

② Markate Daly ed., *Communitarianism*: *A New Public Ethics*, California: Belmont, Wadsworth Publishing Company, 1994, pp. 84 – 85.

过社会公共利益的重要性。至此，我们可以得出这样一个基本结论：社群主义对自由主义的批评，一方面表现出相当的理论敏锐性；但另一方面也暴露出其重于批评而疏于操作与建构的短板，而且其所强调的公共利益相比那些实际而感性的个人利益，总是带给人一种抽象而不切实际的虚幻感。

因此，社群主义对自由主义的批评，并没与使自由主义彻底地退出政治生活的中心舞台，两者的争论也一直没有得出一个明确的结果。随着时间流逝，越来越多的人开始看到，二者由争论逐渐走向趋同，这使得我们可以在一个不同于以往的意义上来重新理解二者之间的分歧。

首先，社群主义与自由主义争论的公共利益优先还是个人利益优先的问题，只具有消极的意义。也就是说，自由主义主张的个人利益优先或本位，只具有划界的意义，意在明确地确定这样一个最基本的原则：防止政府或他人以任何名义干涉侵犯个人的合法权利和利益，除此之外，这一优先性并不具有绝对的意义。同理，社群主义所主张的社会公共利益至上的原则，也只具有这样一层含义：任何个人权利和利益的取得，都不能损害他人正当利益和公共利益的实现，除此之外，也不具有绝对的适用性与意义。二者各自的理论发展也足以证明这一点，任何坚持一端的绝对主义的理论，都会在现实实践中遇到自身难以自圆其说的尴尬与困境。所以，在当代西方社会的发展中，二者在各自固守其基本理论立场的同时，整体的理论诉求日益趋同也就不难理解了。

其次，自由主义理论以个人利益为本位的思想，在现实政治生活的层面还是带来了诸多难以解决的难题。那社群主义是不是就成功地解决了这些问题呢？实则未必。社群主义虽然强调了人的社会本性，但因为其缺乏生产关系的概念，看不到物质生产方式、生产关系在社会关系中的基础性、决定性的地位，所以它也同样不能真正地解决自由主义所带来的问题。这也从另外一个侧面告诉我们，在政治生活的现实建构中，到底应该坚持个人利益本位，还是应该坚持公共利益本位，尤其是在二者相矛盾的情况下，确实还是一个二难选择，这使得我们不得不在一种制度的框架中重新理解这一矛盾的产生与解决。通过马克思关于公私利益矛盾产生的政治经济学分析，我们已经清楚地了解到，公私利益矛盾作为近代以来社会政治生活中的基本矛盾，其社会根源在于以市场机制为主导的社会制度建构之中。换句话说，只要存在着市场经济，存在着私人财产权，存在着以市场为主的资源配置方式，这种社会制度下的公私利益关系就始终具有矛盾性的面相。这个结论在理论与实践双重的层面上都得到了验证。这使得我们要谋求一种对社群主义与自由主义之争的最终超越,也就是要依据公私利益关系问题的最终解决的思路,大胆地设想在一种可能的社会形态下,即超越了市场经济社会的可能性社会模式中,实现公私利益矛盾的彻底解决。至于这种最终的社会模式是什么样态,就连马克思本人也没有来得及论述清楚。因此,在这里,我们也就不难理解社群主义与自由主义之争毫无结果的原因了。在以市场经济为基础的社会模式中,无论是自由主义还是社群主义,其单向度的价值诉求都难以逾越现实社会制度得以建立的价值底线,都难以与这种社会模式下的事实性诉求达成内在的一致。所以,囿于一种内在地产生公私利益矛盾的社会之中谈公私利益矛盾的解决,无异于痴人说梦。无论是从个人出发还是从公共社群出发,都只是抓住了市场社会这一内生性矛盾的一面,都是一种单向度的理论诉求,都不能完成对这一矛盾彻底解决,至多对于这一矛盾的解决具有单面的借鉴之益。这一矛盾的终极性解决,只能寄希望于一种超越市场社会的社会模式的建立,以此来完成公私利益矛盾的彻底解决。因此,从本质上说,公私利益矛盾的解决,不是取决于理论诉求的成功与否,而是取决于未来社会建立的条件具备与否。

最后,我们需要明确的一点是,对于公私利益矛盾在一种未来的理想社会中的终极性解决,虽然马克思并没有给出清晰而明确的回答,但有一点却是再明白不过的,那就是:这种理想的社会绝不是建立在公共利益完全吞噬个人利益、彻底取消个人私利的基础之上的。马克思在谈到这种理想的社会时说,这是"建立在个人全面发展和他们共同的、社会的生产能力成为从属于他们的社会财富这一基础上的自由个性"[1]。而且,马克思也明确地指出,这个理想的社会阶段是建立在之前的"以物的依赖性为基础的人的独立性"阶段的基础上的,即"全面发展的个人——他们的社会关系作为他们自己的共同的关系,也是服从于他们自己的共同的控制的——不是自然的产物,而是历史的产物。要使这种个性成为可能,能力的发展就要达到一定的程度和全面性,这正是以建立在交换价值基础上的生产为前提的,这种生产才在产生出个人同自己和同别人的相异化的普遍性的同时,也产生出个人关系和个人能力的普遍性和全面性"[2]。历史的经验教训也告诉我们,靠消灭特殊性、崇公抑私来实现公私关系的和谐,那仅仅是一种现象上的完美解决,绝不是真正意义上的根本解决,而

---

[1] 《马克思恩格斯全集》第30卷,人民出版社1995年版,第107—108页。
[2] 同上书,第112页。

且会产生社会发展进步中的"返祖"现象。因此,在我们还无法真正获致一种对未来理想社会全新而丰富的见解之前,在人类囿于现实还无法真正实现人的解放的时候,保持一种公私并存态势下的和谐,成为政治哲学的合理而应然的诉求;同时,它也将作为现实政治生活中一种切合实际的实践原则,在社会的整体性发展中一以贯之。

因此,自由主义与社群主义之争,恰恰是对公私利益这一张力关系的理论反应,这也正是他们二者之间理论争执具有现实意义的重要之处。批评—回应,构成了理论上深化公私利益关系研究的契机。可以毫不夸张地说,自由主义与社群主义之争推进了我们对市场社会中公私利益何以划界、何以相处的认识。任何严肃的学术讨论与争鸣,失去的只是偏颇与谬见,获得的却是理论的完善与改进。自由主义与社群主义之争,看似无果,实则有果,这种"果"就是在社会的进步与发展中,在良好的社会秩序下,公私利益达到和谐共处、相互促进的美好状态。

参考文献

一 中文著作

1. 《毛泽东选集》第3卷，人民出版社1991年版。
2. 包利民：《古典政治哲学史论》，人民出版社2010年版。
3. 北京大学哲学系外国哲学史教研室编译：《古希腊罗马哲学》，生活·读书·新知三联书店1957年版。
4. 北京大学哲学系外国哲学史教研室编译：《十八世纪法国哲学——西方古典哲学原著选辑》，商务印书馆1963年版。
5. 北京大学哲学系外国哲学史教研室编译：《西方哲学原著选读》上卷，商务印书馆1983年版。
6. 北京大学哲学系外国哲学史教研室编译：《西方哲学原著选读》下卷，商务印书馆1983年版。
7. 陈闻桐主编：《近现代西方政治哲学引论》，安徽大学出版社2004年版。
8. 陈晏清：《社会转型论》，山西教育出版社1998年版。
9. 陈晏清等：《现代唯物主义导引》，南开大学出版社1996年版。
10. 陈怡：《经验与民主——杜威政治哲学基础研究》，复旦大学出版社2002年版。
11. 丛日云：《基督教二元政治观与近代自由主义》，天津师范大学2001年版。
12. 丛日云：《西方政治文化传统》，大连出版社1996年版。
13. 范明生：《柏拉图哲学述评》，上海人民出版社1984年版。
14. 高全喜：《法律秩序与自由正义——哈耶克的法律与宪政思想研究》，北京大学出版社2003年版。
15. 高全喜：《休谟的政治哲学》，北京大学出版社2004年版。
16. 顾肃：《自由主义基本理念》，中央编译出版社2003年版。
17. 洪涛：《本原与事变——政治哲学10篇》，上海人民出版社2009年版。

18. 洪远朋等：《社会利益关系演进论》，复旦大学出版社 2006 年版。
19. 黄颂杰等：《西方哲学多维透视》，上海人民出版社 2002 年版。
20. 许纪霖：《共和、社群与公民》，江苏人民出版社 2004 年版。
21. 江宜桦：《自由民主的理路》，新星出版社 2006 年版。
22. 李梅：《权利与正义——康德政治哲学研究》，社会科学文献出版社 2000 年版。
23. 李淑梅：《社会转型与人的现代重塑》，山西教育出版社 1998 年版。
24. 李非：《富与德——亚当·斯密的无形之手市场社会的架构》，天津人民出版社 2001 年版。
25. 刘泽华等：《公私观念与中国社会》，中国人民大学出版社 2003 年版。
26. 茅于轼：《中国人的道德前景》，暨南大学出版社 1997 年版。
27. 聂文军：《亚当·斯密经济伦理思想研究》，中国社会科学出版社 2004 年版。
28. 欧阳英：《走进西方政治哲学——历史、模式与解构》，中央编译出版社 2006 年版。
29. 思想与社会编委会编：《托克维尔民主的政治科学》，上海三联书店 2006 年版。
30. 宋希仁：《西方伦理思想史》，中国人民大学出版社 2004 年版。
31. 宋希仁、罗国杰：《西方伦理思想史》，人民大学出版社 1985 年版。
32. 宋希仁：《西方伦理思想史》，中国人民大学出版社 2004 年版。
33. 谭培文：《马克思利益观研究》，广西师范大学出版社 2000 年版。
34. 谭培文：《马克思主义的利益理论》，人民出版社 2002 年版。
35. 唐代兴：《利益伦理》，北京大学出版社 2002 年版。
36. 万绍红：《西方共和主义公共利益理论研究》，上海三联书店 2016 年版。
37. 汪丁丁：《经济发展与制度创新》，上海人民出版社 1995 年版。
38. 王南湜：《从领域合一到领域分离》，山西教育出版社 1998 年版。
39. 王南湜等编：《哲学视野中的社会政治生活》，天津人民出版社 2007 年版。
40. 王伟光：《利益论》，人民出版社 2001 年版。
41. 王新生：《市民社会论》，广西人民出版社 2003 年版。
42. 徐向东：《自由主义、社会契约与政治辩护》，北京大学出版社 2005 年版。
43. 薛冰：《历史与逻辑》，中国社会科学出版社 2006 年版。
44. 阎孟伟：《论社会有机体的性质结构与动态》，天津人民出版社 1995

年版。

45. 姚大志：《何谓正义——当代西方政治哲学研究》，人民出版社 2007 年版。
46. 应奇：《从自由主义到后自由主义》，上海三联书店 2003 年版。
47. 于海：《西方社会思想史》，复旦大学出版社 1993 年版。
48. 俞可平：《民主与陀螺》，北京大学出版社 2006 年版。
49. 俞可平：《权利政治与公益政治》，社会科学文献出版社 2005 年版。
50. 俞可平：《社群主义》，中国社会科学出版社 2005 年版。
51. 郁建兴：《马克思国家理论与现时代》，东方出版社 2007 年版。
52. 张传开、汪传发：《义利之间》，南京大学出版社 1997 年版。
53. 张桂林：《西方政治哲学》，中国政法大学出版社 1999 年版。
54. 张江河：《论利益与政治》，北京大学出版社 2002 年版。
55. 张宇燕：《经济学与常识》，四川文艺出版社 1996 年版。
56. 周辅成：《西方伦理学名著选辑》上卷，商务印书馆 1964 年版。
57. 周辅成：《西方伦理学名著选辑》下卷，商务印书馆 1987 年版。
58. 周辅成：《西方著名伦理学家评传》，上海人民出版社 1987 年版。
59. 周少来：《人性、政治与制度》，中国社会科学出版社 2004 年版。
60. 周穗明：《当代西方政治哲学》，江苏人民出版社 2016 年版。
61. 周晓亮：《休谟哲学研究》，人民出版社 1999 年版。
62. 朱学勤：《道德理想国的覆灭——从卢梭到罗伯斯比尔》，上海三联书店 1994 年版。
63. 卓新平：《宗教理解》，社会科学文献出版社 1999 年版。

二 中文译著

1. 《马克思恩格斯全集》第 1 卷，人民出版社 1995 年版。
2. 《马克思恩格斯全集》第 2 卷，人民出版社 2005 年版。
3. 《马克思恩格斯全集》第 3 卷，人民出版社 1960 年版。
4. 《马克思恩格斯全集》第 30 卷，人民出版社 1995 年版。
5. 《马克思恩格斯全集》第 44 卷，人民出版社 2001 年版。
6. 《马克思恩格斯选集》第 1—4 卷，人民出版社 2002 年版。
7. 《马克思恩格斯文集》第 1—9 卷，人民出版社 2009 年版。
8. 《马克思主义哲学全书》，人民大学出版社 1960 年版。
9. 〔澳〕亨利·洛瑞：《民族发展中的苏格兰哲学》，管月飞译，浙江大学出版社 2014 年版。

10. 〔德〕奥特弗利德·赫费：《政治的正义性》，庞学铨等译，上海译文出版社 1998 年版。

11. 〔德〕恩斯特·卡西尔：《国家的神话》，范进等译，华夏出版社 1990 年版。

12. 〔德〕恩斯特·卡西尔：《国家的神话》，范进等译，华夏出版社 1999 年版。

13. 〔德〕斐迪南·藤尼斯：《共同体与社会》，林荣远译，商务印书馆 1999 年版。

14. 〔德〕斐迪南·藤尼斯：《新时代的精神》，林荣远译，北京大学出版社 2006 年版。

15. 〔德〕弗里德里希·包尔生：《伦理学体系》，何怀宏等译，中国社会科学出版社 1988 年版。

16. 〔德〕格奥尔格·威廉·弗里德里希·黑格尔：《法哲学原理——自然法和国家学纲要》，范扬等译，商务印书馆 1961 年版。

17. 〔德〕格奥尔格·威廉·弗里德里希·黑格尔：《精神现象学》下卷，贺麟等译，商务印书馆 1981 年版。

18. 〔德〕格奥尔格·威廉·弗里德里希·黑格尔：《精神哲学——哲学全书》，杨祖陶译，人民出版社 2006 年版。

19. 〔德〕格奥尔格·威廉·弗里德里希·黑格尔：《小逻辑》，贺麟译，商务印书馆 1980 年版。

20. 〔德〕格奥尔格·威廉·弗里德里希·黑格尔：《哲学史讲演录》第三卷，商务印书馆 1983 年版。

21. 〔德〕格奥尔格·威廉·弗里德里希·黑格尔：《历史哲学》，王造时译，上海世纪出版集团 2001 年版。

22. 〔德〕卡尔·波普尔：《开放社会及其敌人》，杜汝楫等译，山西高校联合出版社 1992 年版。

23. 〔德〕卡尔·施米特：《政治的概念》，刘宗坤译，上海人民出版社 2004 年版。

24. 〔德〕马克斯·韦伯：《新教伦理与资本主义精神》，彭强等译，陕西师范大学出版社 2002 年版。

25. 〔德〕马克斯·韦伯：《新教伦理与资本主义精神》，于晓等译，上海三联书店 1987 年版。

26. 〔德〕文德尔班：《哲学史教程——特别关于哲学问题和哲学概念的形成和发展》上卷，罗达仁译，商务印书馆 1987 年版。

27. 〔德〕伊曼努尔·康德:《法的形而上学原理——权利的科学》,沈叔平译,商务印书馆1991年版。
28. 〔德〕伊曼努尔·康德:《康德文集》,刘克苏等译,改革出版社1997年版。
29. 〔德〕伊曼努尔·康德:《历史理性批判文集》,何兆武译,商务印书馆2005年版。
30. 〔德〕伊曼努尔·康德:《道德形而上学原理》,苗力田译,上海人民出版社1982年版。
31. 〔德〕伊曼努尔·康德:《实践理性批判》,邓晓芒译,人民出版社2003年版。
32. 〔德〕伊曼努尔·康德:《未来形而上学导论》,庞景仁译,商务印书馆1982年版。
33. 〔德〕尤根·哈贝马斯:《公共领域的结构转型》,曹卫东译,学林出版社1999年版。
34. 〔俄〕格奥尔基·瓦连廷诺维奇·普列汉诺夫:《唯物论史论丛》,王太庆译,人民出版社1953年版。
35. 〔法〕保尔·昂利·霍尔巴赫:《自然的体系》上卷,管士滨译,商务印书馆1999年版。
36. 〔法〕保尔·昂利·霍尔巴赫:《自然政治论》,陈太先等译,商务印书馆1994年版。
37. 〔法〕保尔·昂利·霍尔巴赫:《健全的思想》,王隐庭译,商务印书馆1966年版。
38. 〔法〕保尔·昂利·霍尔巴赫:《袖珍神学》,单志澄译,商务印书馆1973年版。
39. 〔法〕福柯:《权力的眼睛——福柯访谈录》,严锋译,上海人民出版社1997年版。
40. 〔法〕乔治·勒费弗尔:《法国革命史》,顾良等译,商务印书馆1989年版。
41. 〔法〕让·雅克·卢梭:《论人类不平等的起源和基础》,李常山译,商务印书馆1962年版。
42. 〔法〕让·雅克·卢梭:《论人与人之间不平等的起因和基础》,李平沤译,商务印书馆2007年版。
43. 〔法〕让·雅克·卢梭:《社会契约论》,何兆武译,商务印书馆1980年版。

44. 〔法〕夏尔·阿列克西·德·托克维尔：《论美国的民主》中译本上卷，董果良译，商务印书馆 1988 年版。
45. 〔古罗马〕马可·奥勒留：《沉思录》，何怀宏译，中央编译出版社 2002 年版。
46. 〔古罗马〕马库斯·图留斯·西塞罗：《国家篇法律篇》，沈叔平等译，商务印书馆 2005 年版。
47. 〔古罗马〕马库斯·图留斯·西塞罗：《西塞罗三论——论友谊·论老年·论责任》，徐奕春译，团结出版社 2007 年版。
48. 〔古希腊〕爱比克泰德：《哲学谈话录》，吴欲波译，中国社会科学出版社 2004 年版。
49. 〔古希腊〕柏拉图：《柏拉图全集》第一卷，王晓朝译，人民出版社 2002 年版。
50. 〔古希腊〕柏拉图：《法律篇》，张智仁等译，上海人民出版社 2001 年版。
51. 〔古希腊〕柏拉图：《理想国》，郭斌和等译，商务印书馆 1986 年版。
52. 〔古希腊〕柏拉图：《理想国》，郭斌和等译，商务印书馆 2002 年版。
53. 〔古希腊〕柏拉图：《理想国》，张子菁译，西苑出版社 2003 年版。
54. 〔古希腊〕希罗多德：《希罗多德历史——希腊波斯战争史》，王以铸译，商务印书馆 1997 年版。
55. 〔古希腊〕修昔底德：《伯罗奔尼撒战争史》，谢德风译，商务印书馆 1960 年版。
56. 〔古希腊〕亚里士多德：《尼各马可伦理学》，廖申白译，商务印书馆 2004 年版。
57. 〔古希腊〕亚里士多德：《物理学》，张竹明译，商务印书馆 1982 年版。
58. 〔古希腊〕亚里士多德：《政治学》，吴寿彭译，商务印书馆 1965 年版。
59. 〔古希腊〕亚里士多德：《政治学》，颜一等译，中国人民大学出版社 2003 年版。
60. 〔荷〕巴鲁赫·德·斯宾诺莎：《伦理学》，贺麟译，商务印书馆 1981 年版。
61. 〔荷〕伯纳德·曼德维尔：《蜜蜂的寓言：私人的恶德，公众的利益》，肖聿译，中国社会科学出版社 2002 年版。
62. 〔加〕威尔·金里卡：《当代政治哲学》，刘莘译，上海三联书店 2004 年版。
63. 〔加〕威尔·金里卡：《自由主义、社群与文化》，应奇等译，上海世纪出版集团 2005 年版。
64. 〔捷〕奥塔·锡克：《经济——利益——政治》，中国社会科学出版社 1984 年版。
65. 〔美〕阿拉斯代尔·麦金太尔：《伦理学简史》，龚群译，商务印书馆 2003 年版。
66. 〔美〕阿拉斯代尔·麦金泰尔：《德性之后》，龚群等译，中国社会科学出版社 1995 年版。
67. 〔美〕阿拉斯戴尔·麦金泰尔：《追寻美德——伦理理论研究》，宋继杰译，译林出版社 2003 年版。
68. 〔美〕埃德加·博登海默：《法理学：法律哲学与法律方法》，邓正来译，中国政法大学出版社 2004 年版。
69. 〔美〕艾伯特·奥·赫希曼：《欲望与利益》，李新华等译，上海文艺出版社 2003 年版。
70. 〔美〕戴维·罗森布鲁姆等：《公共行政学：管理、政治和法律的途径》，中国人民大学出版社 2002 年版。
71. 〔美〕丹尼尔·贝尔：《资本主义文化矛盾》，赵一凡等译，生活·读书·新知三联书店 1992 年版。
72. 〔美〕弗莱德·R. 多尔迈：《主体性的黄昏》，万俊人等译，上海人民出版社 1992 年版。
73. 〔美〕弗雷德里克·沃特金斯：《西方政治传统——近代自由主义之发展》，李丰斌译，新星出版社 2006 年版。
74. 〔美〕哈维·C. 曼斯菲尔德：《托克维尔》，马睿译，译林出版社 2016 年版。
75. 〔美〕汉娜·阿伦特：《马克思与西方政治思想传统》，孙传钊译，江苏人民出版社 2007 年版。
76. 〔美〕亨利·威廉·斯皮格尔：《经济思想的成长》，晏智杰等译，中国社会科学出版社 1999 年版。
77. 〔美〕拉齐恩·萨丽：《哈耶克与古典自由主义》，秋风译，贵州人民出版社 2003 年版。
78. 〔美〕列奥·施特劳斯：《自然权利与历史》，彭刚译，生活·读书·新知三联书店 2003 年版。
79. 〔美〕列奥·斯特劳斯、约瑟夫·克罗波西主编：《政治哲学史》（上），李天然译，河北人民出版社 1993 年版。
80. 〔美〕列奥·施特劳斯：《霍布斯的政治哲学——基础与起源》，申彤译，译林出版社 2001 年版。

81. 〔美〕罗伯特·L. 海尔布罗纳：《几位著名经济思想家的生平、时代和思想——世俗哲人》，蔡受百等译，商务印书馆 1994 年版。

82. 〔美〕罗伯特·诺齐克：《无政府、国家和乌托邦》，姚大志译，中国社会科学出版社 1991 年版。

83. 〔美〕罗纳德·德沃金：《认真对待权利》，信春鹰等译，中国大百科全书出版社 1998 年版。

84. 〔美〕迈克尔·J. 桑德尔：《自由主义与正义的局限》，万俊人等译，译林出版社 2002 年版。

85. 〔美〕迈克尔·奥克肖特：《哈佛演讲录——近代欧洲的道德与政治》，顾枚译，上海文艺出版社 2003 年版。

86. 〔美〕曼瑟尔·奥尔森：《集体行动的逻辑》，陈郁等译，上海三联书店、上海人民出版社 1995 年版。

87. 〔美〕米尔顿·弗里德曼、罗斯·弗里德曼：《自由选择——个人声明》，胡骑等译，商务印书馆 1982 年版。

88. 〔美〕摩狄曼·J. 阿德勒：《六大观念——真、善、美、自由、平等、正义》，陈珠泉等译，团结出版社 1989 年版。

89. 〔美〕乔治·霍兰·萨拜因：《政治学说史》上卷，盛葵阳等译，商务印书馆 1986 年版。

90. 〔美〕乔治·霍兰·萨拜因：《政治学说史》下卷，刘山等译，商务印书馆 1982 年版。

91. 〔美〕乔治·霍兰·萨拜因：《政治学说史》下卷，刘山等译，商务印书馆 1986 年版。

92. 〔美〕塞缪尔·亨廷顿：《变化社会中的政治秩序》，王冠华等译，生活·读书·新知三联书店 1987 年版。

93. 〔美〕斯蒂芬·杨：《道德资本主义：协调私利与公益》，余彬译，上海三联书店 2010 年版。

94. 〔美〕伊安·夏皮罗：《政治的道德基础》，姚建华等译，上海三联书店 2006 年版。

95. 〔美〕约翰·罗尔斯：《正义论》，何怀宏译，中国社会科学出版社 1988 年版。

96. 〔美〕约翰·罗尔斯：《作为公平的正义》，姚大志译，上海三联书店 2002 年版。

97. 〔挪〕G. 希尔贝克、N. 伊耶：《西方哲学史——从古希腊到二十世纪》，童世骏等译，上海译文出版社 2004 年版。

98. 〔日〕大河内一男：《过渡时期的经济思想——亚当·斯密与弗·李斯特》，胡企林等译，中国人民大学出版社 2000 年版。

99. 〔瑞士〕雅各布·布克哈特：《意大利文艺复兴时期的文化》，何新译，商务印书馆 1979 年版。

100. 〔苏〕赫·恩·蒙让：《爱尔维修的哲学》，涂纪亮译，商务印书馆 1962 年版。

101. 〔苏〕尼·拉宾：《马克思的青年时代》，南京大学外文系译，生活·读书·新知三联书店 1982 年版。

102. 〔苏〕瓦·费·阿斯穆斯：《康德》，孙鼎国译，北京大学出版社 1987 年版。

103. 〔伊朗〕穆罕默德·哈塔米：《从城邦世界到世界城市》，中国文联出版社 2002 年版。

104. 〔意〕托马斯·阿奎那：《阿奎那政治著作选》，马清槐译，商务印书馆 1963 年版。

105. 〔意〕维科：《新科学》，朱光潜译，人民文学出版社 1986 年版。

106. 〔意〕詹姆斯·尼古拉斯：《伊壁鸠鲁主义的政治哲学》，溥林译，华夏出版社 2004 年版。

107. 〔意大利〕托马斯·阿奎那：《亚里士多德十讲》，苏隆译，中国言实出版社 2003 年版。

108. 〔英〕D. P. 约翰逊：《社会学理论》，南开大学社会学系译，国际文化出版公司 1988 年版。

109. 〔英〕L. 罗宾斯：《过去和现在的政治经济学——对经济政策中主要理论的考察》，陈尚霖等译，商务印书馆 1997 年版。

110. 〔英〕J. S. 密尔：《代议制政府》，汪暄译，商务印书馆 1997 年版。

111. 〔英〕阿尔比：《英国功利主义史》，伦敦，斯旺索南沙因有限公司 1902 年版。

112. 〔英〕阿尔弗雷德·艾耶尔：《休谟》，曾扶星等译，中国社会科学出版社 1990 年版。

113. 〔英〕阿伦·布洛克：《西方人文主义传统》，董乐山译，生活·读书·新知三联书店 1997 年版。

114. 〔英〕安东尼·阿巴拉斯特：《西方自由主义的兴衰》，曹海军等译，吉林人民出版社 2004 年版。

115. 〔英〕鲍桑葵：《关于国家的哲学理论》，汪淑钧译，商务印书馆 1995

年版。

116. 〔英〕伯特兰·罗素:《西方哲学史》下卷,何兆武等译,商务印书馆 1981 年版。

117. 〔英〕伯特兰·罗素:《西方哲学史》下卷,何兆武等译,商务印书馆 1982 年版。

118. 〔英〕大卫·休谟:《道德原则研究》,曾晓平译,商务印书馆 2001 年版。

119. 〔英〕大卫·休谟:《人性论——在精神科学中采用实验推理方法的一个尝试》上册,关文运译,商务印书馆 1980 年版。

120. 〔英〕大卫·休谟:《休谟经济论文选》,陈玮译,商务印书馆 1984 年版。

121. 〔英〕大卫·休谟:《人类理智研究》,吕大吉译,商务印书馆 1999 年版。

122. 〔英〕大卫·休谟:《人性的高贵与卑贱》,杨适译,生活·读书·新知三联书店 1988 年版。

123. 〔英〕大卫·休谟:《休谟政治论文选》,张若衡译,商务印书馆 1993 年版。

124. 〔英〕戴维·米勒、韦农·波格丹诺编:《布莱克维尔政治学百科全书》,邓正来译,中国政法大学出版社 2002 年版。

125. 〔英〕弗里德里希·奥古斯特·冯·哈耶克:《法律、立法与自由——规则与秩序》第一卷,邓正来等译,中国大百科全书出版社 2000 年版。

126. 〔英〕弗里德里希·奥古斯特·冯·哈耶克:《经济、科学与政治——哈耶克思想精粹》,冯克利译,江苏人民出版社 2007 年版。

127. 〔英〕弗里德利希·冯·哈耶克:《法律、立法与自由》第一卷,邓正来等译,中国大百科全书出版社 2000 年版。

128. 〔英〕弗里德利希·冯·哈耶克:《法律、立法与自由》第二、三卷,邓正来等译,中国大百科全书出版社 2000 年版。

129. 〔英〕杰弗里·托马斯:《政治哲学导论》,顾肃等译,中国人民大学出版社 2006 年版。

130. 〔英〕杰瑞米·边沁:《道德与立法原理导论》,时殷弘译,商务印书馆 2000 年版。

131. 〔英〕杰瑞米·边沁:《政府片论》,沈叔平译,商务印书馆 1994 年版。

132. 〔英〕卡尔·波普尔:《开放社会及其敌人》,杜汝楫等译,山西高校联合出版社 1992 年版。

133. 〔英〕卡尔·波普尔：《开放社会及其敌人》第一卷，陆衡等译，中国社会科学出版社 1999 年版。

134. 〔英〕昆廷·斯金纳：《近代政治思想的基础》，息瑞森译，商务印书馆 2002 年版。

135. 〔英〕迈克尔·H. 莱斯诺夫：《二十世纪的政治哲学家》，冯克利译，商务印书馆 2001 年版。

136. 〔英〕迈克尔·莱斯诺夫等：《社会契约论》，刘训练等译，江苏人民出版社 2005 年版。

137. 〔英〕迈克尔·欧克肖特：《政治中的理性主义》，张汝伦译，上海译文出版社 2004 年版。

138. 〔英〕诺尔曼·P. 巴利：《古典自由主义和自由至上主义》，竺乾威译，上海人民出版社 1999 年版。

139. 〔英〕史蒂文·卢克斯：《个人主义：分析与批判》，阎克文译，江苏人民出版社 2001 年版。

140. 〔英〕特里·伊格尔顿：《美学意识形态》，王杰等译，广西师范大学出版社 1997 年版。

141. 〔英〕托马斯·霍布斯：《利维坦》，黎思复等译，商务印书馆 1986 年版。

142. 〔英〕托马斯·里德：《论人的行动能力》，丁三东译，浙江大学出版社 2011 年版。

143. 〔英〕亚当·斯密：《道德情操论》，蒋自强等译，商务印书馆 1997 年版。

144. 〔英〕亚当·斯密：《国富论》下卷，王亚南等译，商务印书馆 1974 年版。

145. 〔英〕亚当·斯密：《国民财富的性质和原因的研究》，郭大力等译，商务印书馆 1972 年版。

146. 〔英〕亚当·斯密：《国民财富的性质和原因的研究》，郭大力等译，商务印书馆 1974 年版。

147. 〔英〕亚当·斯威夫特：《政治哲学导论》，萧绍译，江苏人民出版社 2006 年版。

148. 〔英〕约翰·洛克：《政府论》下篇，叶启芳等译，商务印书馆 1964 年版。

149. 〔英〕约翰·洛克：《人类理解论》，关文运译，商务印书馆 1959

年版。

150. 〔英〕约翰·麦克里兰:《西方政治思想史》,彭淮栋译,海南出版社 2003 年版。

151. 〔英〕约翰·穆勒:《功用主义》,唐钺译,商务印书馆 1957 年版。

152. 〔英〕约翰·斯图亚特·密尔:《论自由》,程崇华译,商务印书馆 1982 年版。

153. 〔英〕约翰·伊特韦尔:《新帕尔格雷夫经济学大辞典》,陈岱孙等译,经济科学出版社 1996 年版。

三　期刊、报纸

1. LINDA C. RAEDER:《自由主义与共同利益》,秋风译,载于《思想评论》。
2. 包利民:《伊壁鸠鲁对于古典政治哲学的摇撼》,载于《社会科学战线》2005 年第 1 期。
3. 包利民:《重建公共伦理规范基础的不同途径》,载于《浙江学刊》2000 年第 6 期。
4. 陈华兴:《伦理的开端与公共伦理的理性基础》,载于《浙江学刊》2004 年第 6 期。
5. 陈立旭:《个人目的、个人利益与公共事业——黑格尔〈精神现象学〉解读》,载于《浙江社会科学》2004 年第 4 期。
6. 陈晏清、李淑梅:《个人和社会关系问题是社会观念的核心问题》,载于《天津大学学报》1999 年第 3 期。
7. 陈晏清、王南湜、阎孟伟:《关于建立社会主义市场经济的代价问题》,载于《求是杂志》1994 年第 23 期。
8. 陈晏清、王新生:《市场经济社会中的个人权利与公共伦理》,载于《伦理学研究》2002 年第 2 期。
9. 陈晏清、王新生:《政治哲学的复兴与当代马克思主义政治哲学的建构》,载于《哲学研究》2005 年第 6 期。
10. 单飞跃、甘强:《社会法基本范畴问题析辩》,载于《北京市政法管理干部学院学报》2003 年第 4 期。
11. 范志华:《追求个体的内在自由:对古希腊晚期哲学走向的探讨》,载于《江西社会科学》2005 年第 9 期。
12. 房广顺、司书岩:《论马克思恩格斯正义思想的深刻内涵》,载于《马克思主义研究》2019 年第 2 期。

13. 高全喜：《休谟的正义规则论》，载于《世界哲学》2003 年第 6 期。
14. 高瑞鹏：《试论晚期希腊哲学的个人伦理价值观》，载于《山东行政学院山东经济管理干部学院学报》2004 年第 3 期。
15. 高兆明：《作为自由意志定在的财产权——黑格尔〈法哲学原理〉读书札记》，载于《吉首大学学报》（社会科学版）2006 年第 1 期。
16. 高兆明：《市民社会的建立与家族精神的破灭：兼论"市民社会"研究进路》，载于《学海》1999 年第 3 期。
17. 龚群编译：《麦金泰尔论社会关系、共同利益与个人利益》，载于《伦理学研究》2004 年第 3 期。
18. 顾肃：《试论当代政治哲学的学理基础》，载于《复旦大学学报》（社会科学版）2004 年第 5 期。
19. 顾肃：《尊严与公正概念的政治哲学思考》，载于《马克思主义研究》2011 年第 3 期。
20. 范沁芳：《在调和种传承与创新——托马斯·阿奎那的公共利益理论解读》，载于《南京社会科学》2007 年第 9 期。
21. 哈耶克、邓正来：《正义：法律与权利》，载于《环球法律评论》2001 年第 1 期。
22. 韩东屏：《市场经济的道德走向与个人的伦理责任》，载于《湘潭工学院学报》1999 年第 1 期。
23. 何俊武：《政治正义：构建和谐社会的价值之维》，载于《求索》2006 年第 8 期。
24. 贺来：《"群"与"己"：边界及其规则》，载于《学术月刊》2006 年第 12 期。
25. 胡建：《从"个人主义"到"国家整体主义"——黑格尔的社会文化价值目标述评》，载于《浙江学刊》2000 年第 1 期。
26. 胡象明等：《论公共利益及其本质属性》，载于《公共管理学报》2006 年第 1 期。
27. 胡义成：《公共伦理：个人主义的丧钟已响》，载于《湘潭师范学院学报》1997 年第 4 期。
28. 黄东东：《公共利益辩》，载于《社会科学家》2005 年第 5 期。
29. 黄裕生：《康德论自由与权利》，载于《江苏行政学院学报》2005 年第 5 期。
30. 黄忠晶：《托马斯·阿奎那的社会思想简论》，载于《石油大学学报》（社会科学版）2004 年第 5 期。

31. 金平：《对空想社会主义公私观的再评价》，载于《甘肃社会科学》1998年第6期。
32. 旷三平：《作为人的生存本性的形而上学——兼做对马克思哲学的辩护》，载于《哲学研究》2006年第10期。
33. 李建华等：《论政府权能的公共伦理理念》，载于《中南大学学报》2005年第2期。
34. 李峻登等：《政治哲学视域中的形而上学：含义与类型学》，载于《东岳论丛》2010年第2期。
35. 李萍：《论公共伦理价值》，载于《中国人民大学学报》2004年第2期。
36. 李士坤等：《〈德意志意识形态〉对虚幻共同体的论述及其当代意义》，载于《河北师范大学学报》2003年第1期。
37. 梁捍东等：《在传统社会中探寻公共伦理缺失的深层根源》，载于《河北省社会主义学院学报》2005年第4期。
38. 林存光：《公与私：中国传统思维偏向散论》，载于《聊城师范大学学报》（社会科学版）2003年第2期。
39. 林进平：《从正义的参照管窥古代争议和近代正义的分野》，载于《深圳大学学报》（人文社会科学版）2008年第1期。
40. 林庆华：《托马斯阿奎那论法律的本质》，载于《四川大学学报》（哲学社会科学版）2002年第4期。
41. 刘连泰：《公共利益的解释困境及其突围》，载于《文史哲》2006年第2期。
42. 刘平：《公共利益与私人权益之平衡路径》，载于《河南政法管理干部学院学报》2005年第5期。
43. 刘期忠：《黑格尔论和谐解决利益矛盾的路径解读》，载于《求索》2006年第8期。
44. 刘日明：《卢梭与近代政治哲学的转向》，载于《同济大学学报》（社会科学版）2003年第3期。
45. 刘荣：《个体自由性的探求：伊壁鸠鲁的人学思想》，载于《长沙电力学院学报》（社会科学版）2001年第2期。
46. 刘天喜等：《论公共利益与个人利益协调发展的客观机制》，载于《西北大学学报》2004年第6期。
47. 刘向南等：《公共利益：理论与实现的比较研究》，载于《城市规划学刊》2005年第3期。
48. 刘晓欣：《从主体自由的视角看黑格尔市民社会理论中的核心矛盾》，

载于《湖北社会科学》2007 年第 9 期。

49. 刘晓欣：《简论公私利益矛盾的社会负效应》，载于《商业时代》2010 年第 7 期。

50. 刘晓欣：《论早期自由主义者对市民社会的探索》，载于《河南工业大学学报》（社会科学版）2009 年第 4 期。

51. 刘晓欣：《新自由主义与社群主义之争——以公私利益关系的研究视角》，载于《人民论坛》2011 年第 8 期。

52. 刘晓欣：《一种正义熔铸下的"理想生活"——柏拉图公私利益关系思想的政治哲学探究》，载于《河南工业大学学报》（社会科学版）2010 年第 3 期。

53. 刘晓欣：《义利统一如何可能？——试析西塞罗的义利和谐思想》，载于《兰州学刊》2013 年第 8 期。

54. 刘晓欣：《现代公私利益冲突根源的多元伦理解读——论韦伯与舍勒对公私利益矛盾产生根源的说明》，载于《燕山大学学报》（哲学社会科学版）2008 年第 2 期。

55. 刘正泉、敖双红：《论公益与私益关系的定位》，载于《求索》2005 年第 3 期。

56. 刘志强：《公共利益的起源和独立人格》，载于《天水行政学院学报》2005 年第 2 期。

57. 龙太江：《妥协：一种政治哲学的解读》，载于《哲学动态》2004 年第 1 期。

58. 麻宝斌：《公共利益与公共悖论》，载于《江苏社会科学》2002 年第 1 期。

59. 马德普：《公共利益、政治制度与政治文明》，载于《教学与研究》2004 年第 8 期。

60. 聂文军：《论曼德维尔的"私恶即公利"》，载于《伦理学研究》2004 年第 1 期。

61. 宁继鸣、谢志平：《价值一元论下的经济社会基本矛盾分析》，载于《文史哲》2006 年第 2 期。

62. 牛京辉：《从快乐主义到幸福主义——J. S. 密尔对边沁功用主义的修正》，载于《湖南社会科学》2002 年第 6 期。

63. 欧阳英：《试析西方早期政治思维模式的确立与特点》，载于《东岳论丛》2006 年第 4 期。

64. 欧阳英：《在反思中寻找新的联系——康德政治哲学主要特点评析》，

载于《学术论坛》2004 年第 4 期。

65. 戚小村：《论西方传统公益伦理思想》，载于《伦理学研究》2006 年第 2 期。

66. 戚小村：《西方近现代的两种公益观》，载于《求索》2006 年第 3 期。

67. 强以华：《古典自由主义经济的伦理反思》，载于《伦理学研究》2004 年第 1 期。

68. 宋建丽：《公民资格理念初探》，载于《内蒙古师范大学学报》（哲学社会科学版）2005 年第 4 期。

69. 宋希仁：《卢梭论人》，载于《中国人民大学学报》1987 年第 3 期。

70. 苏振华、郁建兴：《公众参与、程序正当性与主体间共识——论公共利益的合法性来源》，载于《哲学研究》2005 年第 11 期。

71. 孙德鹏：《从自然正义到自然权利》，载于《西南政法大学学报》2003 年第 6 期。

72. 覃正爱：《论物质利益问题是唯物史观的核心问题》，载于《江汉论坛》2004 年第 2 期。

73. 汤文曙：《社会伦理共识的客观基础》，载于《毛泽东邓小平理论研究》2005 年第 3 期。

74. 唐代兴：《利益伦理：当代道德建设的双重指向——功利主义道德理想启示录（一）》，载于《西南民族学院学报》（哲学社会科学版）2002 年第 3 期。

75. 田海平：《日常生活转型与公共伦理意识》，载于《求是学刊》1999 年第 4 期。

76. 汪辉勇：《公共价值的本质、创立及其实现》，载于《北京行政学院学报》2005 年第 6 期。

77. 王彩波、杨健潇：《政治秩序、经济效率、社会公正》，载于《学习与探索》2007 年第 1 期。

78. 王家峰：《公共利益：公共伦理的价值基础》，载于《伦理学研究》2006 年第 3 期。

79. 王林：《浅析康德之人的非社会的社会性》，载于《辽宁行政学院学报》2007 年第 2 期。

80. 王南湜、王新生：《从理想性到现实性》，载于《中国社会科学》2007 年第 1 期。

81. 王新生：《马克思超越政治正义的政治哲学》，载于《学术研究》2005 年第 3 期。

82. 王新生：《市场社会中的价值共识》，载于《南开大学学报》2005 年第 3 期。
83. 王新生：《作为规范理论的马克思主义政治哲学》，载于《求是学刊》2006 年第 3 期。
84. 王新生：《唯物史观与政治哲学》，载于《哲学研究》2007 年第 8 期。
85. 王作印：《黑格尔政治哲学性质及其当代意蕴》，载于《当代世界与社会主义》2008 年第 4 期。
86. 韦森：《市场经济的伦理维度与道德基础》，载于《开放时代》2002 年第 6 期。
87. 徐友渔：《公共伦理：正义还是美德：自由主义和社群主义之争》，载于《江海学刊》1998 年第 3 期。
88. 薛冰：《个人偏好与公共利益的形成》，载于《西北大学学报》2003 年第 4 期。
89. 阎孟伟：《治哲学的伦理学基础》，载于《理论与现代化》2011 年第 1 期。
90. 阎孟伟：《道德危机及其社会根源》，载于《道德与文明》2006 年第 2 期。
91. 阎孟伟：《黑格尔的社会历史观念》，载于《南开哲学》第 1 期。
92. 阎孟伟：《马克思的解放理论及其对我们的启示》，载于《教学与研究》2006 年第 12 期。
93. 阎孟伟：《欧洲近代政治哲学的兴起与分化》，载于《求是学刊》2006 年第 3 期。
94. 阎孟伟：《如何看待我国目前社会发展中的贫富分化现象》，载于《理论与现代化》2007 年第 1 期。
95. 阎孟伟：《社会公正与社会和谐》，载于《天津社会科学》2007 年第 1 期。
96. 阎孟伟：《转轨中的代价》，载于《理论与现代化》1994 年第 5 期。
97. 杨光飞：《试析转型时期公共伦理的缺失》，载于《学术论坛》2002 年第 6 期。
98. 杨浩文：《儒家伦理的功利主义及其现实意义》，载于《道德与文明》1997 年第 1 期。
99. 杨通进：《爱尔维修与霍尔巴赫论个人利益与社会利益》，载于《中国青年政治学院学报》1998 年第 4 期。
100. 姚尚建：《正义的治理与公共的责任》，载于《学习与探索》2007 年第 1 期。
101. 姚占军等：《关于公共伦理与公共政府的思考》，载于《江西省团校学报》2004 年第 4 期。
102. 余敏江等：《政府利益·公共利益·公共管理》，载于《求索》2006 年第 1 期。
103. 俞可平：《当代西方政治哲学的流变：从新个人主义到新集体主义》，载于《社会科学战线》1998 年第 5 期。
104. 臧峰宇、何璐维：《从"马克思问题"回溯"斯密问题"》，载于《学习与探索》2019 年第 5 期。
105. 臧乃康：《国家与社会互动关系中的公共利益》，载于《南通师范学院学报》2002 年第 3 期。
106. 曾芳芳：《从主权在民到极权主义的歧变》，载于《佛山科学技术学院学报》2005 年第 2 期。
107. 张勤：《马克思"自由人联合体"的伦理解读》，载于《齐鲁学刊》2006 年第 6 期。
108. 张兴国：《公共生活的伦理视野》，载于《河北学刊》2006 年第 6 期。
109. 郑智贞等：《谈谈个人利益与公共利益》，载于《山西高等学校社会科学学报》2000 年第 6 期。
110. 周少来：《亚里士多德政治逻辑的当代释义》，载于《北京大学学报》（哲学社会科学版）2000 年第 2 期。
111. 周少来：《在个人与国家之间——霍布斯政治逻辑辨析》，载于《青海师范大学学报》（哲学社会科学版）2003 年第 5 期。
112. 周少来：《制度立国与道德僭越——卢梭政治逻辑剖析》，载于《青海师范大学学报》（哲学社会科学版）2001 年第 5 期。
113. 周要：《略论爱尔维修的利益学说》，载于《重庆社会科学》2005 年第 4 期。
114. 朱晓红、伊强：《行政荣誉与利益关系剖析》，载于《求索》2004 年第 2 期。

四 外文文献

1. Adam, B. Seligman, *The Idea of Civil Society*, New York, The Free Press, 1992.
2. Barry, B., *Political Argument*, London: Routledge, 1965.
3. Green, T. H ed., *lectures on the Principles of Political Obligation and Other*

Writtings, P. Harris & J. Morrow, Cambridge: Cambridge University Press, 1986.

4. Hall, J. C., *ROUSSEAU: An Introduction to His Political Philosophy*, London: Macmillam, 1973.

5. Harrison, P ed., *On Political Obligation*, London: Routledge, 1990.

6. John Dewey, the public and its problems, the later works, vol2, southern Ⅱ linois university press, 1988.

7. Leif, Lewin, trans., DONALD LAVERY, *Self-Interest and Public Interest in Western Politics*, Oxford: Oxford University Press, 1991.

8. M. Daly ed, *Communitarianism: A New Public Ethics*, Belmont: California Wadsworth Publishing Company, 1994.

9. Macfie, A. L., "The Invisible Hand of Jupiter", *Journal of the History of Ideas*, Vol. XXXII, No. 4, 1971.

10. Markate Daly, *Communitarianism: A New Public Ethics*, California: Wadsworth Publishing Company, 1994.

11. Miller, P. N, *Defining the Common Good: Empire, Religion, and Philosophy in 18th-Century Britain*, Cambridge/New York, Cambridge University Press, 1994.

12. Practical Ethics ed., *By Kund Haakonssen*, Princeton University press, 1990.

13. Quinton, A. M ed., *Political Philosophy*, Oxford: Oxford University Press, 1967.

14. John Bowle, *Hobbes and his Critics*, London: Jonathan Cape, 1951.

15. R. Dworkin, *A Matter of Principle*, Cambridge: Harvard University Press, 1985.

16. Rown, W. L., *Thomas Reid on Freedom and Morality*, Ithaca: Cornell University Press, 1991.

17. Schubert, Glendon, A., *The Public Interest: A Critique of the Theory of a Political Concept*, Greenwood Press, 1982.

18. Siliu Brucan, *Pluralism and Social Conflict*, New York, 1990.

19. Simon, Pattern, *The Development of English Thought*, New York, 1910.

20. Stankiewicz, W. J., *Aspects of Political Theory*, London: Collier Macmillan, 1976.

21. T. H. Green, *Lectures on the Principles of Political Obligation*, New York:

Cambridge University Press, 1986.
22. Thomas Aquinas, *Treatise on law*, trans., R. J. Regan, Indianapolis, 2000.
23. W. Gough, *John Lock's Political Philosophy*, New York: Oxford University Press, No. 2, 1973.